ました # 2021
湖南100强企业发展报告
THE DEVELOPMENT REPORT ON TOP 100 ENTERPRISES OF HUNAN

湖南省企业和工业经济联合会 编

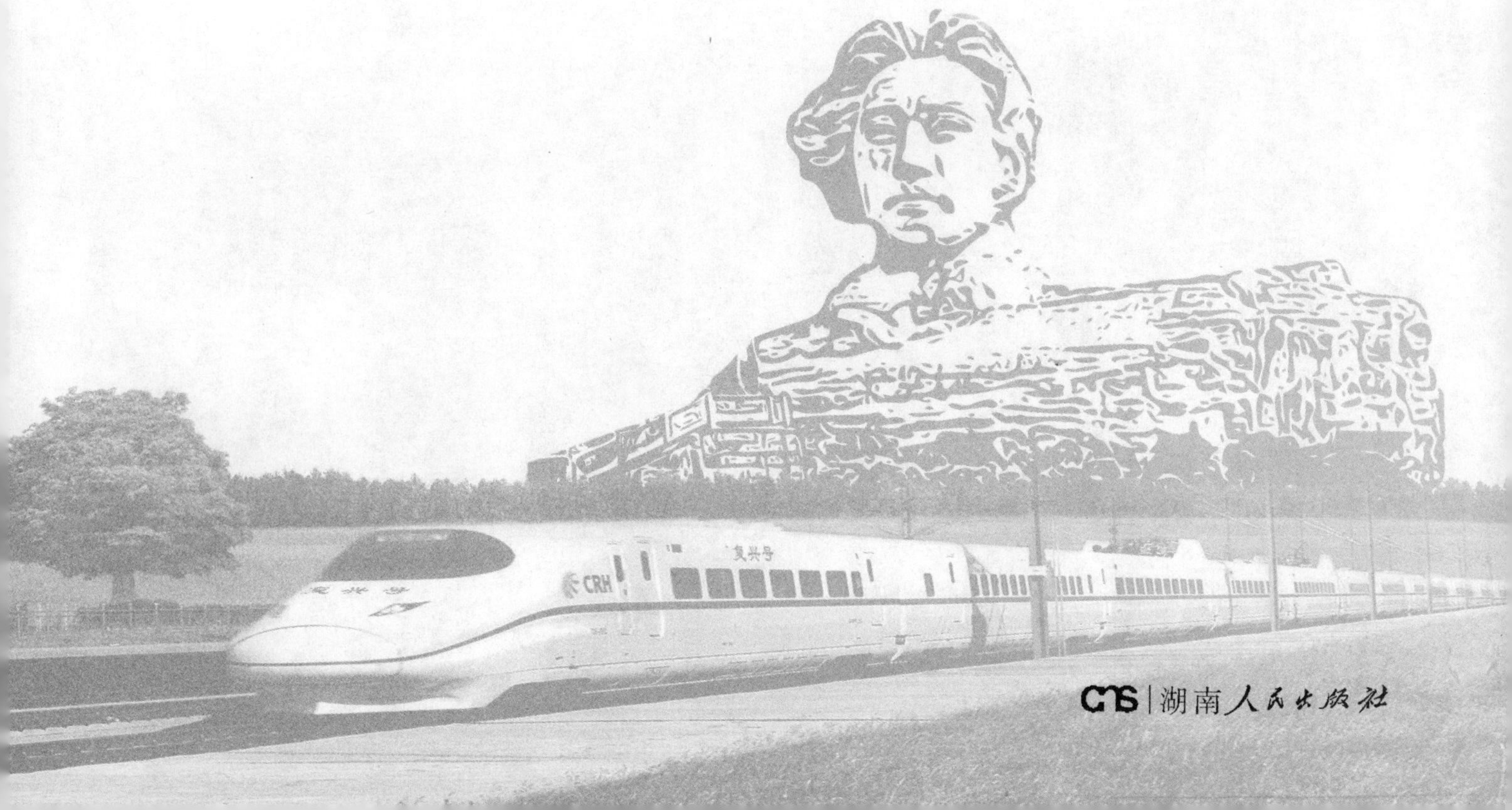

2021 湖南 100 强企业发展报告

主　　编：武吉海

副 主 编：杨月华

《2021 湖南 100 强企业发展报告》编辑部

主　　任：袁　凌

副 主 任：熊正德　尹向东　张　辉

成　　员：黄永忠　朱晓燕　黄　沙　向　璐

目　录

湖南经济走势

特载文稿 ·· 1
　　政府工作报告——2021 年 1 月 25 日在湖南省第十三届人民代表大会第四次会议上 ············· 1
　　2021 湖南 100 强企业发展评点 ·· 16

第一章　2020 年湖南经济发展概况及 2021 年展望 ····································· 25
　　第一节　2020 年湖南经济发展总体情况 ·· 25
　　第二节　2020 年湖南经济发展特点 ·· 28
　　第三节　现阶段湖南经济高质量发展面临的机遇与挑战 ·· 30
　　第四节　2021 年湖南经济高质量发展展望 ·· 33

百强综合分析

第二章　2021 湖南企业 100 强分析报告 ·· 36
　　第一节　2021 湖南企业 100 强特征分析 ·· 36
　　第二节　2021 湖南企业 100 强利税分析 ·· 56
　　第三节　当前湖南大企业持续发展面临的机遇与挑战 ·· 66
　　第四节　促进湖南大企业高质量发展的对策与建议 ··· 70

第三章　2021 湖南制造业企业 100 强分析报告 ·· 75
　　第一节　2021 湖南制造业企业 100 强特征分析 ··· 75
　　第二节　2021 湖南制造业企业 100 强利税分析 ··· 84
　　第三节　2021 湖南制造业企业创新投入与产出分析 ·· 88
　　第四节　湖南制造业高质量发展面临的机遇与挑战 ··· 91
　　第五节　新形势下促进湖南制造业大企业高质量发展的对策与建议 ·························· 93

1

第四章　2021 湖南服务业企业 50 强分析报告 ································· 96
第一节　2021 湖南服务业企业 50 强特征分析 ·································· 97
第二节　2021 湖南服务业企业 50 强利税分析 ································· 107
第三节　湖南服务业大企业发展面临的挑战与机遇 ······························· 116
第四节　促进湖南服务业大企业发展的对策与建议 ······························· 120

第五章　2021 湖南企业 100 强横向对比分析报告 ····························· 124
第一节　2021 中国企业 500 强三大榜单中的湖南亮点 ··························· 124
第二节　2021 中国企业 500 强中十大经济强省上榜企业对比分析 ················· 129
第三节　2021 湖南企业 100 强与中国企业 500 强对比分析 ······················ 133
第四节　2021 湖南企业 100 强与《财富》世界 500 强企业对比分析 ··············· 136

中外企业数据

第六章　湖南企业数据 ·· 141
第一节　2021 湖南企业 100 强数据 ·· 141
第二节　2021 湖南企业 100 强主要经济技术指标前 50 数据 ···················· 145
第三节　2021 湖南制造业企业 100 强数据 ····································· 185
第四节　2021 湖南服务业企业 50 强数据 ······································ 189
第五节　2021 湖南企业 200 家数据 ·· 191

第七章　中国 500 强企业及《财富》世界 500 强企业数据刊登 ················ 198
第一节　2021 中国企业 500 强数据 ·· 198
第二节　2021 中国制造业企业 500 强数据 ····································· 219
第三节　2021 中国服务业企业 500 强数据 ····································· 241
第四节　2021《财富》世界 500 强企业数据 ···································· 262

湖南省企业和工业经济联合会简介 ·· 284

后　记 ·· 286

企业风采 ·· 287

湖南经济走势

 特载文稿

政府工作报告
——2021年1月25日在湖南省第十三届人民代表大会第四次会议上

毛伟明

各位代表：

现在，我代表省人民政府，向大会作政府工作报告，请予审议，并请各位政协委员提出意见。

一、2020年和"十三五"时期工作回顾

2020年是极不平凡、极其不易的一年。面对复杂严峻的国内外形势特别是新冠肺炎疫情严重冲击，在以习近平同志为核心的党中央坚强领导下，我们坚持以习近平新时代中国特色社会主义思想为指导，认真落实习近平总书记考察湖南重要讲话精神，在中共湖南省委正确领导下，坚持稳中求进工作总基调，深入实施创新引领开放崛起战略，统筹疫情防控和经济社会发展，扎实做好"六稳"工作，全面落实"六保"任务，决胜全面建成小康社会，决战脱贫攻坚，直面大疫大灾、投身大战大考，交出了一份优异答卷。地区生产总值增长3.8%，总量突破4万亿元；规模工业增加值增长4.8%；固定资产投资增长7.6%；进出口总额增长12.3%；城乡居民人均可支配收入分别增长4.7%、7.7%；地方一般公共预算收入实现正增长，呈现稳中有进、稳中向好、稳中提质的良好态势。主要抓了以下工作：

一是众志成城抗击新冠肺炎疫情。坚决落实党中央统一部署，全社会动员、全方位发力、全过程调控，取得疫情防控重大战略成果。闻令而动精准防控。坚持一盘棋、一条心、一股绳，18万个基层党组织、400万名党员、40万名医务人员、上百万名志愿者投入抗疫斗争，第一批启动一级应急响应，第一时间开展大数据排查分析，迅速实施重点人群核酸检测，迅速生产和筹措防疫物资，迅速开展集中科

学救治,在确诊病例千例以上的省份中率先实现病例清零。千方百计复工复产。严格实施分区分级防控,全面推行"健康码""湘就业""湘消费"系列举措,大力落实纾困惠企政策,2万名防疫联络员驻企帮扶,率先启动复工复产,率先实现经济增长由负转正。共克时艰服务全局。派出18批次1502人的医疗队紧急驰援黄冈、武汉,向全国及其他国家和地区提供医疗、生活物资援助,完成土耳其、津巴布韦、赤道几内亚等国抗疫援助任务,落实长沙作为第一入境点城市各项工作。在这场惊心动魄的抗疫大战中,7300多万湖南人民坚忍不拔、奋勇斗争、向险而行,涌现出张辉、宋英杰、鲁力、龚少雄等身捐国难的湖湘英雄,谱写了一曲感天动地的抗疫壮歌。

二是多措并举做好"六稳""六保"。创新招商引资、促进消费、金融让利、产业链水平提升等政策措施,提振市场信心,推动经济加快恢复。粮食能源保障有力。粮食播种面积和产量双增长,总产稳定在600亿斤左右。耕地保护力度持续加大,建设高标准农田390万亩。岳麓山种业创新中心挂牌运行。生猪出栏量全国第二。农业优势特色千亿产业和特色小镇加快打造,农产品加工业销售收入增长3.2%,达1.9万亿元。能源供给能力持续提升,省内电力装机容量接近5000万千瓦,38个重大能源项目超额完成年度计划,平江、华容电厂正式开工。项目建设强力推进。分两批集中开工1547个重大项目,交通、能源、水利、信息"四张网"建设年度任务全面完成,高速公路通车里程新增149公里,长株潭一体化"三干"项目通车,民生领域等补短板项目有力推进。湘赣边区域合作实质性推进。完成农村危房改造2.9万户,开工改造老旧小区2135个。消费潜力加快释放。实施服务业"双百"工程,采取"八大举措",社会消费品零售总额连续10个月稳步回升,限上企业网络零售额增长33%,仓储、邮政业营业收入分别增长25.8%、19.7%。成功举办中国红色旅游博览会和中国国际食品餐饮博览会,旅游总收入达8262亿元,服务业成为拉动经济增长的重要力量。外贸外资创新发展。深入实施促进外贸创新发展"六大举措",积极开展"万企融网闯国际""走进中国商飞"等经贸对接活动。在湘投资的世界500强企业达178家。国际及地区定期全货机航线达10条,中欧班列运营能力进入全国第一方阵。产业链供应链稳定。加强应对国际供应链断裂风险项目建设,全力推进20条工业新兴优势产业链建链补链延链强链,蓝思视窗面板、中车株洲所IGBT二期、邵阳彩虹盖板玻璃等项目竣工,工程机械、轨道交通装备、电子信息等产业链自主可控能力增强,进口替代步伐加快。区域发展更趋协调。长株潭一体化进程加快,三市地区生产总值占全省比重达41.7%;洞庭湖区绿色发展水平提升,岳阳获批长江经济带绿色发展示范区;湘南湘西承接产业转移形成示范效应,湘西地区农村居民人均可支配收入增幅高于全省平均水平1.8个百分点。一年来,我们坚持稳社会预期、保市场主体,减税降费630亿元以上,金融让利165亿元,净增"四上"企业3700家,新获批国家专精特新"小巨人"企业60家,新增A股上市公司13家,内外双循环、上下游贯通的发展格局渐露雏形,拓展了空间,增强了后劲。

三是自立自强提升创新发展水平。实施科技成果转化、高新技术企业经济贡献奖励、科研人员股权和分红激励等举措,培育壮大发展新动能。技术攻坚加快推进。启动实施一批"卡脖子"重大科研攻关和战略性新兴产业技术攻关,牵头承接国家重大科技项目18个,有效发明专利量增长20.4%。第三代杂交稻双季亩产突破1500公斤,再创历史新高。创新平台加快建设。木本油料资源利用国家重点实验室、国家应用数学中心等重大创新平台落户湖南,郴州"水资源可持续利用与绿色发展"经验模式加快探索，超4000家企业聚集岳麓山大学科技城，1600家企业落户马栏山视频文创产业园。创新生态加快优化。覆盖科技领军人才和团队的支持服务体系不断完善，11家院士专家工作站落户湖南，技术合同成交额增长50%，预计科技进步贡献率达60%。新动能加快成长。工业技改投资、高新技术产业投资分别增长6.9%、25.4%，"两机"重大专项等重点项目加快推进。数字经济加快布局，5G通信、人工智能、工业互联网、大数据等快速发展，移动互联网产业营业收入增长22%，高新技术产业增加值接近万亿，省级以上产业园区规模工业增加值占比达67.2%。创新为三湘大地注入了无限生机与活力，壮实了产业骨架，坚实了高质量发展步伐。

四是蹄疾步稳推进重点领域改革。以供给侧结构性改革为主线，增强改革的系统性、整体性、协同性。"三去一降一补"持续深化。加快淘汰煤炭等领域不安全的、落后的产能，落实洞庭湖区造纸企业关闭退出后续工作。株洲清水塘老工业基地261家企业整体退出。搬迁改造城镇人口密集区危化品生产企业42家。关键领域改革取得突破。复制推广自贸区经验195项。成为首个全域低空空域管理改革试点拓展省份。长沙获批数字人民币试点城市。出台国企改革三年行动实施方案，完成省建筑设计院等混合所有制改革，改组设立国有资本投资、运营公司，完成国资公司董事会职权试点。财政审计协同联动机制建立健全，省以下财政事权与支出责任划分稳步推进。完成全民所有自然资源资产清查试点。农村承包地确权登记颁证成果巩固拓展，农村集体产权制度改革整省试点任务基本完成，农村宅基地制度改革试点稳慎推进。机构改革成果深化巩固。生态环境系统行政、监测、执法、督察体制机制改革基本完成，交通、农业、文化、市场监管、城市管理等领域跨部门执法改革进展顺利。广电出版、消防执法、供销合作社综合改革取得明显进展。经营类事业单位改革基本完成，行业协会商会与行政机关脱钩改革全面完成。

五是一鼓作气打好三大攻坚战。始终保持攻坚定力，千方百计克服疫情汛情影响，圆满完成攻坚任务。精准脱贫成绩斐然。脱贫质量"回头看"和督查普查扎实推进，应对疫情影响脱贫攻坚"十条措施"落地见效，重点帮扶脱贫任务较重的地区，剩余19.9万贫困人口全部脱贫。污染防治成果丰硕。强力推进中央交办督察问题整改，坚决落实长江流域"十年禁渔"任务，强化"一江一湖四水"系统联治，完成污染防治攻坚战"夏季攻势"年度任务，农村人居环境整治三年行动圆满收官。长江干流湖南段和"四水"干流监测断面水质达到或优于Ⅱ类，全省市级城市平均空气质量首次达到国家二级标准，重金属污染耕地种植结构调整力度加大。中央污染防治攻坚战成效考核获评为优秀等级。风险防范成效明显。政府债务动态监测和风险预警加强，超额完成隐性债务化解任务。非法集资、"三贷三霸"、P2P等金融乱象得到有效整治。全省较大以上安全生产事故起数同比下降14.3%。有力应对27轮强降雨，未垮一库一坝，未溃一堤一垸，战胜严重洪涝灾害。深化主动接访下访大格局，社会大局保持和谐稳定。

六是尽心尽力发展社会民生事业。聚焦解决群众"急难愁盼"问题，突出"五个优先"，加快补齐民生短板。实施促进就业"五大行动"，帮助924万农民工返岗，城镇新增就业72.4万人。圆满完成12件重点民生实事，城乡低保、残疾人"两项补贴"、企业退休人员养老金标准连续提高，社会救助和保障标准与物价上涨挂钩联动。超额完成消除义务教育大班额任务，累计建成芙蓉学校70所，实现乡镇公办中心幼儿园全覆盖，全省整体通过国家县域义务教育基本均衡发展评估验收。文化惠民工程深入推进，新时代文明实践中心和县级融媒体中心建设加快，推出《大地颂歌》等一批精品力作。湘西世界地质公园申报成功，常德桃花源成为国家 5A 级景区。国家医学中心和区域医疗中心建设加快推进，药品和耗材集中带量采购取得阶段性成效。坚持政府过紧日子，压减盘活省直部门资金近 60 亿元，全省民生支出占比达 70.4%。发放价格临时补贴 11.1 亿元，临时救助 78.5 万人次，党和政府的阳光温暖了社会、赢得了民心。

七是持之以恒提高政府治理效率。"不忘初心、牢记使命"主题教育成果巩固深化。自觉接受人大法律监督、工作监督和政协民主监督及社会监督，提请省人大常委会审议地方性法规草案 10 件，办理省人大代表建议 1354 件、省政协提案 733 件。"三集中三到位"改革顺利推进，省政务服务大厅投入运行，"互联网+政务服务"平台实现省市县乡村五级全覆盖，"一件事一次办"推出 329 项服务事项，企业群众办事时间平均缩减 80% 以上，日均新增市场主体 2148 个。第三次国土调查和第七次人口普查工作取得阶段性成果。落实深化整治形式主义官僚主义 10 条措施，推进金融、涉矿涉砂、工程建设等领域专项整治，廉政建设和反腐败斗争取得积极成效。出台"优化法治化营商环境 33 条"，开展市州营商环境评价。三项典型经验获国务院大督查通报表扬。

各位代表，"十三五"时期，是湖南各项事业阔步向前的五年，是湖南人民获得感、幸福感、安全感倍增的五年。这五年，经济实力跃上了新台阶。地区生产总值（GDP）年均增长 7%，五年跨越两个万亿台阶。存、贷款余额分别达 5.8 万亿、4.9 万亿元。装备制造、农产品加工、材料成为万亿产业，千亿企业实现零的突破，达到 3 个。这五年，高质量发展迈出了新步伐。三次产业结构不断优化，全员劳动生产率提高 60%，高新技术产业增加值占 GDP 比重提高 2 个百分点。地方税收、地方收入、全口径税收、财政总收入分别迈上"2345"千亿台阶，非税占比下降 11.1 个百分点。这五年，创新开放催生了新动力。研发投入强度预计提升 0.65 个百分点，获国家科技一等奖 10 项，"三超""三深"科技成果世界领先，高新技术企业净增 6804 家，达 8621 家。中国（湖南）自由贸易试验区获批，中非经贸博览会落户湖南，海关机构实现市州全覆盖，进出口年均增幅全国第一，实际使用外资 826 亿美元，实际到位内资 3.1 万亿元。这五年，全面改革释放了新活力。推出 140 项重大改革举措，市场化改革步伐加快。不安全的、落后的、环保不达标的产能基本出清，六大高耗能产业占比下降 1.8 个百分点。机构改革任务全面完成，"一件事一次办"成为全国政务服务知名品牌。这五年，城市乡村焕发了新面貌。长沙"四小时航空经济圈"逐步成型，长株潭"半小时交通圈"构筑成网，市市通高铁即将实现，县县通高速、村村通硬化路已成现实。这五年，脱贫攻坚取得了决定性成就。我们扛牢精准扶贫首倡地的政治责任，五年脱贫 477.6 万人，累计使 51 个县、6920 个村、682 万人甩掉贫困帽子，成功探索了一条精准、特色发展、可持续发展的脱贫路子，创造了十八洞村精准脱贫的全国样板，中央脱贫攻坚成效考核连续两年综合评价为"好"。这五年，创造了人民美好新生活。我们不负"守护好一江碧水"的殷殷嘱托，连续四年打响"夏季攻势"，擦亮了"一湖四水"生态名片。我们坚持人民至上，抓好发展和安全两件大事，实现村卫生室、乡镇卫生院全科医生、县市二甲公立医院、农村危房改造、安全饮水、通组公路全覆盖。

我们已站在新的历史起点上，为建设现代化新湖南奠定了坚实基础。

五年来，我们全力支持国防和军队现代化建设，创新开展兵役征集、国防教育、人民防空、军事设施保护、退役军人服务和"双拥"等工作。驻湘解放军、武警部队和广大民兵预备役人员积极参与疫情防控、抢险救灾、应急维稳、脱贫攻坚等急难险重任务，为全省经济社会发展做出了积极贡献。

回顾"十三五"，我们深刻体会到：必须始终坚持党的全面领导。增强"四个意识"、坚定"四个自信"、做到"两个维护"，始终在思想上政治上行动上同以习近平同志为核心的党中央保持高度一致，全力推动党中央大政方针政策在湖南落地生根、开花结果。必须始终坚定正确的政治方向。以习近平总书记关于湖南工作系列重要讲话指示精神统揽全局，贯彻新发展理念，推动高质量发展，把习近平总书记为湖南擘画的宏伟蓝图变为美好现实。必须始终保持战略定力。坚持一张蓝图绘到底，把落实中央部署形成的好做法、好经验上升为制度安排，把推动湖南发展、增进民生福祉的有益探索上升为政策措施，走出一条符合湖南实际的高质量发展路子。必须始终坚持以人民为中心。把人民对美好生活的向往作为我们的奋斗目标，坚持发展为了人民、发展依靠人民、发展成果由人民共享，让湖南发展更有"温度"，让民生福祉更有"质感"。

各位代表！过去五年，在中共湖南省委坚强领导下，我们共同见证了习近平新时代中国特色社会主义思想的真理伟力，我们凝聚了全省各族人民同心同向、奋力攻坚的强大合力，我们得到了港澳台同胞、海外华侨华人、国际友人关山无阻、万里为邻的强大助力。过去一年，我们为逆行出征、向死而生的广大医务工作者、疾控人员而感动，我们为枕戈待旦、坚守如磐的人民解放军指战员、武警部队官兵、社区工作者、公安民警、应急救援人员、志愿者、基层干部群众而感动，我们为各行各业平凡的父亲、母亲、儿子、女儿而感动。在此，谨向所有参与者、奋斗者、奉献者致以崇高敬意！向关心支持全省经济社会发展的各民主党派、工商联和无党派人士、各人民团体、中央驻湘单位以及社会各界，表示衷心感谢！

我们也清醒认识到，全省经济社会发展还面临不少困难和问题。一是发展潜能有待激发，创新驱动发展能力还不够强，融入新发展格局的步伐还需加快，实体经济还面临不少难题。二是发展质量效益有待提高，发展不平衡不充分问题依然存在，产业发展层次和水平有待提升，税占比还较低。三是风险防控能力有待提升，财政实力还不够强，环境保护、安全生产、防灾减灾等领域仍然存在薄弱环节。四是人民生活品质有待改善，就业、教育、医疗、养老等民生工作还存在短板弱项。五是政府治理效能有待增强，少数部门和地方还存在执行不力、落实不到位现象，少数干部的作风、能力、素质还不完全适应新阶段新要求。我们一定要高度重视，认真加以解决。

二、"十四五"时期主要目标任务

"十四五"时期是开启全面建设社会主义现代化国家新征程、向第二个百年奋斗目标进军的第一个五年。我们要围绕到二〇三五年基本实现社会主义现代化的远景目标，坚持党的全面领导，坚持以人民为中心，坚持新发展理念，坚持深化改革开放，坚持系统观念，坚持目标引领，大力实施"三高四新"战略，实现经济成效更好、创新能力更强、改革开放更深、文明程度更高、生态环境更美、生活品质更优、治理效能更佳，奋力谱写新时代坚持和发展中国特色社会主义的湖南新篇章。重点推进六个方面工作：

一是全力打造"三个高地"，在推动高质量发展上闯出新路子。这是方向、使命和任务，必须步步为营、实质性推进。坚持高端化、智能化、绿色化、融合化，大力实施"八大工程"，促进先进制造业和现代服务业深度融合，提升产业基础能力和产业链现代化水平，着力打造国家重要先进制造业高地。坚持"四个面向"，大力实施"七大计划"，完善科技创新体系，打好关键核心技术攻坚战，着力打造具有核心竞争力的科技创新高地。坚持更深层次改革和更高水平开放，大力实施"四大改革行动"和"五大开放行动"，着力打造内陆地区改革开放高地。

二是全力融入国内大循环、国内国际双循环，在构建新发展格局中展现新作为。这是我国经济现代化的路径选择，必须加快经济循环的畅通无阻。持续深化供给侧结构性改革，建立健全需求侧管理长效机制，打造国内国际双循环重要节点，实现经济在高水平上的动态平衡。扩大居民消费，提升消费层次，培育完整的内需体系，增强消费对经济发展的基础性作用。优先发展新型基础设施，优化升级传统基础设施，补齐民生基础设施短板，构建系统完备、高效实用、智能绿色、安全可靠的现代化基础设施体系。

三是全力优化高质量发展布局，在推动中部地区崛起和长江经济带发展中彰显新担当。这是未来发展的重要支撑，必须下好先手棋、打好主动仗，增强区域经济的竞争力、发展力、持续力。主动融入国家区域发展布局，积极对接"一带一路"、长江经济带、长三角一体化、粤港澳大湾区等国家战略，打造畅通陆海经济循环新枢纽，提高湖南在全国区域经济格局中的地位。着力构建"一核两副三带四区"区域经济发展格局，优化重大基础设施、重大生产力和公共资源布局，推动长株潭、洞庭湖、湘南、湘西四大区域板块协调联动发展。以长株潭一体化为龙头，建设现代化都市圈，促进大中小城市和小城镇协调发展。大力推进湘赣边区域合作示范区建设。

四是坚持农业农村优先发展，在全面实施乡村振兴战略中开拓新局面。这是建设现代化新湖南的关键和基础，必须抓牢抓实。促进农业全面升级，保障粮食等重要农产品供给安全，提升农业产业化、规模化、机械化、科技化水平，提高农业质量效益和竞争力。促进农村全面进步，统筹推进农村经济、政治、文化、社会、生态文明和党的建设，健全城乡融合发展机制，改善农村人居环境，增强农村发展活力。促进农民全面发展，大力推进乡村人才振兴，提高农民科技文化素质，造就一支适应农业农村现代化发展要求的高素质农民队伍。推进巩固拓展脱贫攻坚成果同乡村振兴有效衔接。

五是坚持生态优先、绿色发展，在促进人与自然和谐共生中取得新成效。这是赢得未来的必然要求，必须为子孙计、为长远谋，建设美丽湖南。深入打好污染防治攻坚战，推进山水林田湖草生态保护修复，实施好长江流域"十年禁渔"，提升生态系统质量和稳定性。落实国家碳排放达峰行动方案，调整优化产业结构和能源结构，构建绿色低碳循环发展的经济体系，促进经济社会发展全面绿色转型。加快构建产权清晰、多元参与、激励约束并重的生态文明制度体系。

六是坚持以人民为中心，在推进共同富裕上迈出新步伐。这是发展的出发点和落脚点，必须矢志不渝。坚持在发展中改善人民生活品质，拓宽居民增收渠道，谋划实施一批重点民生工程，健全基本公共服务体系，在更高水平上实现幼有所育、学有所教、劳有所得、病有所医、老有所养、住有所居、弱有所扶。完善共建共治共享的社会治理制度，大力建设法治湖南、平安湖南、健康湖南，促进人的全面发展和社会全面进步。

三、2021年工作

2021年是我国现代化建设进程中具有特殊重要性的一年。当前，疫情变化和外部环境存在诸多不确定性，世界经济形势复杂严峻。我国发展仍然处于重要战略机遇期，但机遇和挑战都有新的发展变化。我们要正确认识我省所处的历史方位，准确把握所处发展阶段，奋力担当历史使命，夯实"稳"的基础，稳住向上向好发展态势；找准"进"的方向，全领域、全方位、全过程贯彻高质量发展要求；盯住"高"的目标，高水平、高标准、高效率实施"三高四新"战略；取得"新"的成效，迈出现代化新湖南建设坚实步伐，确保"十四五"开局之年迈好第一步，见到新气象。

今年工作的总体要求是：以习近平新时代中国特色社会主义思想为指导，全面贯彻党的十九大和十九届二中、三中、四中、五中全会精神，坚决落实习近平总书记关于湖南工作系列重要讲话指示精神和中央经济工作会议精神，坚持稳中求进工作总基调，立足新发展阶段，贯彻新发展理念，构建新发展格局，以推动高质量发展为主题，以深化供给侧结构性改革为主线，以改革创新为根本动力，以满足人民日益增长的美好生活需要为根本目的，大力实施"三高四新"战略，坚持创新引领开放崛起，坚持扩大内需战略基点，坚持系统观念和底线思维，更好统筹发展和安全，坚持精准施策，扎实做好"六稳"工作、全面落实"六保"任务，巩固拓展疫情防控和经济社会发展成果，推动经济平稳健康运行、社会和谐稳定，确保"十四五"开好局，以优异成绩庆祝建党100周年。

今年主要预期目标是：地区生产总值增长7%以上，地方一般公共预算收入增长4%以上，城镇新增就业70万人，城镇调查失业率与全国一致，居民消费价格涨幅控制在3%左右。居民收入稳步增长。生态环境质量进一步改善，完成国家下达的能耗"双控"目标。确保粮食播种面积和产量稳定。

今年要重点抓好以下工作：

（一）以改革创新为根本动力，全面厚植发展新优势

坚持高水平的自立自强，以改革集成优势，以创新激发动能，抢占产业、技术、人才、平台制高点，形成赢得未来的核心竞争力。

打好关键核心技术攻坚战。强化优势特色领域和颠覆性前沿技术领域布局，落实"揭榜挂帅"制。今年要紧盯制约产业发展的关键领域、引领未来发展的核心技术，抓住"卡链处""断链点"，以点带面深入开展"四基"攻关突破行动，重点抓好十大技术攻关项目：（1）东映碳材高性能碳纤维；（2）汇思光电、湖南大学硅基量子点激光器；（3）湘潭大学碳基生物等先进传感器件；（4）中创空天、中南大学、株硬集团等高端装备用特种合金；（5）中电48所、楚微半导体8英寸集成电路成套装备；（6）中车时代电气、顶立科技、大合新材料等第三代半导体；（7）中联重科、三一重工等高端液压元器件；（8）湘江树图、天河国云区块链底层技术、数字货币加密技术；（9）铁建重工大型掘进机主轴承及数字仿真技术；（10）山河智能工程机械数字样机及孪生技术等科技攻关。

加强科技创新体系建设。深入推进"两区两山三中心"建设，加快郴州国家可持续发展议程创新示范区发展，支持有条件的地区创建国家创新型城市。积极争取布局国家大科学装置、区域科技创新中心、重点实验室等创新平台，支持组建创新联合体和中试基地，推动科研院所、高校、企业等科研力量优化配置和资源共享。发挥企业在科技创新中的主体作用，促进高新技术企业、科技型中小企业和产业领军企业增量提质，力争高新技术企业突破9500家。加强科技交流合作。

强化科技创新要素支撑。促进创新链、产业链、价值链、人才链良性互动，研发投入强度提高0.1个百分点。完善金融支持创新体系，开展科技型企业知识价值信用贷款风险补偿试点，提高科技创新企业融资的可获得性。深入实施芙蓉人才行动计划、高层次人才引进计划、院士专家引领创新产业计划，完善靶向引才、专家荐才机制。健全科技人才评价体系。深化科技成果使用权、处置权和收益权改革，健全职务科技成果产权制度，开展科研经费使用"包干制"改革试点。加强知识产权保护，促进科技成果转化。

深化重点领域和关键环节改革。实施国企改革三年行动方案，积极稳妥深化国有企业混合所有制改革，推进全省国有资本布局优化和结构调整，完善中国特色现代企业制度。深化财税金融体制改革，全面推进零基预算，加快湖南金融中心建设，抓好长沙数字人民币试点。推进政府采购制度改革。基本完成党政机关和参公事业单位国有资产管理体制改革。加快产权制度改革，建立健全要素价格市场化形成机制。落实统一的市场准入负面清单制度。深入推进工程建设项目审批制度改革，持续推行极简审批服务。开展全域低空空域管理改革试点。推进统计现代化改革。

（二）以制造业高质量发展为突破，提升产业链供应链现代化水平

把制造业作为强省之基、兴省之要、富省之举，抓企业、兴产业、强产业链，构建上下贯通、集聚集合的产业生态。

大力发展先进制造业。做强做大工程机械、轨道交通装备、中小航空发动机等优势产业，壮大信创工程等新兴产业，培育智能网联汽车等未来产业。做强大企业、培育"小巨人"，支持龙头骨干企业跻身"三类500强"，建立专精特新中小企业梯度培育体系。力争新增规模工业企业1000家以上，制造业增加值增长8.5%左右。今年要紧盯振兴实体经济，强化重大产业项目的战略性、支撑性、带动性，加快产业兴湘、产业强湘，重点抓好十大产业项目：推进大众电动汽车、意华交通装备、山河工业城三期、马栏山视频文创产业园、中联智慧产业城、三一智联重卡、岳阳己内酰胺、三安半导体、蓝思消费电子、华菱涟钢薄板深加工等项目建设。

增强产业链供应链自主可控能力。锻造产业链供应链长板，推行链长制，"一链一策"出台三年行动计划，培育引进领军企业、关键配套企业，带动零部件、原材料企业就近发展，提升主导产业本地配套率，促进产业链向两端延伸、向高端攀升。补齐产业链供应链短板，提高核心基础零部件（元器件）、关键基础材料、先进基础工艺、产业技术基础和基础工业软件供给能力，增强产业链供应链抗风险水平。推动企业产品向前端高端尖端进军，提升品牌溢价能力。

推动产业数字化、数字产业化。加快数字经济发展，推动数据资源开发利用和保护，促进经济社会发展数字化、网络化、智能化，力争数字经济增加值增长15%以上。加快产业数字化，探索智能制造系统解决方案，引导中小企业上云用云，发展更多自动工位、智能车间、智能工厂，促进数字技术运用于企业设计、生产、营销、管理、服务全过程。加快数字产业化，培育5G应用、人工智能、集成电路、机器人、大数据、云计算等新兴产业。支持长沙创建中国软件名城，推进车联网先导区建设。

推进制造业与服务业融合发展。大力发展工业设计、供应链管理、数字创意等新业态，推进现代物流、现代金融等生产性服务业专业化、高端化发展。大力推动国家、省级"两业"融合试点。推动制造业服务化和服务型制造，推广柔性化定制，发展共享生产平台，加强全生命周期管理，开展研发设计、工程总包、系统控制和维护管理一体化服务，引导服务业企业利用信息、创意、营销渠道等优势，向制造环节拓展，实现创新资源、生产能力和市场需求的高效协同。推动通航产业和低空经济发展。

（三）以扩大内需为战略基点，积极参与强大国内市场建设

市场是当今全球竞争最稀缺的资源。必须依托全球规模最大、最具成长性的国内市场，促进全生产要素的良性循环，提升生产要素配置质量和水平。

增强供给体系韧性。深入推进供给侧结构性改革，继续完成"三去一降一补"重要任务，加快30万吨/年以下煤矿分类处置，有序推进沿江化工企业搬迁改造。建设国家物流枢纽和骨干冷链物流基地，培育第三方物流企业。推进土地要素市场制度建设，建立健全城乡统一的建设用地市场，保障重大产业、重点建设、重要民生项目用地需求。畅通劳动力和人才社会性流动渠道。深化投融资体制改革，健全政府性融资担保体系；发展普惠金融，增强中小微企业和民营企业金融服务供给；深入实施企业上市"破零倍增"计划，提高直接融资比重。加快培育数据要素市场，完善数据资源产权、交易流通等制度，推进政府数据开放共享。打破行业垄断和地方保护，加强监管执法，维护公平竞争。落实国家高标准市场体系建设行动，降低全社会交易成本。

全面促进消费。提振餐饮住宿、文化体育、健康养老、家政等服务消费，促进汽车和家电家具家装消费，培育体验消费、网络消费，打造时尚消费和"夜经济"地标。促进线上线下消费融合发展，扩大信息消费规模，提质升级步行街、商业综合体。落实带薪休假制度，扩大节假日消费。释放农村消费潜力，畅通县乡村三级物流配送网络。加快建设一批区域消费中心城市，创建张家界等一批国家文旅消费试点示范城市。改善消费环境，保护消费者权益。

持续扩大有效投资。今年紧盯完善"四张网"，聚焦打基础利长远，聚焦补短板强弱项，聚焦惠面广效应大，夯实高质量发展基础，重点抓好十大基础设施项目：新建新化至新宁高速公路、益阳至常德高速公路扩容工程、广电5G覆盖工程、高标准农田建设工程，改建韶山至井冈山红色旅游铁路，续建长沙机场改扩建工程、常益长铁路、永州电厂及雅江特高压（湖南段）等重大能源建设工程、张吉怀铁路、城市防洪排涝工程。

加快推进自贸试验区建设。建立制度创新项目库，大力开展首创性、集成性、系统性、链条性改革探索，确保完成改革试点任务50%以上，力争形成10项以上制度创新经验和案例。推动出台自贸试验区条例，编制长沙、岳阳、郴州片区发展规划及产业、园区和走廊专项规划。支持联动发展区开展相关改革试点。对接国际规则，巩固扩大对东盟开放合作，深入对接非洲大陆自贸区。

推动外贸高质量发展。培育壮大外贸主体和出口优势产业集群，积极搭建多层次外贸供应链平台，加快发展跨境电商、市场采购贸易等新业态。加强口岸和国际物流通道建设，推进海关特殊监管区域、临空临港经济区提质升级。加快全货机航线网络建设，打造中欧班列集结中心。大力引进总部经济项目、"三类500强"企业、产业龙头企业。加快推进中非经贸深度合作先行区建设，办好第二届中非经贸博览会等系列经贸活动。支持重点境外经贸合作园区建设。

大力优化营商环境。加强优化营商环境立法，开展优化营商环境攻坚行动。全面强化公平竞争审查，破除市场准入不合理限制和隐性壁垒，打造市场化法治化国际化营商环境。加快社会信用体系建

设，完善守法诚信褒奖、违法失信惩戒机制。毫不动摇鼓励、支持、引导非公有制经济发展，优化支持非公有制经济发展的市场、政策、法治和社会环境。弘扬企业家精神，依法保护企业产权和企业家权益，构建亲清政商关系。

(四) 以农业农村现代化为引领，全面推进乡村振兴

稳住农业基本盘、守好"三农"基础，是应变局、开新局的"压舱石"。

促进农业高质高效。落实粮食安全党政同责要求，完善粮食安全省长责任制和"菜篮子"市长负责制。坚决守住耕地红线，坚决遏制耕地"非农化"、防止"非粮化"。深入实施藏粮于地、藏粮于技战略，加强农田水利设施建设，巩固提升农业综合生产能力。加强种业科技创新和种质资源保护利用，实施优质粮油、湘猪、菜果茶工程。深化农业供给侧结构性改革，深入实施"六大强农"行动，打造"百千万"工程升级版，大力培育农业优势特色千亿产业，推动品种培优、品质提升、品牌打造和标准化生产，促进农村一二三产业融合发展。继续抓好生猪生产恢复。支持农业现代化示范区、农业对外开放试验区建设。

建设宜居宜业乡村。实施乡村建设行动，统筹规划建设县域城镇和村庄，改善农村基础设施，提升农村建房质量和水平。实施农村人居环境整治提升五年行动，因地制宜推进农村改厕、生活垃圾处理、污水治理和农业面源污染治理。打造300个以上省级美丽乡村示范村、100个省级特色精品乡村，保护传统古村落。建立健全城乡融合发展政策体系，促进城乡要素自由流动、平等交换和公共资源合理配置。

推动农民富裕富足。发展富民乡村产业，稳定农民工就业，保持强农惠农富农政策的连续性、稳定性，提升农民生产经营效益，确保农民稳定增收。丰富农村精神文化生活，建立乡村公共文化服务体系，扎实开展形式多样的群众文化活动，深化文明村镇和文明家庭创建。大力倡导科学文明之风，推进农村移风易俗。

做好巩固拓展脱贫攻坚成果同乡村振兴有效衔接。围绕5年过渡期三大任务，保持主要帮扶政策总体稳定，健全防止返贫监测和帮扶机制，巩固拓展脱贫攻坚成果；做好工作机制、政策举措、机构队伍等衔接转向，推动脱贫攻坚工作体系全面转向乡村振兴；健全农村低收入人口常态化帮扶机制，分层分类做好帮扶救助，确保不出现规模性返贫。

深化农业农村改革。开展第二轮土地承包到期后再延长30年试点、土地经营权流转登记颁证。完善农村产权交易平台和服务体系，依法规范、稳妥开展农村集体经营性建设用地入市。探索农村宅基地"三权分置"实现形式。培育农民合作社、家庭农场等新型农业经营主体，健全农业专业化社会化服务体系，发展新型农村集体经济，巩固拓展集体产权制度改革成果。深化供销合作社综合改革，健全农村金融等服务体系，推动农业保险扩面增品提标。

(五) 以"一江一湖四水"为主战场，持续推进生态文明建设

环境就是民生，青山就是美丽，蓝天也是幸福，要坚决不负"守护好一江碧水"的殷殷嘱托。

继续推动污染防治。扎实推进长江经济带生态环境突出问题整改，推动"一江一湖四水"系统联治，完成湘江保护和治理第三个三年行动计划，持续发起"夏季攻势"。抓好长江干支流入河排污口、城市黑臭水体、饮用水水源地环境问题整治。加强工业园区水环境管理，推动港口码头岸电全覆盖。开

展塑料污染治理。大力提升空气质量，实施细颗粒物和臭氧协同控制，强化长株潭及传输通道城市大气污染联防联控，积极应对重污染天气。加强固体废弃物和磷污染治理、受污染耕地安全利用和严格管控，推进土壤重金属污染治理。完善生态环境监测网络，强化污染源自动在线监控、电力环保智慧监管，以及垃圾、污水等处理设施在线监管。建立用地全程一体化管理及自然资源监测保护、执法保障体系。

加强生态保护与修复。加快推进长江岸线湖南段、"一湖四水"流域生态廊道建设，推进湘江流域和洞庭湖生态保护修复工程试点；加强河湖生态流量监管，持续推进河湖"清四乱"和非法矮围专项整治。开展国土绿化行动，推行林长制，加强天然林保护修复。深入推进砂石土矿专项整治和全域土地综合整治试点。加强生物多样性保护，严格落实禁捕退捕政策，强化禁食野生动物管控。

加快推动绿色低碳发展。发展环境治理和绿色制造产业，推进钢铁、建材、电镀、石化、造纸等重点行业绿色转型，大力发展装配式建筑、绿色建筑。支持探索零碳示范创建。全面建立资源节约集约循环利用制度，实行能源和水资源消耗、建设用地等总量和强度双控，开展工业固废资源综合利用示范创建，加强畜禽养殖废弃物无害化处理、资源化利用，加快生活垃圾焚烧发电等终端设施建设。抓好矿业转型和绿色矿山、绿色园区、绿色交通建设。倡导绿色生活方式。

（六）以对接国家战略为导向，提升区域合作竞争实力

在国家重大部署中抢抓战略机遇，加快构建优势互补的区域经济格局。

参与国家战略合作。拓展与"一带一路"沿线国家经贸交流，推动国际产能合作、中欧班列信息港、国际铁路港保税物流平台等项目建设。加强与长江沿线地区产业、基础设施、体制机制合作。全面落实对接粤港澳大湾区实施方案，打造湖南至大湾区3—5小时便捷通达圈。深化与长三角一体化和成渝双城经济圈合作。深入实施湘赣边区域合作示范区十大重点工程。

建设"一核两副三带四区"。大力推进长株潭一体化，高位统筹、同向发力、创新协同、政策一体、齐抓落实，支持长沙提升城市能级、湘江新区拓展新片区，带动"3+5"城市群发展。支持岳阳建设长江经济带绿色发展示范区、衡阳建设现代产业强市。依托京广、沪昆、渝长厦通道，建设各具特色和优势的经济带。加快洞庭湖生态经济区传统产业转型升级和特色产业、园区发展，增强湘南湘西承接产业转移示范区产业链配套能力，继续实施湘西地区开发战略。

推进以人为核心的新型城镇化。实施城市更新行动，优化再配置城市资本、土地等要素，增强城市的整体性、系统性、宜居性、包容性，提高城市科学化、精细化、智能化水平，推进城市精心规划、精品建设、精细管理、精美呈现。加快城镇老旧小区改造，推动城市生态修复和功能完善，强化城市风貌管控和历史文化保护。深化户籍制度改革，完善财政转移支付和城镇新增建设用地规模与农业转移人口市民化挂钩政策。扩大保障性租赁住房供给，规范市场行为，促进房地产市场平稳健康发展。

建立国土空间规划体系。划定落实生态保护红线、永久基本农田、城镇开发边界"三条控制线"，加快构建"四级三类"国土空间规划体系，形成国土空间规划"一张图"。严格国土空间用途管制，分区分类制定管控规则。实行规划全周期管理，建立编制、审批、修改和实施监督全程留痕制度。

持续壮大县域经济实力。实施特色县域经济强县工程，引导农产品加工、产业转移项目在县域布局。加快特色小镇建设。深化扩权强县改革，实施县域税收增量奖励政策，完善省以下均衡性转移支

付、县级基本财力保障机制奖补资金办法。组织经济强县与欠发达县结对帮扶合作。推进符合条件的县撤县设市（区）。

（七）以建设文化强省为目标，繁荣文化事业和文化产业

不断提高文化软实力，引领风尚、教育人民、服务社会、推动发展。

提高社会文明程度。深入开展习近平新时代中国特色社会主义思想学习教育，加强党史、新中国史、改革开放史、社会主义发展史和爱国主义、集体主义、社会主义教育。深入推进公民道德、志愿服务、网络文明、家庭家教家风建设，突出抓好未成年人与大学生思想道德、心理健康教育。积极推进我省全域创建文明城市，拓展新时代文明实践中心建设。加快建设长征国家文化公园（湖南段），加强爱国主义教育基地建设管理，做好红色基因库试点工作。提倡艰苦奋斗、勤俭节约。

提升公共文化服务水平。坚持以社会主义核心价值观引领文化建设，全面繁荣新闻出版、广播影视、文学艺术、哲学社会科学事业。推进城乡公共文化服务一体化，建强用好县级融媒体中心和农村应急广播体系，创新实施文化惠民工程，组织文化进万家、戏曲进校园和"湘观影""光影铸魂"等文化活动。广泛开展"欢乐潇湘""书香湖南"等群众性文化活动。加强优秀传统文化、传统手工艺保护和传承，深入挖掘湖湘文化时代内涵，强化重要文化和自然遗产、非物质文化遗产系统性保护。广泛开展全民健身运动，积极备战奥运会、全运会。

发展壮大现代文化产业。完善文化产业规划和政策，加强文化市场体系建设，扩大优质文化产品供给。实施文化产业数字化战略，建设智慧广电体系和文旅大数据中心。加快马栏山视频文创产业园建设，构建高新视频全产业链体系，打造具有国际影响力的"中国Ｖ谷"。推动5G高新视频、网络影视剧、动漫游戏、创意设计、旅游演艺、文旅装备制造等产业创新发展。推动文化和旅游融合发展，加快旅游景区提质升级，打造伟人故里、魅力湘西、大美洞庭、湘赣边红色旅游等精品线路，提升"锦绣潇湘"全域旅游品牌。支持汝城沙洲红色文化引领绿色发展。

（八）以解决群众"急难愁盼"问题为落脚点，全面提高社会建设水平

民之所望、政之所向。人民是我们党执政兴国最深厚的基础和最大的底气，我们要努力让人民安居乐业，让老百姓有想头、有盼头、有奔头。

办好重点民生实事。坚持为民办实事传统，在继续办好增加公办幼儿园学位等十方面实事基础上，新办十件重点民生实事：(1) 累计建成100所芙蓉学校。(2) 提高城乡居民低保水平，确保城市低保标准每人每月不低于550元，城市低保人均救助水平每人每月不低于374元；确保农村低保标准不低于每人每年4300元，农村低保人均救助水平每人每月不低于229元。(3) 强化职业培训，城镇新增就业70万人；完成政府补贴性职业技能培训55万人次。(4) 实施疾控中心标准化建设工程，确保45家市州、县市区疾控中心达到国家标准。(5) 建设农村公路安防设施1万公里。(6) 提升农村通信网络，完成522个行政村通组光纤工程。(7) 实施乡村"雪亮工程"，建设乡村公共部位安防设备10万个。(8) 实施困难残疾人家庭无障碍改造1.2万户。(9) 推进中医药服务基层全覆盖，确保社区卫生服务中心、建制乡镇卫生院有人员、有场地、有服务、有设施。(10) 办理法律援助案件4.5万件。这是对人民的郑重承诺，必须高水平、高质量办好。

落实就业优先政策。始终把就业这个最大民生牢牢抓在手上。千方百计稳定和扩大就业，支持和规范发展新就业形态，鼓励多渠道灵活就业，全力促进高校毕业生、农民工、退捕渔民、残疾人等重点群体就业，兜底帮扶困难人员就业，确保零就业家庭动态清零。大力促进退役军人就业创业。健全就业公共服务体系，完善"湘就业"平台功能。鼓励自主创业。加强技能人才队伍建设，推进"技行三湘"技能培训，举办首届湖南省技能大赛。整治拖欠农民工工资问题，保障劳动者待遇和权益，构建和谐劳动关系。

办好人民满意的教育。教育是追求美好生活的起点，必须更多更公平地惠及人民群众。扩大普惠性学前教育资源覆盖面，推动义务教育优质均衡发展和城乡一体化，加强乡镇寄宿制学校和乡村小规模学校建设，引导高中阶段学校多样化发展。推进职业教育改革发展，发挥株洲职教科技城的作用，促进产教融合试点城市创建，推动职普融通、产教校企合作。提升高等教育质量，支持高校"双一流"建设。大力实施"互联网+教育"。加快推动中小学幼儿园安全防范建设。加强师德师风建设。完成"三全育人"综合改革试点，稳妥推进独立学院转设，有序实施民办教育分类管理改革。开展教育评价改革。平稳推进高考综合改革。

加快建设健康湖南。把健康作为每个人成长和实现幸福生活的重要基础。毫不放松抓好常态化疫情防控，坚持人、物同防，强化薄弱环节防控，确保不出现规模性输入和反弹。大力加强公共卫生体系建设，加快完善疾病预防控制体系，健全突发公共卫生事件监测预警处置机制，加强卫生应急队伍建设和现场救护，全面提升公共卫生防控救治能力；推进国家医学中心、区域医疗中心建设，启动省级区域医疗中心建设，提高县级医院综合能力和乡镇卫生院、村卫生室、社区卫生机构医疗服务水平；深化医药卫生体制改革，加快建立分级诊疗体系，推进药品和耗材集中采购使用改革。深入开展健康湖南行动和爱国卫生运动。强化慢性病筛查和早期发现。发展"互联网+医疗健康"，加快推进中医药高质量发展。提高优生优育服务水平，促进人口均衡发展。

健全社会保障体系。兜住底线，老百姓才更有底气，社会才能更加和谐。大力推进基本养老保险全民参保，完善省、市、县企业养老保险责任分担机制，上调退休人员基本养老金。推进工伤保险省级统筹。建立健全被征地农民社会保障机制。健全重大疾病医疗保险和救助制度，开展长期护理保险试点，深化医保支付方式改革。推进社会救助制度改革，建立完善社会救助对象和困难群众主动发现机制，将低保对象扩大到低收入家庭中的重度残疾人、重病患者。增强残疾人制度化保障服务能力，健全残疾人托养照护和康复服务体系，推进无障碍环境标准化规范化建设。发展社会福利、慈善事业，加强未成年人和农村留守老人、儿童、妇女关爱保护。积极应对人口老龄化，加快建设居家社区机构相协调、医养康养相结合的养老服务体系。

（九）以安全稳定为底线，建设更高水平的平安湖南

坚持生命至上、安全第一，全面提高公共安全保障能力。

统筹防范化解经济金融风险。稳妥化解地方政府存量隐性债务，推进平台公司市场化转型，加强对新增政府隐性债务监督问责，确保政府隐性债务不新增，并逐年化解。强化专项债券项目合规性审核和风险把控，严格落实专项债券发行使用负面清单，确保发得出、用得好、见效快。建设全省非法金融活动监测预警平台，持续开展"一非三贷"和金融领域涉黑涉恶专项整治。保障关键基础网络系统安全和大数据安全。

加强和创新社会治理。健全党组织领导的自治、法治、德治相结合的城乡基层治理体系，推进市域社会治理现代化，抓好县乡村三级社会治理创新，全面完成新一轮村（社区）"两委"换届工作。推动社会治理和服务重心向基层下移，强化网格化管理服务，发挥社会组织、社会工作者、志愿者作用。坚持和发展新时代"枫桥经验"，总结推广"溆浦经验"，完善信访制度和各类调解联动工作体系，畅通和规范群众诉求表达、利益协调、权益保障通道。健全社会心理服务体系和危机干预机制。全面贯彻党的民族政策、党的宗教工作基本方针。发挥工会、共青团、妇联、红十字会等人民团体作用。

维护社会稳定和安全。突出抓好县域风险防控和县域警务工作，持续深化"一村一辅警"建设，构建立体化、信息化社会治安防控体系。巩固扫黑除恶成果，坚决防范和打击涉毒等突出违法犯罪、新型网络犯罪和新形态经济犯罪。严格落实安全生产责任制，加强应急救援管理体系和能力建设，扎实开展安全生产专项整治三年行动，努力实现"三个坚决、两个确保"目标。推进自然灾害防治重点工程建设，做好气象、地震、通信保障、人民防空等工作。强化食品药品全过程监管。

全力支持国防和军队现代化建设。坚决贯彻习近平强军思想，全面落实《中华人民共和国国防法》，完善全民国防教育体系。稳步推进国防动员体制改革，巩固深化民兵调整改革成果，深化国防动员融合发展，加快"智慧动员"项目建设。深入开展"双拥"创建，做好退役军人管理服务，巩固和加强军政军民团结。

四、加强政府自身建设

新时代赋予新使命，新征程要求新作为。必须大力发扬"为民服务孺子牛、创新发展拓荒牛、艰苦奋斗老黄牛"精神，全身心投入现代化新湖南建设。

始终坚持党的全面领导。坚定不移同以习近平同志为核心的党中央保持高度一致，把增强"四个意识"、坚定"四个自信"、做到"两个维护"落实到行动上、体现到效果上。坚持用习近平新时代中国特色社会主义思想武装头脑，加强政治能力训练和政治实践历练，增强政治判断力、政治领悟力和政治执行力，不断提高把握新发展阶段、贯彻新发展理念、构建新发展格局的能力和水平。

始终坚持依法行政。深化法治政府示范创建，加快推进法治政府建设。规范行政决策程序，健全重大政策事前评估和事后评价制度，完善政府法律顾问、公职律师制度，提升决策科学化、民主化、法治化水平。提高政府立法质量和效率，全面落实行政执法"三项制度"，推进行政复议体制改革。启动"八五"普法。认真办理人大代表建议和政协提案，提高办理水平。依法接受同级人大及其常委会监督，自觉接受人民政协民主监督，主动接受社会和舆论监督，认真听取人大代表、政协委员意见，听取民主党派、工商联、无党派人士和各人民团体意见建议。强化审计监督、统计监督。

始终坚持协同高效。深化"放管服"改革，再取消、调整和下放一批行政权力事项，在自贸试验区和国家级园区开展"证照分离"改革全覆盖试点。全面实行政府权责清单制度，全面推进政务服务标准化、规范化、便利化。持续深化"一件事一次办"改革，推进全省通办、跨省通办，全面实施政务服务"好差评"制度，大力推行告知承诺制。推进建设全省统一的中介服务超市。加快数字政府建设。

始终坚持廉洁从政。推进清廉湖南建设，全面规范领导干部配偶、子女及其配偶经商办企业行为。

深入开展"打牌子""提篮子"和招投标、涉矿涉砂涉金融等腐败多发领域专项整治,突出整治群众身边的腐败和不正之风。锲而不舍落实中央八项规定精神,坚决反对和整治一切形式主义官僚主义。牢固树立政府过紧日子思想,坚决压减非刚性、非重点、非急需支出。

始终坚持固本强基。全面加强基层治理体系和治理能力建设,增强干部专业能力和专业精神,完善绩效考核、督查激励与问责机制。健全基层组织,加强基础保障,减轻基层负担,关心基层干部,为能扛重活、善打硬仗的干部加油鼓劲,为敢于负责、勇于担当的干部站台撑腰,让广大干部专心致志干事创业、建功立业。

各位代表!蓝图已绘就,号角已吹响。让我们更加紧密地团结在以习近平同志为核心的党中央周围,在中共湖南省委的坚强领导下,调动一切可以调动的积极因素,团结一切可以团结的力量,奋力建设现代化新湖南,创造无愧于党、无愧于人民、无愧于历史的业绩,以优异成绩迎接建党100周年!

2021 湖南 100 强企业发展评点

湖南大学 袁 凌

2020 年是实现"十三五"规划目标的攻坚之年。湖南省在全面落实习近平总书记考察湖南重要讲话精神，坚持稳中求进工作总基调，实施创新引领开放崛起战略，统筹疫情防控与社会经济发展等方面取得了巨大的成绩。从湖南省企业和工业经济联合会发布的 2021 湖南 100 强企业数据来看，100 强企业作为湖南省经济建设的支撑力量，在众多方面交出了令人满意的答卷：企业入围门槛再度提高，资产与营业收入规模均有增加，入围企业的规模差距进一步缩小等。但面对复杂严峻的国内外形势，特别是遭受新冠肺炎疫情的严重冲击，100 强企业也出现了整体发展动力不足，地区、行业发展分化严重，结构性矛盾突出等问题。总体来看，100 强企业在"十三五"规划落实的攻坚之年为湖南省经济整体运行维持稳中有进、稳中向好、稳中提质的良好态势做出了突出贡献。

从 100 强企业榜单变化来看：一是新企业强势入围，14 家企业崭露头角。2021 湖南 100 强榜单中有 14 家新进企业，其中 8 家是国有企业，6 家是民营企业。14 家新进企业在榜单前 30 位中占据 3 席。二是老企业壮心不已，整体排名变化较大。2021 湖南 100 强榜单中前两席仍被湖南华菱钢铁集团有限责任公司和中国建筑第五工程局有限公司牢牢占据，湖南中烟工业有限责任公司被三一集团有限公司赶超，居榜单第 4 位。此外，86 家老企业中，位次取得进步的有 26 家，位次保持不变的有 13 家，位次后退的有 47 家。三是行业分布广泛，各行各业百花齐放。2021 湖南 100 强企业分布于 12 个行业门类、30 个行业大类中，其中，制造业企业 45 家，建筑业企业 11 家，批发和零售业企业 14 家，其他行业门类企业 30 家。

从 100 强企业整体发展态势来看：一是 100 强企业总体规模有所扩大。2021 湖南 100 强企业的资产总额为 43031.33 亿元，相比上年增长 41.19%，资产总额持续增长，且资产增长速度提升。由此可见，即使面对复杂多变的国内外市场环境，湖南大企业依然能抢抓机遇，谋求发展。二是盈利水平小幅提升，资产利用效率有待提高。2021 湖南 100 强企业的净利润总额为 1162.79 亿元（实报 100 家企业数据），同比上年增长 39.08%，延续了"十三五"规划以来的良好增长态势。从企业盈利来看，其中盈利企业 91 家，净利润总额为 1220.78 亿元，与上年相比，盈利企业净利润总额增加 307.77 亿元，增幅为 33.71%；从企业亏损来看，亏损企业 9 家，亏损总额 57.99 亿元，亏损企业亏损总额比上年减少 18.98 亿元，减幅为 24.66%；净利润在 10 亿元以上的盈利大户共 27 家，同比上年增加 6 家。从整体资产水平来看，2021 湖南 100 强企业的整体资产利润率为 3.38%，同比上年小幅下降 0.01%。三是行业优势明显。将 100 强企业分行业按营业收入排名，制造业、建筑业、批发和零售业、电力、热力、燃气及水的生产和供应业排名靠前，这 4 个门类的营业收入总额合计 18675.40 亿元，相对营业收入总规模占比 87.53%；将 100 强企业分行业按资产总额占比排名，金融业、制造业和建筑业等 5 个行业门类排名靠前，且相比上年都有所增长，行业集聚效应明显。四是创新意识逐渐增强，研发投入增加。2021 湖南 100 强企业中填报研发费用的企业有 73 家，比上年增加 1 家，研发费用合计为 380.80 亿元，平均研发费用 5.22 亿元，平均研发费用相比上年投入增加 0.89 亿元。但在填报了研发费用占营业收入比率的72家企业中,只有25家企业达到了湖南省政府提出的3%的要求,占填报企业数的34.72%,同比上年减少0.06个百分点。与上年相比,研发费用减少30%以上的企业有1家。五是经济影响继续扩大。从营业收入来看,2021湖南100强企业营业收入总额达到21335.24亿元,同比上年增长12.54%,占全省地区生产总值的比重为51.06%。从纳税状况来看,2021湖南100强企业纳税总额为1614.18亿元（实报93家企业的数据）,相比上年的1565.74亿元（实报94家企业的数据）,增加48.44亿元,增幅为3.09%,占2020年湖南省税收收入总额4130.03亿元的39%,相比上年有小幅度的增加。

从100强企业在全国的榜单表现来看：2021湖南100强企业整体发展进一步提速,但与2021中国企业500强入围规模相比差距仍然很大。从盈利能力和资产利用效率来看,2021中国企业500强的平均收入利润率和平均资产利润率为4.53%和1.19%,平均营业收入增长率和平均资产增长率为5.44%和10.59%；相比而言,2021湖南100强企业的平均收入利润率和平均资产利润率为4.42%和2.19%,平均营业收入增长率和平均资产增长率为12.54%和39.77%（其中利润均为归母公司利润）。可见2021湖南100强企业数据中除平均收入利润率略低于中国企业500强外,其他比率均显著高于中国企业500强。这表明湖南100强企业的高质量发展战略取得了一定的成效,仍需继续坚持以推动高质量发展为主题,大力实施"三高四新"战略。从入围门槛来看,2021中国企业500强的入围规模为392.36亿元,入围门槛持续提高；而2021湖南企业100强入围规模为40.61亿元。可见2021湖南100强企业虽然入围规模有所提升,但是相比中国企业500强仍有很大的差距。

从100强企业与其他省份对比来看：入围的湖南100强企业与邻省湖北省和东部发达省份江苏省在规模方面仍有较大的差距,但盈利能力具有一定的优势。2021湖南100强企业有7家入围2021中国企业500强,与上年持平。这7家企业分别为湖南华菱钢铁集团有限责任公司（第155位）、三一集团有限公司（第182位）、湖南建工集团有限公司（第223位）、中联重科股份有限公司（第320位）、湖南博长控股集团有限公司（第360位）、大汉控股集团有限公司（第367位）、步步高投资集团股份有限公司（第450位）,它们是湖南企业中的佼佼者,为带动全省经济增长、引领省内产业链发展做出了巨大贡献。此外,共有2家湖南企业进入"千亿营收俱乐部"：湖南华菱钢铁集团有限责任公司以1520.21亿元的营业收入,蝉联湖南省内第一；紧随其后的是三一集团有限公司,营业收入为1253.18亿元。而邻省湖北省,共有8家企业入围2021中国企业500强,其中3家进入"千亿营收俱乐部",东风汽车集团有限公司以5993.09亿元的营业收入排名第一。对标东部省份,江苏省共有43家企业入围2021中国企业500强,其中13家进入"千亿营收俱乐部",恒力集团有限公司以6953.36亿元的营业收入位居第一。这些数据说明湖南省100强企业入围数量不多且规模有不小的差距,仍需进一步推动优势产业快速发展并优化产业结构布局。从盈利能力分析来看,湖南入围企业的平均收入利润率和平均资产利润率分别为3.83%和3.87%,湖北入围企业的相应数据分别为1.45%和1.67%,江苏入围企业的数据分别为1.91%和1.92%。这些数据说明湖南入围企业的盈利能力相对来说具有一定的优势。

从100强企业的优秀企业家队伍来看：2020年所评选的优秀企业家中就有6位企业家引领企业进入2021湖南企业100强排行榜,其中由曹志强带领的湖南华菱钢铁集团有限责任公司荣登100强排行榜榜首。

2020年,在全球经济增长低迷、中美经贸摩擦加剧、新冠肺炎疫情肆虐以及构建以国内大循环为主体、国际国内双循环相互促进的新发展格局等复杂背景下，2021湖南100强企业的表现可圈可点，取得了丰硕的成果，但其中存在的问题也不容忽视，需要企业、政府与社会共同关注和重视。

一、经济下行压力大，高质量持续发展有待迈向新的台阶

100强企业作为全省经济发展的支撑力量，是推进湖南省"三高四新"战略的排头兵，担负着深化改革、调整结构和转换新旧动能、推动高质量发展的繁重任务，面对国际、国内的复杂形势和充满不确定性的市场，不可避免会受到经济下行压力的冲击和传统发展模式的持续影响，企业高质量持续发展有待进一步推进。第一，2021湖南100强企业的盈利能力差距进一步扩大。与上年相比，100强企业的整体收入利润率以及平均收入利润率均有所提升，但是收入利润率超过平均水平的企业数减少了8家。第二，100强企业整体的资产管理质量和利用效率比上年有所下降。100强企业的平均资产利润率、平均资产周转率分别比上年降低1.26%、48.04%。第三，老企业发展有待进一步提升。从老企业的位次变化看，进步程度比退步程度要大，但86家老企业的平均资产利润率相比上年下降了0.07%，这反映出老企业的资产综合利用率较低，且有待进一步提升。第四，100强企业国际化经营受挫。受新冠肺炎疫情的影响，100强企业共创造海外收入997.86亿元（实报33家数据），与上年相比锐减49.12%，这也印证了国家以国内大循环为主体的新发展格局的必要性。

二、区域与行业分化严重，全面发展格局有待进一步优化

虽然2021湖南100强企业整体发展趋势稳中向好，承担了全省经济发展顶梁柱的作用，但其发展不平衡不充分的问题仍旧突出，结构性矛盾依然存在。从区域分布结构来看，100强企业集中度高，其中有77%的企业集中在省会长沙，长株潭地区凭借优越的区位交通条件、经济基础与政策支持，营业收入占100强整体营业收入的90%以上，优势进一步加大。与此同时，不难看出湖南省其余各市、各区域发展相对滞后。一方面是因为长株潭城市群位于中部地区的经济腹地，并且近几年的一体化进程持续推进，集中和规模效应突出，相对其他区域来说，拥有较大的交通、信息资源、人才等方面的优势；另一方面也反映了省内整体经济发展不协调、不全面，区域发展规划实施不到位，区域合作机制不健全，合作内容的广度和深度还有待进一步提高，中心城市辐射带动的潜力有待进一步挖掘。从产业分布结构来看，2021湖南100强企业中传统制造业和服务业仍占主导地位。具体来说，100强企业中制造业、建筑业、批发和零售业企业分别有45家、11家和14家，共占据100强企业数量的70%；三大产业的营业收入总额为17532.78亿元，占比82.17%。与上年度相比，三大主导产业在2020年的发展更具优势，但由此也使得其他非主导型产业的利润空间受挤压。从行业分布结构来看，2021湖南100强企业中通信设备、计算机及其他电子设备制造业企业的数量和资产占比，信息传输、计算机服务和软件业等新兴产业的资产和营业收入占比均小于5%。因此持续推动新兴产业发展，发挥其对全面发展格局形成的推动作用，可谓是任重而道远。

三、民营企业需突破发展瓶颈，为湖南发展凝聚更大"湘商力量"

改革开放以来，伴随中国经济的高速增长，湖南民营企业快速发展，已经逐渐成为全省经济发展的

重要组成部分，成为全省高质量发展的排头兵。同时，相对于国有企业来说，民营企业敏感性强，机制和体制更为灵活，且拥有更强的适应变化能力，但在其发展过程中，仍面临许多亟待解决的问题。从发展数量来看，2021湖南100强企业中，民营企业有44家，数量上与国有企业相差不大，但民营企业规模优势仍不突出，呈现多而不优的发展状况；从发展质量来看，44家民营企业的资产总额和营业收入分别只占100强企业总额的19.90%和36.28%，远低于50%，民营企业的整体发展质量仍有待进一步提升。湖南省民营企业发展受限是由以下原因构成的：一是民营企业发展所需要素的支撑较弱，不利于民营企业高质量发展。一方面，许多行业存在显性或隐性市场壁垒，市场准入方面有诸多制约，导致创新型民营企业和中小企业难以进入；另一方面，民营企业的融资渠道单一、筹资规模有限，导致融资难、融资贵。与国有企业相比，有些民营企业因规模小、资信低、财务制度不健全等自身条件，很难达到金融机构现有的授信标准。同时，民营企业还面临着结构性招工难、用工贵的发展难题，技能型人才需要进一步挖掘和培育。二是支持民营企业发展的政策丰富但落实不到位。近几年湖南省为推动民营企业的发展，出台了有关财政支持、人才引进等政策，但将其落实的具体实施办法还有待进一步完善。三是民营企业本身的发展基础不是很牢。民营企业"散小弱"问题较为突出，龙头企业不多，这使得相关产业大规模聚集下的协调效应不突出。四是民营企业的科技创新能力较弱。民营企业同样面临着经济下行压力持续加大、发展环境更加复杂、市场竞争日趋激烈、转型升级压力凸显等严峻形势。民营企业自主创新所需要的资金、人才、技术、设备等物质基础还有待进一步提升。

四、研发投入增长缓慢，创新驱动发展潜能有待激发

"抓创新就是抓发展，谋创新就是谋未来。"企业是创新的主体，是推动创新创造的主力军，也是推动湖南省推进"三高四新"战略以及建设高水平创新型省份的排头兵。实践证明，培育、壮大企业这一技术创新主体，是催生湖南发展新动能的重要举措。近年来，湖南持续出台政策支持企业技术创新，不断稳固和突出企业的技术创新主体地位，并且陆续出台了《湖南创新型省份建设实施方案》《湖南创新型省份建设若干财政政策措施》《湖南省制造业创新能力提升三年行动计划（2021—2023）》《湖南省中小企业技术创新"破零倍增"三年行动计划（2020—2022）》等政策，积极鼓励企业加大技术创新投入，以创新激发动能，实现高水平的自立自强，提升技术创新能力。在政策的推动下，100强企业对创新的重视程度逐年增加，但与沿海省份甚至一些中部省份相比，其自主创新能力依然较弱，需要进一步培育和引进高端创新人才。从研发投入来看，2021湖南100强企业的研发投入占营业收入的比率依然较低，只有25家企业达到了湖南省政府提出的3%的基本要求，占填报企业数的34.72%，仍有超六成的企业研发投入不达标。相对国际上创新能力强的企业研发投入占营业收入5%的要求，能够达标的企业更是寥寥无几，这说明100强企业对创新的重视程度有待进一步提升，其发展潜能有待进一步激发。

2021年是"十四五"规划的开局之年，是我们向着第二个百年奋斗目标进军的开端，对于构建新发展格局、实现高质量发展意义重大。2020年9月16日至18日，习近平总书记在湖南省视察时强调，要落实党中央决策部署，坚持以供给侧结构性改革为主线，扎实做好"六稳"工作，全面落实"六保"任务；有序推进产业结构优化升级，加快发展优势产业，着力筑牢产业基础，推动产业链现代化；着力打造国家重要先进制造业、具有核心竞争力的科技创新、内陆地区改革开放的高地,更加重视催生高质量发展的新动能新优势;在推动中部地区崛起和长江经济带发展中彰显新担当,奋力谱写新时代坚持和发展中国特色社会主义的湖南新篇章。100强企业作为湖南经济发展的排头兵,一方面,在未来发展过程中要牢牢把握企业发展的机遇,深入挖掘自身的竞争优势,推动产品转型升级,提高管理效率,以创新驱动发展;另一方面,面对未来经济发展中的众多不确定因素,100强企业也要警惕风险,提前做好规划调整,寻求发展新机遇。

一、把握经营环境变化趋势,提高企业风险应对能力

2020年春节以后,由于全方位的疫情防控措施,100强企业都面临着巨大的生产经营压力,有效劳动力供给不足、复工时间延长等消极因素为企业的发展前景蒙上了阴影。同时,由于各国对于疫情防控的重视程度不同,100强企业海外业务的开展面临着诸多困难。因此,100强企业应冷静分析经营环境的深刻变化,准确把握新的发展机遇,提高风险应对能力,逐步推动国内市场繁荣,为中国经济高质量发展提供坚实基础。

第一,政府应扩内需稳外贸,引导企业融入"双循环"的新发展格局。2021湖南100强企业中有33家企业填报了海外业务,相关业务收入与上年相比锐减49.12%。为此,政府要健全商贸网络布局,畅通贸易流通渠道,用足用好合规外贸政策工具,加大财税、金融等支持力度。引导企业融入国内大循环的新发展格局,进一步放开消费领域市场准入,持续优化营商环境,加大综合服务力度。依赖海外业务的企业,要主动挖掘国内市场的需求,开拓国内市场;严重依赖进口核心技术的企业,要寻找其他替代解决方案,积极寻求跨领域、跨行业的合作,提升研发和创新协同能力。

第二,100强企业应警惕过度融资带来的资产流动性问题。企业除了增加收入、压缩开支、管理好现金流之外,还要重视资产的流动性。企业应保持合适的资本结构,合理融资,积极协调自身与银行等债权人的关系。政府应当以金融支持政策为重点,加大减息降费的力度,允许企业采用灵活用工模式降低管理成本,提升风险应对能力。

二、加大产业转型升级力度,促进产业协调发展

根据湖南省统计局发布的相关数据,全省三次产业结构由2019年的9.2:37.6:53.2演变为2020年的10.2:38.1:51.7,服务业主导优势仍非常明显。但是2021湖南100强企业当中,传统行业企业比重仍然较大,高技术制造业企业、现代服务业企业比重较低且增速缓慢,战略性新兴产业布局速度待提高,亟须促进产业转型升级、协调发展。

第一,以产业链资源整合为指引,提升产业链的现代化水平。湖南省政府要持续抓好22条工业新兴优势产业链,坚持"一条产业链、一名省领导、一套工作机制"的原则,支持龙头企业和链主企业牵头组织创新联合体,有针对性地实施一批强链补链项目,进一步提升产业链现代化水平。

第二,以消费提质为目标,打造现代服务业发展引领区。(1)推动服务业向高品质、专业化、多样化升级。大力支持企业运用5G、人工智能、大数据等技术扩大服务新消费的应用场景,挖掘用户需求与技术创新相融合的消费模式,在健康服务业、教育培训业、家庭服务业等领域为用户提供定制化、

多样化、高品质的服务。（2）推动现代服务业和先进制造业深度融合。支持有条件的制造业企业向一体化服务总集成总承包商转变，支持服务业企业利用信息、营销渠道等优势向制造环节拓展。（3）推动服务业内部融合发展。支持服务业企业拓展经营领域，加快服务业数字化转型，促进以信息服务、物流、贸易、设计为主的生产型服务业和以消费体验、文化、健康为主的消费型服务业融合发展。（4）打造消费新业态、新模式。开展重大领域关键技术自主攻关，发展夜间经济、假日经济，鼓励企业通过线上线下融合的方式加强促销推广，培育消费新模式。（5）改善提升市场环境质量。一方面，政府要优化营商环境，落实各项惠企政策，全力破除影响和阻碍市场主体发展的各种因素；另一方面，完善促进实物消费结构升级的政策体系，重点开展养老、家政、托育、文化和旅游、体育、卫生健康等行业服务标准制定与修订。

第三，从企业角度出发，推进自身转型升级。在战略制定上，湖南100强企业应着重考虑政策导向，将自身项目的重心放在新兴优势和高技术行业，瞄准价值链高端，有利于获得政策支持，为自身转型升级助力。在技术创新上，企业应重点考虑将智能网联等先进技术赋能于工程机械的产品转型升级以及用户服务上，促进数字化、网络化、网联化的有效升级。在管理创新上，企业管理层需通过多方合作获取新知识，积极参与创新决策，重塑创新发展观念。在营销推广上，企业要聚焦品牌建设，营销模式应更多考虑线上线下融合，促进消费新业态、新模式、新场景的普及应用。

三、加快重点产业区域布局，促进区域经济平衡发展

2020年，湖南省整体经济发展虽然取得了很大成绩，但是仍然存在不少问题。其中，区域经济发展不平衡是一个突出问题。为构建"一核两副三带四区"区域经济格局，充分发挥区域优势，合理有效配置资源要素，需要不断调整和优化产业空间布局，着力推进区域协同发展。

第一，推动区域协调发展。从板块联动来看，长株潭地区应加快推进一体化进程，加快都市圈建设，促进人才、技术、资本等关键要素的协同合作，加强与洞庭湖、湘南、湘西地区深层次合作，促进四大板块发挥比较优势协调发展；洞庭湖生态经济区需积极发展与长株潭相衔接的电子信息和机械装备制造；湘南地区和大湘西地区应充分发挥承接产业转移的平台功能。从通道连通来看，重点打造京广、沪昆、渝长厦三条高铁经济带，以南北深入对接、整体融通互动为方向，以横贯东西节点、提升带动功能为重点，以打通通道、集聚优势为目标，带动四大板块优势产业的开放融通。从城乡协调来看，要丰富乡村经济形态，发展各具特色的现代乡村富民产业，全面推进乡村振兴，同时应提高城乡公共服务水平，促进城乡生产要素自由流通，落实各项配套支持措施。

第二，统筹区域重点发展。从区位优势来看，各区域的发展重点要根据自身的区位特点、资源特点、地理条件、文化传统等来权衡考虑。要推动长株潭地区重点发展高端装备制造、先进半导体和智能终端、生物医药、新材料等高技术制造业，积极布局前沿和未来产业，共建世界级产业集群和具有核心竞争力的现代产业体系，打造全国城市群一体化发展示范区；鼓励洞庭湖生态经济区发展绿色农业和港口经济；引导湘南地区引进发展有比较优势的特色材料、特色生物轻纺、特色机械和电子消费品及零部件，打造新兴产业承接带；支持湘西地区大力发展特色材料、文化旅游、商贸物流、食品医药等产业，打造特色优势产业发展集聚区。从特殊地区发展来看，对于革命老区、民族地区、资源型地区、老

工业地区以及生态退化地区，应当进行有针对性的统筹规划，合理进行产业布局。

四、推动优势产业快速发展，打造国家重要先进制造业高地

湖南制造业门类比较齐全，31个制造业行业大类在全省均有分布，2021湖南100强企业有45家是制造业企业，可以说制造业的发展水平直接决定了湖南省的综合竞争力。全省应以先进制造业为主攻方向，着力推进质量变革、效率变革、动力变革，实施先进装备制造业倍增等"八大工程"，推动产业高端化、智能化、绿色化、融合化发展，不断提升产业基础能力和产业链现代化水平，完善产业生态，建设具有全国竞争优势的先进制造业示范引领区。

第一，把握产业发展现状，加快发展先进制造业。围绕工程机械、轨道交通装备、航空动力三大优势产业，企业应不断推动技术和产品迭代创新，提高全球竞争力，努力形成世界级产业集群；聚焦电子信息、先进材料、智能和新能源汽车、生物轻纺、智能装备等热门产业，建设国内一流的重要生产基地，形成全国产业竞争新优势；布局新一代半导体、生物技术、绿色环保、新能源、高端装备等新兴未来产业，构建一批产业发展新引擎。

第二，聚焦系统思维，提升产业链供应链自主可控能力。锻造产业链长板，政府要支持龙头企业并购延链，强化话语权和供应链地位，促进产业链向两端延伸、向高端攀升；弥补产业链短板，企业要聚焦全省产业链关键环节，加大重要产品和重大技术装备攻关力度，推广先进适用技术，弥补有关短板，推动产业链整体升级；促进供应链多元化，企业在平时需建立重要产品和供应渠道的替代来源，完善供应链备链和风险管理机制，加强关键原材料、零部件、元器件储备，保证自身产业供应链稳定可靠；引导重点配套产业园区发展，围绕重点产业配套发展需要及各地产业发展实际，培育发展特色配套产业园区，为相关产业提供财政、资源支持，有助于提升产业链供应链的配套完善。

第三，明确企业主体地位，培育产业生态。一方面，企业作为产业生态的主体，要以创新驱动带动自身战略变革，推进信息化和工业化的深度融合，不断增强核心竞争力。另一方面，政府应从减环节、优流程、压时限、提效率入手，落实各项惠企政策，提升服务效能，全力破除影响和阻碍市场主体发展的各种因素，为各类市场主体创造市场化、法治化、国际化的营商环境。

第四，立足要素数字化新趋势，推动数字经济发展。未来政府要充分发挥数据新要素的重要作用，培育壮大数字经济核心产业。深入开展"互联网+政务服务"，加大数字监管技术的研究与应用，积极提升事中事后监管能力，优化商贸流通营商及政务环境。制造业企业在产业数字化转型的过程中，应当秉持"数字化+网络化+智能化"的战略，促进生产管理各个关键环节数字化、网络化升级，推动智能工厂、智能企业的建设，为用户提供更多体验式消费和个性需求定制。

五、大力弘扬企业家精神，打造优秀企业家队伍

企业是社会中创造财富、聚集人才的主体，企业家在社会经济、企业文化建设中起到非常重要的作用。随着我国各项改革的不断深化，建设一支工作高效、善于把握经济规律、富有社会责任感的优秀企业家队伍，已经成为各地政府关注的问题。与此同时，近年来，民营经济稳定经济增长的贡献越来越大、转型升级的步子越来越大、奉献社会的贡献越来越大，在稳定增长、促进创新、增加就业、改善民

生等方面发挥了重要作用,成为推动高质量发展的重要力量。而民营企业家群体是发展民营经济的中坚力量。因此,关注民营企业发展、打造优秀民营企业家队伍也是政府、企业以及社会需要关注的重要议题。

第一,大力弘扬企业家精神,发挥榜样的先锋模范作用。根据习近平总书记在主持召开企业家座谈会时的指示,广大企业家应当大力弘扬企业家精神,在爱国、创新、诚信、社会责任和国际视野等方面不断提升自己,努力成为推动高质量发展的主力军。同时,树立优秀企业家榜样。企业家应学习张謇"实业救国"的民族魄力,学习"改革开放40年百名杰出民营企业家"的开拓进取精神,积极发挥入选的四位湖南企业家的先锋模范作用。

第二,制订科学的企业家队伍培训规划,提高企业家队伍的整体素质。首先,实施"高层次企业经营管理人才能力提升计划",培养造就一批责任心强,具有奉献精神、战略眼光和全球视野,善于驾驭现代大企业集团的战略型企业家;一批既懂高新技术又精通现代管理的科技创新型企业家。其次,依托国内著名高校举办企业高级经营管理人才研修班,依托跨国公司和境外著名商学院举办企业家境外高级研修班,重点培训骨干企业的董事长、总经理。最后,完善企业家后备人才培养机制,每年从企业选拔一批优秀青年人才到境内外知名高等院校进行深造等,以此提升企业家队伍的综合素质。

第三,着力优化营商环境,增强企业家干事创业的信心。一是积极出台支持企业发展的政策。全面落实新发展理念,大力破解企业发展中存在的准入难、融资难、融资贵、成本贵、转型难等现实问题,制定出台硬性措施,全面推动各项政策落地见效,提振企业家发展信心,增强企业家获得感。二是构建亲清政商关系。建立健全政府与民营企业之间的正常沟通联络机制,如召开全省民营企业家座谈会,鼓励企业家围绕产业发展、市场化改革、营商环境优化、科技创新、湘商回归等方面建言献策。三是打造市场化、法治化、国际化营商环境。要实施好民法典和相关法律法规,依法平等保护国有、民营、外资等各种所有制企业产权和自主经营权,完善各类市场主体公平竞争的法治环境。要依法保护企业家合法权益,加强产权和知识产权保护,形成长期稳定发展预期,鼓励创新、宽容失败,营造激励企业家干事创业的浓厚氛围。例如,湖南省可以通过建设"六个一",即"一榜一奖一中心一册一办一平台",不断优化营商环境,促进民营经济高质量发展。

六、落实创新引领开放崛起战略,谱写中部突围新篇章

《中共中央国务院关于新时代推动中部地区高质量发展的意见》指出要以推动高质量发展为主题,着力推动内陆高水平开放,推动中部地区加快崛起。同时,"开创中部地区崛起新局面""推动长江中游城市群协同发展"更是被写入国家"十四五"规划和二〇三五年远景目标纲要。这是中部地区迎来崛起以及高质量发展春天的重大政策红利,也为推动中部地区高质量发展提供了根本遵循和行动指南。湖南是中部地区的重要省份,也是谋求中部地区崛起和高质量发展的践行者之一。因此,如何实现"在推动中部地区崛起中彰显新担当,在中部地区高质量发展中走在前列"的总目标定位,对于湖南省来说是一个具有时代性的崭新命题。

第一,推动长株潭城市群一体化发展,打造"中部崛起"新支点。作为长江中游城市群的重要组成部分,长株潭城市群对于加快"中部崛起"意义重大,同时也逐渐成为"中部崛起"的重要引擎。

湖南省应积极构建"一核两副三带四区"区域经济发展格局，大力推进长株潭区域一体化，打造中部地区崛起核心增长极，带动"3+5"城市群发展。与此同时，长株潭还应在初步形成的"半小时交通圈"基础上，不断推进产业圈、科创圈、生活圈、生态圈深度融合，实现更高水平、更深层次的一体化。

第二，积极推动省际合作和交界地区协同发展，全力优化高质量发展布局。一方面，全面融入国家区域重大战略，加快推动长江经济带发展，积极对接长三角一体化、成渝地区双城经济圈，密切与粤港澳大湾区的深度往来合作，加强与京津冀、中原城市群的对接协作。另一方面，扎实推进省际毗邻区域协同发展，大力推进湘赣边区域合作示范区建设，加强湘鄂渝黔革命老区跨省区域合作，加强与湖北协作推进洞庭湖生态经济区建设，加强湘粤桂和湘桂黔省际协作。

第三，推进产业发展联盟机制，探索建立产业协同治理模式。湖南省可借鉴东部省份的有益经验，探索建设跨地区、跨行业的资源共享合作平台，推动形成跨区域产业发展联盟，充分发挥地方政府、高校、科研院所、企业四类主体的不同优势，开展广泛合作交流，共建"内聚外合"的开放性合作发展网络，为产业的协同发展提供高效综合的解决方案。

第一章
2020 年湖南经济发展概况及 2021 年展望

2020 年是极不平凡、极其不易的一年。面对复杂严峻的国内外形势特别是新冠肺炎疫情的严重冲击，全省上下在以习近平同志为核心的党中央坚强领导下，坚持以习近平新时代中国特色社会主义思想为指导，认真落实习近平总书记考察湖南重要讲话精神，坚持稳中求进工作总基调，深入实施创新引领开放崛起战略，统筹疫情防控和经济社会发展，扎实做好"六稳"工作，全面落实"六保"任务，决胜全面建成小康社会，决战脱贫攻坚，直面大疫大灾、投身大战大考，呈现稳中有进、稳中向好、稳中提质的良好态势，为"十三五"规划圆满收官交出了优异答卷。

第一节 2020 年湖南经济发展总体情况

2020 年，湖南全年地区生产总值为 41781.5 亿元，比上年增长 3.8%。其中，第一产业增加值 4240.4 亿元，增长 3.7%；第二产业增加值 15937.7 亿元，增长 4.7%；第三产业增加值 21603.4 亿元，增长 2.9%。三次产业结构为 10.2∶38.1∶51.7。第一、二、三产业对经济增长的贡献率分别为 8.1%、53.9%和 38.0%。

一、农业生产总体平稳

农业经济保持平稳增长。全年农林牧渔业总产值为 7512.0 亿元，比上年增长 4.1%。其中，农业产值 3364.8 亿元，增长 4.1%；林业产值 428.0 亿元，增长 8.3%；牧业产值 2721.6 亿元，增长 2.5%；渔业产值 477.5 亿元，增长 4.3%。

粮食生产"基本盘"稳固。全年粮食种植面积 4754.8 千公顷，比上年增加 138.4 千公顷，增长 3.0%。全年粮食产量 3015.1 万吨，比上年增加 40.3 万吨，增产 1.4%。其中，夏粮产量 43.1 万吨，增加 1.8 万吨，增产 4.4%；早稻产量 718.7 万吨，增加 57.3 万吨，增产 8.7%；秋粮产量 2253.3 万吨，减少 18.8 万吨，减产 0.8%。"饭碗"端得越来越稳。

经济作物总体增收。全年棉花种植面积 59.5 千公顷，比上年下降 5.6%；糖料种植面积 7.6 千公顷，增长 2.3%；油料种植面积 1453.5 千公顷，增长 6.4%；蔬菜及食用菌种植面积 1355.0 千公顷，增长 3.2%。棉花产量 7.4 万吨，减产 9.0%；油料产量 260.7 万吨，增产 9.0%；烤烟产量 18.3 万吨，减产 0.1%；茶叶产量 25.0 万吨，增产 7.1%；蔬菜及食用菌产量 4110.1 万吨，增产 3.5%。

肉类禽蛋产量稳定。全年猪、牛、羊、禽肉类总产量 452.5 万吨，比上年减产 0.9%。其中，猪肉产量 337.7 万吨，减产 3.1%；牛肉产量 20.5 万吨，增产 7.9%；羊肉产量 16.1 万吨，增产 1.3%；禽肉产量 78.2 万吨，增产 6.5%。禽蛋产量 118.8 万吨，增产 3.6%；牛奶产量 5.6 万吨，减产 11.1%；水产品产量 258.9 万吨，增产 1.8%。

二、工业运行稳中有升

工业运行质量不断提升。全年规模以上工业增加值比上年增长 4.8%。其中，民营企业增加值增长 5.7%，占规模以上工业的比重为 71.7%。省级及以上产业园区工业增加值增长 4.2%，占规模以上工业的比重为 69.1%。分区域看，长株潭地区规模工业增加值增长 4.7%，湘南地区规模工业增加值增长 4.6%，大湘西地区规模工业增加值增长 5.0%，洞庭湖地区规模工业增加值增长 4.8%。

主要产品产量保持增长。大米产量 1732.2 万吨，比上年增长 15.9%；饲料产量 1791.0 万吨，增长 3.1%；原油加工量 877.9 万吨，下降 6.0%；水泥产量 10989.1 万吨，增长 0.4%；钢材产量 2720.7 万吨，增长 8.6%；十种有色金属产量 215.0 万吨，增长 7.5%；混凝土机械产量 7.0 万台，增长 57.5%；汽车产量 63.5 万辆，下降 25.2%；发电量 1496.2 亿千瓦时，下降 1.5%。

三、服务业稳定向好

服务业恢复加快。全年批发和零售业增加值 4054.4 亿元，比上年增长 0.6%；交通运输、仓储和邮政业增加值 1561.0 亿元，下降 0.6%；住宿和餐饮业增加值 827.4 亿元，下降 9.4%；金融业增加值 2126.4 亿元，增长 8.3%；房地产业增加值 2902.4 亿元，增长 4.1%；信息传输、软件和信息技术服务业增加值 850.5 亿元，增长 20.9%；租赁和商务服务业增加值 1230.8 亿元，增长 1.9%。全年规模以上服务业企业营业收入增长 4.9%，利润总额下降 18.9%。

快递、电信业务增势强劲。全年邮政业务总量 429.2 亿元，比上年增长 33.4%；电信业务总量 5670.5 亿元，增长 33.4%。年末固定电话用户 592.4 万户，下降 4.9%；移动电话用户 6719.4 万户，增长 1.1%。年末互联网宽带用户 2113.2 万户，增长 12.8%。

旅游业受到冲击。新冠肺炎疫情形势反复使旅游业受到了前所未有的冲击。全年国内游客 6.9 亿人次，比上年下降 16.2%；入境游客 17.0 万人次，下降 96.4%。旅游总收入 8262.0 亿元，下降 15.4%。其中，国内旅游收入 8258.4 亿元，下降 14.1%；入境旅游收入 5116.7 万美元，下降 97.7%。

四、投资增长势头较好

投资保持稳定增长。全年固定资产投资（不含农户）比上年增长 7.6%。其中，民间投资增长 3.0%。分投资方向看，民生工程投资增长 5.1%，生态环境投资增长 7.1%，基础设施投资增长 4.6%，高技术产业投资增长 25.4%，工业技改投资增长 6.9%。分区域看，长株潭地区投资增长 6.5%，湘南地区投资增长8.8%，大湘西地区投资增长8.4%，洞庭湖地区投资增长9.2%。

产业投资支撑有力。2020年，随着"五个100"重大产业项目建设持续发力，以长沙惠科第8.6代超高清新型显示器生产线、三一重卡、蓝思科技和中联重科改扩建等为代表的大批重大项目积极复工开工，抢抓建设进度，全省工业投资逐季稳步回升，全年增长11.4%，占全部投资的比重为36.2%，同比提高1.2个百分点。其中，制造业投资增长8.1%，占全部投资的比重为30.7%，同比提高0.1个百分点，为着力打造先进制造业高地提供了强力保障。

科技创新投资增长迅速。科学研究和技术服务业投资增长16.0%，占全部投资的比重为2.1%；工业技改投资增长6.9%，占全部投资的比重为19.6%。

"两新一重"（新型基础设施建设，新型城镇化建设，交通、水利等重大工程建设）基础设施建设提速明显。2020年，以信息基础设施、融合基础设施、创新基础设施为新增长点的新基建提速，新一代信息网络、5G应用、人工智能、工业互联网和数据中心等数字产业加快发展。全省新基建项目计划总投资2903.48亿元，实际完成投资996.13亿元，比上年增长17.1%。其中，计算机、通信和其他电子设备制造业投资增长73.7%，居国民经济各行业投资增速之首，占全部投资的比重为3.9%，同比提高1.5个百分点。

房地产投资比重下降。"房住不炒"效果显现。全年房地产开发投资4880.4亿元，比上年增长9.8%，增速同比放缓2.9个百分点，占全部投资的比重为17.5%，同比降低0.3个百分点，比全国平均占比低9.8个百分点。商品房销售面积9437.4万平方米，增长3.7%。商品房销售额5947.1亿元，增长6.6%。年末商品房待售面积1333.8万平方米，比上年末减少76.9万平方米，下降5.5%。

五、开放型经济稳步推进

进出口平稳增长。全年进出口总额4874.5亿元，比上年增长12.3%。其中，出口3306.4亿元，增长7.5%；进口1568.1亿元，增长24.1%。出口额居前五位的商品中，服装及衣着附件175.1亿元，下降34.0%；电子元件171.9亿元，增长3.5%；塑料制品135.4亿元，增长20.1%；鞋靴124.2亿元，增长5.1%；纺织纱线、织物及其制品119.1亿元，增长100.9%。分产销国别（地区）看，出口香港571.4亿元，下降6.0%；出口美国457.8亿元，增长26.6%；出口欧盟357.8亿元，下降0.2%；出口东盟591.0亿元，增长17.5%。

招商引资效果显著。外商直接投资增幅居全国前列、中部第一。全年实际利用外资210.0亿美元，比上年增长16.0%。其中，第一产业10.3亿美元，增长43.5%；第二产业78.5亿美元，下降2.3%；第三产业121.2亿美元，增长29.6%。实际到位资金3000万美元以上外资项目176个。年末在湘投资的世界500强存续企业179家，新引进世界500强企业2家。实际到位境内省外资金8737.3亿元，增长22.5%。其中，第一产业688.0亿元，增长33.3%；第二产业4076.5亿元，增长14.2%；第三产业3972.8亿元，增长30.3%。引进2亿元以上境内省外项目807个。

六、技术创新能力不断增强

2020年末有国家工程研究中心（工程实验室）16个、省级工程研究中心（工程实验室）286个、国家地方联合工程研究中心（工程实验室）38个、国家认定企业技术中心59个、国家工程技术研究中心14个、省级工程技术研究中心455个、国家级重点实验室19个、省级重点实验室338个。签订技术合同11741项，技术合同成交金额736.0亿元。登记科技成果532项。专利申请量137415件，比上年增长29.5%。其中，发明专利申请量55017件，增长40.7%。专利授权量78723件，比上年增长44.0%。其中，发明专利授权量11537件，增长36.1%。工矿企业、大专院校和科研单位专利申请量分别为79121件、18553件和996件，专利授权量分别为42202件、14125件和650件。

第二节　2020年湖南经济发展特点

2020年，湖南省上下众志成城抗击新冠肺炎疫情，率先启动复工复产，全省经济呈现增速稳步回升、结构持续优化、质效不断改善的良好态势。

一、社会需求持续改善

一是投资增长势头较好。2020年，全省固定资产投资同比增长7.6%，比上半年加快2.9个百分点。重大项目投资快速增长，5000万元以上重大项目投资比上年增长44.2%。

二是消费市场持续回暖。全省实现社会消费品零售总额16258.12亿元，比上年下降2.6%，降幅比上半年收窄4个百分点。基本民生类商品需求较旺，限额以上批发零售企业中，中西药品类、粮油食品类零售额分别增长22.1%和13%。

三是招商引资增长较快。全省实际到位内资8737.33亿元，比上年增长22.5%，同比提高3.7个百分点；实际使用外资210亿美元，增长16%，同比提高4.2个百分点。

二、结构调整加快推进

一是工业继续迈向中高端。2020年，工业增加值增长4.6%，占地区生产总值的比重为29.6%。工业增加值对经济增长的贡献率为43.9%，生产性服务业增加值对经济增长的贡献率为24.0%，分别比上年提高4.6个和0.2个百分点。战略性新兴产业增加值增长10.2%，占地区生产总值的比重为10.0%。全省规模以上高技术制造业增加值同比增长16%，比上半年加快6个百分点；占规模以上工业的比重为11.7%，同比提高0.4个百分点。装备制造业增加值增长10.4%，占规模以上工业的比重为32.4%，比上年提高1.9个百分点。六大高耗能行业增加值增长2.7%，低于规模以上工业平均增速2.1个百分点；占规模以上工业的比重为28.5%，同比降低0.6个百分点。

二是投资结构不断改善。2020年，全省大力实施创新引领开放崛起战略，不断加大高技术产业、工业技术改造等领域投资力度，加速新旧动能转换，大力支持龙头企业、高校、科研院所等科研投入，促进创新创业，全省三新经济投资发力。产业投资增长较快，工业投资增长11.4%，比上半年加快2个百分点。高新技术产业投资增长25.4%，占全部投资的比重为12.1%，同比提高1.7个百分点；卫生和社会工作投资增长19.8%，短板领域投资得到加强。

三是消费升级态势较好。全省限额以上批发零售企业中，化妆品类、体育娱乐用品类、通信器材类零售额分别比上年增长18.5%、22.9%和23.1%；汽车销售趋稳回升，汽车类零售额增长3.3%，比上半年回升7.9个百分点。

三、发展新动能不断积蓄壮大

一是市场活力不断激发。2020年，全省新登记企业21.66万户，比上年增长6.4%，日均登记企业近600家。

二是新动能培育成效显现。先进制造业、战略性新兴产业和现代服务业推动湖南产业高质量发展，生物医药、新材料、新能源相关产业快速发展，新型显示器件、新一代半导体、功率半导体等产业链迅速壮大。规模以上工业中，服务器、集成电路、传感器、工业机器人、锂离子电池等高新技术产品产量分别增长2.3倍、1.8倍、50%、46%和45.4%。

三是新业态新模式快速发展。全省实现网上零售额（按卖家分）比上年增长17.7%，比上半年加快2.9个百分点。在网络消费快速增长带动下，全省快递业务量增长42.7%，比上半年加快9.3个百分点。新兴服务业增长较快，规模以上研究和试验发展业营业收入增长1.28倍，互联网和相关服务业增长14%。

四、创新动力不断增强

一是研发投入大幅提升。研发经费投入强度由2015年的1.35%提升到2020年的2.01%，是全国提升幅度较大的省份之一。全省高新技术产业增加值增长10.1%，高出GDP增速6.3个百分点，占地区生产总值的比重为23.5%。高新技术企业数量达8621家，跻身全国前十。

二是创新成果突出。杂交稻双季再创纪录，亩产突破1500公斤。重卡高端发动机、160公里时速磁浮列车、全球最大功率神24电力机车等自主创新产品，有力提升了湖南装备制造产业价值链；7.5代盖板玻璃解决了智能终端"缺芯少屏"问题；海上风电塔筒专用植物油变压器国产化，打破国外技术垄断；衡钢海底管刻下"中国深度"，创造我国海底管铺设迈入"1500米+"的"超深水"时代。一批重大科技创新平台加速布局，高新技术企业突破8600家，科技进步贡献率接近60%。

三是园区正成为创新的重要载体。园区以占全省0.5%的土地，创造了全省69%的工业增加值、65%的高新技术产业增加值。

五、质量效益得到提升

一是企业效益恢复向好。规模以上工业企业实现利润总额2032.7亿元，比上年增长8.7%。利润总额居前五位的大类行业中，专用设备制造业413.2亿元，增长50.0%；非金属矿物制品业216.3亿元，增长4.8%；计算机、通信和其他电子设备制造业151.7亿元，增长17.4%；化学原料和化学制品制造业149.2亿元，增长3.4%；农副食品加工业111.7亿元，下降6.8%。规模以上工业企业每百元营业收入中的成本为81.4元。年末规模以上工业企业资产负债率为51.4%。

二是财政收入质量提高。2020年，全省地方一般公共预算收入3008.7亿元，比上年增长0.1%。非税收入占比为31.6%，比上半年下降0.5个百分点。

三是金融信贷支撑有力。年末，全省金融机构本外币各项存款余额57912亿元，比上年增长10%，同比提高2.5个百分点；金融机构本外币各项贷款余额49402.8亿元，增长16.5%，同比提高0.5个百分点。

六、民生保障有力有效

一是逾七成财力用于民生。2020年，全省努力克服减收增支困难，提高财政资金使用效率和质量，重点民生支出得到有力保障，民生支出占一般公共预算支出的比重达七成以上。

二是稳岗就业成效明显。全省新增城镇就业72.42万人，失业人员再就业35.76万人，就业困难人员再就业13.84万人，分别完成年度目标任务的103.5%、119.2%和138.4%。

第三节 现阶段湖南经济高质量发展面临的机遇与挑战

2020年，湖南省工业经济在困难局面下展现出了强大的韧性，生产稳定回升，结构继续向中高端迈进。展望2021年，在全国经济继续稳定恢复的宏观环境下，全省工业经济持续向好的态势不会改变，但也面临一系列的压力，需要清醒认识，积极应对。

一、从国际看，不稳定、不确定性因素仍然较多

一是新冠疫肺炎情仍在全球扩散蔓延。各国疫苗接种率分化严重，发达国家如英、美、以色列等国的疫苗接种率都超过50%，有望在年底基本控制疫情。东南亚和拉美等发展中国家的疫苗接种率都低于15%，远远小于群体免疫屏障75%的目标，由于疫苗紧缺，这些国家今年基本控制疫情的可能性较低。随着变异新冠病毒从印度蔓延，东南亚、拉丁美洲等国经济体下滑风险加深。

二是世界经济复苏前景不确定。2020年以来，国际货币基金组织（IMF）、世界银行、经济合作与发展组织（OECD）都作出了预测，共同判断全球经济进入第二次世界大战以来最严重的大衰退，90%甚至95%以上的经济体进入负增长。2021年世界经济开启复苏进程，世界经济的最终表现将取决于疫情持续时间以及宏观对冲政策的有效性。世界银行2021年6月发布的最新一期《全球经济展望》报告指出，2021年全球经济增长预期上调至5.6%，但是复苏并不均衡，许多新兴市场和发展中经济体仍在继续与疫情及其影响抗争。

三是中美多领域博弈加剧。美国对中国的制裁手段向多领域延伸，除"实体清单"外，对中国实施出口限制政策，并推动实施资产管制和投融资禁令，增加对"一带一路"倡议的干扰，持续以技术封锁、金融制裁为由，阻挠一些中小国家与中国合作，并利用一些国家政权交替之际否定与中国"一带一路"相关的各项合作协议。

二、从国内看，经济发展长期向好、基础扎实稳固

一是超大规模市场加速释放新优势。随着相对有利的外部发展环境正在发生深刻改变，我国超大规模市场新优势正在对全球市场产生重大影响，逐步形成对国内大循环与国内国际双循环的有力支撑。

新一代青壮年人口数量优势、强大消费市场优势、科技创新与技术产业化应用规模优势等将加速我国经济复苏进程，为疫情后高质量发展打下坚实基础。

二是全面深化改革，扩大对外开放，激发新活力。随着全面深化改革、持续推进扩大开放，我国加快打造市场化法治化国际化营商环境，更大力度为各类市场主体投资兴业破堵点、解难题。"放管服"改革深入开展，政府服务效能明显提高，创新创业蓬勃发展。我国营商环境国际排名显著提升，连续多年成为世界最具投资价值的国家之一。《区域全面经济伙伴关系协定》（RCEP）签署将增强国际国内两个市场、两种资源的联通性，促使中国产业更加有效地融入全球价值链，构筑更加安全和互利共赢的产业链、供应链合作体系。改革开放红利充分释放将创造经济发展强劲动能。

三是宏观调控有力有效仍存新空间。自疫情发生以来，我国宏观调控从财政政策、货币政策、就业政策、产业政策等多角度为防控疫情、恢复经济做出科学判断、精准调度，统筹好"立足当前"与"跨周期调节"的关系，为后续经济复苏发挥重要作用。不同于其他主要发达经济体实施超规模量化宽松政策，我国央行资产负债表扩张相对温和，仍有进一步降准、减息政策空间。积极的财政政策和稳健的货币政策在总量与结构上对稳定经济基本盘仍然具有较大调控操作余地。我国宏观经济政策的综合协调性将进一步加强，在抵抗疫情冲击、稳定经济发展、促进结构转型、增强发展动力的过程中，实现宏观调控多重目标、多种政策、多项改革平衡协调联动。

四是新经济新动能持续增强。新产业、新业态、新模式逆势成长，信息传输、软件和信息技术服务业保持高速增长，实物商品网上零售额比重持续提高，科技型中小企业、高新技术企业的数量突破了20万家。创新能力正在不断提高，成为经济增长的重要动力，"新基建"为经济发展提供重要支撑，有助于需求侧投资结构的优化，激发企业设备和技术更新换代的需求，也为新兴产业的发展提供了良好的软硬件基础，对稳增长、促创新具有重要作用。数字经济和数字贸易快速发展。5G网络、大数据、云计算、人工智能、工业机器人等数字技术的进一步成熟，数字产业化和产业数字化快速发展，从消费端到产业端的数字经济发展速度将越来越快。数字技术也正在加速重塑产业链、价值链，并加快数字经济和数字贸易的发展。

但是，也要看到经济回升、转型向好发展面临较多挑战。一是经济恢复不均衡。经济稳步恢复过程中存在结构性不平衡的问题。生产端，受住宿和餐饮业、租赁和商务服务业等行业的影响，第三产业整体恢复较弱。需求端，消费需求仍未从疫情影响中完全恢复。二是投资水平还有待进一步恢复。2020年我国投资水平增长2.9个百分点，同2019年增长5.4个百分点、2018年增长5.9个百分点相比，分别下降2.5个百分点和3个百分点。2021年上半年投资增长12.6个百分点，两年平均增长4.4个百分点，尚未达到疫情前的水平。投资需求的恢复主要依赖基础设施投资和房地产开发投资，随着逆周期调节的财政和货币政策的逐步退出，投资动力也可能减弱。三是消费趋势没有明显改善。2020年由于疫情的影响，消费同比下降3.9个百分点，与2019年增长8%、2018年增长9%相比，下降近12个百分点和13个百分点。2021年上半年同比增长23%，两年平均增速为4.4%。四是产业结构中第二产业特别是制造业下降过快。从2012年至2020年，第二产业国内生产总值占比从45.4%下降至37.8%，就业人口比例从30%下降到28%，已经呈现出较为明显的"去工业化"的迹象。

三、从省内看,经济发展处于重大战略机遇期

一是大力实施"三高四新"战略机遇难得。习近平总书记来湘考察重要讲话精神,为湖南从战略和全局高度提出了"三高四新"科学指引。国家出台《关于新时代推动中部地区高质量发展的意见》,为湖南经济在中部地区崛起中实现高质量发展指明了方向。湖南高位推动《长株潭一体化发展五年行动计划(2021—2025年)》落实落地,把长株潭打造成为实施"三高四新"战略的主阵地和引领湖南高质量发展的领头雁,聚焦"3+3+2"领域构建现代产业体系,推进先进装备制造业倍增、战略性新兴产业培育等"八大工程",建设长株潭国家自主创新示范区及"两山"(岳麓山国家大学科技城、马栏山视频文创产业园)等平台,加快优势重点领域核心技术突破,坚定实施开放崛起战略,充分发挥自贸试验区等开放平台功能,有针对性地储备建设一批具有战略性、支撑性和可行性的重大项目,奋力打造"三个高地",促进湖南融入全国一盘棋,更好服务"国之大者"。

二是全省上下发展实体经济的决心坚定。湖南省委、省政府高度重视发展实体经济,强调发挥民营企业的重大作用,省领导联系产业集群(产业链),抓牢企业、产业、产业链、产业生态"四个着力点",增强产业链供应链自主可控能力,优化营商环境、强化要素供给、深化政策导向、营造浓厚氛围,为经济发展注入生机与活力。

三是优势产业竞争力提升。工程机械、轨道交通装备、航空动力等产业具备一定的领先优势,有希望保持平稳较快增长势头,持续为工业稳增长做出贡献,成为应对不确定性、抢抓发展机遇的主要支柱。"两芯一生态"、集成电路、第三代半导体、新型显示、新材料等战略性新兴产业打造出特色优势和核心技术,为解决"卡脖子"问题做出湖南贡献。全省十大产业项目、制造强省项目等竣工达产将为全省经济发展注入新的动能。

四是市场主体信心显著增强。企业经过一年来的积极调整和有效应对,已基本适应疫情防控常态化下的市场环境变化,安心谋发展、抢抓机遇做实做强的信心更加坚定。

总的来看,2020年全省统筹疫情防控和经济社会发展成效显著。但也要看到,外部环境还存在诸多不确定性,国内"外防输入、内防反弹"任务艰巨,湖南省周期性、结构性矛盾与疫情对部分领域、部分行业的影响交织,经济复苏过程中不稳定、不平衡的问题仍然突出。

一是企业成本推升。美国的超规模刺激措施带来通货膨胀,影响大宗商品的价格上涨。2021年上半年,国际大宗商品价格暴涨、国际物流运价飞涨、人民币升值大涨,"三涨"造成中小微企业尤其是涉外企业经营普遍陷入困境,成本持续上升,利润空间压缩,订单大幅减少。美国等加大对我围堵打压,关键零部件和原材料短缺问题更加凸显。

二是增长压力和赶超难度加大。疫后区域发展比拼更加激烈,江苏、浙江等经济大省不仅基础好、实力雄厚,而且转型发展更主动、步伐更快、质量更高,安徽、江西等中部省份发力也很强劲,后发赶超势头较好,特别是规模工业及利润等工业指标不仅有速度,同时也有质量。

三是优势产业周期性回调、传统产业转型滞后与新兴产业支撑不足并存。业内人士研判,工程机械产业可能面临周期性拐点,汽车制造业持续低迷且转型步伐滞后。

四是供给与需求两端恢复不均衡、不协调,经济稳步增长面临的困难不可低估。生活性服务行业恢

复不及预期，消费对经济增长的"压舱石"作用没有完全释放。住宿和餐饮业没有恢复到疫前水平。旅游业虽逐步向好，一日游、自驾游等拉动消费增长有限。投资引领能力稍有削弱。

五是债务风险防范化解任务重。部分地方财政压力陡增，个别地区借新还旧，将政府债务向平台公司隐性转移。

第四节　2021年湖南经济高质量发展展望

2021年是全面开启现代化建设新征程的第一年，是"十四五"开局之年，也是中国共产党建党100周年。中共湖南省委经济工作会议强调，要以习近平新时代中国特色社会主义思想为指导，全面贯彻党的十九大和十九届二中、三中、四中、五中全会精神，坚决落实习近平总书记关于湖南工作系列重要讲话指示精神和中央经济工作会议精神，坚持稳中求进工作总基调，立足新发展阶段，贯彻新发展理念，构建新发展格局，以推动高质量发展为主题，以深化供给侧结构性改革为主线，以改革创新为根本动力，以满足人民日益增长的美好生活需要为根本目的，大力实施"三高四新"战略，坚持创新引领开放崛起，坚持扩大内需战略基点，坚持系统观念和底线思维，更好统筹发展和安全，坚持精准施策，扎实做好"六稳"工作，全面落实"六保"任务，巩固拓展疫情防控和经济社会发展成果，推动经济平稳健康运行、社会和谐稳定，确保"十四五"开好局起好步。

一、加快高质量发展步伐

一是全面塑造双循环体制下高质量发展的新优势。深刻认识国际国内形势新变化和疫后经济发展新趋势，立足新发展阶段，贯彻新发展理念，积极服务和融入新发展格局，重塑、重构和重组实体经济，推进高质量发展。加强对国家"十四五"规划和中央关于新时代推动中部地区高质量发展政策措施的研究和衔接，牢牢抓住把武汉、长株潭都市圈加快打造成全国重要增长极的机遇，找准定位，突出优势，高位推动长株潭一体化发展，引领湖南加快高质量发展步伐。

二是加强经济形势研判。加强宏观调控和要素供给保障，有效引导市场主体趋利避害、难中求进。密切关注重点行业、重点领域、重点企业运行情况，密切关注大宗商品、国际物流价格和人民币汇率走势，加强分析研究和信息推送，指导企业加强风险防控。落实国家大宗商品保供稳价措施，严厉打击恶意炒作、哄抬价格、囤积居奇等违法违规行为。

二、打造国家重要先进制造业高地

一是把先进制造业作为发展实体经济的主战场。打造"3+3+2"产业集群，加快构建现代产业体系，坚定不移推进优势产业集群集聚发展，持续推进新兴优势产业链建设，引导产业链向两端延伸、价值链向高端攀升。围绕提升工程机械、轨道交通装备产业链供应链本土配套能力，巩固发展各地竞相布局重大配套项目的良好局面，推动航空动力产业形成经济增长"新引擎"。保持战略定力培植潜力产业和战略性新兴产业，在发展电子信息、新材料、新能源装备等方面形成新的先发优势。

二是提升产业链供应链自主可控能力。坚持锻长板、补短板，支持龙头企业并购延链，强化话语权和供应链地位，引导省内企业循链联动集聚发展，扩大优势产业链影响力。聚焦全省产业链关键环节，积极参与国家战略任务揭榜攻关，突破一批"卡脖子"的关键核心技术。积极参与国家产业基础再造工程，加快提高工业"五基"（基础零部件、基础材料、基础工艺、基础技术、基础软件）能力。大力推进关键生产设备、零部件和材料就近国产化替代，在工程机械、轨道交通装备领域实现全面自主可控。

三是推动数字经济发展。大力推动制造业智能化、绿色化、服务化转型，推动数字产业化、产业数字化，培育壮大数字经济核心产业。加快布局建设新型基础设施，以国家智能制造示范企业、省级工业互联网平台和"5G+工业互联网"示范工厂为引领，建设一批具有示范效应的智能化工厂、车间。

四是梯度培育优质企业。做强做大企业，培育一批世界500强、中国500强和民营500强企业。推动中小企业深耕细分领域创新发展，形成一批拥有独门绝技的国家级专精特新"小巨人"或单项冠军企业。

三、坚持科技自立自强、增强创新驱动力

一是实施关键技术攻关。围绕产业链部署创新链，聚焦优势产业、新兴产业和未来产业领域，以新一代信息技术、自主可控和高性能计算机、高端装备制造、新材料等产业为重点，部署实施一批重大攻关项目，突破一批关键核心技术，不断增强核心竞争力。加快科技成果转化应用，坚持市场导向，突出企业主体地位，打通成果转化的"堵点"和"难点"，推动创新要素高效配置，推动产学研用更好融合。

二是抢占技术制高点。加大基础研究投入，统筹省内重点高校、科研院所和龙头企业科研力量，强化原始创新能力培育。加大国家重大科技项目承接力度，在国家共性基础技术供给体系建设中贡献湖南力量。选择一批研究基础好、对湖南省创新能力带动作用强的重大科学问题开展研究，培育形成若干高水平原创成果。

三是加强人才引育。实施科技创新领军人才引进政策，深入实施芙蓉人才行动计划，搭建海外高层次人才引进的综合平台，引进一批科技领军人才、创新团队、青年科技人才和基础研究人才。大力弘扬工匠精神，大力培育支撑湖南制造的技术技能人才队伍，夯实企业智能化升级的技术人才支撑。

四、加快改革开放步伐

一是深化改革，优化要素配置。抓住关键环节推进深层次领域改革，充分发挥市场对资源配置的决定性作用，引导各类要素协同向打造"三个高地"集聚。支持民营经济发展，推动民营资本更大范围、更深层次进入法律法规未明确禁止准入的行业和领域。弘扬优秀企业家精神，构建亲清政商关系，建立规范化、机制化政企沟通渠道。

二是打造国际化贸易平台。抓住加快融入《区域全面经济伙伴关系协定》和《中欧全面投资协定》的机遇，加快推动自贸试验区建设，增强自贸试验区带动效应，实现更高质量、更有深度、覆盖面更广的对外开放。持续办好中国-非洲经贸博览会，高水平建设中非经贸深度合作先行区。

三是高水平"走出去""引进来"。推动国际市场多元化，积极主动融入共建"一带一路"，做深

日韩、东南亚、西欧、北美以及港澳台等传统市场，拓展南美、中亚、西亚、中东欧等新兴市场，深耕非洲等重点市场，带动产能、技术、标准和服务"走出去"，实现重点区域、重点领域的突破。推动湘企出海，发挥龙头企业的带动作用和"一带一路"产业促进基金的作用，引导中小企业抱团出海。着力招大引强，重点引进"三类500强"企业、行业领军企业、外贸实体企业、总部经济和研发中心。

五、激活经济内生动力

一是稳投资。加强重点项目调度，形成投资实物量。聚焦打基础利长远、补短板强弱项扩大有效投资，加强能源、交通、水利、5G网络、工业互联网等基础设施建设。进一步激发民间投资活力，优化投资结构，推动民间投资向"两新一重"拓展和向新一代信息技术、工业半导体等产业布局。在坚持"房住不炒"定位下，适度激活房地产市场，带动上下游产业发展。

二是促消费。开展湖南旅游形象宣传，组织省内外旅游公司加强营销，抓住五一黄金周、暑期黄金段，激活省内旅游业，带动餐饮、酒店、交通、娱乐等服务行业尽快全面恢复。巩固发展因疫情催生出来的新业态，满足个性化消费需求。大力发展乡村消费，扩大电商进农村覆盖面，发展农产品冷链物流，支持乡镇商贸中心建设，打通联结城乡消费的重要节点。

三是保就业。扎实做好就业优先政策，促进更多重点群体稳定就业。

六、创建一流营商环境

一是落实政策。受疫情影响，部分行业和企业生产经营仍未全面恢复，企业生存发展存在一定困难。应主动采取积极有效的政策措施优化营商环境，继续深入推进"放管服"改革，抓好中央和省级各项纾困惠企政策落实，实施差异化的行业扶持政策。

二是精准帮扶。全面摸排市场主体尤其是中小微企业、外向型企业当前的困难，帮扶政策和工作措施由普遍惠企向精准解困转变，"一企一策"持续帮扶，在融资、市场开拓等方面强化支持。

三是优化营商环境。最大限度地减轻企业负担，为市场主体放心放手谋发展提供更充分、更有利的条件。在优化政府机关的办事程序、公平公正向企业提供要素保障等方面下功夫，建设市场化、法治化、国际化的营商环境。

百强综合分析

第二章
2021 湖南企业 100 强分析报告

2020年是全面建成小康社会和"十三五"规划的收官之年，也是谋划"十四五"规划的关键之年。本报告依托湖南企业100强在2020年所创造的实绩，重点围绕企业经营规模、地区与行业分布、自主创新能力和经营成果五大指标（营业收入、资产总额、净利润、从业人数、纳税总额）进行汇总分析，以总结经验、彰显成绩、寻找差距和探讨对策，为湖南推进供给侧结构性改革，抵御经济下行压力，抓住"一带一路"的发展机遇，加快企业新旧动能转换和提高自主创新能力等方面提供有价值的引导。

第一节　2021 湖南企业 100 强特征分析

一、2021 湖南企业 100 强榜单变化分析

（一）新企业强势入榜

相比2020湖南企业100强排行榜，入围2021湖南企业100强排行榜的企业新秀有14家，其中国有企业8家，民营企业6家。14家新进入100强榜单的企业行业分布广泛，其中有各类制造业企业7家，信息传输、计算机服务和软件业企业3家，金融业企业1家，建筑业企业1家，房地产业企业1家，交通运输、仓储、邮政业企业1家。这与湖南的经济发展现状有很大关系。值得注意的是，这14家企业中泰格林纸集团股份有限公司更改为子公司岳阳林纸股份有限公司申报。2021湖南企业100强新上榜名单如表2-1所示。

第二章 2021湖南企业100强分析报告

表2-1　　　　　　　　　　　　　　　2021湖南企业100强新上榜名单

企业名称	营业收入（亿元）	上榜排名位次
湖南五江控股集团有限公司	362.56	16
中国移动通信集团湖南有限公司	233.43	22
五矿资本股份有限公司	163.43	27
湖南省高速公路集团有限公司	138.58	34
鹏都农牧股份有限公司	134.46	35
岳阳林纸股份有限公司	71.16	62
株洲市城市建设发展集团有限公司	59.58	71
株洲硬质合金集团有限公司	54.54	73
天泽信息产业股份有限公司	50.27	82
圣湘生物科技股份有限公司	47.63	87
佳沃农业开发股份有限公司	45.25	91
湖南马上银科技有限公司	42.84	96
江南工业集团有限公司	41.75	98
湖南省郴州建设集团有限公司	40.64	99

（二）老企业稳步发展

与2021湖南企业100强中的14家新秀企业相比，其余86家老企业继续保持着100强排行榜的主体位置。值得注意的是，中国石油化工股份有限公司巴陵分公司更名为中石化巴陵石油化工有限公司申报。

1. 优秀老企业发展抢眼

与上年度数据相比，在86家老企业中，位次前移的仅有26家，位次前进了10位以上的有2家，比上年减少2家。

特变电工衡阳变压器有限公司以59.44亿元的营业收入居2020湖南企业100强排行榜第80位，在2021湖南企业100强排行榜中该公司以70.80亿元的营业收入跻身第63位，位次前进17位，成为2021湖南企业100强中前进位次最多的持续在榜企业。2020年，面对新冠肺炎疫情这一突发性事件，该公司积极投身复工复产工作，始终坚持技术创新驱动的方针，并与国网湖南省电力公司签署变压器等领域的战略合作协议，进一步推动全省智能电网的建设。在5G技术迅猛发展的新时代，该公司又联合中国电信衡阳分公司率先将5G技术应用于高端装备制造和智能装备制造领域，打造"云集5G智慧工厂"，推进传统产业与互联网技术、信息化应用技术和工业技术深度融合。基于自身强大的核心技术和研发能力，该公司多次中标新能源、变压变电项目，其技术能力与产品质量得到了全省乃至全国制造行业的认可，并荣获湖南省第六届省长质量奖，成为行业学习的标杆。

道道全粮油股份有限公司在2020湖南企业100强排行榜中以41.17亿元的营业收入列第87位，在

2021 湖南企业 100 强排行榜中该公司以 52.87 亿元的营业收入列第 76 位，位次前进 11 位。此次进步与疫情催生家庭消费的小包装食用植物油需求增加有关，再加上 2020 年下半年油脂价格呈现单边上行的行情，共同促成企业的营业收入提升。另外，中国能源建设集团湖南火电建设有限公司在 2020 湖南企业 100 强排行榜中列第 91 位，在 2021 湖南企业 100 强榜单中位次前进 8 位。金杯电工股份有限公司与湖南航天有限责任公司也有持续的进步，位次都前进了 7 位。尤其要指出的是，三一集团有限公司与蓝思科技集团在 2021 湖南企业 100 强榜单中又有了提高，成功跻身前五强，标志着企业的核心业务能力进一步增强。以上足以表明这些企业在全球新冠肺炎疫情的冲击下仍实现了稳步发展，但从整体来看，2021 湖南企业 100 强老企业的前进位次比上年度有所减少。2021 湖南企业 100 强位次前进企业名单如表 2-2 所示。

表 2-2　　　　　　　　　2021 湖南企业 100 强位次前进企业名单

企业名称	2020 名次	2021 名次	前进位次
特变电工衡阳变压器有限公司	80	63	17
道道全粮油股份有限公司	87	76	11
中国能源建设集团湖南火电建设有限公司	91	83	8
金杯电工股份有限公司	66	59	7
湖南航天有限责任公司	76	69	7
湖南对外建设集团有限公司	85	79	6
长沙中兴智能技术有限公司	86	80	6
湖南顺天建设集团有限公司	90	85	5
中联重科股份有限公司	13	9	4
安克创新科技股份有限公司	59	55	4
中华联合财产保险股份有限公司湖南分公司	82	78	4
三一集团有限公司	6	3	3
蓝思科技集团	8	5	3
中车株洲电力机车研究所有限公司	17	14	3
长沙中联重科环境产业有限公司	51	48	3
中车株洲电机有限公司	52	49	3
中国航发南方工业有限公司	67	64	3
益丰大药房连锁股份有限公司	38	36	2
中兵红箭股份有限公司	70	68	2
步步高投资集团股份有限公司	14	13	1
五矿二十三冶建设集团有限公司	21	20	1

续表

企业名称	2020 名次	2021 名次	前进位次
中车株洲电力机车有限公司	22	21	1
湖南永通集团有限公司	29	28	1
老百姓大药房连锁股份有限公司	34	33	1
中国电建集团中南勘测设计研究院有限公司	44	43	1
长沙水业集团有限公司	94	93	1

2. 传统老企业发展稳健

2021 湖南企业 100 强与 2020 湖南企业 100 强相比，有 13 家企业位次保持不变。其中，湖南华菱钢铁集团有限责任公司和中国建筑第五工程局有限公司继续保持前两位不变。说明这些企业在 2020 年发展相对稳健，经营状况良好。2021 湖南企业 100 强位次没有变化的 13 家企业如表 2-3 所示。

表 2-3　　2021 湖南企业 100 强位次没有变化的企业名单

企业名称	2020 名次	2021 名次	前进位次
湖南华菱钢铁集团有限责任公司	1	1	0
中国建筑第五工程局有限公司	2	2	0
中国烟草总公司湖南省公司	7	7	0
湖南博长控股集团有限公司	10	10	0
大汉控股集团有限公司	11	11	0
湖南有色金属控股集团有限公司	15	15	0
唐人神集团股份有限公司	25	25	0
中国电信股份有限公司湖南分公司	30	30	0
现代投资股份有限公司	31	31	0
芒果超媒股份有限公司	32	32	0
爱尔眼科医院集团股份有限公司	40	40	0
湖南省沙坪建设有限公司	46	46	0
山河智能装备股份有限公司	54	54	0

3. 部分老企业经营下滑

2021 湖南企业 100 强榜单中，位次后退的有 47 家，比上年度减少 3 家；位次后退超过 10 位的有 10 家，比上年度增加 1 家。其中湖南邦普循环科技有限公司和湖南湘科控股集团有限公司后退 17 位，湘电集团有限公司和长沙市比亚迪汽车有限公司后退 16 位，天元盛世控股集团有限公司和湖南电广传媒股份有限公司后退 15 位等，后退企业整体后退位次较上年度有所减少。这些企业位次后退的原因有：从企业自身情况来看，经营业绩提升不大，在激烈的竞争中落后；也有经营管理不善，造成营业收入增加幅度相对减少，管理成本相对增加；从宏观环境来看，在新冠肺炎疫情的冲击下，许多企业面临着复工复产的问题，进一步导致经营状况下滑；从100强企业申报的情况来看，竞争基数扩大，2021湖南企业100强榜单中出现了14家新面孔，导致位次发生变化等。需要指出的是，尽管这些企业在当前经济下行压力大的严峻形势下名次有一定后退，但它们依然保持着一定的速度在发展。2021湖南企业100强位次后退企业名单如表2-4所示。

表2-4　　　　　　　　　　2021湖南企业100强位次后退企业名单

企业名称	2020名次	2021名次	后退位次
湖南邦普循环科技有限公司	73	90	17
湖南湘科控股集团有限公司	71	88	17
湘电集团有限公司	68	84	16
长沙市比亚迪汽车有限公司	26	42	16
天元盛世控股集团有限公司	74	89	15
湖南电广传媒股份有限公司	57	72	15
中国石油天然气股份有限公司湖南销售分公司	24	37	13
长沙格力暖通制冷设备有限公司	62	74	12
湖南申湘汽车星沙商务广场有限公司	64	75	11
大唐华银电力股份有限公司	45	56	11
望建（集团）有限公司	83	92	9
湖南省轻工盐业集团有限公司	58	67	9
株洲旗滨集团股份有限公司	43	51	8
中国联合网络通信有限公司湖南省分公司	42	50	8
中南出版传媒集团股份有限公司	39	47	8
湖南省煤业集团有限公司	36	44	8
湖南博瑞医疗健康产业集团有限公司	88	95	7
中石化巴陵石油化工有限公司	19	26	7
湖南佳惠百货有限责任公司	47	53	6
湖南博深实业集团有限公司	33	39	6
绝味食品股份有限公司	72	77	5
中国石油化工股份有限公司长岭分公司	12	17	5
红星实业集团有限公司	96	100	4
湖南省茶业集团股份有限公司	61	65	4
中国铁建重工集团股份有限公司	56	60	4
五凌电力有限公司	53	57	4

第二章 2021湖南企业100强分析报告

续表

企业名称	2020名次	2021名次	后退位次
国药控股湖南有限公司	41	45	4
湖南粮食集团有限责任公司	37	41	4
湖南新长海发展集团有限公司	78	81	3
湖南省现代农业产业控股集团有限公司	55	58	3
湖南兰天集团有限公司	35	38	3
湖南省交通水利建设集团有限公司	20	23	3
中国石化销售股份有限公司湖南石油分公司	9	12	3
国网湖南省电力有限公司	5	8	3
湖南口味王集团有限责任公司	95	97	2
湖南金荣企业集团有限公司	92	94	2
广发银行股份有限公司长沙分行	84	86	2
中国邮政集团有限公司湖南省分公司	50	52	2
长沙银行股份有限公司	16	18	2
湖南建工集团有限公司	4	6	2
湖南高岭建设集团股份有限公司	69	70	1
湖南望新建设集团股份有限公司	65	66	1
方正证券股份有限公司	60	61	1
湖南黄金集团有限责任公司	28	29	1
华融湘江银行股份有限公司	23	24	1
中国水利水电第八工程局有限公司	18	19	1
湖南中烟工业有限责任公司	3	4	1

(三) 少数企业退出新榜单

2021年，有企业因营业收入下降放弃申报，或因营业收入达不到入围门槛而未申报，或因申报积极性不高而放弃申报，因此有14家企业退出2021湖南企业100强榜单。值得注意的是，泰格林纸集团股份有限公司更改为由子公司岳阳林纸股份有限公司进行申报，因此原公司退出100强榜单。湖南吉利汽车部件有限公司、中车时代电动汽车股份有限公司、湖南宇腾有色金属股份有限公司、湖南省桂阳银星有色冶炼有限公司4家企业未参与100强申报。其余9家企业分别是湖南友谊阿波罗控股股份有限公司、郴州市金贵银业股份有限公司、湖南科伦制药有限公司、长沙京东厚成贸易有限公司、湖南杉杉能源科技股份有限公司、湖南金龙电缆有限公司、长沙通程控股股份有限公司、伟大集团、株洲千金药业股份有限公司。

二、2021湖南企业100强规模特征分析

(一) 企业总体规模增长加快

在全球新冠肺炎疫情的影响下,2021湖南企业100强总体规模仍有所扩大,延续了"十三五"的良好开端。100强企业在2020年的资产总额为43031.33亿元,比2019年增长41.19%,相比上年度资产总额持续增长,且增长速度提升。由此可以看出,即使面对复杂多变的国内外市场环境,企业依然在抢抓机遇,谋求发展,整体规模不断攀升,发展速度不断加快。2017—2021湖南企业100强资产总额变化趋势如图2-1所示。

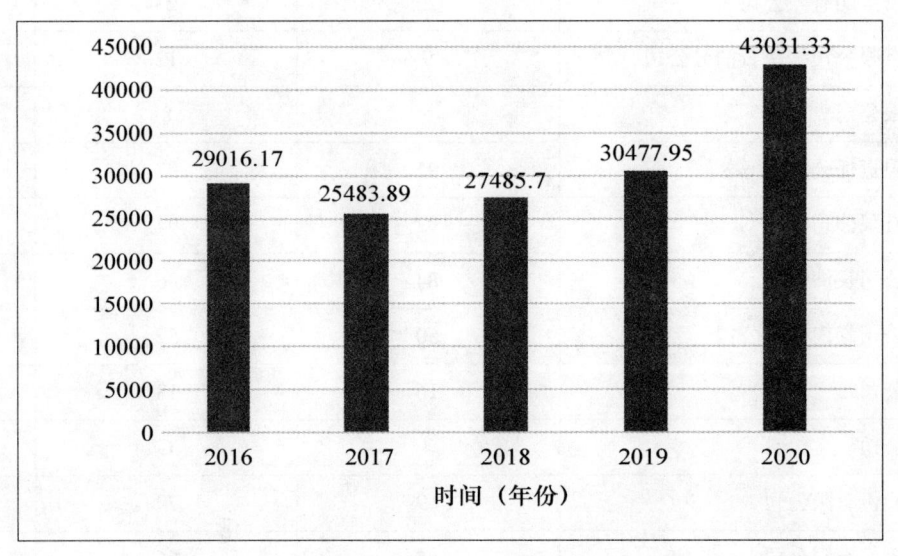

图2-1　2017—2021湖南企业100强资产总额变化趋势

(二) 入围门槛持续提高

2021湖南企业100强的营业收入入围门槛为40.61亿元,较上年度的35.25亿上升5.36亿元,增幅为15.21%。2021湖南企业100强入围门槛上升幅度明显,这与我国坚持全面深化改革,积极适应和引领经济发展新常态,加快经济发展方式转变和经济结构调整有一定的关系。2017—2021湖南企业100强入围门槛变化如图2-2所示。

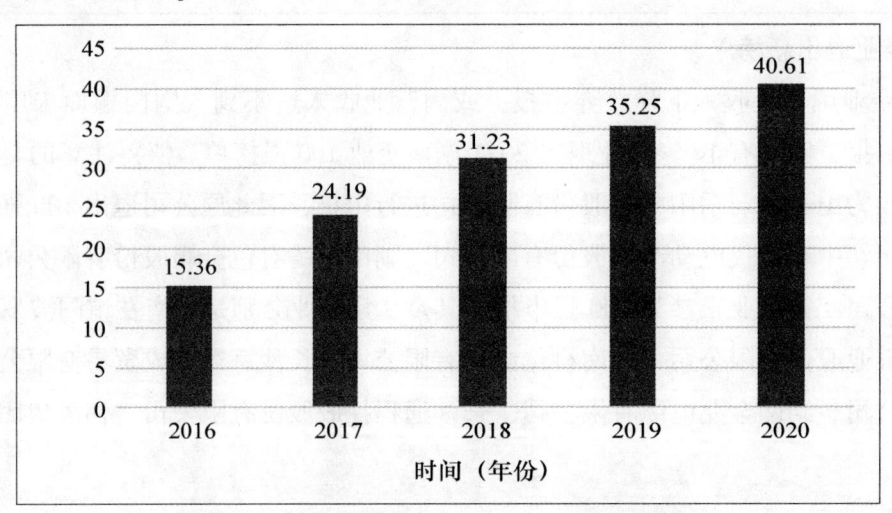

图2-2　2017—2021湖南企业100强入围门槛变化

（三）企业规模差距进一步缩小

近年来，湖南企业100强的整体规模差距在波动中呈缩小的趋势，但由于行业特征、自身经营等因素的影响，进入榜单的企业依然存在较大的规模差距。但值得注意的是，2021湖南企业100强规模差距相比上年度有减小的趋势。其中，排名第一的湖南华菱钢铁集团有限责任公司年营业收入为1520.21亿元，而第100位的红星实业集团有限公司年营业收入为40.61亿元，后者相当于前者的2.67%。将这个比例与上年度的2.65%相比可以看出，末位企业对首位企业的营业收入占比有所提高，说明入围企业的规模差距有所减小。造成这种变化的主要原因是外部经济环境压力、产业结构调整以及企业本身的经营策略等。榜首湖南华菱钢铁集团有限责任公司营业收入相较上年度上升了189.28亿元，升幅为14.22%；末位企业的营业收入为40.61亿元，较上年度末位企业的营业收入35.25亿上升5.36亿元，增幅为15.21%。由于榜首企业营业收入升幅小于末位企业的升幅，100强企业的规模差距有所减小。2017湖南企业100强中首位企业的营业收入约是末位企业的82倍，2018湖南企业100强中首位企业的营业收入约是末位企业的42倍，2019湖南企业100强中首位企业的营业收入约是末位企业的39倍，2020湖南企业100强中首位企业的营业收入约是末位企业的38倍，2021湖南企业100强中首位企业的营业收入约是末位企业的37倍。100强企业规模差距虽然依旧很大，但规模差距在逐年缩小，100强发展不平衡的状况得到了很大改善，如表2-5所示。

表2-5　　　　　　　　　　2017—2021湖南企业100强的企业规模对比

年份	首位企业营业收入i（亿元）	末位企业营业收入j（亿元）	i/j
2016	1263.6	15.36	82
2017	1025.35	24.19	42
2018	1208.85	31.23	39
2019	1330.93	35.25	38
2020	1520.21	40.61	37

（四）核心企业成为带动经济发展的强劲"引擎"

从2021湖南企业100强规模分布的特征可以看出，按营业收入计算，100亿元以上的超大型企业有49家，与2020湖南企业100强相比增加10家；按资产总额计算，100亿元以上的企业有59家，与2020湖南企业100强相比增加7家。2021湖南企业100强规模结构状况如表2-6所示。

表2-6　　　　　　　　　　2021湖南企业100强规模结构状况

单位：家

项目	超过500亿元	100亿~500亿元	10亿~100亿元	10亿元以下	实报数
按营业收入分类的企业数	11	38	51	0	100
按资产总额分类的企业数	16	43	40	1	100

从营业收入看，规模在500亿元以上的企业有11家，比上年度增加1家。湖南华菱钢铁集团有限

责任公司以1520.21亿元的营业收入稳居榜首；中国建筑第五工程局有限公司列第2位，营业收入为1483.76亿元；三一集团有限公司由第6位上升到第3位，营业收入为1253.18亿元，较上年度增长43.10%。营业收入在100亿~500亿元的企业有38家，比上年度增加9家；营业收入在10亿~100亿元的企业有51家，与上年度相比减少10家。2021湖南企业100强中营业收入在100亿元以上的超大型企业名单如表2-7所示。

表2-7　　　　　　　　　2021湖南企业100强按营业收入计算的超大型企业

排名	企业名称	营业收入（亿元）
1	湖南华菱钢铁集团有限责任公司	1520.21
2	中国建筑第五工程局有限公司	1483.76
3	三一集团有限公司	1253.18
4	湖南中烟工业有限责任公司	1030.21
5	蓝思科技集团	990.13
6	湖南建工集团有限公司	985.74
7	中国烟草总公司湖南省公司	890.56
8	国网湖南省电力有限公司	880.05
9	中联重科股份有限公司	651.09
10	湖南博长控股集团有限公司	557.35
11	大汉控股集团有限公司	543.96
12	中国石化销售股份有限公司湖南石油分公司	461.55
13	步步高投资集团股份有限公司	430.23
14	中车株洲电力机车研究所有限公司	390.97
15	湖南有色金属控股集团有限公司	369.24
16	湖南五江控股集团有限公司	362.56
17	中国石油化工股份有限公司长岭分公司	346.13
18	长沙银行股份有限公司	327.47
19	中国水利水电第八工程局有限公司	314.58
20	五矿二十三冶建设集团有限公司	263.36
21	中车株洲电力机车有限公司	235.36
22	中国移动通信集团湖南有限公司	233.43
23	湖南省交通水利建设集团有限公司	220.95

续表

排名	企业名称	营业收入（亿元）
24	华融湘江银行股份有限公司	211.34
25	唐人神集团股份有限公司	185.27
26	中石化巴陵石油化工有限公司	168.02
27	五矿资本股份有限公司	163.43
28	湖南永通集团有限公司	162.11
29	湖南黄金集团有限责任公司	151.69
30	中国电信股份有限公司湖南分公司	146.06
31	现代投资股份有限公司	143.09
32	芒果超媒股份有限公司	140.06
33	老百姓大药房连锁股份有限公司	139.67
34	湖南省高速公路集团有限公司	138.58
35	鹏都农牧股份有限公司	134.46
36	益丰大药房连锁股份有限公司	131.45
37	中国石油天然气股份有限公司湖南销售分公司	128.84
38	湖南兰天集团有限公司	127.47
39	湖南博深实业集团有限公司	125.74
40	爱尔眼科医院集团股份有限公司	119.12
41	湖南粮食集团有限责任公司	118.66
42	长沙市比亚迪汽车有限公司	114.70
43	中国电建集团中南勘测设计研究院有限公司	114.25
44	湖南省煤业集团有限公司	113.65
45	国药控股湖南有限公司	107.98
46	湖南省沙坪建设有限公司	106.02
47	中南出版传媒集团股份有限公司	104.73
48	长沙中联重科环境产业有限公司	101.36
49	中车株洲电机有限公司	100.07

从资产总额看，规模在500亿元以上的企业有16家，比上年增加4家。长沙银行股份有限公司以7042.35亿元的资产规模持续稳居第一；湖南省高速公路集团有限公司列第2位，资产总额为5703.82

亿元；华融湘江银行股份有限公司列第3位，资产总额为4059.76亿元。资产总额前三强企业与上年相比，总体资产规模大幅增加，共增加5545.52亿元，说明资产更加聚集。资产总额在100亿~500亿元的企业有43家，比上年度增加3家；资产总额在10亿~100亿元的企业有40家，比上年度减少5家；资产总额在10亿元以下的企业有1家，比上年度减少1家。2021湖南企业100强中资产总额在100亿元以上的超大型企业名单如表2-8所示。

表2-8　　　　　　　　2021湖南企业100强按资产总额计算的超大型企业

排名	企业名称	资产总额（亿元）
1	长沙银行股份有限公司	7042.35
2	湖南省高速公路集团有限公司	5703.82
3	华融湘江银行股份有限公司	4059.76
4	三一集团有限公司	2249.74
5	中国建筑第五工程局有限公司	1473.48
6	蓝思科技集团	1362.80
7	五矿资本股份有限公司	1334.94
8	株洲市城市建设发展集团有限公司	1284.57
9	国网湖南省电力有限公司	1240.37
10	方正证券股份有限公司	1232.56
11	中联重科股份有限公司	1162.75
12	湖南华菱钢铁集团有限责任公司	1134.33
13	湖南中烟工业有限责任公司	971.38
14	湖南建工集团有限公司	731.49
15	湖南五江控股集团有限公司	615.88
16	五凌电力有限公司	580.39
17	中国烟草总公司湖南省公司	488.67
18	现代投资股份有限公司	455.56
19	中国水利水电第八工程局有限公司	428.01
20	中国移动通信集团湖南有限公司	410.16
21	广发银行股份有限公司长沙分行	403.90
22	中车株洲电力机车有限公司	314.39
23	湖南省交通水利建设集团有限公司	279.48

续表

排名	企业名称	资产总额（亿元）
24	中国电信股份有限公司湖南分公司	265.04
25	步步高投资集团股份有限公司	245.51
26	长沙水业集团有限公司	236.44
27	中南出版传媒集团股份有限公司	231.42
28	中国石化销售股份有限公司湖南石油分公司	227.47
29	大汉控股集团有限公司	215.95
30	湖南电广传媒股份有限公司	207.84
31	湖南粮食集团有限责任公司	201.16
32	湖南有色金属控股集团有限公司	197.75
33	芒果超媒股份有限公司	192.66
34	五矿二十三冶建设集团有限公司	191.30
35	大唐华银电力股份有限公司	180.70
36	山河智能装备股份有限公司	173.58
37	中国铁建重工集团股份有限公司	170.60
38	中车株洲电力机车研究所有限公司	162.48
39	湖南省轻工盐业集团有限公司	161.25
40	岳阳林纸股份有限公司	158.30
41	爱尔眼科医院集团股份有限公司	155.41
42	湘电集团有限公司	155.08
43	中国电建集团中南勘测设计研究院有限公司	149.90
44	长沙中联重科环境产业有限公司	147.49
45	中国航发南方工业有限公司	147.11
46	鹏都农牧股份有限公司	145.78
47	株洲旗滨集团股份有限公司	143.26
48	湖南博长控股集团有限公司	138.73
49	益丰大药房连锁股份有限公司	129.50
50	中国联合网络通信有限公司湖南省分公司	128.36
51	湖南航天有限责任公司	126.59

续表

排名	企业名称	资产总额（亿元）
52	湖南省煤业集团有限公司	122.56
53	中兵红箭股份有限公司	121.67
54	中石化巴陵石油化工有限公司	115.91
55	老百姓大药房连锁股份有限公司	112.84
56	长沙市比亚迪汽车有限公司	110.34
57	佳沃农业开发股份有限公司	110.06
58	湖南黄金集团有限责任公司	106.82
59	唐人神集团股份有限公司	102.80

三、2021湖南企业100强地区分布分析

2021湖南企业100强与往年一样都相对集中在经济发达地区。从入围企业数量可看出，长沙市作为湖南省政治、经济、文化中心，入围100强的企业数量最多，达到77家，营业收入占比86.28%。2021湖南企业100强的地区分布特征与2020湖南企业100强相比变化不大：长沙、株洲两市仍然集中了全省大部分的100强企业，分别有77家、8家；湘潭市和岳阳市与上年度相比，100强企业仍均为4家，并列第三。长株潭三市共占据100强榜单的89席，实现营业收入19803.81亿元，拥有资产总额42197.35亿元，分别占100强企业总量的92.82%和98.06%，相比上年度分别增长1.46%、0.29%。2021湖南企业100强的其他11家企业分布在7个地级市，分别是：岳阳市4家，娄底市1家，怀化市1家，郴州市2家，衡阳市1家，常德市1家，益阳市1家。相比上年度，常德市有1家企业新入围，而永州市、湘西自治州、邵阳市和张家界市均无企业入围。2021湖南企业100强的地区分布结构状况如表2-9所示。

表2-9　　　　　　　　　　　2021湖南企业100强地区分布结构状况

地区	企业个数	营业收入（亿元）	比重（%）	资产总额（亿元）	比重（%）
长沙	77	18408.15	86.28	39503.49	91.80
株洲	8	1192.54	5.59	2288.64	5.32
湘潭	4	203.12	0.95	405.22	0.94
岳阳	4	638.18	2.99	391.44	0.91
娄底	1	557.35	2.61	138.73	0.32
怀化	1	94.02	0.44	25.90	0.06
郴州	2	83.48	0.39	37.74	0.09

续表

地区	企业个数	营业收入（亿元）	比重（%）	资产总额（亿元）	比重（%）
衡阳	1	70.80	0.33	77.39	0.18
常德	1	45.25	0.21	110.06	0.26
益阳	1	42.35	0.20	52.71	0.12
全省	100	21335.25	100	43031.33	100

从营业收入看，2021湖南企业100强超过90%的收入都来自长株潭地区，这与该地区的经济发达程度相一致。2017—2021湖南企业100强营业收入总额中，经济较发达的长株潭地区所占比重一直保持在90%以上，虽有所波动，但波动幅度较小；与上年度相比，长沙市得益于其省会城市的优势地位，营业收入所占比重上升1.61个百分点，株洲市上升0.53个百分点，湘潭市下降0.68个百分点，岳阳市下降1.26个百分点，衡阳市上升0.08个百分点，郴州市下降0.40个百分点，怀化市下降0.03个百分点，娄底市下降0.08个百分点，益阳市上升0.01个百分点。此外，常德市从无到有，其营业收入所占比重为0.21个百分点，其余地区基本不变，如表2-10所示。

表2-10　　　　　　　　　2017—2021湖南企业100强营业收入总额在各地域的分布

单位：%

地区	2016	2017	2018	2019	2020
长沙	81.21	82.41	83.11	84.67	86.28
株洲	5.95	6.05	6.26	5.06	5.59
湘潭	4.14	1.60	1.46	1.63	0.95
岳阳	2.27	3.47	3.06	4.25	2.99
衡阳	0.37	0.33	0.33	0.25	0.33
郴州	1.16	1.80	1.51	0.79	0.39
怀化	0.91	1.33	0.53	0.47	0.44
娄底	3.41	2.69	3.08	2.69	2.61
益阳	0.14	—	—	0.19	0.20
常德	0.26	0.32	0.66	—	0.21
永州	0.18	—	—	—	—
自治州	—	—	—	—	—
邵阳	—	—	—	—	—
张家界	—	—	—	—	—

湖南企业100强营业收入总额中，长株潭地区所占比例近5年总体在90%以上波动，占绝对优势地位，说明长株潭一体化发展所形成的综合经济中心增强了长株潭地区的整体经济实力，从经济一体化、

交通一体化、通信一体化等多方面为企业提供了更加优越的发展环境。2017—2021 湖南企业 100 强营业收入总额在长株潭地区的分布趋势如图 2-3 所示。

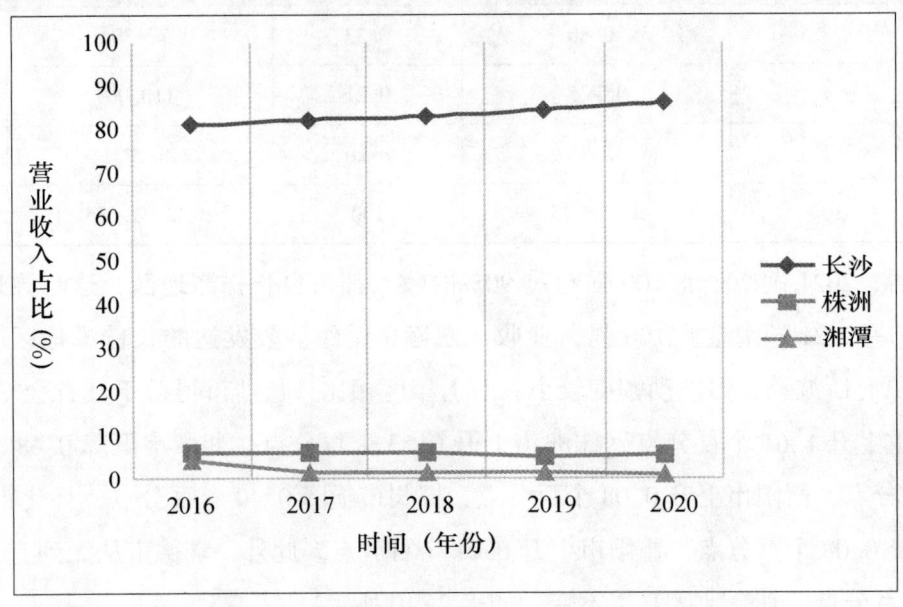

图 2-3　2017—2021 湖南企业 100 强营业收入总额在长株潭地区的分布趋势

长株潭地区入围湖南企业 100 强的企业数量近 5 年一直维持在 80 家左右，浮动范围较小。从入围数量的变化上看，长株潭地区保持着较为稳定的经济增长，可见长株潭一体化经济政策的实施加强了该地区的经济发展实力和综合竞争力，优化了企业的经营发展环境。2017—2021 湖南企业 100 强在长株潭地区的数量分布趋势如图 2-4 所示。

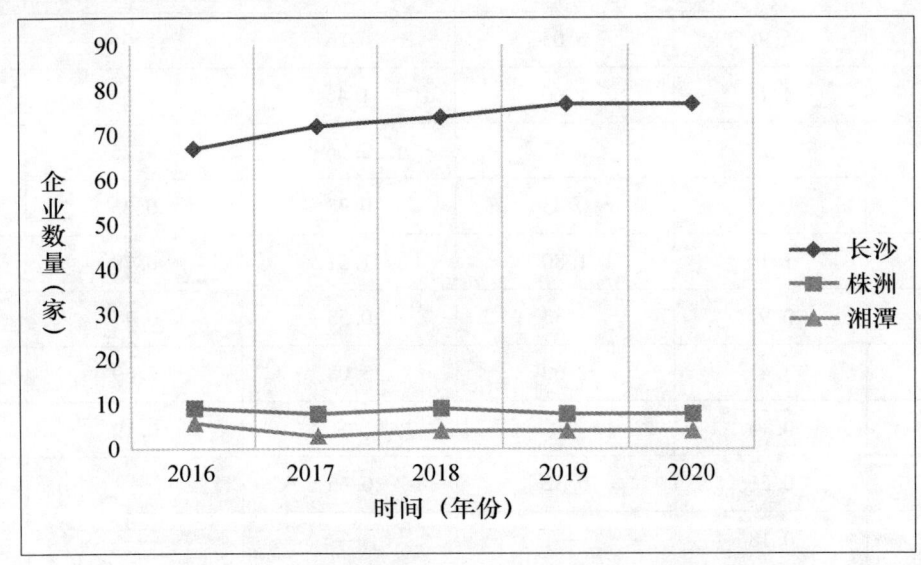

图 2-4　2017—2021 湖南企业 100 强在长株潭地区的数量分布趋势

四、2021 湖南企业 100 强行业分布分析

（一）2021 湖南企业 100 强行业分布总体分析

按行业门类划分，2021 湖南企业 100 强涉及 12 个行业门类，与上年度基本相同。总体来看，在 12

第二章 2021湖南企业100强分析报告

个行业门类中制造业企业、建筑业企业、批发和零售业企业仍占100强席位的大多数，共70家。其中，制造业企业45家，比上年度减少3家；建筑业企业11家，与上年持平；批发和零售业企业14家，比上年度减少3家。其他行业门类企业30家。按行业大类划分，2021湖南企业100强分布于30个行业大类中，与上年度相比，增加4类。其中，批发和零售业企业14家；房屋建筑、土木建筑及其他建筑业11家；农副食品加工业企业10家；通用、专用设备制造业企业8家；黑色、有色金属冶炼及压延加工业，电力、热力、燃气及水的生产和供应业以及房地产业企业均为5家；铁路、船舶、航空航天和其他运输制造业企业4家；电气机械及器材制造业，通信设备、计算机及其他电子设备制造业，电信、广播电视和卫星传输服务，银行业，其他金融服务业以及广播、电视、电影和音像业企业均为3家。这些行业分布的企业数量较多，共80家。2021湖南企业100强行业分布状况如表2-11所示。

表 2-11　　　　　　　　　　　　2021湖南企业100强行业分布状况

行业门类	行业大类	计数	企业总数
采矿业	煤炭采掘及采选业	1	1
制造业	农副食品加工业	10	45
	烟草制品业	2	
	造纸及纸制品加工业	1	
	非金属矿物制品业	1	
	石油加工、炼焦及核燃料加工业	2	
	化学原料及化学制品制造业	2	
	黑色、有色金属冶炼及压延加工业	5	
	医药制造	1	
	医疗设备制造	1	
	通用、专用设备制造业	8	
	汽车制造业	1	
	铁路、船舶、航空航天和其他运输制造业	4	
	电气机械及器材制造业	3	
	通信设备、计算机及其他电子设备制造业	3	
	综合制造业	1	
电力、热力、燃气及水的生产和供应业	电力、热力、燃气及水的生产和供应业	5	5
建筑业	房屋建筑、土木建筑及其他建筑业	11	11
交通运输、仓储、邮政业	邮政业	1	3
	城市公共交通业	2	
信息传输、计算机服务和软件业	电信、广播电视和卫星传输服务	3	5
	软件和信息技术（IT）	1	
	互联网服务	1	

续表

行业门类	行业大类	计数	企业总数
批发和零售业	批发、零售业	14	14
金融业	银行业	3	6
	其他金融服务业	3	
房地产业	房地产业	5	5
水利、环境和公共设施管理业	水利、环境和公共设施管理业	1	1
文化、体育和娱乐业	广播、电视、电影和音像业	3	3
租赁与商务服务	综合服务业	1	1

（二）2021湖南企业100强分行业门类的相对规模分析

从营业收入看，2021湖南企业100强分行业门类的相对规模占比在5%以上的有4个，和上年度持平：①制造业，营业收入总额11317.06亿元，相对规模占比53.04%，同比上年度增加0.64%，占比增加；②建筑业，营业收入总额3625.70亿元，相对规模占比16.99%，同比上年度略有减少；③批发和零售业，营业收入总额2590.02亿元，相对规模占比12.14%，营业收入总额与上年度相比增长略有减少，占比下降；④电力、热力、燃气及水的生产和供应业，营业收入总额1142.62亿元，相对规模占比5.36%。以上4个门类合计的营业收入总额达到18675.40亿元，占营业收入总规模的比达到87.53%，同比上年度有所下降。从资产总额看，2021湖南企业100强分行业门类相对规模占比在5%以上的门类有5个，与上年度持平：①金融业，资产总额14123.41亿元，相对规模占比32.82%，与上年度相比略有减少；②制造业，资产总额12211.89亿元，相对规模占比28.38%，与上年相比略有减少；③交通运输、仓储、邮政业，资产总额6221.84亿元，相对规模占比14.46%，与上年相比增幅较大；④建筑业，资产总额3299.65亿元，相对规模占比7.67%；⑤电力、热力、燃气及水的生产和供应业，资产总额2202.03亿元，相对规模占比5.12%。以上5个门类合计的资产总额为38058.82亿元，相对资产规模占比88.44%。详细数据如表2-12所示。

表2-12　　　　　　　　　2021湖南企业100强分行业门类相对规模及占比

行业门类	营业收入（亿元）	占比（%）	资产总额（亿元）	占比（%）
采矿业	113.65	0.53	122.56	0.28
制造业	11317.06	53.04	12211.89	28.38
电力、热力、燃气及水的生产和供应业	1142.62	5.36	2202.03	5.12
建筑业	3625.70	16.99	3299.65	7.67
交通运输、仓储、邮政业	375.93	1.76	6221.84	14.46
信息传输、计算机服务和软件业	569.45	2.67	857.82	1.99
批发和零售业	2590.02	12.14	1452.20	3.37

第二章 2021湖南企业100强分析报告

续表

行业门类	营业收入（亿元）	占比（%）	资产总额（亿元）	占比（%）
金融业	878.02	4.12	14123.41	32.82
房地产业	260.66	1.22	1521.69	3.54
水利、环境和公共设施管理业	114.25	0.54	149.90	0.35
文化、体育和娱乐业	304.18	1.43	631.91	1.47
租赁与商务服务	43.69	0.20	236.44	0.55
总计	21335.25	100	43031.33	100

（三）2021湖南企业100强分行业大类的相对规模分析

2021湖南企业100强分布在30个行业大类中。从营业收入看，相对规模占比超过5%的行业大类有7个，比上年度增加1个，它们是：①房屋建筑、土木建筑及其他建筑业，营业收入总额3625.70亿元，相对规模占比16.99%；②黑色、有色金属冶炼及压延加工业，营业收入总额2653.03亿元，相对规模占比12.43%；③批发、零售业，营业收入总额2590.02亿元，相对规模占比12.14%；④通用、专用设备制造业，营业收入总额2335.71亿元，相对规模占比10.95%；⑤烟草制品业，营业收入总额1920.76亿元，相对规模占比9.00%；⑥电力、热力、燃气及水的生产和供应业，营业收入总额1142.62亿元，相对规模占比5.36%；⑦通信设备、计算机及其他电子设备制造业，营业收入总额1134.48亿元，相对规模占比5.32%。以上7个行业大类合计的营业收入总额达到15402.32亿元，相对100强营业收入总额占比72.19%，同比上年均有所上升。从资产总额看，相对规模占比超过5%的行业大类有6个，与上年度持平，它们是：①银行业，资产总额11506.00亿元，相对规模占比26.74%；②城市公共交通业，资产总额6159.39亿元，相对规模占比14.31%；③通用、专用设备制造业，资产总额4122.82亿元，相对规模占比9.58%；④房屋建筑、土木建筑及其他建筑业，资产总额3299.65亿元，相对规模占比7.67%；⑤其他金融服务业，资产总额2617.41亿元，相对规模占比6.08%；⑥电力、热力、燃气及水的生产和供应业，资产总额2202.03亿元，相对规模占比5.12%。以上6个行业大类合计的资产总额达到29907.30亿元，相对100强资产总额占比达到69.50%。

从以上分析可以看出，与上年度相比，2021湖南企业100强的行业集聚特征仍非常明显，6个行业大类在营业收入和资产总额上具有绝对的规模优势。表2-13展示了2021湖南企业100强分行业大类的相对规模及占比。

表2-13　　　　　2021湖南企业100强分行业大类的相对规模及占比

行业大类	营业收入（亿元）	占比（%）	资产总额（亿元）	占比（%）
煤炭采掘及采选业	113.65	0.53	122.56	0.28
农副食品加工业	845.13	3.96	974.41	2.26
烟草制品业	1920.76	9.00	1460.05	3.39

续表

行业大类	营业收入（亿元）	占比（%）	资产总额（亿元）	占比（%）
造纸及纸制品加工业	71.16	0.33	158.30	0.37
非金属矿物制品业	96.44	0.45	143.26	0.33
石油加工、炼焦及核燃料加工业	514.15	2.41	198.56	0.46
化学原料及化学制品制造业	92.45	0.43	154.76	0.36
黑色、有色金属冶炼及压延加工业	2653.03	12.43	1635.97	3.80
通用、专用设备制造业	2335.71	10.95	4122.82	9.58
医药制造	119.12	0.56	155.41	0.36
医疗设备制造	47.63	0.22	54.54	0.13
汽车制造业	114.70	0.54	110.34	0.26
铁路、船舶、航空航天和其他运输制造业	760.89	3.57	750.56	1.74
电气机械及器材制造业	248.84	1.17	219.31	0.51
通信设备、计算机及其他电子设备制造业	1134.48	5.32	1457.72	3.39
综合制造业	362.56	1.70	615.88	1.43
电力、热力、燃气及水的生产和供应业	1142.62	5.36	2202.03	5.12
房屋建筑、土木建筑及其他建筑业	3625.70	16.99	3299.65	7.67
邮政业	94.26	0.44	62.45	0.15
城市公共交通业	281.67	1.32	6159.39	14.31
电信、广播电视和卫星传输服务	476.34	2.23	803.56	1.87
软件和信息技术（IT）	50.27	0.24	45.37	0.11
互联网服务	42.84	0.20	8.89	0.02
批发、零售业	2590.02	12.14	1452.20	3.37
银行业	586.46	2.75	11506.00	26.74
其他金融服务业	291.56	1.37	2617.41	6.08
房地产业	260.66	1.22	1521.69	3.54
水利、环境和公共设施管理业	114.25	0.54	149.90	0.35
广播、电视、电影和音像业	304.18	1.43	631.91	1.47
综合服务业	43.69	0.20	236.44	0.55
总计	21335.25	100	43031.33	100

五、2021 湖南企业 100 强所有制性质分布分析

2021 湖南企业 100 强所有制性质分布见表 2-14。其中，国有企业 56 家，比上年增加 5 家；民营企业 44 家，比上年减少 5 家。56 家国有企业营业收入合计 13595.53 亿元，占 100 强企业营业收入总额的 63.72%；资产总额为 34466.56 亿元，占 100 强企业资产总额的 80.10%；净利润合计 631.78 亿元，占 100 强企业净利润总额的 54.33%；纳税合计 1377.95 亿元，占 100 强企业纳税总额（实报 93 家企业数据）的 85.37%。由此可见，国有企业在 2021 湖南企业 100 强和湖南省经济发展中具有举足轻重的带动作用。44 家民营企业的营业收入总计 7739.72 亿元，占 100 强企业营业收入总额的 36.28%；资产总额为 8564.77 亿元，占 100 强企业资产总额的 19.90%；净利润合计 531.02 亿元，占 100 强企业净利润总额的 45.67%；纳税额合计 236.23 亿元，占 100 强企业纳税总额的 14.63%。根据以上分析可知，民营企业在经济发展中发挥着越来越重要的作用，但发展速度缓慢。2021 湖南企业 100 强所有制性质分布状况如表 2-14 所示。

表 2-14　　　　　　　　　　2021 湖南企业 100 强所有制性质分布状况

单位：亿元

所有制类别	上榜数（家）	营业收入	净利润	纳税总额	资产总额
国有企业	56	13595.53	631.78	1377.95	34466.56
民营企业	44	7739.72	531.02	236.23	8564.77
总计	100	21335.25	1162.79	1614.18	43031.33

六、2021 湖南企业 100 强创新投入比较分析

2021 湖南企业 100 强中有研发活动并填报研发费用的企业有 73 家，比上年度增加 1 家，合计研发费用为 380.80 亿元，平均研发费用为 5.22 亿元，平均研发费用比上年度增加 0.89 亿元。在上述 73 家企业中，有 72 家企业填报了研发费用增长率指标，没有填报这项指标的企业只有湖南省高速公路集团有限公司。与上年相比，研发费用减少 30% 以上的企业有 1 家，为长沙市比亚迪汽车有限公司，其研发费用减少了 55.10%；研发费用增长率在 -30%~0 的有 15 家；增长率为 0~30% 的有 32 家；增长率为 30%~60% 的有 9 家；增长率为 60%~90% 的有 3 家。值得注意的是，有 12 家企业的研发费用增长率大于 90%，其中老百姓大药房连锁股份有限公司研发费用增加了 3293.38%，远远高于第 2 位红星实业集团有限公司的 652.08%，成为研发费用增长率最高的企业，充分说明老百姓大药房连锁股份有限公司对创新的重视程度和创新突破的决心。

在上述 73 家 100 强企业中，同样有 72 家企业填报了研发费用占营业收入比率指标，没有填报此项指标的企业只有中国石化销售股份有限公司湖南石油分公司。研发费用占营业收入比率高于 3% 的企业有 25 家，与上年度相比增加 1 家，企业数量占比达 34.72%；比率超过 10% 的企业数目为 0；比率为 5%~10% 的企业有 6 家，比上年度增加 1 家，这 6 家企业分别是中国铁建重工集团股份有限公司、中车株洲电力机车研究所有限公司、安克创新科技股份有限公司、中车株洲电机有限公司、株洲硬质合金集

团有限公司、中联重科股份有限公司；比率为 3%~5% 的有 19 家，与上年度持平；比率为 1%~3% 的有 18 家，比上年度减少 2 家；比率小于 1% 的企业有 29 家。在 72 家填报了研发费用占营业收入比率指标的 100 强企业中，只有 25 家企业的研发投入占比达到省政府提出的 3% 的要求，占填报企业数的 34.72%，同比上年减少 0.06 个百分点。虽然企业的研发投入情况在持续改善，但是还有超六成的企业未达标，如表 2-15 所示。

表 2-15　　　　　　　　　　　2021 湖南企业 100 强研发投入状况分布表

项目	超过 10%	5%~10%	3%~5%	1%~3%	1% 以下	总数
按研发投入占比分类的企业数（家）	0	6	19	18	29	72
企业数比例（%）	0	8.33	26.39	25	40.28	100

第二节　2021 湖南企业 100 强利税分析

一、2021 湖南企业 100 强经济效益状况分析

（一）盈利水平小幅提升

值得关注的是，与 2020 湖南企业 100 强相比，2021 湖南企业 100 强在营业收入总体规模继续扩大的同时，净利润也在增长。2020 湖南企业 100 强的净利润总额为 836.08 亿元，2021 湖南企业 100 强的净利润总额为 1162.79 亿元（实报 100 家企业数据），同比上年增长了 39.08%，有较大幅度的提升。其中盈利企业 91 家，净利润总额为 1220.78 亿元，与 2020 湖南企业 100 强相比，盈利企业净利润总额增加 307.77 亿元，增幅为 33.71%；亏损企业 9 家，亏损总额 57.99 亿元，亏损企业亏损总额比上年减少 18.98 亿元，减幅为 24.66%。2017—2021 湖南企业 100 强净利润及其增长速度如表 2-16 所示。

表 2-16　　　　　　　　　　　2017—2021 湖南企业 100 强净利润及增长率比较

年份	净利润（亿元）	年增长率（%）
2016	566.52	83.19
2017	627.44	10.75
2018	725.9	15.69
2019	836.08	15.18
2020	1162.79	39.08

湖南企业 100 强的盈利水平自 2016 年突破连续 4 年的下降趋势、开始大幅回升以后，2020 年仍然保持上升趋势，企业净利润相比上年有较大幅度增加，亏损总额有所减小，这在一定程度上反映了湖南省不断推进经济结构优化、新旧动能转换所带来的初步成效。

（二）盈利企业数量略有增加

2021湖南企业100强中，有27家企业的净利润在10亿元以上，相比上年增加6家，净利润总额达到1011.75亿元，占100强中91家盈利企业净利润总额的82.88%。与2020湖南企业100强21家10亿元以上的盈利大户相比，净利润总额增加了320.83亿元，增幅为46.44%。其余在2020年盈利的64家企业中，净利润为5亿~10亿元的企业共有14家，与上年相比减少2家；净利润为1亿~5亿元的企业有38家，与上年相比减少4家；净利润为1000万~1亿元的企业有11家，与上年相比减少1家；净利润低于1000万元的企业有1家，与上年持平。在2020年亏损的企业中，湘电集团有限公司（亏损0.26亿元）亏损减少，而国网湖南省电力有限公司（亏损13.46亿元）、中石化巴陵石油化工有限公司（亏损7.42亿元）以及湖南粮食集团有限责任公司（亏损3.46亿元）均为亏损增加；湖南电广传媒股份有限公司（亏损13.63亿元）、中国石油化工股份有限公司长岭分公司（亏损3.13亿元）、道道全粮油股份有限公司（亏损0.77亿元）均为由盈变亏；其余亏损企业还包括新进榜的天泽信息产业股份有限公司、佳沃农业开发股份有限公司。与上年相比，亏损企业榜单有所变化，但3家国家控股的老牌国企仍持续亏损，与国家供给侧改革、产业结构调整的战略实施紧密相关，这更加警醒国企要加快企业经济和制度的革新。

同时，值得关注的是，受到新冠肺炎疫情影响，湖南友谊阿波罗控股股份有限公司的营业收入由2019年86.87亿元降至2020年25.24亿元；而圣湘生物科技股份有限公司因新冠肺炎疫情其产品市场需求大幅度上升，营业收入由2019年3.65亿元增至2020年4763亿元。

排在利润榜前27位的盈利大户有：三一集团有限公司（187.39亿元）、中国烟草总公司湖南省公司（81.99亿元）、湖南华菱钢铁集团有限责任公司（81.31亿元）、湖南中烟工业有限责任公司（77.54亿元）、中联重科股份有限公司（73.55亿元）、长沙银行股份有限公司（55.61亿元）、蓝思科技集团（50.85亿元）、五矿资本股份有限公司（37.52亿元）、中国建筑第五工程局有限公司（34.08亿元）、湖南五江控股集团有限公司（33.24亿元）、中国移动通信集团湖南有限公司（30.32亿元）、华融湘江银行股份有限公司（28.69亿元）、圣湘生物科技股份有限公司（26.17亿元）、中车株洲电力机车研究所有限公司（25.60亿元）、芒果超媒股份有限公司（19.79亿元）、株洲旗滨集团股份有限公司（18.25亿元）、爱尔眼科医院集团股份有限公司（17.24亿元）、五凌电力有限公司（16.09亿元）、中国铁建重工集团股份有限公司（15.68亿元）、中南出版传媒集团股份有限公司（15.46亿元）、长沙中联重科环境产业有限公司（14.56亿元）、湖南建工集团有限公司（13.92亿元）、大汉控股集团有限公司（12.71亿元）、方正证券股份有限公司（11.98亿元）、中车株洲电力机车有限公司（11.37亿元）、唐人神集团股份有限公司（10.69亿元）、五矿二十三冶建设集团有限公司（10.14亿元）。2021湖南企业100强盈利大户与2020湖南企业100强盈利大户的比较，如表2-17所示。

表 2-17　　2021 湖南企业 100 强盈利大户与 2020 湖南企业 100 强盈利大户比较

单位：亿元

2021 湖南企业 100 强盈利大户名称	净利润	2020 湖南企业 100 强盈利大户名称	净利润
三一集团有限公司	187.39	三一集团有限公司	123.76
中国烟草总公司湖南省公司	81.99	中国烟草总公司湖南省公司	80.92
湖南华菱钢铁集团有限责任公司	81.31	湖南中烟工业有限责任公司	69.01
湖南中烟工业有限责任公司	77.54	湖南华菱钢铁集团有限责任公司	68.68
中联重科股份有限公司	73.55	长沙银行股份有限公司	52.59
长沙银行股份有限公司	55.61	中联重科股份有限公司	42.75
蓝思科技集团	50.85	中国建筑第五工程局有限公司	33.57
五矿资本股份有限公司	37.52	华融湘江银行股份有限公司	30.16
中国建筑第五工程局有限公司	34.08	蓝思科技集团	25.43
湖南五江控股集团有限公司	33.24	中车株洲电力机车研究所有限公司	24.39
中国移动通信集团湖南有限公司	30.32	湖南建工集团有限公司	14.87
华融湘江银行股份有限公司	28.69	中国铁建重工集团股份有限公司	14.60
圣湘生物科技股份有限公司	26.17	中南出版传媒集团股份有限公司	14.07
中车株洲电力机车研究所有限公司	25.60	爱尔眼科医院集团股份有限公司	13.79
芒果超媒股份有限公司	19.79	株洲旗滨集团股份有限公司	13.64
株洲旗滨集团股份有限公司	18.25	长沙中联重科环境产业有限公司	13.25
爱尔眼科医院集团股份有限公司	17.24	中车株洲电力机车有限公司	12.26
五凌电力有限公司	16.09	芒果超媒股份有限公司	11.58
中国铁建重工集团股份有限公司	15.68	大汉控股集团有限公司	10.81
中南出版传媒集团股份有限公司	15.46	五凌电力有限公司	10.66
长沙中联重科环境产业有限公司	14.56	湖南吉利汽车部件有限公司	10.31
湖南建工集团有限公司	13.92	—	—
大汉控股集团有限公司	12.71	—	—
方正证券股份有限公司	11.98	—	—
中车株洲电力机车有限公司	11.37	—	—
唐人神集团股份有限公司	10.69	—	—
五矿二十三冶建设集团有限公司	10.14	—	—

(三) 资产利用效率小幅下降，盈利能力差距较大

2021 湖南企业 100 强中，盈利企业 91 家，亏损企业 9 家。从收入利润率来看，与上年相比，2021 湖南企业 100 强整体的收入盈利能力有所提升；从资产利润率和资产周转率来看，2021 湖南企业 100 强整体的资产盈利能力有小幅的下降，100 强企业的资产利用效率有所降低，经营管理质量有所下降。2021 湖南企业 100 强之间的盈利能力差距仍然较大。

1. 收入盈利能力分析

从收入利润率看，2021 湖南企业 100 强中只有 1 家企业达到 50% 以上的收入利润率，比上年增加 1 家；30%~50% 的企业数为 0，与上年持平；10%~30% 的企业有 17 家，与上年相比增加 3 家；0~10% 的企业有 73 家，比上年减少 5 家；收入利润率为负的企业有 9 家，相比上年增加 1 家。从 100 强企业的收入利润率分布情况来看，2021 湖南企业 100 强的收入盈利能力较上年有所改善，高收入利润率企业增加数目超过收入利润率为负的企业增加数，如图 2-5 所示。另一方面，2021 湖南企业 100 强的整体收入利润率为 5.45%，比上年增加 1.04 个百分点，增幅为 23.58%，因此从收入利润率为正的企业数来看，2021 湖南企业 100 强整体的收入盈利能力有小幅提升。

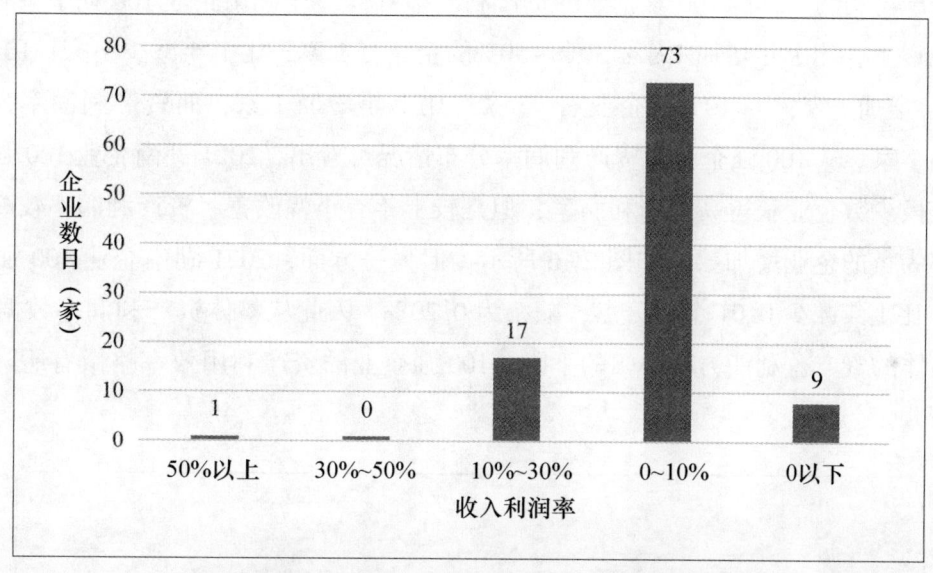

图 2-5　2021 湖南企业 100 强收入利润率分布状况

其中，圣湘生物科技股份有限公司以 54.94% 的收入利润率位居榜首；2021 湖南企业 100 强的平均收入利润率为 5.35%，较上年的 4.02% 有所增加；只有 39 家企业的收入利润率超过平均水平，由此可看出 2021 湖南企业 100 强收入利润率还存在较大的差距。2021 湖南企业 100 强收入利润率前 10 名的企业如表 2-18 所示。

表 2-18　　　　　　　　　　2021 湖南企业 100 强收入利润率前 10 名

排名	企业名称	收入利润率（%）
87	圣湘生物科技股份有限公司	54.94
27	五矿资本股份有限公司	22.96

续表

排名	企业名称	收入利润率（%）
60	中国铁建重工集团股份有限公司	20.60
57	五凌电力有限公司	20.07
51	株洲旗滨集团股份有限公司	18.93
18	长沙银行股份有限公司	16.98
61	方正证券股份有限公司	15.89
86	广发银行股份有限公司长沙分行	15.88
3	三一集团有限公司	14.95
81	湖南新长海发展集团有限公司	14.91

2. 资产盈利能力分析

从提供了资产与利润数据的100家企业的资产利润率看，2021湖南企业100强中只有1家企业的资产利润率在50%以上，比上年增加1家；30%~50%的企业有1家，比上年减少1家；10%~30%的企业有17家，比上年增加1家；0~10%的企业有73家，比上年增加1家；而资产利润率为负的企业有8家，比上年增加1家。从100强企业的资产利润率分布情况可看出，2021湖南企业100强的资产利润率依然不高，只有极少数企业获得高资产利润率，但是较上年有小幅改善，资产利润率较高的企业增加数多于资产利润率为负的企业增加数，如图2-6所示。但另一方面，2021湖南企业100强的整体资产利润率为3.38%，比上年减少0.01个百分点，减幅为0.29%。因此从整体资产利润率数据来看，2021湖南企业100强整体的资产盈利能力有小幅的下降，100强企业的资产利用效率略微有所降低，经营管理质量略微有所下降。

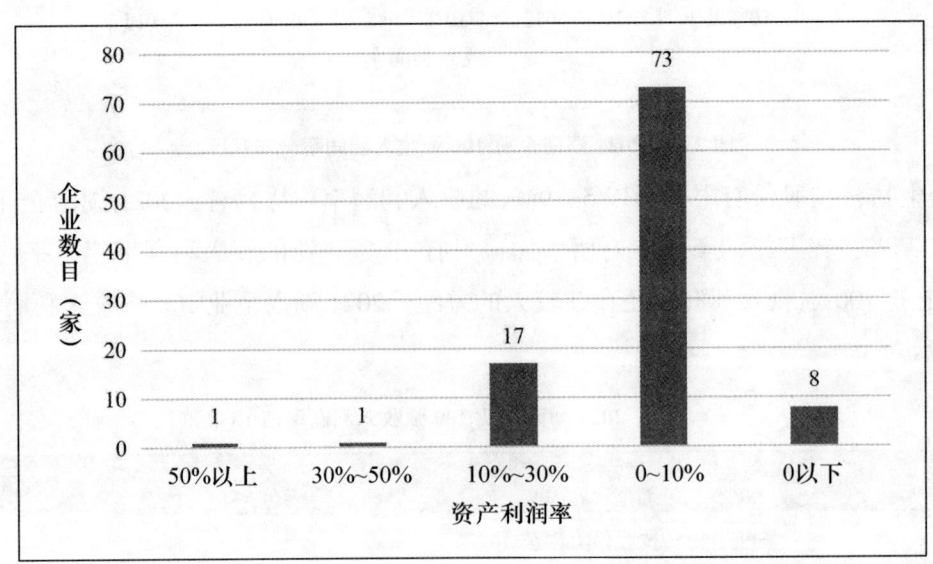

图2-6 2021湖南企业100强资产利润率分布状况

其中，圣湘生物科技股份有限公司以56.29%的资产利润率位居榜首；2021湖南企业100强平均资产利润率为5.48%，比上年的5.55%有所下降；有51家企业超过平均资产利润率，比上年增加16家，100强企业间的资产盈利能力仍存在一定的差距。2021湖南企业100强资产利润率前10名的企业如表2-19所示。

表2-19　　　　　　　　　　2021湖南企业100强资产利润率前10名

排名	企业名称	资产利润率（%）
87	圣湘生物科技股份有限公司	56.29
66	湖南望新建设集团股份有限公司	34.30
7	中国烟草总公司湖南省公司	22.53
14	中车株洲电力机车研究所有限公司	18.90
77	绝味食品股份有限公司	16.40
65	湖南省茶业集团股份有限公司	15.35
40	爱尔眼科医院集团股份有限公司	15.21
51	株洲旗滨集团股份有限公司	14.63
79	湖南对外建设集团有限公司	14.55
55	安克创新科技股份有限公司	14.17

3. 资产周转率

从资产周转率来看（实报84家数据），2021湖南企业100强平均资产周转率为117.06%，与2020湖南企业100强平均资产周转率225.28%相比大幅下降。这表明2021湖南企业100强整体对于资产的管理质量和利用效率大幅下降。

其中，有34家企业的资产周转率超过平均数，同比上年增加27家，这反映出2021湖南企业100强的资产经营效率差距逐渐缩小。新进榜的湖南马上银科技有限公司以482.16%的资产周转率高居榜首，中国石油化工股份有限公司长岭分公司以418.78%的资产周转率排在第2名，湖南省茶业集团股份有限公司以416.78%的资产周转率排在第3名，湖南博长控股集团有限公司和湖南佳惠百货有限责任公司分别以资产周转率401.76%、363.02%居于第4名和第5名。2021湖南企业100强资产周转率前5名的企业，如表2-20所示。

表2-20　　　　　　　　　　2021湖南企业100强资产周转率前5名

排名	企业名称	资产周转率（%）
96	湖南马上银科技有限公司	482.16
17	中国石油化工股份有限公司长岭分公司	418.78
65	湖南省茶业集团股份有限公司	416.78
10	湖南博长控股集团有限公司	401.76
53	湖南佳惠百货有限责任公司	363.02

二、2021湖南企业100强纳税状况分析

2021湖南企业100强纳税总额为1614.18亿元（实报93家企业的数据），相比上年的1565.74亿元增加48.44亿元，增幅为3.09%，占2020年湖南省税收收入总额4130.03亿元的39.08%，相比上年有小幅度的增加。2016—2017年湖南省100强企业的纳税总额均稳定增长，2018年首次出现降低，2019、2020年又有所回升。主要原因是在经济新常态下湖南坚持稳中求进，贯彻新发展理念，坚持以提高发展质量和效益为中心，企业的盈利水平不断提高，纳税总额不断增加；2020年湖南省继续推进"营改增"以及多项结构性减税政策，由此带来的税收减收效应显著。2017—2021湖南企业100强的纳税情况如表2-21所示。

表2-21　　　　　　　　　　　2017—2021湖南企业100强的纳税情况

指标	2016	2017	2018	2019	2020
纳税总额（亿元）	1204.68	1538.00	1308.87	1565.74	1614.18
占全省税收收入比重（%）	38.79	43.11	33.20	38.01	39.08
纳税额增长率（%）	89.32	27.67	-14.90	19.63	3.09

2021湖南企业100强中纳税大户贡献突出，年纳税额在5亿元以上的纳税大户有34家，相比上年增加4家；其纳税总额达到1498.24亿元，相比上年增加21.01亿元，占100强企业年纳税总额的92.82%，相比上年占比略微下降。纳税额居首位的是湖南中烟工业有限责任公司，年纳税额达到689.84亿元。列第2位至第10位的分别是中国烟草总公司湖南省公司（180.82亿元）、中国石油化工股份有限公司长岭分公司（90.71亿元）、三一集团有限公司（59.05亿元）、湖南华菱钢铁集团有限责任公司（55.62亿元）、中国建筑第五工程局有限公司（42.97亿元）、中联重科股份有限公司（36.00亿元）、湖南建工集团有限公司（32.91亿元）、长沙银行股份有限公司（30.24亿元）、蓝思科技集团（30.00亿元）。前10位的纳税大户合计纳税1248.16亿元，占2021湖南企业100强纳税总额的77.32%，相比上年占比有小幅下降。2021湖南企业100强纳税额排名前10的企业如表2-22所示。

表2-22　　　　　　　　　　　2021湖南企业100强纳税额前10名

排名	企业名称	纳税额（亿元）
4	湖南中烟工业有限责任公司	689.84
7	中国烟草总公司湖南省公司	180.82
17	中国石油化工股份有限公司长岭分公司	90.71
3	三一集团有限公司	59.05
1	湖南华菱钢铁集团有限责任公司	55.62
2	中国建筑第五工程局有限公司	42.97
9	中联重科股份有限公司	36.00

续表

排名	企业名称	纳税额（亿元）
6	湖南建工集团有限公司	32.91
18	长沙银行股份有限公司	30.24
5	蓝思科技集团	30.00

从行业分布看，2021湖南企业100强在30个行业大类中有分布，其中有17个行业的纳税额在5亿元以上，相比上年减少3个行业大类。烟草制品业以870.66亿元的纳税实绩位居各行业之首。纳税额第2位至第5位的行业大类依次是：通用、专用设备制造业（112.51亿元），石油加工、炼焦及核燃料加工业（112.03亿元），房屋建筑、土木建筑及其他建筑业（110.67亿元），黑色、有色金属冶炼及压延加工业（75.21亿元）。前5位的纳税额比上年都有所增加。

三、2021湖南企业100强平均经济指标变化趋势

（一）2021湖南企业100强平均营业收入变化趋势

2021湖南企业100强平均营业收入为213.35亿元，相比上年189.58亿元增加了12.54%。2017—2021湖南企业100强平均营业收入呈稳定增长趋势，2021湖南企业100强平均营业收入有较大幅度增长，如表2-23和图2-7所示。

表2-23　　　　　　　　　　2017—2021湖南企业100强平均营业收入指标

指标	2016	2017	2018	2019	2020
平均营业收入（亿元）	145.61	150.88	155.89	189.58	213.35
平均营业收入增长率（%）	17.47	3.62	3.32	21.61	12.54

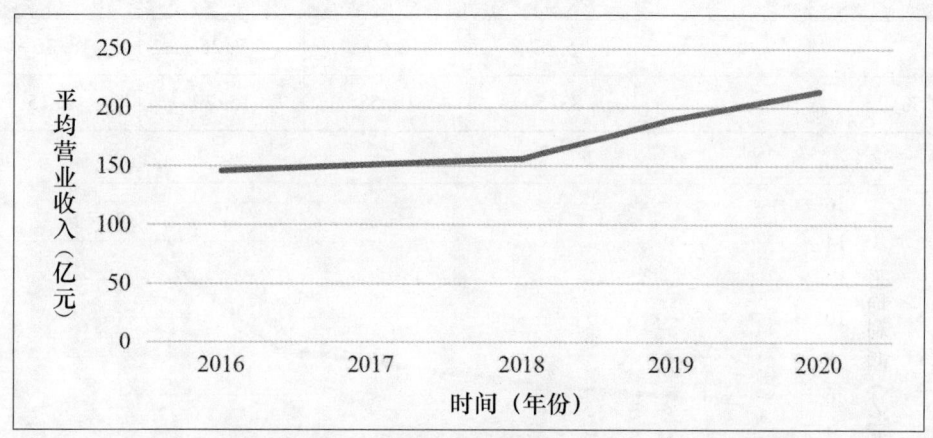

图2-7　2017—2021湖南企业100强平均营业收入变化趋势图

（二）2021湖南企业100强平均资产变化趋势

2021湖南企业100强平均资产为430.31亿元，较上年100强企业平均资产增加122.45亿元，在2018年回升的基础上继续实现了大幅增长，增幅为39.77%。2017—2021湖南企业100强平均资产变化趋势如表2-24和图2-8所示。

表 2-24　　　　　　　　　　2017—2021 湖南企业 100 强平均资产指标

指标	2016	2017	2018	2019	2020
平均资产（亿元）	290.16	254.84	280.47	307.86	430.31
平均资产净增长率（%）	11.35	-12.17	10.06	9.77	39.77

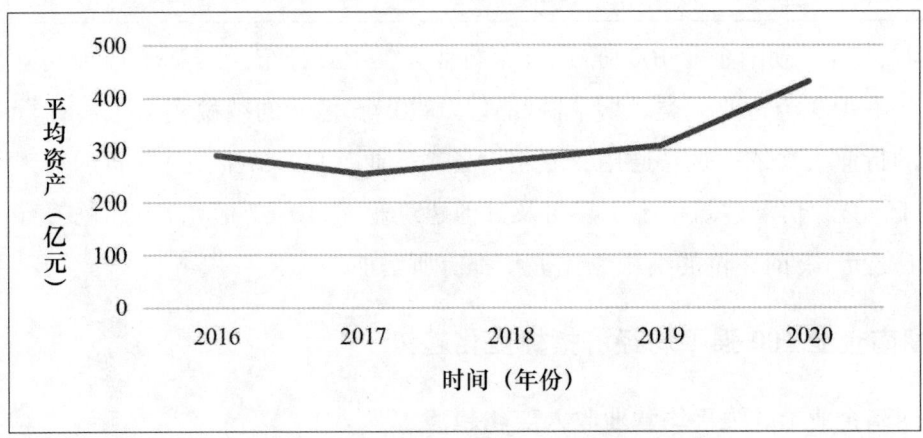

图 2-8　2017—2021 湖南企业 100 强平均资产变化趋势图

（三）2021 湖南企业 100 强平均利润变化趋势

2021 湖南企业 100 强平均利润为 14.56 亿元，同比上年 8.36 亿元增长 74.16%，保持稳速增长。从平均利润指标来看，湖南企业 100 强的竞争力还有较大的提升潜力，100 强企业需要努力提高自身的盈利能力，充分发掘市场利润空间，寻找新的利润增长点。2017—2021 湖南企业 100 强平均利润指标如表 2-25 和图 2-9 所示。

表 2-25　　　　　　　　　　2017—2021 湖南企业 100 强平均利润指标

指标	2016	2017	2018	2019	2020
平均利润（亿元）	5.67	6.27	7.26	8.36	14.56
平均利润增长率（%）	83.50	10.58	15.79	15.15	74.16

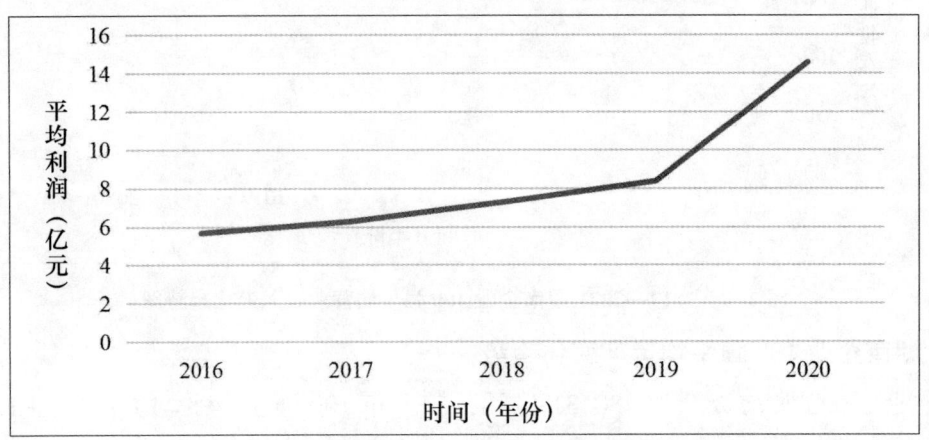

图 2-9　2017—2021 湖南企业 100 强平均利润变化趋势图

(四) 2021 湖南企业 100 强人均营业收入与资产变化趋势

2021 湖南企业 100 强人均营业收入为 252.84 万元（实报 91 家企业），相比上年增加 36.10 万元，净增长率为 16.66%，比上年增加了 1.37 个百分点。从 2016 年开始，湖南企业 100 强人均营业收入呈波动变化趋势，说明湖南企业 100 强的劳动生产率总体并不稳定。

2021 湖南企业 100 强人均资产为 510.73 万元，相比上年净增长率为 41.57%，比上年增加 33.24 个百分点。2017—2021 湖南企业 100 强人均营业收入与人均资产指标如表 2-26 和图 2-10 所示。2021 湖南企业 100 强人均营业收入和人均资产的净增长率的变化趋势说明了企业人均指标的增长速度呈现持续回升的趋势，企业的劳动生产率有所改善，应继续保持，如图 2-11 所示。

表 2-26　　　　　　　　　2017—2021 湖南企业 100 强人均营业收入与人均资产指标

指标	2016	2017	2018	2019	2020
人均营业收入（万元）	210.61	184.82	188	216.74	252.84
人均资产（万元）	419.70	312.16	333	360.75	510.73
人均营业收入净增长率（%）	36.67	-12.24	1.72	15.29	16.66
人均资产净增长率（%）	30.85	-25.62	6.68	8.33	41.57

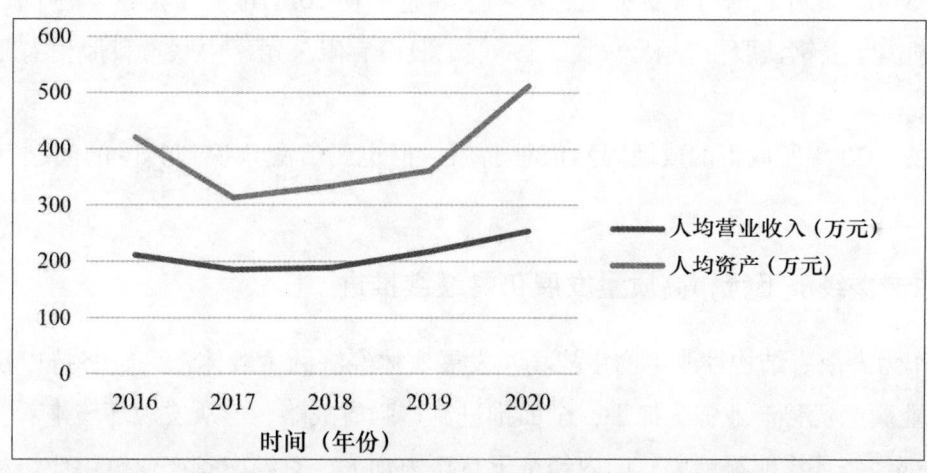

图 2-10　2017—2021 湖南企业 100 强人均营业收入与人均资产变化趋势图

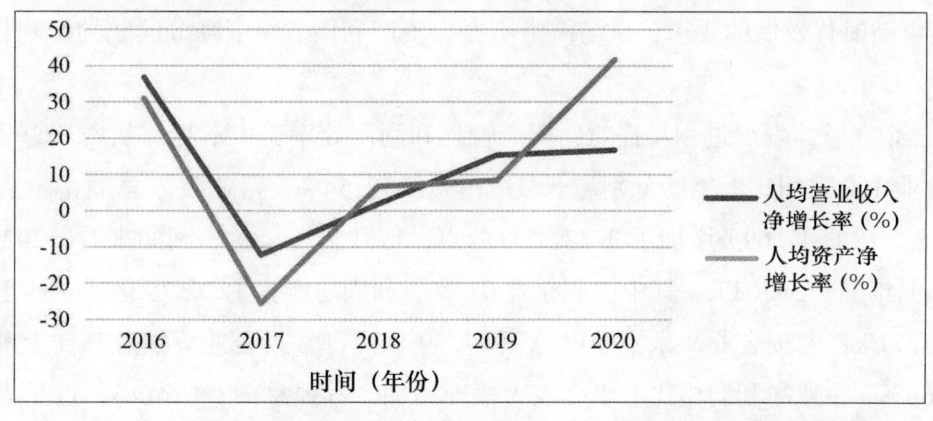

图 2-11　2017—2021 湖南企业 100 强人均营业收入与人均资产净增长率变化趋势图

第三节 当前湖南大企业持续发展面临的机遇与挑战

在过去的2020年,面对新冠肺炎疫情的考验以及错综复杂的国内外形势变化,湖南100强企业整体稳步向好,对湖南经济保持平稳、稳中有进、稳中向好的良好势头发挥了重要的作用。其成绩主要表现在:一是2021湖南企业100强总体规模继续扩大,实现"十三五"期间的持续增长。2020年的资产总额达到43031.33亿元,比2019年增长41.19%,增长速度有较大幅度的提升,且企业规模差距相比上年有所减小,100强发展不平衡的状况得到很大改善。二是2021湖南企业100强纳税总额为1614.18亿元(实报93家企业),仍占湖南省财政收入的较大比重,对湖南省的经济建设做出了巨大贡献。三是2021湖南企业100强产业结构持续优化。与上年相比,100强企业的行业集聚特征更加明显,值得注意的是,金融业等服务业在资产规模上仍在整个行业大类中位列第一,这在一定程度上体现了产业结构的转型升级。四是2021湖南企业100强盈利水平提高。2020湖南企业100强的净利润总额为836.08亿元,2021湖南企业100强的净利润总额为1162.79亿元(实报100家企业数据),同比增长39.08%。五是千亿制造业企业增至3家。2021湖南制造业企业100强中,有三一集团有限公司新进千亿企业,加上原有的湖南华菱钢铁集团有限责任公司、湖南中烟工业有限责任公司,2021湖南制造业企业100强千亿企业增至3家。此外,值得一提的是,有4家湘企上榜2021年度《财富》中国500强,分别是100强企业中的湖南华菱钢铁股份有限公司、三一重工股份有限公司、中联重科股份有限公司、蓝思科技股份有限公司。

100强企业在2020年所取得的成绩固然值得骄傲,但也要清醒认识到其中的问题和所面临的机遇与挑战。

一、疫情冲击、经济下行,高质量发展仍需继续推进

100强企业作为湖南省结构性改革的主战场、发展实体经济的主载体,一直坚持以供给侧结构性改革为主线,以工业新兴优势产业链为抓手,全面推进制造强省战略。但从宏观环境来看,在新冠肺炎疫情的冲击下,外部经济环境明显趋紧,国内经济下行压力加大,对湖南省产业链供应链稳定、引进消化吸收再创新、外资外贸的冲击仍将继续。100强企业虽保持一定速度稳步发展,却不可避免受到传统产业发展模式不适应新时代发展的要求、市场需求不振、资产利用效率下降等问题的影响,高质量发展仍需进一步推进。

第一,100强企业整体发展进一步提速,资产管理和利用效率美中不足。从资产总额、营业收入来看,2021湖南企业100强相比上年度分别增长41.19%和12.54%,营业收入总额占全省地区生产总值的51.06%,同比上年的47.69%增加了3.37个百分点,成效显著。从净利润来看,2021湖南企业100强的净利润同比上年上升39.08%,其中盈利企业91家,利润总额为1220.78亿元,比上年增加307.77亿元,增幅为33.71%;亏损企业9家,亏损总额57.99亿元,亏损企业亏损总额比上年减少18.98亿元,减幅为24.66%。企业净利润相比上年有较大幅度增加,亏损总额有所减小,这是湖南省促进新旧动能转换取得的初步成效。但是,100强企业的整体发展还存在以下不足:从平均资产利润率数据来

看,2021湖南企业100强整体的资产盈利能力有小幅的下降。从收入利润率来看,100强企业的收入利润率的分布情况不太乐观,只有39家企业的收入利润率超过平均水平。从资产周转率来看,100强企业平均资产周转率为117.06%,与上年相比大幅下降。从资产负债率来看,实报99家企业数据中44家企业的资产负债率超过60%,说明100强企业举债经营情况较多。这些数据表明2021湖南企业100强整体对于资产的管理质量和利用效率有所下降,需要坚持并推动高质量发展。

第二,老企业经营效率有所提高,资产利用效率需进一步提升。2021湖南企业100强中,除了14家企业新秀外,其余86家是连续入围湖南企业100强排行榜的老企业。86家老企业中位次前移的有26家,而上年85家老企业中位次前移的有28家,与上年相比减少2家。位次没有变化的企业有13家,与上年相比增加4家,这13家企业分别为第1名湖南华菱钢铁集团有限责任公司、第2名中国建筑第五工程局有限公司、第7名中国烟草总公司湖南省公司、第10名湖南博长控股集团有限公司、第11名大汉控股集团有限公司、第15名湖南有色金属控股集团有限公司、第25名唐人神集团股份有限公司、第30名中国电信股份有限公司湖南分公司、第31名现代投资股份有限公司、第32名芒果超媒股份有限公司、第40名爱尔眼科医院集团股份有限公司、第46名湖南省沙坪建设有限公司和第54名山河智能装备股份有限公司。而位次后退的企业有47家,较上年减少3家。因此,从老企业在100强排行榜中的位次变化看,发展情况较上年有所好转,进步程度比退步程度要大。除此以外,86家老企业在2019年的平均收入利润率为4.02%,平均资产利润率为5.55%(实报84家数据),而100强企业在2020年的平均收入利润率为5.35%,平均资产利润率为5.48%,分别上升了1.33%和下降了0.07%。平均收入利润率有所增加,反映了老企业产品成本和产品结构有所改善,在增收节支等方面较上年取得较好的效果;平均资产利润率有小幅下降,反映了老企业资产综合利用率较低,发展质量效益有待提高。

第三,受疫情冲击,海外收入锐减。在经济全球化的时代,国际化经营能力中的海外收入是衡量一个大企业综合实力的重要标志。受到新冠肺炎疫情的影响,2021湖南企业100强共创造海外收入997.86亿元(实报33家数据),与上年相比锐减49.12%。其中,海外收入最高的是蓝思科技集团,海外收入423.08亿元,占100强企业海外总收入的近一半。从海外收入增长率来看,海外收入增长率最高的是圣湘生物科技股份有限公司;20家100强企业海外收入为负增长,占披露企业数的60.61%。总体来看,2021湖南企业100强的国际化经营深受疫情冲击,这也从侧面印证了国家构建以国内大循环为主体的新发展格局的必要性。

二、区域与行业发展分化严重,产业区域布局有待优化

湖南100强企业区域发展、行业发展不平衡的问题仍较为突出,各项差距有待缩小,主要表现为地区发展不平衡,行业分布不平衡,企业转型升级缓慢。虽然湖南省出台了各项政策来扶持新兴产业的发展,但没有产生与投入相对等的效果,发展过程中还存在许多问题。总体而言,因要素配比失衡,地区和行业发展分化严重,100强企业发展差距较大,具体体现在以下方面:

第一,地区发展不平衡,板块联动存在阻碍。2021湖南企业100强中有77家集中在湖南省的政治经济文化中心——长沙市,与上年持平,占据86.28%的营业收入,相比上年增加1.61%;其余23家企

业分布在湖南省的其他9个市，占据13.72%的营业收入；而永州市、湘西自治州、邵阳市和张家界市没有企业入围，其中湘西自治州、邵阳市、张家界市近5年来没有企业入围，充分说明了地级行政区域发展的不平衡。同样，从地区发展来看，长株潭三市是湖南省重点支持发展的区域，2021湖南企业100强有89家位于这里，与上年持平，整体营业收入占比一直保持在90%以上，2020年营业收入再度增加。而湖南省的其他三个区域——洞庭湖板块、大湘南板块、大湘西板块仅有11家企业上榜，能够引领区域经济增长的龙头企业较少。三大区域内工业、农业等传统产业所占的比重较高，经济基础薄弱导致相关政策无法落实到位，承接产业转移的能力较弱，产业结构调整和优化不到位，整体营业收入占湖南100强企业总营业收入的比重不到10%。100强企业极不均衡的区域分布形势，反映出省内整体经济发展不全面，区域规划实施不到位，区域合作机制不健全，合作内容的广度和深度不够，合作的约束力不强，以致经济发达地区尚无法有效通过辐射作用带动其他各市经济协调发展。

第二，行业发展失衡，结构化矛盾突出。一方面，传统制造业和服务业仍占主导地位，与其他行业的差距仍在扩大。从湖南企业100强行业分布来看，制造业、建筑业、批发和零售业企业分别有45家、11家和14家，共占100强企业数量的70%，三大产业的营业收入总额为17532.78亿元，占比82.17%，与上年度相比，三大主导产业在2020年的发展更加理想。另一方面，由此带来的经济下行及产业转型压力较大，传统行业占据主导地位，其他行业的利润空间受挤压，湖南省企业发展面临重重阻碍。从营业收入看，相对规模占比超过5%的行业大类有7个，营业收入总额达15402.33亿元，相对营业收入规模占比72.19%；从资产总额看，相对规模占比超过5%的行业大类有6个，资产总额合计达29907.28亿元，相对资产规模占比69.50%。同比上年，2021湖南企业100强的行业集聚特征仍非常明显，6个行业大类在营业收入和资产总额上具有绝对的规模优势，更加印证了100强企业行业发展不平衡，结构性矛盾突出。

第三，100强企业仍需加速推进"湖南制造"向"湖南智造"转型升级。2021湖南企业100强仍是制造业、建筑业、批发和零售业等占据主导地位。其中，制造业企业占据半壁江山，共45家，批发和零售业企业14家，建筑业企业11家，传统行业占据主导地位，而数字经济、人工智能、5G技术等新兴企业占比较少，通信设备、计算机及其他电子设备制造业企业数量和资产占比以及信息传输、计算机服务和软件业等新兴产业资产和营业收入占比均小于5%。但值得注意的是，2020年新兴产业发展情况有所改善。通信设备、计算机及其他电子设备制造业营业收入占比突破5%，信息传输、计算机服务和软件业的营业收入与资产较上年度大幅增长，涨幅分别为247.22%和228.23%。这也是"十三五"期间，湖南重点发展高端装备、新材料、生物、新一代信息技术、绿色低碳、数字创意六大产业领域所激发出的经济持续健康发展的新动能。总体来看，新兴产业的增加使得湖南100强企业的产业结构更加完善，形成"百花齐放"的新局面。另外，新兴产业虽然增幅有所提高，但是与其他行业相比所占比重的增长还是比较缓慢。总体而言，湖南省仍需持续坚持以供给侧结构性改革为主线，以推动高质量发展为主题，大力实施"三高四新"战略，营造新兴产业新生态。

三、民营企业需突破发展瓶颈，企业经营管理水平有待提高

改革开放40多年来，湖南民营企业快速发展，在支撑发展、促进创新、扩大就业、增加税收等方

面发挥了重要作用。2021湖南企业100强中，民营企业有44家。14家新入围榜单的企业中，民营企业有6家，这在一定程度上增强了经济发展的活力。但与国有企业相比，民营企业营商及发展环境还不完善，相关制度不健全，加上需求增长放缓、融资困难等问题，民营企业做大做强还有很大上升空间。具体而言：

第一，民营企业规模优势不突出。一方面，从企业数量上看，2021湖南企业100强中，民营企业占44%，但是，其资产总额合计为8564.77亿元，占100强企业资产总额的19.90%；营业收入总计为7739.72亿元，占100强企业营业收入总额的36.28%；实现净利润共531.02亿元，占100强企业净利润的45.67%。这说明，民营企业在经济发展中发挥的作用越来越重要，但民营企业发展速度缓慢，其整体实力与国有企业相比还存在着较大的差距。另一方面，从全国来看，如上文所指出的，只有3家民营企业上榜2021年度《财富》中国500强，由此可以看出湖南民营的大企业不多。

第二，民营企业行业进入受限严重。从近几年的数据可以看出，一方面，湖南企业100强中的民营企业大都集中在批发和零售业、制造业等传统行业，如批发和零售业中的步步高投资集团股份有限公司，制造业中的三一集团有限公司、湖南博长控股集团有限公司等。以2021湖南100强企业数据为例，批发和零售业这一行业门类共有企业14家，其中民营企业11家，占比78.57%；相类似的，民营企业在制造业这一行业门类中占比42.22%。另一方面，一些高回报率的垄断行业、社会事业、基础设施和公共服务领域，因其存在显性或隐性行业壁垒，民营企业难以进入，如在电力、热力、燃气及水的生产和供应业这一行业门类中，民营企业未占一席之地。

第三，民营企业融资困难。许多民营企业都存在融资渠道单一、筹资规模有限，导致融资难、融资贵，这可能会导致有些创新的技术无法面世，以及具有潜力的方案无法继续推进，影响民营企业更高质量地发展。与此同时，民营企业还存在着难以引进和留住专业性高、技术及创新能力强的人才问题。一方面，一些民营企业对科技创新不重视、缺乏对技术开发人才的关注，没有建立有效的激励制度；另一方面，很多技术创新人才缺乏扎根企业、开展基础技术创新的热情、动力和耐心。而高素质的人才是推动企业创新和可持续发展必不可缺的中坚力量。

值得关注的是，尽管民营企业发展受制于以上影响因素，但其也有新的突破。具体来说，2021湖南企业100强新增的4个行业门类均为民营企业，分别为医疗设备制造业的圣湘生物科技股份有限公司、综合制造业的湖南五江控股集团有限公司、软件和信息技术（IT）业的天泽信息产业股份有限公司，以及互联网服务业的湖南马上银科技有限公司。因此，对于民营企业来说，随着数字经济这一浪潮的来袭，其在5G、移动互联网、软件、大数据、人工智能等新兴领域以及传统领域转型中的发展既有机遇，又存在一定的挑战。

四、研发投入整体水平亟须提高，企业之间创新重视程度差距较大

从研发投入来看，2021湖南企业100强总体投入资金少，多数企业不达标。上榜企业中，有73家填报了研发费用，合计研发费用为380.80亿元，平均研发费用为5.22亿元，平均研发费用投入比上年度增加0.89亿元。有72家企业填报了研发投入占营业收入比指标，只有25家企业的研发投入占比达到了省政府提出的3%的基本要求，占填报企业数的34.72%，仍有超六成的企业研发投入占比在3%以下。研发投入较低可能与2020年企业的营业收入和净利润下降有关。研发投入能反映企业对科技创新的积极性以及重视程度，研发与创新意识不足可能会导致湖南100强企业集中于传统产业，高新技术以及新兴领域的企业偏少，不利于推动湖南省产业的高质量发展。

值得一提的是，从2021湖南企业100强的研发投入数据可看出，首位企业研发投入增长率高达3293.38%，而末位企业研发投入的减少却高达55.10%，这更能体现不同的企业对创新的积极性和重视程度存在较大的差距。

第四节　促进湖南大企业高质量发展的对策与建议

2020年是全面建成小康社会和"十三五"规划的收官之年，也是谋划"十四五"规划的关键之年。面对国内外形势的深刻复杂变化，特别是新冠肺炎疫情严重冲击，全省众志成城抗击疫情，率先启动复工复产，扎实做好"六稳"工作，全面落实"六保"任务，统筹疫情防控和经济社会发展取得了显著成效，全省经济呈现增速稳步回升、结构持续优化、质效不断改善的良好态势，脱贫攻坚战取得全面胜利，决胜全面建成小康社会取得决定性成就。2021年是"十四五"规划的开局之年，是我们向着第二个百年奋斗目标进军的开端，对于构建新发展格局、实现高质量发展意义重大。100强企业作为湖南经济发展的排头兵，一方面，在未来发展过程中要牢牢把握企业发展的机遇，深入挖掘自身的竞争优势，推动产品转型升级，提高管理效率，以创新驱动发展；另一方面，在面对未来经济发展中的疫情挑战等众多不确定因素时，更要警惕风险，提前做好规划调整，寻求发展新机遇。

一、把握经营环境变化趋势，提高企业风险应对能力

2019年末暴发的新冠肺炎疫情对全球经济产生了前所未有的冲击，对我国全面建成小康社会目标的高质量实现提出了挑战，也是对中国经济韧性的一次考验。2020年春节以后，由于全方位的疫情防控措施，100强企业都面临着巨大的生产经营压力，有效劳动力供给不足、复工时间延长等消极因素为企业的发展前景蒙上了阴影。与此同时，由于各国对疫情防控的重视程度不同，一方面，我国企业海外业务的开展面临着诸多困难；另一方面，自身防控成果的维持也面临着外来输入的挑战。因此，100强企业应冷静分析内外部环境的深刻变化，准确把握新的发展机遇，沉着应对各种风险与挑战，逐步推动国内市场繁荣，为中国经济高质量发展提供坚实基础。

首先，针对拥有海外业务的100强企业，政府在保障外贸产业链供应链畅通运转的基础上，还应进一步引导企业融入国内大循环。2021湖南企业100强中有33家企业填报了海外业务，相关业务收入与上年相比锐减49.12%，很大程度上影响了企业的竞争力，这也从侧面印证了融入国内大循环的必要性。为此，一方面，政府要坚定不移保障产业链和供应链畅通，用足用好合规外贸政策工具，加大财税、金融等支持力度，加快推动省、市外贸供应链平台建设，深入实施"外贸破零倍增""外贸综合服务""外贸融资服务"等举措，引导和支持企业多元化拓展国际市场，支持帮助外贸产品供应链企业、外贸产品制造企业、外贸商务龙头企业解决难点、堵点问题。另一方面，政府应当帮助企业融入国内大循环的新格局，从减环节、优流程、压时限、提效率入手，落实各项惠企政策，提升服务效能，打通关键环

节，全力破除影响和阻碍市场主体发展的各种因素，真正为各类市场主体减轻负担，创造市场化、法治化、国际化的营商环境。同时，应持续放宽服务消费等领域市场准入，实施宽进严管，对可以依靠市场充分竞争提升供给质量的行业取消准入限制，为相关企业的业务调整提供便利条件。对于依赖海外业务的企业，政府要鼓励其主动挖掘国内市场的需求，开拓国内市场；对于严重依赖进口核心技术的企业，政府要进一步引导企业寻找其他替代解决方案，提升研发和创新协同能力。

其次，100强企业应进一步关注资产管理质量，警惕资产流动性陷阱。从资产负债率来看，有44家企业的资产负债率超过了60%，意味着企业在不同程度上面临着举债经营的风险，这将直接影响企业的风险应对能力。企业除了增加收入、压缩开支、管理好现金流之外，更要重视资产的流动性，需积极协调好自身与银行、其他债权人的关系，适当融资，避免陷入资产流动性的陷阱。考虑到企业对于金融支持和利息减免的迫切需求，政府可以调整企业运营环境机制，加大减税降费力度，允许企业采用灵活用工政策，并与金融机构协调不抽贷、可展期、减息降息，进一步降低企业的管理成本，帮助企业提升风险应对能力。

二、加大产业转型升级力度，促进产业协调发展

根据湖南省统计局发布的相关数据，全省三次产业结构由2019年的9.2∶37.6∶53.2演变为2020年的10.2∶38.1∶51.7，服务业主导优势仍非常明显。与此同时，工业稳步向着中高端迈进，高技术制造业增加值增长16.0%，占规模以上工业的比重为11.7%，比上年提高0.4个百分点。装备制造业增加值增长10.4%，占规模以上工业的比重为32.4%，比上年提高1.9个百分点。这体现出湖南省在产业结构优化升级上的不懈努力。但是2021湖南企业100强中，传统行业企业比重仍然较大，高技术制造业企业、现代服务业企业比重较低且增速缓慢，战略性新兴产业布局速度待提高，在传统行业发展乏力和疫情反复的情况下，许多企业经营效益不甚理想，急需转型升级，培育新经济增长点。

第一，以产业链资源整合为指引，提升产业链的现代化水平。政府应以22条工业新兴优势产业链为抓手，坚持"一条产业链、一名省领导、一套工作机制"的原则，支持龙头企业和链主企业牵头组织创新联合体，有针对性地实施一批强链补链的项目。同时，政府应当提高投资效益，发挥产业投资政策导向作用，引导社会资本合理布局，推动资源要素向优质高效投资领域流动，集约高效投资，加快成果所有权分配等重大机制创新，加速科技成果转化，大力保护知识产权，支持技术创新与商业模式创新互促互进，进一步提升产业链现代化水平。

第二，以消费提质为目标，加快现代服务业的发展。首先，推动服务业向高品质、多样化升级。鼓励实体商业通过直播电商、社交营销开启"云街"新模式。加快推广农产品"生鲜电子商务+冷链宅配""中央厨房+食材冷链配送"等服务模式。支持"互联网+家庭式"共享养老模式，鼓励发展家政、养老、社区照料服务等家庭服务性消费。积极开展消费服务领域人工智能应用试点，丰富5G技术应用场景，带动5G智能终端、AI智能服务新消费。其次，加大先进制造业和现代服务业深度融合发展力度，培育服务业的"智造"元素。重点推进汽车及零部件、生物医药等优势产业加速向数字化、网络化、智能化发展，节约成本，降低能耗，提高劳动生产率和生产质量，提升产品附加值。最后，推动服务业内部融合发展，支持服务业企业拓展经营领域，大力实施"互联网+""旅游+""文化+"行动，

加快服务业数字化转型，促进以信息服务、物流、贸易、设计为主的生产型服务业和以消费体验、文化、健康为主的消费型服务业融合发展。

第三，从企业角度出发，推进自身转型升级。首先，100强企业在战略制定时应着重考虑政策导向，将自身项目的重心放在新兴优势和高技术行业，瞄准价值链高端，以有利于获得政策支持，为自身转型升级助力。其次，在技术创新上，企业应重点考虑智能网联技术的运用，将其赋能于工程机械的产品转型升级以及用户服务上，促进数字化、网络化、网联化的有效升级。最后，企业应聚焦品牌培育，积极调研市场需求，增加中高端产品的供给，营销模式应更多考虑线上线下融合，积极发挥直播、短视频等传播优势，促进网络消费，引导线上流量向线下转移，建设一批线上线下融合的新消费体验馆，促进消费新业态、新模式、新场景的普及应用。

三、加快重点产业区域布局，促进区域经济平衡发展

2020年湖南省整体经济发展虽然取得了很大的成绩，但是仍然存在不少问题。其中，区域经济发展不平衡就是一个突出的问题。与经济发达的长株潭地区相比，湖南省其他三个区域——洞庭湖板块、大湘南板块、大湘西板块缺乏能够引领区域经济增长的龙头企业，三大区域内工业、农业等传统产业所占的比重较高，经济基础薄弱导致相关政策无法落实到位，承接产业转移的能力较弱，产业结构调整和优化不到位。发展较好的长株潭区域虽对全省的经济贡献大，但辐射带动周围区域经济发展的能力太弱；发展较差的区域闲置了诸多生产要素和资源，优势企业发展有心无力、后劲不足。为了构建"一核两副三带四区"区域经济发展格局，充分发挥区域优势，合理有效配置资源要素，就需要不断调整和优化产业空间布局，着力推进区域协同发展。

第一，各区域联动释放发展潜力。加快推进长株潭一体化，提升长沙省会城市功能，加快"3+5"环长株潭城市群联动发展，推动形成长岳、长益常、长韶娄等经济走廊，高标准建设长株潭衡"中国制造2025"示范城市群，加强与洞庭湖、湘南、湘西地区深层次合作，促进四大板块发挥比较优势协调发展；促进洞庭湖生态经济区绿色发展，发挥临江临湖区位优势，建立湖区特有的生态产业和合理的经济结构，积极发展与长株潭相衔接的电子信息和机械装备制造；湘南地区充分发挥承接产业转移示范区平台功能，以衡阳副中心建设为引领，加强与粤港澳大湾区、北部湾、东盟等区域合作，打造新兴产业承接带和科技产业配套基地；提升大湘西地区开发水平，落实各项优惠政策，以生态产业为导向，承接产业转移，大力发展特色材料、文化旅游、商贸物流、食品医药等产业，将大湘西地区建成脱贫地区高质量发展先行区、承接产业转移和特色优势产业发展集聚区、生态安全保障区。

第二，因地制宜发展各区域的优势产业。各区域的发展重点要根据自身的区位特点、资源特点、地理条件、文化传统等来权衡考虑。例如，长沙以装备制造、新材料、电子信息、生物医药为主导，建设国家重要先进制造业中心；株洲以轨道交通装备、航空航天、新能源汽车为主导，建设株洲·中国动力谷；湘潭以智能装备制造、汽车及零部件、精品钢材及深加工为主导，建设智造谷；娄底以钢铁新材、工程机械、现代物流为主导，建设先进制造配套区和长株潭现代物流服务区。同时，对于革命老区、民族地区、资源型地区、老工业发地区以及生态退化地区，进行有针对性的统筹规划，合理进行产业布局。

四、打造先进制造业高地，推动优势产业快速发展

制造业是实体经济的基础，是构筑未来发展战略优势的重要支撑。湖南制造业门类比较齐全，31个制造业行业大类在全省均有分布，2021湖南企业100强有45家是制造业企业，可以说制造业的发展水平直接决定了湖南省的综合竞争力。为此，全省应以先进制造业为主攻方向，着力推进质量变革、效率变革、动力变革，实施先进装备制造业倍增等"八大工程"，推动产业高端化、智能化、绿色化、融合化发展，不断提升产业基础能力和产业链现代化水平，完善产业生态，建设具有全国竞争优势的先进制造业示范引领区。

第一，加快发展先进制造业。当前100强企业中制造业企业主要集中在传统加工和设备制造领域，长期竞争优势还有待增强。为此，围绕工程机械、轨道交通装备、航空动力三大优势产业，企业应不断推动技术和产品迭代创新，提高全球竞争力，努力形成世界级产业集群；着重发展电子信息、先进材料、智能和新能源汽车、生物轻纺、智能装备等热门产业，建设国内一流的重要生产基地，形成全国产业竞争新优势；实施战略性新兴产业培育工程，积极推动新一代半导体、生物技术、绿色环保、新能源、高端装备等产业发展，构建一批产业发展新引擎。

第二，提升产业链供应链自主可控能力。新冠肺炎疫情暴发以来，阻碍企业复工复产的关键点不仅在于人员配备的问题，还在于产业链供应链的调控问题。政府要支持龙头企业并购延链，强化话语权和供应链地位，促进产业链向两端延伸、向高端攀升。企业要聚焦全省产业链关键环节，加大重要产品和重大技术装备攻关力度，推广先进适用技术，弥补有关短板，推动产业链整体升级。同时，为了应对不可控事件，企业在平时需建立重要产品和供应渠道的替代来源，完善供应链备链和风险管理机制，加强关键原材料、零部件、元器件储备，保证自身产业供应链稳定可靠。

第三，培育产业生态。企业作为产业生态的主体，要积极创新组织模式、重构创新模式、变革生产模式、优化商业模式，推行先进管理，强化创新驱动，大力推进自主智能制造与5G、物联网结合，发展协同制造、共享制造、柔性制造，实现内涵发展，不断增强核心竞争力。政府应从减环节、优流程、压时限、提效率入手，落实各项惠企政策，提升服务效能，打通关键环节，全力破除影响和阻碍市场主体发展的各种因素，真正为各类市场主体减轻负担。推进商事制度改革，为各类市场主体创造市场化、法治化、国际化的营商环境。

第四，提升数字经济的竞争力。数字经济是加快新旧动能转换、推动高质量发展的重要举措。未来政府要充分发挥数据新要素的重要作用，培育壮大数字经济核心产业，推进人工智能、集成电路、5G应用、大数据、云计算、软件服务及互联网产业发展，建设全国数字经济创新引领区、产业聚集区和应用先导区。制造业企业在产业数字化转型的过程中，应当秉持"数字化+网络化+智能化"的战略，促进生产管理各个关键环节数字化、网络化升级，推动智能工厂、智能企业的建设，为用户提供更多体验式消费和个性需求定制。

五、打造科技创新高地，坚持创新驱动发展

创新是催生经济增长新动能、提升经济增长质量的根本战略。当前的国内外形势严峻，资源约束、

生态失衡、劳动力成本上升、同质化竞争等时代性制约因素使企业发展的"老套路"已经变成了"死胡同"，再加上疫情背景下企业更多将重心放在持续经营上，对于创新的重视程度有所下降。但值得注意的是，以互联网、物联网、云计算、大数据等为代表的信息技术正在全面变革企业传统管理和运营范式，为企业的发展实施商业模式创新提供了各种潜在的可能性。2021湖南企业100强当中，只有25家企业的研发投入占比达到了省政府提出的3%的基本要求，且不同企业对创新的积极性和重视程度存在较大的差距。整体来看，100强企业研发投入资金少，多数企业不达标，亟须激发创新热情，打造具有核心竞争力的科技创新高地。

第一，企业应瞄准产业制高点攻克关键技术，提升自身技术创新能力。关键技术是核心竞争力的来源，企业间的竞争很大程度就是核心技术的比拼。一方面，企业应当加大研发投入，尤其是基础领域的研究投入，将创新重点放在改善民生、解决行业根本性问题的战略高度上，利用自身的资源技术优势攻克关键技术，提升核心竞争力；另一方面，企业可以通过组建创新联合体的方式，推动自身与其他企业、研究机构等外界合作，借助外部专业知识来弥补自身理论的短板，助力关键技术的攻关。

第二，企业应聚焦管理创新，重塑发展理念。管理创新指的是企业经营过程中产生的新的理念和想法，相较于技术创新，管理创新资金需求相对较低且灵活而分散，一般情况下并不具有较长的开发周期，也无须承担类似技术创新的较高的研发风险。首先，企业在管理创新的采纳阶段，应同时注重与大学、科研院所等知识生产机构以及与供应链合作伙伴之间的联系。其次，高层管理团队成员应在决策阶段更多地参与管理创新的方案制订过程，以加深对管理创新的理解和认知，从而更有效地做出决策。最后，企业开展管理创新应注意把握好"度"，对于成功的经验不要过度依赖，在利用的同时也要注意关注企业情境的变化，避免过度利用导致"过犹不及"。

第三，企业应重视人才队伍的建设，提升核心竞争力。人才是科技创新的第一资源，企业的核心竞争力在于科技创新成果，而科技创新成果需要依靠科技创新人才队伍的建设，归根到底是人才的竞争。为了尽可能吸纳、留住以及培养人才，一是企业需聚焦于顶层设计，制定科学、灵活、多元化的激励机制，营造勇于创新、尊重人才、宽容失败的企业氛围；二是企业应加大产业领军人才和企业家的引育，建立院士工作站、博士后科研工作站及博士后创新实践基地，培育具有全球视野的现代企业家，培养创业创新型企业家和职业经理人；三是建立健全内部创新人才的培养机制，激发内部员工自主创新的热情。

第三章
2021 湖南制造业企业 100 强分析报告

制造业是立国之本、强国之基。2020 年，湖南省认真贯彻习近平总书记考察湖南重要讲话指示精神，众志成城抗击疫情，率先启动复工复产，工业主导地位更加突出，工业新兴优势产业链发展壮大，为打造国家重要先进制造业高地打下了坚实基础。2020 年，制造业增加值占全省规模工业增加值比重达 91.7%，装备制造、材料、食品轻工三大板块营业收入过万亿，通用设备、专用设备、汽车、电气器材、计算机通信设备、化工、医药等 15 个行业营业收入过千亿。这其中，一批大企业、大公司做出了突出贡献，它们不仅是湖南制造业的主导力量，而且还肩负着优化产业结构、引领经济发展、推动高质量发展的重任，是经济社会发展当之无愧的主力军、排头兵和突击队。如在 2021 全球工程机械制造商 50 强榜单上，11 家中国企业中湖南占了 4 家，即三一重工、中联重科、铁建重工、山河智能，分别居全球第 4 位、第 5 位、第 30 位、第 32 位。这是第三年在全省组织开展申报、评选和发布湖南制造业企业 100 强排行榜，为此，本报告拟重点对 2021 湖南制造业企业 100 强的基本特征、效益纳税情况及存在的主要问题做一分析，并从湖南制造业高质量发展的要求和现实情况出发，有针对性地提出对策和建议，供企业、社会组织和有关部门参考。

第一节 2021 湖南制造业企业 100 强特征分析

一、2021 湖南制造业企业 100 强总体规模状况及分布特征

（一）入围门槛进一步提高，营业收入总额保持增长

2020 年，湖南省坚持稳中求进工作总基调，深入实施创新引领开放崛起战略，扎实做好"六稳"工作，全面落实"六保"任务，经济稳步迈向高质量发展。2021 湖南制造业企业 100 强的入围门槛为年营业收入 11.62 亿元，较上年度提高 2.12 亿元；100 强企业实现营业收入总额为 11226.64 亿元，同比增长 13.28%。说明在过去一年中湖南省不断推进经济结构优化、新旧动能转换所带来的成效显著。其中，以湖南华菱钢铁集团有限责任公司为首的前 10 名企业营业收入总额达 7343.87 亿元，占 100 强

企业营业收入总额的 65.41%，较上年度提高 2.08 个百分点；前 10 名企业的营业收入总额同比增长 16.88%（上年度营业收入总额为 6283.05 亿元），比 100 强企业的平均增长速度高 3.6 个百分点。有关详情如图 3-1、表 3-1 所示。

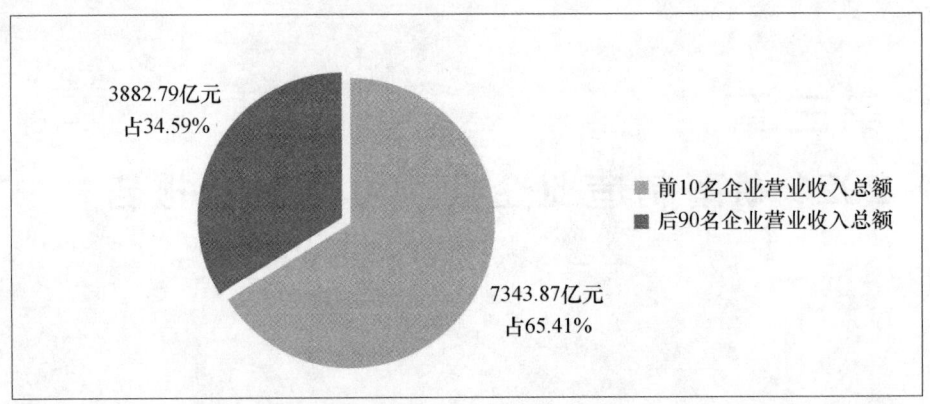

图 3-1　2021 湖南制造业企业 100 强前 10 名与后 90 名企业营业收入总额占比示意图

表 3-1　　　　　　　　　　　2021 湖南制造业企业 100 强营业收入排名前 10 位企业

企业名称	营业收入（亿元）	占比（%）	排名
湖南华菱钢铁集团有限责任公司	1520.21	13.54	1
三一集团有限公司	1253.18	11.16	2
湖南中烟工业有限责任公司	1030.21	9.18	3
蓝思科技集团	990.13	8.82	4
中联重科股份有限公司	651.09	5.80	5
湖南博长控股集团有限公司	557.35	4.96	6
中车株洲电力机车研究所有限公司	390.97	3.48	7
湖南有色金属控股集团有限公司	369.24	3.29	8
中国石油化工股份有限公司长岭分公司	346.13	3.08	9
中车株洲电力机车有限公司	235.36	2.10	10
总计	7343.87	65.41	—

（二）新上榜企业平均营业收入略有下降

2021 年是"湖南制造业 50 强企业"升级为"湖南制造业企业 100 强"的第三年，与上年度相比，2021 湖南制造业企业 100 强中有 14 家企业是首次上榜。这 14 家企业营业收入总额为 484.34 亿元，占 100 强企业的 4.31%，平均营业收入为 34.60 亿元。其中，营业收入在 50 亿~100 亿元的企业有 3 家；营业收入在 20 亿~50 亿元的企业有 5 家；营业收入在 20 亿元以下的企业有 6 家。14 家新上榜企业的营业收入规模及排名情况详见表 3-2。

第三章 2021湖南制造业企业100强分析报告

表3-2　　　　　　　2021湖南制造业企业100强中新上榜企业营业收入规模及排名

排名	企业名称	营业收入（亿元）	比上年增长（%）
20	安克创新科技股份有限公司	93.53	40.54
24	岳阳林纸股份有限公司	71.16	0.14
31	株洲硬质合金集团有限公司	54.54	0.23
37	圣湘生物科技股份有限公司	47.63	1203.53
43	湖南金弘再生资源集团有限公司	39.90	249.86
50	湖南中伟新能源科技有限公司	35.66	27.8
53	长沙惠科金杨新型显示器件有限责任公司	35.09	59884.1
63	湖南大旺食品有限公司	27.43	3.36
88	湖南八百里水产股份有限公司	14.32	460.77
89	湖南星邦智能装备股份有限公司	14.15	69.67
91	株洲宏达电子股份有限公司	14.01	65.97
95	湘北威尔曼制药股份有限公司	12.49	-39.94
96	长城信息股份有限公司	12.47	-0.03
99	湖南飞沃新能源科技股份有限公司	11.96	127.22

（三）企业规模分布差异显著

从营业收入规模来看，营业收入额超过500亿元的企业有6家，即湖南华菱钢铁集团有限责任公司、三一集团有限公司、湖南中烟工业有限责任公司、蓝思科技集团、中联重科股份有限公司、湖南博长控股集团有限公司。这6家企业的营业收入总额为6002.17亿元，占100强企业的53.46%，较上年度提高4.06个百分点；营业收入在100亿~500亿元的企业有11家，营业收入总额为2281.45亿元，占20.32%；其余83家企业营业收入在100亿元以下，营业收入总额为2943.02亿元，占26.21%。其中，营业收入最高的是湖南华菱钢铁集团有限责任公司，达1520.21亿元；营业收入最低的是华自科技股份有限公司，为11.62亿元，前者约是后者的131倍。

从资产规模来看，资产总额在500亿元以上的企业有5家，即三一集团有限公司、蓝思科技集团、中联重科股份有限公司、湖南华菱钢铁集团有限责任公司、湖南中烟工业有限责任公司。这5家企业的资产总计为6881.00亿元，占100强企业的53.57%；资产总额在100亿~500亿元的企业有21家，资产总计3203.86亿元，占24.94%；资产总额在100亿元以下的企业有74家，资产总计为2761.16亿元，占21.49%。其中，资产规模最大的是三一集团有限公司，为2249.74亿元；资产规模最小的是湖南飞沃新能源科技股份有限公司，为1.09亿元，前者约是后者的2064倍。根据上面的对比分析，无论是从营业收入还是从资产总额来看，排名前6位的企业合在一起均占100强企业的半壁江山，说明2021湖南制造业企业100强之间规模差距显著。

表 3-3　　2021 湖南制造业企业 100 强规模分布状况

项目	500 亿元以上	100 亿~500 亿元	100 亿元以下
按营业收入分类的企业数（家）	6	11	83
营业收入总额（亿元）	6002.17	2281.45	2943.02
按资产总额分类的企业数（家）	5	21	74
资产总额（亿元）	6881.00	3203.86	2761.16

（四）进入 2021 中国制造业企业 500 强的企业增加 1 家

在 2021 中国制造业企业 500 强排行榜中，湖南有 7 家企业上榜，较上年度增加 1 家，即湖南五江控股集团有限公司，2020 年实现营业收入 362.56 亿元，排第 262 位。在 7 家上榜企业中，有 3 家的排名较上年有所提升，分别是中联重科股份有限公司的排名提升 54 名，三一集团有限公司的排名提升 27 名，唐人神集团股份有限公司的排名提升 7 名，说明湖南制造业高质量发展的步伐不断加快。2020—2021 中国制造业企业 500 强排行榜湖南上榜企业排名情况如表 3-4 所示。

表 3-4　　2020—2021 中国制造业企业 500 强排行榜湖南上榜企业排名情况

企业名称	2021	2020	位次升降
湖南华菱钢铁集团有限责任公司	65	60	-5
三一集团有限公司	79	106	+27
中联重科股份有限公司	144	198	+54
湖南博长控股集团有限公司	170	167	-3
湖南五江控股集团有限公司	262	—	—
唐人神集团股份有限公司	397	404	+7
湖南黄金集团有限责任公司	437	417	-20

二、2021 湖南制造业企业 100 强地域分布特征分析

2021 湖南制造业企业 100 强表现出明显的区域分布集中特点，主要集中在长沙、株洲、湘潭、岳阳、益阳、郴州、衡阳 7 市，张家界、怀化、邵阳、湘西 4 市（州）无企业入围。数据显示，长沙市已成为全省的制造业中心，其规模居绝对领先地位，有 56 家企业上榜，比 2020 年增加 3 家，说明制造业 100 强企业向大城市聚集的特征显著。这 56 家企业的年营业收入总额为 7977.72 亿元，占 100 强企业的 71.06%；56 家企业的资产总额为 10000.56 亿元，占 100 强企业的 77.85%。株洲市有 13 家，湘潭市有 7 家，长、株、潭 3 市占据 76 家，较上年度增加 1 家，这既反映了长株潭创建国家装备制造业创新中心、打造长株潭先进制造高地的良好基础和优势，也是推动湖南制造业产业链向高端延伸和发展取得实效的表现。岳阳市的上榜企业数达 8 家，名列第 3 位，较上年度减少 1 家。永州市实现零的突破，上榜企业 1 家。统计数据显示，长、株、潭、岳 4 市 84 家企业的营业收入总额为 10245.25 亿元，占 100

强企业的91.26%；资产总额为12109.42亿元，占100强企业的94.27%。长、株、潭、岳4市吸纳了全省制造业的绝大部分的资本投入，拥有强大的生产能力和产出规模，是湖南制造业的主体和核心增长极。2021湖南制造业企业100强地域分布状况如表3-5所示。

表3-5　　2021湖南制造业企业100强地域分布状况

地区	企业数（家）	营业收入		资产总额	
		总额（亿元）	占比（%）	总额（亿元）	占比（%）
长沙市	56	7977.72	71.06	10000.56	77.85
株洲市	13	1265.86	11.28	1195.26	9.30
湘潭市	7	249.76	2.22	445.56	3.47
岳阳市	8	751.91	6.70	468.04	3.64
郴州市	3	60.03	0.53	58.29	0.45
益阳市	5	154.33	1.37	261.68	2.04
衡阳市	3	114.43	1.02	130.34	1.01
常德市	3	79.10	0.70	134.93	1.05
娄底市	1	557.35	4.96	138.73	1.08
邵阳市	—	—	—	—	—
湘西自治州	—	—	—	—	—
怀化市	—	—	—	—	—
永州市	1	16.15	0.14	12.63	0.10
张家界市	—	—	—	—	—

三、2021湖南制造业企业100强按行业分类的规模结构及分布特征

（一）2021湖南制造业企业100强行业规模结构特征

2021湖南制造业企业100强的行业分布涉及32个行业（注：根据2021年中国企业联合会对行业的划分统计），表3-6列出了各行业企业规模总体状况。从表中可以看出，企业主要集中在农副食品、工业机械及设备制造、化学原料及化学品制造、药品制造、金属制品加工5大行业，其中企业数最多的是农副食品，达14家。按营业收入规模分类，500亿元以上的大行业有8个，它们分别是：①工业机械及设备制造2288.95亿元，占100强企业的20.39%；②黑色冶金1520.21亿元，占100强企业的13.54%；③综合制造业1150.89亿元，占100强企业的10.25%；④烟草制品业1030.21亿元，占100强企业的9.18%；⑤轨道交通设备及零部件制造777.25亿元，占100强企业的6.92%；⑥农副食品748.11亿元，占100强企业的6.66%；⑦金属制品加工728.87亿元，占100强企业的6.49%；⑧石化及炼焦514.15亿元，占100强企业的4.58%。这8个行业43家企业年营业收入总额达8758.64亿元，

占100强企业营业收入总额的78.02%。按资产规模分类，500亿元以上的大行业有6个，它们分别是：①工业机械及设备制造4199.57亿元，占100强企业的32.69%；②综合制造业1643.25亿元，占100强企业的12.79%；③黑色冶金1134.33亿元，占100强企业的8.83%；④农副食品975.10亿元，占100强企业的7.59%；⑤烟草制品业971.38亿元，占100强企业的7.56%；⑥轨道交通设备及零部件制造606.75亿元，占100强企业的4.72%。这6个行业35家企业资产总额为9530.38亿元，占100强企业资产总额的74.19%。

需要说明的是，2021报告中制造业行业的划分及数据是根据中国企业联合会对行业的重新划分统计的。2021湖南制造业企业100强按行业分类的规模结构详情如表3-6所示。

表3-6　　　　　　　　2021湖南制造业企业100强按行业分类的规模结构

行业	企业数（家）	营业收入总额（亿元）	占比（%）	资产总额（亿元）	占比（%）
农副食品	14	748.11	6.66	975.10	7.59
食品	3	114.70	1.02	132.15	1.03
饮料	2	52.90	0.47	59.44	0.46
酒类	1	18.26	0.16	43.37	0.34
精制茶	1	67.44	0.60	16.18	0.13
烟草制品业	1	1030.21	9.18	971.38	7.56
服装及其他纺织品	1	22.20	0.20	33.82	0.26
家用电器制造	1	53.83	0.48	42.99	0.33
造纸及包装	1	71.16	0.63	158.30	1.23
石化及炼焦	2	514.15	4.58	198.56	1.55
轮胎及橡胶制品	1	31.48	0.28	17.14	0.13
化学原料及化学品制造	6	157.90	1.41	155.64	1.21
药品制造	6	160.77	1.43	225.35	1.75
医疗设备制造	2	67.78	0.60	93.50	0.73
水泥及玻璃制造	1	96.44	0.86	143.26	1.12
黑色冶金	1	1520.21	13.54	1134.33	8.83
贵金属	3	196.79	1.75	147.25	1.15
金属制品加工	6	728.87	6.49	302.54	2.36
工程机械及零部件	1	14.09	0.13	24.06	0.19
工业机械及设备制造	10	2288.95	20.39	4199.57	32.69
电力电气设备制造	5	153.31	1.37	297.43	2.32

续表

行业	企业数（家）	营业收入总额（亿元）	占比（%）	资产总额（亿元）	占比（%）
电线电缆制造	3	137.60	1.23	105.74	0.82
风能、太阳能设备制造	3	38.56	0.34	39.33	0.31
计算机及办公设备	4	123.55	1.10	97.84	0.76
通信设备制造	3	146.28	1.30	161.95	1.26
半导体、集成电路及面板制造	2	47.24	0.42	126.95	0.99
汽车及零配件制造	2	132.41	1.18	130.91	1.02
轨道交通设备及零部件制造	5	777.25	6.92	606.75	4.72
航空航天	3	152.32	1.36	310.20	2.41
兵器制造	1	41.75	0.37	53.99	0.42
一般有色	1	369.24	3.29	197.75	1.54
综合制造业	4	1150.89	10.25	1643.25	12.79

（二）医疗设备制造等过半数行业营业收入保持高速增长

从2021湖南制造业企业100强分行业的发展情况看，在32个行业大类中，有24个行业营业收入实现正增长，营业收入增长率在10%以上的行业有18个，占32个行业大类的56.25%。表3-7列出了2021湖南制造业企业100强分行业营业收入增长率排名情况，从中可以看出，为应对全球新冠肺炎疫情，医疗设备制造企业获得了高速发展。营业收入增长率居第1位的医疗设备制造行业，其2家企业均实现了高速增长。其中圣湘生物科技股份有限公司营业收入增长率达到1203.53%，其在2020年暴发的新冠肺炎疫情中，快速开发出新型冠状病毒核酸检测试剂、"分钟级"快速核酸检测设备等一系列科技抗疫产品，为疫情防控贡献了智慧和力量。作为知名的体外诊断整体解决方案提供商，该公司还研发了传染病防控、妇幼健康、血液筛查等400余种产品。目前，其新冠病毒核酸检测产品服务全球160多个国家和地区。

表3-7　　　　　2021湖南制造业企业100强按行业分类的营业收入增长率排名

行业	本年度营业收入（亿元）	上年度营业收入（亿元）	增长率（%）	排名
医疗设备制造	67.78	21.43	216.29	1
计算机及办公设备	123.55	76.43	61.65	2
工程机械及零部件	14.09	10.02	40.67	3
工业机械及设备制造	2288.95	1640.6	39.52	4
通信设备制造	146.28	112.19	30.38	5
兵器制造	41.75	32.12	29.98	6

续表

行业	本年度营业收入（亿元）	上年度营业收入（亿元）	增长率（%）	排名
风能、太阳能设备制造	38.56	30.32	27.18	7
综合制造业	1150.89	925.30	24.38	8
航空航天	152.32	125.43	21.44	9
酒类	18.26	15.12	20.79	10
农副食品	748.11	635.88	17.65	11
轨道交通设备及零部件制造	777.25	679.6	14.37	12
电力电气设备制造	153.31	134.12	14.31	13
黑色冶金	1520.21	1330.93	14.22	14
电线电缆制造	137.60	120.66	14.04	15
一般有色	369.24	329.74	11.98	16
食品	114.70	102.47	11.94	17
金属制品加工	728.87	660.58	10.34	18
化学原料及化学品制造	157.90	144.18	9.52	19
半导体、集成电路及面板制造	47.24	44.82	5.4	20
饮料	52.90	50.24	5.3	21
水泥及玻璃制造	96.44	93.06	3.64	22
精制茶	67.44	65.48	2.98	23
造纸及包装	71.16	71.06	0.14	24
烟草制品业	1030.21	1036.95	-0.65	25
药品制造	160.77	175.42	-8.35	26
轮胎及橡胶制品	31.48	34.65	-9.16	27
服装及其他纺织品	22.20	26.04	-14.73	28
家用电器制造	53.83	63.19	-14.81	29
贵金属	196.79	235.62	-16.48	30
汽车及零配件制造	132.41	171.46	-22.77	31
石化及炼焦	514.15	715.29	-28.12	32

四、2021 湖南制造业企业 100 强按所有制分类的规模结构及分布特征

（一）民营企业营业收入和资产规模均占据半壁江山

2021 湖南制造业企业 100 强中，国有企业有 38 家，民营企业有 62 家。从营业收入规模来看，38 家国有企业的总额为 5541.69 亿元，占 100 强企业总量的 49.36%；62 家民营企业的总额为 5684.95 亿元，占 100 强企业总量的 50.64%。从资产规模来看，38 家国有企业的总额为 5167.87 亿元，占 100 强企业总量的 40.23%；62 家民营企业的总额为 7678.15 亿元，占 100 强企业总量的 59.77%。与上年度相比，国有企业的营业收入规模占比下降 5.54 个百分点，低于民营企业，民营企业的资产规模占比也进一步提高。如表 3-8 所示。

表 3-8　　　　2017—2021 湖南制造业企业 100 强按所有制分类的主要经济规模指标①

所有制类别	年份	企业数（家）	营业收入总额（亿元）	占比（%）	资产总额（亿元）	占比（%）
国有企业	2020	38	5541.69	49.36	5167.87	40.23
	2019	39	5986.08	54.9	5606.32	46.1
	2018	35	4866.49	58.5	6197.67	57.6
	2017	22	4891.08	63.28	5844.55	64.27
	2016	20	4589.63	60.09	5135.38	57.10
民营企业	2020	62	5684.95	50.64	7678.15	59.77
	2019	61	4915.14	45.1	6545.94	53.9
	2018	65	3438.40	41.5	4568.19	42.4
	2017	28	2838.34	36.72	3249.72	35.73
	2016	30	3047.82	39.91	3857.86	42.90
制造业企业 100 强	2020	100	11226.64	100	12846.02	100
	2019	100	10901.21	100	12152.25	100
	2018	100	8285.64	100	10765.86	100
	2017	50	7729.41	100	9094.27	100
	2016	50	7637.45	100	8993.24	100

（二）民营企业生产发展速度仍远高于国有企业

2021 湖南制造业企业 100 强中，38 家国有企业的营业收入总额为 5541.69 亿元，比上年的 5391.01 亿元增长 2.80%；62 家民营企业的营业收入总额为 5684.95 亿元，比上年的 4519.31 亿元增长 25.79%，民营企业的增长率比国有企业高 22.99 个百分点。从单个企业的营业收入增长率来看，民营企业的状况

---

① 2016 和 2017 年为对应湖南制造业 50 强企业数据。

也明显优于国有企业。38 家国有企业中，有 25 家实现营业收入正增长，其中增长率在 13.28%（即 2021 湖南制造业企业 100 强营业收入平均增长率）以上的企业有 10 家，占 26.32%；增长率最高的企业是江南工业集团有限公司，为 29.98%。62 家民营企业中，有 48 家实现营业收入正增长，其中增长率在 13.28%以上的企业有 34 家，占 54.84%；长沙惠科金杨新型显示器件有限责任公司营业收入的增长率高达 59884.10%。由此可见，在发挥国有企业强大带动辐射作用的同时，民营企业在经济发展中的作用越来越重要，彰显了湖南制造业良好的发展环境和民营企业自身具有的强大竞争力。2021 湖南制造业企业 100 强按所有制分类的营业收入增长率如图 3-2 所示。

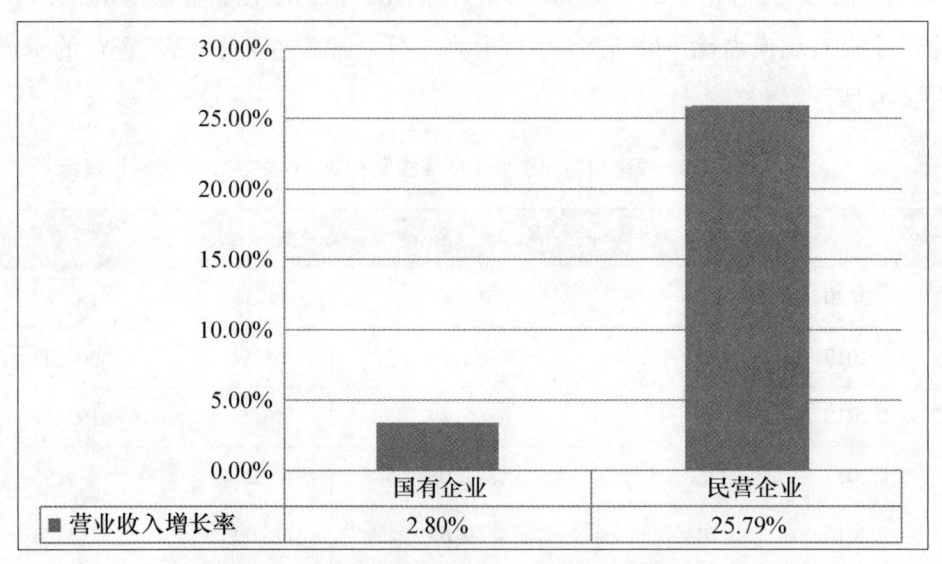

图 3-2 2021 湖南制造业企业 100 强按所有制分类的营业收入增长率示意图

第二节 2021 湖南制造业企业 100 强利税分析

一、2021 湖南制造业企业 100 强利润总额突破 500 亿大关

2021 湖南制造业企业 100 强共实现利润 542.21 亿元，同比增长 51.89%。这主要得益于一年来，面对错综复杂的国际形势、艰巨繁重的改革发展稳定任务，特别是突如其来的新冠肺炎疫情和罕见的汛情等多重压力叠加，湖南省委、省政府坚持新发展理念，全力以赴稳增长、促改革、调结构、惠民生、防风险、保稳定，大力发展实体经济，加强产业项目建设，集中制造强省等专项资金支持产业链重大项目。一批企业在中美经贸摩擦不断加剧，新冠肺炎疫情严重冲击的情势下，通过不断创新、拓展市场、扩大销售等途径，实现经济效益逆势增长。以圣湘生物科技股份有限公司为例，2020 年该公司业绩因产品及服务在疫情防控中需求旺盛实现了高速增长，实现营业收入 47.63 亿元，同比增长 1203.53%；实现归母净利润 26.17 亿元，同比增长 6527.90%；实现扣非归母净利润 25.93 亿元，同比增长 6786.15%。其研发创新能力大幅增强，研发资金投入、人才配置大幅加强，且已有显著成果。2020 年研发费用同比增长 112.48%，达 8277 万元，研发人员数量由上年的 229 人增至 313 人。2020 年新获国

内外产品注册准入 100 个,其中境外注册准入 90 个;新增国内外专利授权 33 项,其中国内发明专利授权 18 项。2020 年新冠肺炎疫情暴发以来,该公司产品服务区域从 2019 年的 40 多个国家快速发展到 160 多个国家和地区,境外营业收入占比由 2019 年的 4.98% 提升到 53.49%,海外渠道建设也得到极大加强。圣湘生物科技股份有限公司、长沙惠科金杨新型显示器件有限责任公司、唐人神集团股份有限公司、水羊集团股份有限公司等 11 家企业利润相比上年度均增长 100% 以上,共实现利润 49.65 亿元,占制造业企业 100 强利润总额的 9.16%。

二、民营企业主要经济效益指标超过国有企业

通过 2021 湖南制造业企业 100 强按所有制分类的主要经济效益指标可以看出,民营企业利润总额、利润增长率和营业收入利润率均超过国有企业。详情如表 3-9 所示。

表 3-9　　2017—2021 湖南制造业企业 100 强按所有制分类的主要经济效益指标①

所有制类别	年份	利润总额（亿元）	利润增长率（%）	营业收入利润率（%）	资产利润率（%）
国有企业	2020	183.37	55.23	3.31	3.55
	2019	225.16	23.36	3.76	4.02
	2018	182.52	-23.67	3.75	2.94
	2017	239.11	100.44	4.89	4.09
	2016	119.29	—	2.60	2.32
民营企业	2020	358.84	50.24	6.31	4.67
	2019	149.7	-36.3	3.05	2.29
	2018	235	83.64	6.83	5.14
	2017	127.97	101.97	3.33	3.94
	2016	63.36	—	2.08	1.64

从实现利润总额来看,国有企业为 183.37 亿元,占 33.82%;民营企业为 358.84 亿元,占 66.18%,民营企业占据主导地位。从营业收入利润率来看,国有企业为 3.31%,民营企业为 6.31%,民营企业比国有企业高 3 个百分点。从资产利润率来看,国有企业为 3.55%,民营企业为 4.67%,国有企业比民营企业低 1.12 个百分点,反映了民营企业力量逐步壮大,民营企业在湖南制造业企业 100 强中的重要性进一步凸显。

---

① 2016 年和 2017 年为对应湖南制造业企业 50 强数据。

三、2021 湖南制造业企业 100 强纳税分析

（一）国有企业纳税总额多但同比下降，民营企业纳税总额少但稳步增长

2021 湖南制造业企业 100 强共纳税 1155.52 亿元，与上年的纳税总额 1131.66 亿元相比，增长 23.86 亿元，增幅为 2.11%。分所有制形式看，38 家国有企业共纳税 938.20 亿元，占 81.19%，其中纳税额最高的 3 家国有企业依次是湖南中烟工业有限责任公司（689.84 亿元）、中国石油化工股份有限公司长岭分公司（90.71 亿元）、湖南华菱钢铁集团有限责任公司（55.62 亿元）。62 家民营企业共纳税 217.32 亿元，占 18.81%，相比上年度增加 38.05 亿元，增幅为 21.22%，其中纳税额最高的 3 家民营企业依次是三一集团有限公司（59.05 亿元）、中联重科股份有限公司（36.00 亿元）、蓝思科技集团（30.00 亿元）。由此可以看出，国有企业的纳税贡献力仍显著高于民营企业，但民营企业实现了稳步增长，展现出了生机与活力。2021 湖南制造业企业 100 强按所有制分类的纳税情况如表 3-10 所示。

表 3-10　　　　　　　2017—2021 湖南制造业企业 100 强按所有制分类的纳税情况①

所有制类别	年份	纳税总额（亿元）	增长率（%）
国有企业	2020	938.20	-1.49
	2019	952.39	4.37
	2018	912.50	2.38
	2017	891.32	11.63
	2016	798.47	—
民营企业	2020	217.32	21.22
	2019	179.27	51.13
	2018	118.62	22.60
	2017	96.75	4.35
	2016	92.72	—

（二）2021 湖南制造业企业 100 强按行业分类的纳税情况

2020 年，面对新冠肺炎疫情给经济社会发展带来的不利影响，我国陆续推出一系列支持疫情防控和助力复工复产的税费优惠政策，帮助企业渡过难关、稳住经济基本盘。湖南省坚持稳社会预期、保市场主体，减税降费 630 亿元以上，金融让利 165 亿元，有效激发了市场主体活力。从 2021 湖南制造业企业 100 强按行业分类的纳税情况来看，纳税额最多的行业是烟草制品业，达 689.84 亿元，占 100 强企业纳税总额的 59.70%，湖南中烟工业有限责任公司为湖南省最大的纳税企业。详情如表 3-11 所示。

① 2016 年和 2017 年为对应湖南制造业企业 50 强数据。

表 3-11　　2021 湖南制造业企业 100 强按行业分类的纳税情况

行业	纳税总额（亿元）	排名
烟草制品业	689.84	1
石化及炼焦	112.03	2
工业机械及设备制造	111.62	3
黑色冶金	55.62	4
综合制造业	38.08	5
轨道交通设备及零部件制造	36.56	6
金属制品加工	14.90	7
农副食品	14.34	8
药品制造	14.00	9
食品	9.33	10
一般有色	8.38	11
电线电缆制造	5.90	12
医疗设备制造	5.33	13
化学原料及化学品制造	5.09	14
电力电气设备制造	4.76	15
汽车及零配件制造	4.14	16
饮料	3.98	17
航空航天	3.15	18
贵金属	2.99	19
家用电器制造	2.33	20
半导体、集成电路及面板制造	2.30	21
计算机及办公设备	2.05	22
服装及其他纺织品	1.68	23
精制茶	1.61	24
造纸及包装	1.44	25
通信设备制造	1.34	26
兵器制造	0.79	27
工程机械及零部件	0.71	28

续表

行业	纳税总额（亿元）	排名
风能、太阳能设备制造	0.69	29
轮胎及橡胶制品	0.54	30
酒类	—	31
水泥及玻璃制造	—	32

（三）企业地域分布极不均衡

表3-12列出了2021湖南制造业企业100强按地域分类的纳税情况，从中可以看出，长沙、岳阳、株洲3市位列前三，共纳税1134.64亿元，占100强企业纳税总额的98.19%。这种纳税高度集中的情势得益于长沙作为省会城市具有良好的市场环境、基础设施和经济基础，岳阳、株洲的大企业较多且发展势头良好。长沙、岳阳、株洲3市作为湖南制造业纳税中心的地位将会一直延续下去。

表3-12　　　　　　2021湖南制造业企业100强按地域分类的纳税情况

地区	纳税企业数（家）	纳税总额（亿元）
长沙市	56	969.07
衡阳市	3	3.31
株洲市	13	45.4
湘潭市	7	5.34
岳阳市	8	120.17
常德市	3	0.58
益阳市	5	4.85
郴州市	3	0.31
娄底市	1	6.33
永州市	1	0.25
合计	100	1155.52

第三节　2021湖南制造业企业创新投入与产出分析

一、企业总体研发投入和平均研发投入强度均实现增长

研发投入经费规模和研发投入强度是衡量一个国家或地区科技创新水平的两个比较直观的指标。就制造业而言，企业的研究与试验发展（R&D）经费投入强度，直接反映了其创新能力和核心竞争力。

2021湖南制造业企业100强的研发投入总额为303.83亿元（实报82家企业有效数据），平均的研究与试验发展经费投入强度为2.85%。其中，研发投入强度超过3%的企业有50家：工业机械及设备制造8家；轨道交通设备及零部件制造5家；金属制品加工、药品制造、化学原料及化学品制造各4家；风能、太阳能设备制造3家；航空航天，通信设备制造，半导体、集成电路及面板制造，农副食品，电力电气设备制造各2家；计算机及办公设备、工程机械及零部件、兵器制造、综合制造业、汽车及零配件制造、家用电器制造、食品、精制茶、饮料、造纸及包装、电线电缆制造、黑色冶金各1家。研发投入强度排名前三的企业依次是中航飞机起落架有限责任公司（13.15%）、威胜集团有限公司（9.15%）、长城信息股份有限公司（8.36%）。从总体上看，2021湖南制造业企业100强的研发投入比上年有较大增长。按照高技术制造业企业研发投入强度不低于3%的要求来对照检查，2021湖南制造业企业100强中有50家企业达标。详情如表3-13所示。

表3-13　　　　　2021湖南制造业100强中82家填报数据企业研发投入强度统计表

项目	10%以上	5%~10%	3%~5%	1%~3%	1%以下	总数
企业数（家）	1	14	35	17	15	82
占比（%）	1.22	17.07	42.68	20.73	18.30	100
研发经费支出（亿元）	2.33	91.50	161.55	38.00	10.45	303.83
占比（%）	0.76	30.12	53.17	12.51	3.44	100

二、高技术制造行业仍保持研发经费的高投入与高产出

2021湖南制造业企业100强按行业分类的研发投入分属32个行业（实报82家企业有效数据），如表3-14所示。从中可以看出，研发经费投入较多的行业多属高技术制造行业，且研发投入多的行业其平均营业收入基本也高。按平均研发经费投入多少排序，列前3位的行业依次是黑色冶金45.67亿元、工业机械及设备制造13.8亿元、轨道交通设备及零部件制造8.79亿元。对应的平均营业收入排名为：黑色冶金居第1位，工业机械及设备制造居第5位，轨道交通设备及零部件制造居第6位。

表3-14　　　　　2021湖南制造业企业100强按行业分类的平均研发投入及营业收入状况

行业	行业平均研发经费（亿元）	平均营业收入（亿元）
农副食品	0.64	53.44
食品	0.70	38.23
饮料	0.51	26.45
酒类	—	18.26
精制茶	2.31	67.44
烟草制品业	4.06	1030.21

续表

行业	行业平均研发经费（亿元）	平均营业收入（亿元）
服装及其他纺织品	0.54	22.20
家用电器制造	1.89	53.83
造纸及包装	2.39	71.16
石化及炼焦	0.51	514.15
轮胎及橡胶制品	0.21	31.48
化学原料及化学品制造	0.79	26.32
药品制造	0.90	26.80
医疗设备制造	0.83	33.89
水泥及玻璃制造	—	96.44
黑色冶金	45.67	1520.21
一般有色	5.25	369.24
贵金属	1.00	65.60
金属制品加工	1.70	121.48
工程机械及零部件	0.92	14.09
工业机械及设备制造	13.80	228.90
电力电气设备制造	1.82	30.66
电线电缆制造	1.27	45.87
风能、太阳能设备制造	0.55	12.85
计算机及办公设备	0.53	30.89
通信设备制造	3.50	48.76
半导体、集成电路及面板制造	1.13	23.62
汽车及零配件制造	2.22	66.21
轨道交通设备及零部件制造	8.79	155.45
航空航天	2.04	50.77
兵器制造	1.83	41.75
综合制造业	6.65	287.72

三、研发投入强度超高的典型企业选介

在2021湖南制造业企业100强中,一批先进企业坚持把创新驱动作为发展的第一动力,不断加大研发投入,以新产品、新技术引领市场,取得了突出成绩。本文选择3家有代表性的企业,即中联重科股份有限公司、中国铁建重工集团股份有限公司和楚天科技股份有限公司作简要介绍,以说明研发投入可以带来良好的经营绩效。表3-15展示了这3家企业在2016—2020年研发经费投入及研发投入强度的有关数据。从中可以看出,这3家企业的研发经费投入保持了逐年稳定上升趋势,2020年研发投入强度均超过5%。高投入实现了高收入,2020年,中联重科股份有限公司实现营业收入651.09亿元、净利润73.55亿元,分别比上年增长50.34%和72.05%;中国铁建重工集团股份有限公司实现营业收入76.11亿元、净利润15.68亿元,分别比上年增长4.52%和7.38%;楚天科技股份有限公司实现营业收入35.76亿元、净利润2.01亿元,分别比上年增长86.65%和324.83%。

表3-15　　　　　　　　　　近年部分创新型企业研发经费投入强度一览表

企业名称	2016		2017		2018		2019		2020	
	研发经费投入(亿元)	研发投入强度(%)	研发经费投入(亿元)	研发投入强度(%)	研发经费投入(亿元)	研发投入强度(%)	研发经费投入(亿元)	研发投入强度(%)	研发经费投入(亿元)	研发投入强度(%)
中联重科股份有限公司	8.99	4.49	8.74	3.76	10.8	3.76	20.92	4.83	35.01	5.38
中国铁建重工集团股份有限公司	2.72	5.06	4.07	5.75	4.11	5.55	4.68	6.43	5.53	7.27
楚天科技股份有限公司	1.01	10.36	1.38	10.78	2.44	14.97	1.82	9.51	2.88	8.05

第四节　湖南制造业高质量发展面临的机遇与挑战

"十三五"时期,湖南坚持稳中求进工作总基调,围绕建设制造强省,不断深化供给侧结构性改革,认真落实"三去一降一补"任务,扎实推进工业结构转型升级,全力推进22条工业新兴优势产业链建链补链延链强链,全省制造业稳步迈向高质量发展新阶段。2020年,制造业占全部工业增加值的比重达91.7%,比2015年提高2.1个百分点。以先进制造业为核心的战略性新兴产业加速发展,计算机通信和其他电子设备制造业、专用设备制造业分别增长21%和20%,装备制造、材料、食品轻工三大板块营业收入过万亿,通用设备、专用设备、汽车、电气器材、计算机通信设备、化工、医药等15个行业营业收入过千亿。但湖南制造业的一些深层次问题、行业短板仍亟待解决。在面对世界百年未有之大变局、不稳定性不确定性明显增强的背景下,湖南制造业发展也面临着诸多新的机遇和挑战。

一、全球科技革命和产业链供应链重构带来创新融合机遇

当前，新一轮科技革命和产业变革以不可阻挡之势重塑世界，全球产业链、供应链、服务链、价值链正在深度调整。人工智能、大数据、5G、量子科技、区块链、柔性电子、生物科技等新技术加快突破，并与制造业加速渗透融合，全方位赋能。先进制造业与现代服务业加快融合，大中小企业加速融通发展。与此同时，世界其他主要经济体因新冠肺炎疫情面临停工停产、产业链供应链断裂，我国抗击疫情取得重大战略成果，这为我国经济高质量发展赢得了难得的时间窗口，有利于我们巩固在全球产业链供应链中的地位，并向价值链中高端拓展。

二、新发展格局为制造业优化升级创造了更大的发展空间

我国"十四五"规划纲要提出，坚持扩大内需这个战略基点，加快培育完整内需体系，把实施扩大内需战略同深化供给侧结构性改革有机结合起来，以创新驱动、高质量供给引领和创造新需求，加快构建以国内大循环为主体、国内国际双循环相互促进的新发展格局。同时提出，深入实施制造强国战略，坚持自主可控、安全高效，推进产业基础高级化、产业链现代化，保持制造业比重基本稳定，增强制造业竞争优势，推动制造业高质量发展。而湖南"十四五"规划纲要更加明确，以先进制造业为主攻方向，着力推进质量变革、效率变革、动力变革，实施先进装备制造业倍增等"八大工程"，推动产业高端化、智能化、绿色化、融合化发展，不断提升产业基础能力和产业链现代化水平，完善产业生态，建设具有全国竞争优势的先进制造业示范引领区，着力打造国家重要先进制造业高地。制造业在国民经济中的地位更加凸显，将释放新的巨大需求。

三、"三高四新"战略为制造业企业高质量发展赋予新使命

2020年9月，习近平总书记在湖南考察时提出湖南要加快打造国家重要先进制造业高地，这既是总书记对湖南的殷切期望，也是湖南未来发展的重大机遇。"三个高地"、"四新"使命是习近平总书记从战略和全局高度对湖南作出的科学指引，构成了"十四五"乃至更长一个时期湖南发展的指导思想和行动纲领。大力实施"三高四新"战略，抓住了新时代新阶段湖南发展的主攻方向和战略重点，其中，打造国家重要先进制造业高地，体现了把发展经济的着力点放在振兴实体经济、建设制造强国上的鲜明导向。湖南发展先进制造业有基础、有优势，全省制造业占工业增加值比重超过90%，形成了工程机械、先进轨道交通装备、航空航天、新一代信息技术和新材料等一批优势产业集群，电力机车产品约占全球市场份额的27%，工程机械主营业务收入约占全国总量的26%。通过国家重要先进制造业高地的打造，必将推动更多发展要素集聚湖南，也为制造业企业拓展发展新空间、重塑发展新优势、培育发展新动能赋予了新使命。

四、全球经济下行和产业链安全等不确定性因素增多

当今世界正经历百年未有之大变局，叠加新冠肺炎疫情全球蔓延，经济全球化遭遇逆流，世界进入动荡变革期，不稳定性、不确定性明显增加。美国、欧盟、日本等发达国家和地区更加重视制造业发

展，纷纷出台政策加快制造业企业回流，我国制造业发展面临的外部环境风险隐患急剧上升。在多国疫情出现反复和反弹的风险之下，消费需求锐减，贸易和投资明显下滑，全球经济下行压力加大。湖南省诸多产业处于国际分工的中低端，产业链上中下游的协作配套不够，产业链与创新链协同发展不够紧密，关键核心技术受制于人。多数企业对关键核心技术掌握偏少，对产业链掌控力偏弱，尤其在芯片、高端零部件、关键材料、高端数控设备、工业软件等领域依赖进口，产业链安全问题凸显。这些不确定性因素制约着企业的自主发展、安全发展和高质量发展。

五、企业自主创新能力和核心技术有待进一步突破

湖南部分制造业重点领域的关键核心技术、关键零部件均不同程度存在短板，关键技术自主化程度不高，国产化替代水平较低，核心竞争力受到制约。掌握产业发展主导权的一些核心技术依然受制于人，"卡脖子"问题亟待解决。50%以上的密封件和轴承，30%以上的高端液压件、超高强度钢板等关键零部件仍主要依赖进口。2019年全省企业研发经费为593.15亿元，位列全国第七。但是，2019年湖南规模以上企业研发投入仅相当于广东、江苏的四分之一，不到浙江、山东的一半。近10年，全省基础研究投入比重在2.8%~3.5%之间，远低于全国5%的平均水平，即使是全国领先的工程机械行业在共性技术研究方面也明显匮乏，严重制约行业进一步发展。

第五节 新形势下促进湖南制造业大企业高质量发展的对策与建议

湖南"十四五"规划提出，围绕工程机械、轨道交通装备、航空动力三大产业，不断推动技术和产品迭代创新，提高全球竞争力，努力形成世界级产业集群，这体现了打造国家重要先进制造业高地的鲜明导向。作为引领"湖南制造"向"湖南智造"跨越的制造业大企业，要全力推进湖南"中国智造"的国际化水平，借助新一代5G、AI等信息技术为"中国智造"赋能，加速企业数字化、智能化转型，加快推动湖南制造业与服务业的融合与协同发展，发掘发挥企业间的协同放大效应，打造传统制造业数字化转型的新生态，为建设富饶美丽幸福新湖南做出贡献。

一、锻长板：迈向全球价值链高端

锻长板就是要站在全球产业竞争的视角，将全球的资源要素嵌入产业链供应链，进一步放大优势，占领制高点。当前，湖南已经形成了工程机械、先进轨道交通装备、航空航天、新一代信息技术和新材料等一批优势产业集群。工程机械、先进轨道交通装备在市场化和建设方面处于全球领先水平，在向全球价值链高端迈进中已先行一步，取得了成效。在此基础之上，一是打造世界级产业集群，提升价值链"主导权"。着力推进先进装备业倍增、先进材料提升、军民融合发展等工程，进一步做大做强世界一流企业和"单项冠军"企业，支持三一集团、中联重科、中车株机等龙头企业进军世界500强，打造国家先进制造业名片。同时，依托龙头企业，分类组建产业链上下游企业共同体，优化产业链分工协作体系，培育一批国家专精特新"小巨人"企业。以先进储能材料、新型轻合金材料、碳基材料、先进硬质材料为重点，深耕先进钢铁、有色、化工等材料领域，形成长株潭、岳阳、衡阳、娄底等全国一流

的先进材料生产基地。主要依托株洲国家先进制造业集群和长沙、湘潭国家战略性新兴产业集群，着力打造工程机械、轨道交通装备、航空航天三大世界级产业集群。二是抢抓数字创新驱动的价值变革机遇，积极布局全球价值链中的数字增值。当前，全球价值链的数字化不仅改变了经济活动在空间上的区位选择，也改变了经济活动增值的来源和分配机制，以数据驱动为特征的数字化、网络化、智能化深入推进，基于人工智能、区块链、云计算、大数据技术的数字创新，正推动用户价值及其定义方式的变革，从而驱动价值链的变革。制造业企业应积极布局价值链中的数字增值，提升从研发、制造直至最终消费等价值链不同环节的数字化水平，围绕用户价值的重新定义来推动甚至引导用户需求，让用户能够感知到数字增值的价值，从而提高其处在价值链中低端生产制造环节的价值。三是推动先进制造业和现代服务业深度融合，催生新的价值链。先进制造业和现代服务业融合是顺应新一轮科技革命和产业变革，增强制造业核心竞争力的重要途径。先进制造业不仅需要提供智能化产品，同样需要提供智能化服务。例如，轨道交通装备与轨道交通设施将会形成巨大的运维需求，株洲中车南非项目，销售554台机车，销售合同21亿美元，同时签订了20.5亿美元产品全生命周期维保合同。这表明，应用智能技术、信息技术，通过从单一产品输出向"产品+服务+技术+管理+资本"输出的转型升级，提供全系统解决方案，可实现制造与服务的融合，建立生产与服务新方式，催生新的价值链，迈向价值链的高端。

二、补短板：稳定和优化产业链供应链

补短板是深化供给侧结构性改革的重点任务，更是把先进制造业作为实体经济主战场的关键一招。聚焦关键领域和薄弱环节，咬定目标补短板，稳定和优化产业链供应链。一要紧盯关键核心技术，大力实施产业基础再造工程。像工程机械、轨道交通装备等优势产业应在研发全球领先、安全可控、进口替代、填补空白的技术方面持续发力，突破关键产品、产业关键环节"卡脖子"技术问题。同时，强化联合攻关和成果转化，发挥国家技术创新中心、国家制造业创新中心、国家实验室的引领作用，整合科研机构、新型创新平台、重点创新企业等创新力量，承担产业共性技术研发，开展"卡脖子"技术"揭榜挂帅"攻关。努力实现核心基础零部件（元器件）、关键基础材料、先进基础工艺、产业技术基础和基础软件自主可控，确保在关键时刻不掉链子。二要实施战略性新兴产业培育、食品医药创优工程，加快布局未来产业。虽然湖南在信创、集成电路、新型显示、新一代半导体等产业领域已积累了一定的比较优势，但由于湖南部分新兴产业链尚处于起步阶段，有些缺乏龙头骨干企业带动，有些缺乏配套企业构建产业生态。因此，应聚焦未来影响或改变世界的制造技术和行业，超前布局未来前沿产业，加快在信创、集成电路、5G技术及应用、新一代半导体、人工智能、高端生物医药、先进医疗装备、前沿新材料等相关领域探索布局，有重点地分步分类实施推进，培育壮大经济发展新动能。三要把握全球性供应链向区域供应链转变的新趋势，提升供应链安全稳定性。全球供应链本是以市场为导向的经济链，以比较优势为基础，以物流为纽带，以经济效益为目标。但随着中美贸易摩擦的加剧及新冠肺炎疫情对全球分工协作的冲击和影响，产业供应链成为大国竞争的核心领域。未来全球可能出现更多具有区域特征的供应链来代替全球性产业供应链，如中国—日韩—东盟供应链、美国—加拿大—墨西哥供应链、欧盟供应链等。因此，在考虑经济效率的同时，应把追求产业供应链安全可控性作为生产环节、片段和工序区域进行空间配置的重要标准，优化区域产业链供应链布局，提升主导产业本地配套

率，提高供应链协同共享能力，提高产业链供应链稳定性和安全性。

三、拓市场：融入"双循环"新发展格局

"推动形成以国内大循环为主体、国内国际双循环相互促进的新发展格局"，是我国应对百年变局、开拓发展新局的主动调整，也是畅通国内大循环、重塑国际合作和竞争新优势的战略选择。积极开拓和占领市场是企业生存与发展的必然选择，巨大的市场需求更是产业发展的最大动力，湖南先进制造业应以内需旺盛和不断升级的国内市场为基础，大力拓展国内国际市场，争取更为广阔的产业链升级和增值空间，融入"双循环"发展新格局。首先，实施品牌提升工程，以品牌美誉和优质服务，拓展国内国际市场。按照《湖南省制造业创新能力提升三年行动计划（2021—2023）》的要求，加强产品品牌、企业品牌、产业集群区域品牌培育。探索建立制造业省内优秀品牌、国内一流品牌、国际知名品牌分级分类推进机制，围绕工业新兴优势产业链及重点产业集群龙头骨干企业、制造业"单项冠军"及专精特新中小企业，分别培育一批具有国际影响力的"湖南制造领军品牌"、具有国内竞争力的"湖南制造骨干品牌"，以品牌知名度和美誉度提升市场占有率。其次，坚持"引进来"与"走出去"并重，积极融入新格局重要平台。"一带一路"倡议是我国开展对外经济与贸易、扩大对外交流与合作的重要平台，湖南工程机械、轨道交通装备等能形成今天这样的国际地位和行业影响，就是得益于参与全球产业竞争与合作，得益于抓住"一带一路"历史机遇，实施"走出去"战略。如三一集团有限公司拥有5个海外研发制造基地、180家海外代理商，业务覆盖150多个国家和地区，70%至80%的海外市场分布在"一带一路"沿线国家和地区。中国（湖南）自由贸易试验区的获批，为湖南先进制造业继续开拓"一带一路"市场提供了更好的平台，其中，长沙片区的战略定位就是重点对接"一带一路"建设，重点发展高端装备制造、新一代信息技术、生物医药、电子商务、农业科技等产业，着力打造全球高端装备制造业基地等。应用好用足湖南自贸试验区政策，加快制度创新，助推湖南制造业企业"走出去"，开展对外投资和合作及并购境外知名企业，同时，吸引国际行业领军企业入湘布局产业。此外，还要抢抓《区域全面经济伙伴关系协定》以及非洲大陆自由贸易区正式启动带来的全新机遇，深耕东盟市场，扩大非洲市场。再次，着力打造市场化、法治化、国际化营商环境。良好的营商环境是经济社会发展的重要支撑。习近平总书记强调，"营商环境只有更好，没有最好"。营造市场化、法治化、国际化营商环境既是依法维护企业权益、服务实体经济的重要举措，也是融入"双循环"新格局的重要保障。应着力打造先进、便捷的政务服务和数字政府，利用大数据、"互联网+政务"推动政务服务流程再造，理顺跨区跨部门跨层级政府业务办理机制，构建全省统一的在线服务平台，提升政务服务标准化、智能化、便利化水平。加强信用体系建设，健全守信激励和失信惩戒机制，健全以信用为核心的新型市场监管机制，逐步建立主要以信用为核心、充分运用大数据监管的方式，以此改变过去的被动监管和运动式监管，推进治理体系和治理能力现代化。通过建立公平开放透明的市场规则和法治化营商环境，激发和保护企业家精神，搭建政企沟通、政商交流的制度化平台，为增强微观主体活力，发挥企业和企业家主观能动性打下坚实基础，着力构建一流营商环境。

第四章
2021 湖南服务业企业 50 强分析报告

2020 年是"十三五"的收官之年。为贯彻落实党中央、国务院关于促进服务业高质量发展的部署要求，湖南省政府在新冠肺炎疫情冲击、国际环境错综复杂等经济压力下，积极制定应对方案，出台一系列增加财税支持、鼓励新兴服务消费业态和推动服务业创新升级的政策，促进服务业全面回暖复苏。湖南省坚持以习近平新时代中国特色社会主义思想为指导，全面贯彻党的十九大和十九届二中、三中、四中、五中全会精神及党中央国务院各项决策部署，牢牢把握高质量发展要求，以推进供给侧结构性改革为主线，以提高服务业供给质量和产业竞争力为核心，充分发挥政府的领导作用，着力增强湖南省服务经济发展新动能。新冠肺炎疫情暴发以来，湖南省统筹推进常态化疫情防控和服务业经济发展，坚持新发展理念和稳中求进工作基调，2020 年实现地区生产总值 41781.49 亿元、同比增长 3.8%，第三产业营业收入 21603.36 亿元、同比增长 2.9%。其中，2020 年全省 6577 家规模以上服务业企业实现营业收入 4540.04 亿元，同比增长 4.9%，高于全国平均增速 3.0 个百分点。全省服务业稳步恢复，市场预期持续向好。

"十三五"期间，我国服务业发展规模和水平不断提高，连续跨越增加值占 GDP 比例超二产、超 50%两大里程碑，服务业的主导产业地位逐步确立，成为经济发展的主动力和经济平稳运行的"压舱石"。随着我国进入高质量发展阶段，服务业对于经济的推动作用日趋明显，在经济全球化的进程中，服务业作为沟通全球经济贸易活动和企业跨国经营的纽带，在全球产业与市场的整合过程中，有着传统制造业无法比拟的特殊功能和重要地位。同时，稳健发展的服务业将积极发挥适龄劳动人口就业"蓄水池"作用，数字经济、平台经济、共享经济等业态不断推陈出新，这些新业态、新模式，为拉动内需和解决就业起到了积极的促进作用，凸显了服务业对经济高质量发展的"助推器"作用。2019 年《湖南省服务业高质量发展三年行动方案（2020—2022 年）》和"十四五"规划指出，为深入贯彻落实新发展理念和创新引领开放崛起战略，加快构建新发展格局，全面推动新时代湖南服务业高质量发展，湖南省将依托省内产业优势，聚焦服务业关键领域和薄弱环节，以创新、集聚、融合、开放、品质、协调发展为路径，加快推动服务业动力变革、质量变革，大幅提高新兴服务业占服务业增加值的比重，构建优质高效、特色鲜明、竞争力强的现代化经济体系，建设全国服务业强省。为此，湖南省企业和工业经济联合会向社

第四章 2021 湖南服务业企业 50 强分析报告

会发布了"2021 湖南服务业企业 50 强"年度排行榜,该统计数据[①]以企业申报为主,申报企业必须是独立法人,中央在湘企业、区域性连锁企业允许参加本省排序,但不选送国家级排序。本报告拟重点对 2021 湖南服务业企业 50 强的基本特征、效益纳税情况及存在的主要问题进行简要分析,并结合湖南省服务业发展实际,有针对性地提出对策和建议,供企业、社会组织和有关部门参考。

第一节 2021 湖南服务业企业 50 强特征分析

一、2021 湖南服务业企业 50 强的规模及分布特征

(一) 2021 湖南服务业企业 50 强总体规模持续扩大,疫情影响逐渐减弱

2021 湖南服务业企业 50 强营业收入总额达 6396.96 亿元,平均营业收入为 127.94 亿元,较上年度增长 11.75%;总资产达到 27644.42 亿元,平均资产为 552.89 亿元,平均资产较上年度增长 61.24%;所有者权益总额为 6449.63 亿元,平均所有者权益为 153.53 亿元[②],平均所有者权益较上年度增长 94.07%;利润总额为 220.78 亿元,利润平均值为 5.52 亿元[③],平均利润较上年度减少 6.12%。从上述指标来看,平均资产增长率和平均所有者权益增长率指标较上年度都有显著的提升,特别是平均所有者权益增长率实现大幅提高,但平均利润与上年度相比有所下降。这说明新冠肺炎疫情对于服务业大企业发展的影响逐渐减弱,湖南服务业企业 50 强总体发展加快,但由于疫情导致的成本增加等原因,企业盈利能力有所下降。2017—2021 湖南服务业企业 50 强总体规模情况如表 4-1、图 4-1 所示,平均营业收入、平均资产、平均所有者权益与利润平均值对比情况详见表 4-2、图 4-2。

表 4-1 2017—2021 湖南服务业企业 50 强总体规模情况对比

单位:亿元

年份	总营业收入	总资产	所有者权益总额	利润总额
2020	6396.96	27644.42	6449.63	220.78
2019	5724.43	16801.97	2927.18	229.39
2018	5255.37	15140.79	2846.73	282.96
2017	4586.21	14653.86	2880.74	212.02
2016	4591.47	18727.38	2698.26	342.40

---

① 2021 湖南服务业企业 50 强共有 50 家企业入榜,新增 10 家企业上榜,分别是株洲市城市建设发展集团有限公司、中冶长天国际工程有限责任公司、中国移动通信集团湖南有限公司、中国能源建设集团湖南省电力设计院有限公司、五矿资本股份有限公司、天泽信息产业股份有限公司、湖南兴盛优选电子商务有限公司、湖南省湘水集团有限公司、湖南省国有资产管理集团有限公司、湖南省高速公路集团有限公司。本报告所有数值均以 2020 年入榜的 50 家企业及 2019 年入榜的 50 家企业申报数据为依据。
② 因湖南兰天集团有限公司、湖南申湘汽车星沙商务广场有限公司、中华联合财产保险股份有限公司湖南分公司、湖南新长海发展集团有限公司、湖南金荣企业集团有限公司、太平人寿保险有限公司湖南分公司、财信吉祥人寿保险股份有限公司、湖南红海人力资源有限公司缺少本年度所有者权益数据,故此处以 42 家为有效统计。
③ 因五矿资本股份有限公司、湖南兰天集团有限公司、爱尔眼科医院集团股份有限公司、中华联合财产保险股份有限公司湖南分公司、湖南新长海发展集团有限公司、天泽信息产业股份有限公司、湖南金荣企业集团有限公司、太平人寿保险有限公司湖南分公司、财信吉祥人寿保险股份有限公司、湖南红海人力资源有限公司缺少本年度利润数据,故此处以 40 家为有效统计。

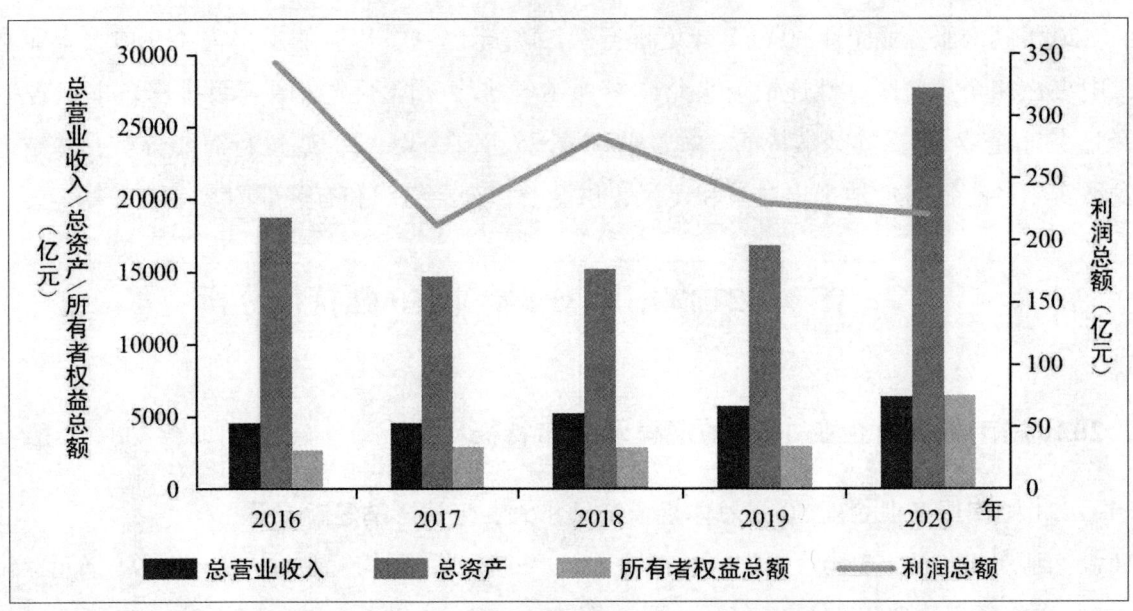

图 4-1　2017—2021 湖南服务业企业 50 强总体规模对比图

表 4-2　　　　　　　　　　　2017—2021 湖南服务业企业 50 强平均规模对比

单位：亿元

年份	平均营业收入	平均资产	平均所有者权益	利润平均值
2020	127.94	552.89	153.53	5.52
2019	114.49	342.90	79.11	5.88
2018	105.11	315.43	61.89	5.77
2017	91.72	293.07	62.62	4.33
2016	99.81	407.12	59.96	7.44

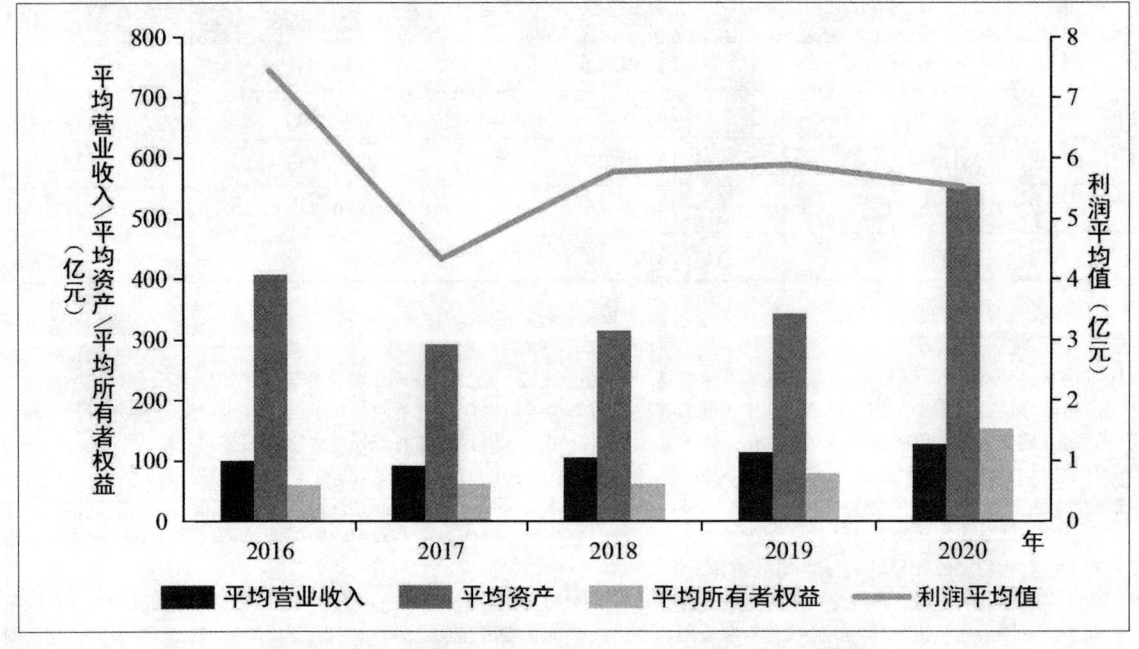

图 4-2　2017—2021 湖南服务业企业 50 强平均规模对比图

第四章 2021 湖南服务业企业 50 强分析报告

(二) 2021 湖南服务业企业 50 强间规模差距仍然显著

2021 湖南服务业企业 50 强的总体规模和平均规模均有所扩大,但企业之间差距显著。排名首位的长沙银行股份有限公司和排名末位的湖南红海人力资源有限公司的资产总额分别为 7042.38 亿元和 1.42 亿元,营业收入分别为 327.47 亿元和 25.78 亿元,末位企业的资产总额和营业收入分别占首位企业的 0.02% 和 7.87%,与上年度的 0.98% 和 2.25% 相比,规模差距仍然显著。可见,在疫情期间,服务业的领军企业由于拥有雄厚的资本优势,它们更有可能通过加大技术创新投资、进行数字化转型等手段,进一步拉大与后进企业之间的差距。

从营业收入来看,2021 湖南服务业企业 50 强前三位企业的营业收入总和为 1885.56 亿元,是后三位的 26.10 倍(后三位企业的营业收入总和为 72.24 亿元);从资产总额来看,前三位企业的资产总和为 1683.78 亿元,是后三位的 3.79 倍(后三位企业的资产总和为 444.12 亿元);从所有者权益来看,前三位企业的所有者权益总和为 587.13 亿元,是后三位的 3.35 倍(后三位企业的所有者权益总和为 175.50 亿元)。总体来看,营业收入规模差距相较上一年度有所减小,所有者权益与资产规模差距逐渐增大。2021 湖南服务业企业 50 强前三位与后三位的规模比较如表 4-3 所示。

表 4-3 2021 湖南服务业企业 50 强前三位与后三位的规模比较

指标	前三位(亿元)	后三位(亿元)	前三位/后三位
营业收入总额	1885.56	72.24	26.10
资产总额	1683.78	444.12	3.79
所有者权益总额	587.13	175.50	3.35

(三) 2021 湖南服务业企业 50 强规模分布不均衡

从营业收入来看,2021 湖南服务业企业 50 强中超过 700 亿元的有 1 家,200 亿~700 亿元的有 6 家,100 亿~200 亿元的有 15 家,70 亿~100 亿元的有 4 家,50 亿~70 亿元的有 6 家,低于 50 亿元的有 18 家,营业收入差距依然存在。与上年度相比,200 亿~700 亿元的企业增加 2 家,100 亿~200 亿元的企业增加 4 家,70 亿~100 亿元的企业减少 4 家,50 亿~70 亿元的企业增加 2 家,低于 50 亿元的企业减少 4 家,企业营业收入整体呈现上升趋势,但是大多数企业仍集中在低于 50 亿元和 100 亿~200 亿元两个区间。国网湖南省电力有限公司以 880.05 亿元稳居营业收入的第 1 位,排在第 2 位和第 3 位的分别是大汉控股集团有限公司和中国石化销售股份有限公司湖南石油分公司。国网湖南省电力有限公司已经连续两年位居服务业大企业营业收入第一的位置,并且营业收入持续增加,可见疫情对于国网这类大型国企的影响较小。

从所有者权益来看,2021 湖南服务业企业 50 强平均所有者权益为 153.53 亿元。所有者权益超过 200 亿元的有 8 家,100 亿~200 亿元的有 8 家,50 亿~100 亿元的有 6 家,低于 50 亿元的有 20 家。可见,服务业企业 50 强的所有者权益仍呈现明显的金字塔分布,只有少数企业的所有者权益超过 200 亿元,大多数企业的所有者权益均集中在 50 亿元以下的区间,分布不均衡问题仍然突出。其中,湖南省高速公路集团有限公司以 1960.41 亿元稳居所有者权益第 1 位[①]，五矿资本股份有限公司和长沙银行股份有限公司分别以 457.14 亿元和 443.33 亿元位居所有者权益第 2 位和第 3 位。2021 湖南服务业企业 50 强营业收入和所有者权益具体的规模差异情况如表 4-4、图 4-3 所示。

表 4-4　　2021 湖南服务业企业 50 强营业收入和所有者权益分布

项目	>700亿元	400亿~700亿元	200亿~400亿元	100亿~200亿元	70亿~100亿元	50亿~70亿元	30亿~50亿元	10亿~30亿元	<10亿元	合计
按营业收入分类的企业数目（家）	1	3	3	15	4	6	13	5	0	50
企业数目比例（%）	2	6	6	30	8	12	26	10	0	100
按所有者权益分类的企业数目（家）	1	3	4	8	3	3	6	12	2	42
企业数目比例（%）	2.4	7.1	9.5	19.1	7.1	7.1	14.3	28.6	4.8	100

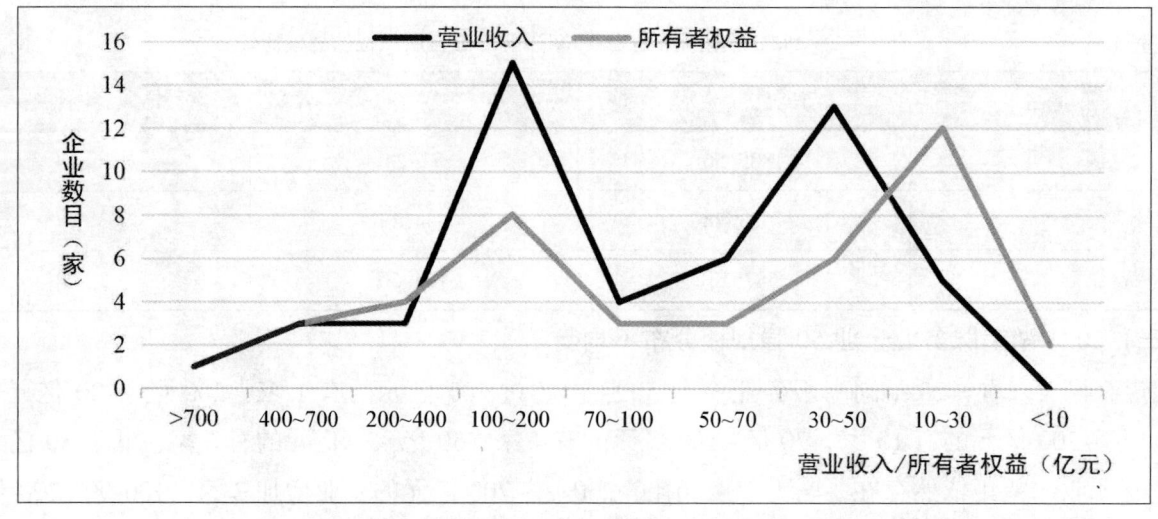

图 4-3　2021 湖南服务业企业 50 强营业收入和所有者权益分布图

从资产规模来看，2021 湖南服务业企业 50 强中共有 7 家企业的资产总额达到 1000 亿元以上，其中，长沙银行股份有限公司以 7042.38 亿元的资产总额居第 1 位，远超其他企业。资产总额在 100 亿~1000 亿元的企业有 21 家，较上年度增加 4 家；10 亿~100 亿元的有 20 家，较上年度减少 3 家；低于 10 亿元的有 2 家，排名靠后的企业正不断发展，奋起直追。可见，2021 湖南服务业企业 50 强的资产规模主要集中在 10 亿~1000 亿元区间，超过 1000 亿元的企业与低于 10 亿元的企业数目均较少，基本呈现正态分布。2021 湖南服务业企业 50 强资产规模分布情况如表 4-5、图 4-4 所示。

[①] 因湖南兰天集团有限公司、湖南申湘汽车星沙商务广场有限公司、中华联合财产保险股份有限公司湖南分公司、湖南新长海发展集团有限公司、湖南金荣企业集团有限公司、太平人寿保险有限公司湖南分公司、财信吉祥人寿保险股份有限公司、湖南红海人力资源有限公司缺少本年度所有者权益数据，故此处以 42 家为有效统计。

表 4-5 　　　　　　　　　　　　2021 湖南服务业企业 50 强资产规模分布

项目	>1000 亿元	100 亿~1000 亿元	10 亿~100 亿元	<10 亿元	合计
按资产分类的企业数目（家）	7	21	20	2	50
企业数目比例（%）	14	42	40	4	100

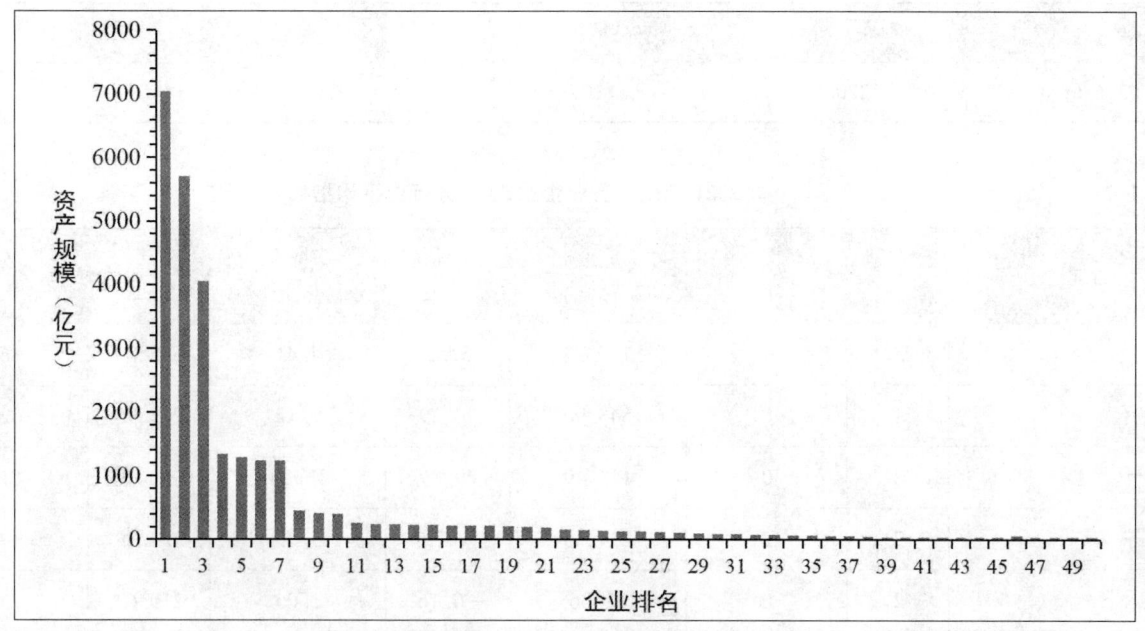

图 4-4　2021 湖南服务业企业 50 强资产规模分布图

综上可知，随着新冠肺炎疫情逐步得到控制，2021 湖南服务业企业 50 强规模扩张速度有所恢复，但企业间规模差距仍然存在，大多数企业仍处于相对较低的水平。

二、2021 湖南服务业企业 50 强的行业分布特征

（一）2021 湖南服务业企业 50 强的行业分布相对集中

2021 湖南服务业企业 50 强共分布在 25 个行业，比上年度增加了 8 个行业，分别是综合能源供应，水上运输，软件和信息技术，基金、信托及其他金融服务，多元化金融，商业地产，人力资源服务，教育服务，其中人力资源服务、综合能源供应、教育服务等行业是由原先综合服务业进行细分所产生的新行业。同时，本年度行业分布相比上年度减少了 2 个，即广播电视服务和农产品及食品批发，广播电视服务被划分进文化娱乐中，原先属于农产品及食品批发的两家企业在今年分别被划分进综合服务业与连锁超市及百货。可见，随着疫情逐步得到控制，经济活力稳步恢复，高新技术与金融相关产业的发展迎来了新的机遇，同时，湖南省对于服务业行业的细分也在不断优化。

综合服务业入围 50 强的数量最多，为 7 家，占 14%。连锁超市及百货、医药及医疗器材零售 2 个行业各有 4 家入围，电信服务等 4 个行业各有 3 家入围，文化娱乐等 5 个行业各有 2 家入围，公路运输等 13 个行业各有 1 家入围。今年新入选的 10 家企业分别分布于综合服务业，电信服务，基金、信托及其他金融服务，多元化金融，软件和信息技术，商业地产，水上运输，公路运输 8 个行业类别。其中电

信服务，水上运输，公路运输，商业地产，基金、信托及其他金融服务，多元化金融各新入围 1 家企业；综合服务业、软件和信息技术各新入围 2 家企业，势头良好。总的来说，2021 湖南服务业企业 50 强的行业划分相对集中，各个行业入选 50 强的数量差距进一步缩小。2021 湖南服务业企业 50 强主要总指标、分行业平均指标、分行业规模结构情况分别如表 4-6、表 4-7、表 4-8 所示。

表 4-6　　　　　　　　　　　2021 湖南服务业企业 50 强主要总指标

营业收入（亿元）	利润（亿元）	纳税总额（亿元）	资产（亿元）	从业人数（人）
6396.96	220.78	207.10	27644.42	378612

表 4-7　　　　　　　　　　　2021 湖南服务业企业 50 强分行业平均指标

行业	企业数（家）	新入选企业数（家）	平均营业收入（亿元）	平均利润（亿元）	平均纳税总额（亿元）	平均资产（亿元）	平均从业人数（人）
全省	50	10	127.94	5.52	4.41	552.89	8605
综合商贸	1	0	543.96	10.29	9.12	215.95	6257
商业银行	3	0	195.49	29.89	17.94	3835.33	6133
综合服务业	7	2	234.65	1.32	5.73	337.38	9074
文化娱乐	2	0	82.06	-0.16	2.05	219.63	7690
医疗卫生健康服务	1	0	119.12	—	—	155.41	—
医药及医疗器材零售	4	0	105.49	4.00	3.41	87.39	16373
邮政	1	0	94.26	3.25	62.45	—	18476
软件和信息技术	2	2	43.62	-11.87	1.98	80.62	26842
多元化金融	1	1	163.43	—	—	1334.94	—
基金、信托及其他金融服务	1	1	35.16	0.64	43.98	43.89	3380
商业地产	1	1	59.58	3.28	1.86	1284.57	1691
人力资源服务	1	0	25.78	—	1.96	1.42	32335
教育服务	1	0	50.54	—	2.15	92.42	1796
汽车摩托车零售	3	0	114.37	2.21	1.24	43.00	3168
电信服务	3	1	158.78	15.70	3.19	267.85	12301
综合能源供应	3	0	91.19	1.57	1.67	125.89	2327
证券业	2	0	54.10	10.96	6.95	717.78	4961

续表

行业	企业数（家）	新入选企业数（家）	平均营业收入（亿元）	平均利润（亿元）	平均纳税总额（亿元）	平均资产（亿元）	平均从业人数（人）
互联网服务	2	0	91.45	10.00	0.90	100.77	2270
水上运输	1	1	21.22	1.48	1.54	221.69	2733
连锁超市及百货	4	0	143.95	1.02	4.31	141.40	11607
住宅地产	1	0	43.00	—	0.7	34.00	1215
保险业	2	0	44.09	—	1.95	32.15	1879
公路运输	1	1	138.58	7.03	6.44	5703.82	12498
金属品商贸	1	0	26.18	0.93	0.44	26.36	232
物流及供应链	1	0	125.74	2.13	1.87	72.55	1127

表4-8　　2021湖南服务业企业50强分行业规模结构

单位：%

行业	企业数	营业收入	利润	纳税	资产	从业人数
综合服务业	14	25.7	4.2	19.4	8.5	16.8
综合商贸	2	8.5	4.7	4.4	0.7	1.6
商业银行	6	9.2	40.6	26.0	41.6	3.2
医药及医疗器材零售	8	6.6	7.2	6.6	1.3	17.3
汽车摩托车零售	6	5.4	1.0	1.9	0.4	2.5
软件和信息技术	4	1.4	-5.4	0.9	0.6	7.1
人力资源服务	2	0.4	—	0.9	0.005	8.5
教育服务	2	0.7	—	1.0	0.3	0.4
综合能源供应	6	4.3	2.1	2.4	1.4	0.6
水上运输	2	0.3	0.7	0.7	0.8	0.7
商业地产	2	0.9	1.5	0.9	4.6	0.4
多元化金融	2	2.6	—	—	—	—
基金、信托及其他金融服务	2	0.5	0.3	0.4	5.0	0.9
互联网服务	4	2.8	9.1	0.9	0.7	1.2
电信服务	6	7.4	21.3	6.6	2.9	9.7
文化娱乐	4	2.6	-0.1	2.0	1.6	0.4

续表

行业	企业数	营业收入	利润	纳税	资产	从业人数
连锁超市及百货	8	9.0	1.8	8.3	2.0	12.3
保险业	4	1.4	—	1.9	0.2	0.9
医疗卫生健康服务	2	1.8	—		0.5	—
邮政	2	1.5	1.5	0.4	0.2	4.9
证券业	4	1.7	5.0	9.7	5.2	2.6
住宅地产	2	0.7	—	0.3	0.1	0.3
公路运输	2	2.2	3.2	3.1	21	3.3
金属品商贸	2	0.4	0.4	0.2	0.1	0.1
物流及供应链	2	1.9	0.9		0.3	0.3

（二）行业间的盈利能力和效益差异进一步增大

2021湖南服务业企业50强分布于25个行业中，共实现营业收入6396.96亿元，平均营业收入为127.94亿元，商业银行、综合商贸、综合服务业等7个行业的平均营业收入超过50强企业平均值，占50强企业营业收入总额的64.6%。综合能源供应、水上运输等今年新进榜行业的营业收入占比达到11.1%，说明随着新冠肺炎疫情逐步得到控制，新进榜的企业发展势头良好。同时，与上年度相比，综合服务业仍然是营业收入占比最大的行业，达到25.7%，但同上年度的39%相比，有所下降。并且上年度的综合商贸、商业银行、综合服务业、文化娱乐4个行业的平均营业收入超过50强平均水平，其营业收入总和占50强企业营业收入总额的72.18%，而今年只占64.6%。可以看出，本年度各行业间营业收入的差距逐步缩小，疫情的影响逐渐减弱。

从利润实现看，50强实现利润总额220.78亿元，平均利润为5.52亿元。其中，商业银行平均利润最大，为29.89亿元，比上年度上升1.51亿元，银行业的发展呈现持续稳定的状态。软件和信息技术行业平均利润最小，为-11.87亿元；商业银行和电信服务两个行业的利润总额占50强企业利润总额的一半以上，占比高达61.9%。相比上年商业银行、医药及医疗器材零售、文化娱乐和互联网服务行业四者利润总和占比53.91%，50强中主要行业的利润占比进一步增大。

从资产规模看，商业银行依旧处于领先位置，占总额的41.6%，人力资源服务行业仅占0.005%。可见，50强企业所在行业的资产比例结构失衡，资产高度集中于商业银行等行业，而人力资源服务等行业拥有较少的资产。相较于上年度商业银行资产规模占比59.54%，2021湖南服务业企业50强的资产规模差距呈现缩小趋势，但仍然十分明显。

从纳税额和从业人数看，商业银行的纳税总额最高，为53.82亿元，占比为26.0%；医药及医疗器材零售从业人数最多，为65492人，占比为17.3%；金属品商贸的纳税总额和从业人数最低，占比分别为0.2%和0.1%；物流及供应链，金属品商贸，住宅地产，基金、信托及其他金融服务，商业地产，水上运输等行业的纳税占比和从业人数占比均低于1%。可见，在纳税额和从业人数上，50强企业的行业分布依旧有较大差距。

三、2021湖南服务业企业50强的地域分布特征

2021湖南服务业企业50强表现出明显的区域分布集中特点，基本上与城市经济发展水平相一致，即经济发达的城市入围服务业50强的企业较多。经济最发达的省会城市长沙共有46家企业入围，比上年度增加3家；而郴州、株洲等其他经济发展水平相对较低的地级市仅有4家企业入围，比上年度减少3家，说明在经济相对不发达城市的企业生存压力加剧。上年度50强企业分布在湖南5个地区，而本年度减少1个，地域集中趋势更加明显。本年度新进榜10家企业，比上年度增加2家，但有9家在长沙。从整体上看，2021湖南服务企业50强的地域分布聚集程度更高，且长沙地区的50强企业不断增多，竞争较为激烈，中小企业的生存状况堪忧。

从主要财务指标看，长沙地区46家企业的平均指标值均在全省平均值以上，长沙是湖南省服务业发展水平最高的地区。长沙地区46家企业的营业收入、利润、纳税额和从业人数均占50强企业总额的95%以上，与上年度相比，营业收入、纳税额、从业人数指标有所上升，利润、资产总额指标有所下降，尤其是资产占比由上年的98.28%下降到94.72%。而株洲地区的资产总额占比却从0.34%上升到4.65%，说明株洲地区服务业大企业发展迅速。从整体上看，50强企业的从业人数较上年上升明显，平均从业人数从7146人上升到8605人，可看出服务业就业规模不断扩大。具体数据如表4-9、表4-10所示。

表4-9　　　　　　　　　　　2021湖南服务业企业50强分地区主要指标

地区	企业数（家）	新入选企业数（家）	平均营业收入（亿元）	平均利润（亿元）	平均纳税总额（亿元）	平均资产（亿元）	平均从业人数（人）
全省	50	10	127.94	5.52	4.41	552.89	8605
长沙	46	9	134.13	5.99	4.70	569.25	8807
怀化	1	0	94.02	1.41	1.62	25.90	15780
郴州	2	0	36.66	0.24	0.81	74.23	68
株洲	1	1	59.58	3.28	1.86	1284.57	1691

表4-10　　　　　　　　　　　2021湖南服务业企业50强分地区规模结构

单位：%

地区	企业数	营业收入	利润	纳税	资产	从业人数
长沙	92	96.45	97.66	97.53	94.72	95.37
怀化	2	1.47	0.64	0.78	0.09	4.17
郴州	4	1.15	0.22	0.79	0.54	0.02
株洲	2	0.93	1.48	0.89	4.65	0.45

四、2021湖南服务业企业50强的所有制分布特征

(一) 企业所有制结构

从所有制结构来看,2021湖南服务业50强国有企业入选30家,占企业总数的60%,其中有8家是新入选的企业,比上年度增加3家;民营企业入选20家,占企业总数的40%,其中有2家是新入选的企业,较上年度减少1家。从企业所有制结构数量分配上看,国有企业数量较上年度有所上升。

从经济指标来看,国有企业均优于民营企业。尤其是在资产总额上,国有企业资产总额为25890.68亿元,占50强企业资产总额的93.66%,平均资产为863.02亿元,远超全省平均值;民营企业资产总额为1753.74亿元,占50强企业资产总额的6.34%,相较于上年度的8.57%,占比进一步下降,平均资产仅为87.67亿元,远低于全省平均值。从从业人数来看,2021湖南服务业企业50强从业总人数略高于上年度,平均从业人数有所增加。国有企业的从业人数占比从上年度的53.39%下降至51.16%,而民营企业的从业人数占比从上年度的46.61%上升为49.84%,相对于国有企业,民营企业的从业人数连续两年大幅增加。[①] 从其他指标来看,民营企业均有小幅度的上升,国有企业依然占绝对优势。具体数据如表4-11、表4-12所示。

表4-11　　　　　　　　　　2021湖南服务业企业50强按所有制分类的主要指标

所有制类别	企业数(家)	新入选企业数(家)	平均营业收入(亿元)	平均利润(亿元)	平均纳税总额(亿元)	平均资产(亿元)	平均从业人数(人)
全省	50	10	127.94	5.52	4.41	552.89	8605
国有企业	30	8	136.18	7.58	5.39	863.02	7304
民营企业	20	2	115.58	1.68	2.81	87.67	10483

表4-12　　　　　　　　　　2021湖南服务业企业50强主要指标所有制分布

单位:%

所有制类别	企业数	营业收入	利润	纳税	资产	从业人数
国有企业	60	63.86	89.32	75.55	93.66	51.16
民营企业	40	36.14	10.68	24.45	6.34	49.84

(二) 不同所有制类型之间的经济效率与效益差距愈加明显

从经济效率和效益指标的分析来看,国有企业和民营企业之间依然存在较大差距。2021湖南服务业企业50强按所有制分类的经济效益与效率指标如表4-13所示。

---

① 因中国石油天然气股份有限公司湖南销售分公司、爱尔眼科医院集团股份有限公司、天泽信息产业股份有限公司、湖南郴电国际发展股份有限公司缺少本年度从业人数数据,故此处企业数以46家为有效统计。

表 4-13   2021 湖南服务业企业 50 强按所有制分类的经济效益和效率指标

所有制类别	总资产利润率（%）		总资产周转率（%）	
	2020	2021	2020	2021
国有企业	1.03	1.79	22.02	57.33
民营企业	4.54	3.65	147.36	178.1

比较近两个年度的数据，在总资产利润率上，国有企业从 1.03% 上升至 1.79%，上升 0.76 个百分点；民营企业从 4.54% 下降至 3.65%，下降 0.89 个百分点。在总资产周转率上，国有企业从 22.02% 上升至 57.33%，上升 35.31 个百分点；民营企业从 147.36% 上升至 178.10%，上升 30.74 个百分点。从总资产利润率看，国有企业总资产利润率相对上年度有所提升，而民营企业总资产利润率有所下降；民营企业的资产盈利能力相对较高，国有企业相对较弱，但民营企业受到疫情的影响更为显著，盈利能力出现下降，国有企业则继续保持上升趋势。从总资产周转率看，无论是民营企业还是国有企业，其管理效率均相对上年度有大幅度上升，行业总体发展势头良好。

第二节   2021 湖南服务业企业 50 强利税分析

一、2021 湖南服务业企业 50 强效益分析

（一）总体经济效益有所下滑，服务业发展仍具韧性

受新冠肺炎疫情的影响，湖南服务业总体经济效益有所下滑，2021 湖南服务业企业 50 强利润总额为 220.78 亿元①，与上年度基本持平。平均利润为 5.52 亿元，相比上年度减少 0.36 亿元，下降 6.12%，企业经营整体放缓。2017—2021 湖南服务业企业 50 强平均利润增长率分别为 8.93%、-41.80%、33.26%、1.91%、-6.12%，整体波动剧烈。其中，2017 年 50 强企业利润总额和平均利润均为最低值，2018 年利润额迅速回升，增速达 33.26%，此后 50 强企业平均利润增长率呈逐年下降趋势，行业经营效益持续下滑，2020 年开始出现负增长，可见国内外经济形势变化对湖南省服务业大企业效益产生了较大冲击。此外，面对不确定性明显增强的内外部环境，湖南省服务业仍保持了较强的发展韧性，尽管各行业受到下行压力影响出现明显的利润和营收萎缩，但 2018—2020 年服务业增加值占全省 GDP 比重始终稳定在 50% 以上，服务经济逐渐"接棒"传统经济成为助推湖南经济增长的新引擎。2017—2021 湖南服务业企业 50 强效益情况、效益对比情况、平均利润增长率趋势变化分别如表 4-14、图 4-5、图 4-6 所示。

---

① 因五矿资本股份有限公司、湖南兰天集团有限公司、爱尔眼科医院集团股份有限公司、中华联合财产保险股份有限公司湖南分公司、湖南新长海发展集团有限公司、天泽信息产业股份有限公司、湖南金荣企业集团有限公司、太平人寿保险有限公司湖南分公司、财信吉祥人寿保险股份有限公司、湖南红海人力资源有限公司缺少利润数据，故此处以 40 家为有效统计。

表 4-14　　　　　　　　　　　　2017—2021 湖南服务业企业 50 强效益情况

年份	利润总额（亿元）	平均利润（亿元）
2020	220.78	5.52
2019	229.39	5.88
2018	282.96	5.77
2017	212.02	4.33
2016	342.40	7.44

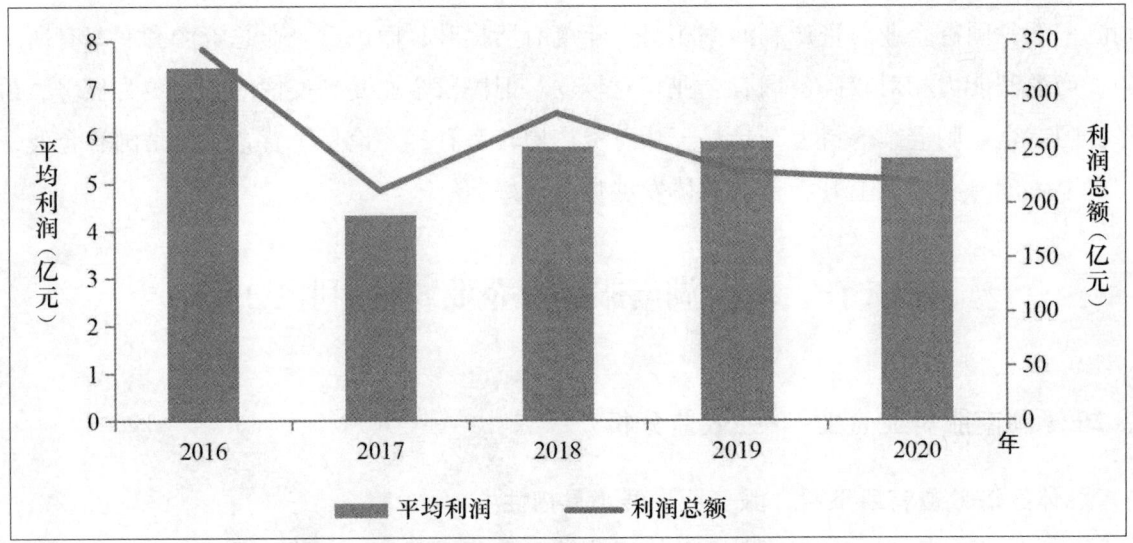

图 4-5　2017—2021 湖南服务业企业 50 强效益对比情况图

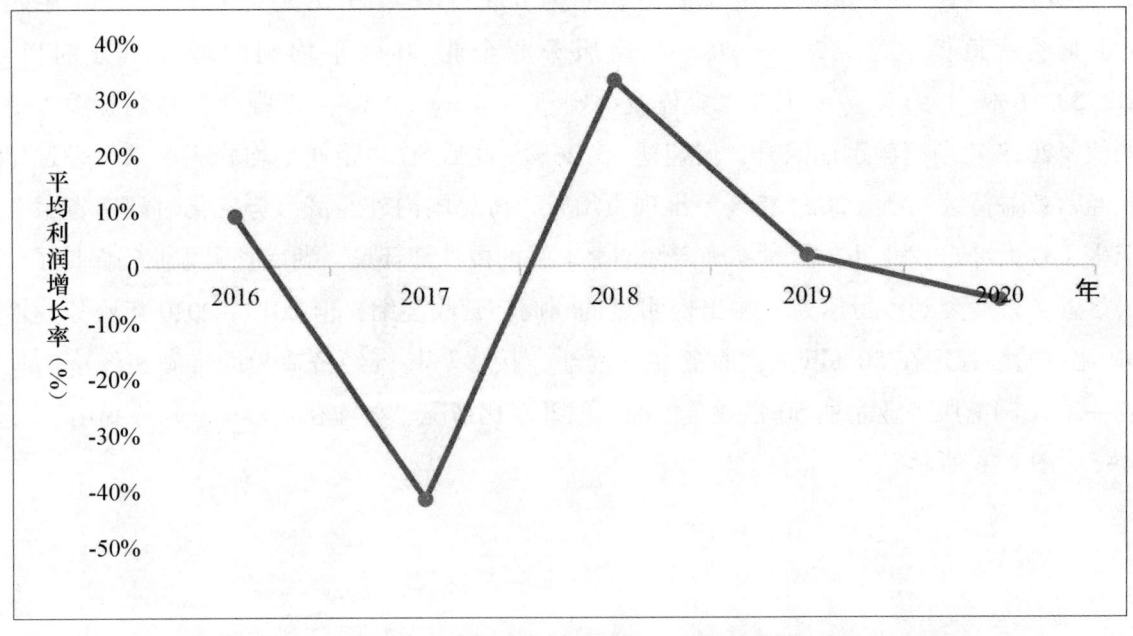

图 4-6　2017—2021 湖南服务业企业 50 强平均利润增长率趋势变化图

(二)2021湖南服务业企业50强的利润结构分析

1. 行业利润分布相对集中,不同行业效益差异明显

2021湖南服务业企业50强分布在25个行业,其中综合服务业入围企业数目最多,其次为连锁超市及百货、医药及医疗器材零售。在利润额[①]排位前五的企业中,商业银行占据2席,长沙银行股份有限公司(53.38亿元)和华融湘江银行股份有限公司(28.71亿元)分别居第1位和第3位,中国移动通信集团湖南有限公司以30.32亿元居第2位,芒果超媒股份有限公司(19.82亿元)和中南出版传媒集团股份有限公司(14.37亿元)分别居第4位和第5位。利润额排位前三的行业分别是商业银行、电信服务和互联网服务。入围的3家商业银行共实现营业收入586.46亿元、利润89.66亿元,与上年度相比经济效益稳定向好,利润整体处于较高水平;电信服务业营业收入和利润大幅提高,3家入围企业共实现营业收入476.34亿元、利润47.11亿元,行业利润增速达439.63%;互联网服务业入围企业数量由3家减少到2家,共实现营业收入182.90亿元、利润20.00亿元,营业收入与上年度基本持平,利润增速为30.46%。上述3个行业入围企业数之和为8家,仅占企业总数的16%,而合计利润额达156.77亿元,占50强企业总利润的71.01%,可见50强企业的行业利润分布相对集中。此外,2021湖南服务业企业50强名单相比上年度发生了较大变化,利润结构受产业结构变化的影响明显。其中,上年度经济效益表现突出的综合服务业本年度营业收入和利润额下滑明显,同比分别下降26.42%、84.63%,而商业银行仍稳居榜首,互联网服务等新兴现代服务行业呈现出蓬勃发展的态势。可见服务业利润结构呈现出新兴服务业增长迅速,商贸服务企业支柱地位稳固,不同行业营业收入和利润增速差异明显等特征,行业内部竞争激烈。2021湖南服务业企业50强分行业主要经济指标情况如表4-15所示。

表4-15 2021湖南服务业企业50强分行业主要经济指标情况

行业	企业数(家)	营业收入(亿元)	利润(亿元)
全省	50	6396.96	220.78
综合能源供应	3	273.56	4.70
公路运输	1	138.58	7.03
水上运输	1	21.22	1.48
邮政	1	94.26	3.25
物流及供应链	1	125.74	2.13
电信服务	3	476.34	47.11
软件和信息技术	2	87.24	-11.87
互联网服务	2	182.90	20.00

---

① 因五矿资本股份有限公司、湖南兰天集团有限公司、爱尔眼科医院集团股份有限公司、中华联合财产保险股份有限公司湖南分公司、湖南新长海发展集团有限公司、天泽信息产业股份有限公司、湖南金荣企业集团有限公司、太平人寿保险有限公司湖南分公司、财信吉祥人寿保险股份有限公司、湖南红海人力资源有限公司缺少利润数据,故此处以19个行业共40家企业为有效统计。

续表

行业	企业数（家）	营业收入（亿元）	利润（亿元）
金属品商贸	1	26.18	0.93
综合商贸	1	543.96	10.29
连锁超市及百货	4	575.80	4.06
汽车摩托车零售	3	343.12	2.21
医药及医疗器材零售	4	421.95	15.99
商业银行	3	586.46	89.66
保险业	2	88.18	—
证券业	2	108.21	10.96
基金、信托及其他金融服务	1	35.16	0.64
多元化金融	1	163.43	—
住宅地产	1	43.00	—
商业地产	1	59.58	3.28
人力资源服务	1	25.78	—
文化娱乐	2	164.13	-0.31
教育服务	1	50.54	—
医疗卫生健康服务	1	119.12	—
综合服务业	7	1642.52	9.25

2. 地区利润分布愈加集中，服务业区域发展不平衡

从企业地区分布情况来看，2021湖南服务业企业50强利润分布地区差异进一步增大。其一，50强所属地区总数下降。受新冠肺炎疫情的影响，全省服务业受到较大冲击，尤其是经济基础薄弱地区的服务业企业损失更加严重，入选企业的地区数量由上年度的5个地区下降为4个地区，地区分布集中度提高。其二，不同地区入选企业数量差距增大。长沙地区入围企业数量依旧最多，达46家企业，比上年度增加3家。其他地区入围的企业数量减少，郴州入围2家企业，株洲和怀化各入围1家企业，长沙地区与其他地区间服务业发展差距进一步扩大。其三，地区利润分布高度集中。长沙地区企业利润合计①达215.61亿元，占50强企业总利润的97.66%。郴州、株洲和怀化3个地区企业利润分别为0.49亿元、3.28亿元和1.41亿元，总计5.18亿元，仅占总利润的2.34%。由此可见，长沙地区企业利润在50强企业中占比极高，且利润占比相比上年度进一步提高，说明50强企业利润的地区分布集中程度提高，地区间发展不均衡的问题愈加显著。2021湖南服务业企业50强所在地区分布情况详见表4-16。

---

① 因五矿资本股份有限公司、湖南兰天集团有限公司、爱尔眼科医院集团股份有限公司、中华联合财产保险股份有限公司湖南分公司、湖南新长海发展集团有限公司、天泽信息产业股份有限公司、湖南金荣企业集团有限公司、太平人寿保险有限公司湖南分公司、财信吉祥人寿保险股份有限公司、湖南红海人力资源有限公司缺少利润数据，故长沙地区利润合计以36家企业为有效统计。

第四章 2021湖南服务业企业50强分析报告

表4-16　　2021湖南服务业企业50强所在地区分布情况

地区	企业数（家）	营业收入（亿元）	利润（亿元）
全省	50	6396.96	220.78
长沙	46	6170.03	215.61
郴州	2	73.32	0.49
株洲	1	59.58	3.28
怀化	1	94.02	1.41

（三）2021湖南服务业企业50强的盈利能力分析

2021湖南服务业企业50强中盈利企业37家，亏损企业3家[①]。

1. 收入盈利能力

从收入净利率看，2021湖南服务业50强企业收入净利率达到20%以上的为0家，与上年度相比减少1家；有7家企业达到10%~20%，与上年度相比增加2家，其中，长沙银行股份有限公司以16.30%的收入净利率居于首位，广发银行股份有限公司长沙分行（15.88%）和方正证券股份有限公司（14.54%）紧跟其后，芒果超媒股份有限公司和中南出版传媒集团股份有限公司分别以14.15%、13.72%的收入净利率居第4位和第5位。虽然收入净利率处于10%~20%的入围企业数量有所增加，但居第1位的企业收入净利率与上年度的首位（77.63%）相比大幅降低，且亏损企业数量相比上年度有所增加，大多数企业的收入净利率下降，50强企业盈利能力总体上呈现下降趋势。

2. 资产盈利能力

从总资产利润率[②]看，50强企业总资产利润率[③]平均为2.18%，18家企业总资产利润率超过平均值；所有入围企业的总资产利润率均未达到20%，与上年度相比减少了3家；总资产利润率达到10%~20%的企业仅有1家，即芒果超媒股份有限公司，以10.29%的总资产利润率居于榜首。此外，中国移动通信集团湖南有限公司（7.39%）、中国能源建设集团湖南省电力设计院有限公司（6.92%）、中南出版传媒集团股份有限公司（6.21%）和益丰大药房连锁股份有限公司（5.93%）依次居第2位至第5位，上述5家企业总资产利润率均大幅低于上年度排名前五的企业。50强企业总资产利润率相比上年度总体呈下降趋势。

从总资产周转率看，50强企业总资产周转率平均为140.54%，均值相比上年度降低61.51%，总资产周转率超过平均值的企业数量由上年的7家增长至14家。在总资产周转率超过均值的入围企业中，湖南红海人力资源有限公司以1810.88%的总资产周转率居于首位，湖南兰天集团有限公司

[①] 因五矿资本股份有限公司、湖南兰天集团有限公司、爱尔眼科医院集团股份有限公司、中华联合财产保险股份有限公司湖南分公司、湖南新长海发展集团有限公司、天泽信息产业股份有限公司、湖南金荣企业集团有限公司、太平人寿保险有限公司湖南分公司、财信吉祥人寿保险股份有限公司、湖南红海人力资源有限公司缺少利润数据，故此处以40家为有效统计。

[②] 由于数据的限制，计算总资产利润率时资产未取平均数，后文提到的总资产周转率也未取平均数。

[③] 因五矿资本股份有限公司、湖南兰天集团有限公司、爱尔眼科医院集团股份有限公司、中华联合财产保险股份有限公司湖南分公司、湖南新长海发展集团有限公司、天泽信息产业股份有限公司、湖南金荣企业集团有限公司、太平人寿保险有限公司湖南分公司、财信吉祥人寿保险股份有限公司、湖南红海人力资源有限公司缺少利润数据，故此处以40家为有效统计。

（482.38%）、湖南马上银科技有限公司（482.16%）、湖南佳惠百货有限责任公司（363.02%）、湖南申湘汽车星沙商务广场有限公司（260.30%）依次列第2位至第5位。50强企业总资产周转率相比上年度总体呈下降趋势。

从净资产利润率看，50强中有3家企业达到20%以上，与上年度持平；13家企业处于10%~20%区间，与上年度相比增加4家；7家企业净资产利润率不足1%，相比上年度增加4家。这说明面临新冠肺炎疫情的冲击，湖南服务业大企业受到一定影响，但总体营运能力和自有资本盈利水平仍较为稳定。[①] 50强中净资产利润率排名前5位的企业依次为：广发银行股份有限公司长沙分行（236.38%）、中国联合网络通信有限公司湖南省分公司（39.31%）、中国能源建设集团湖南省电力设计院有限公司（20.17%）、芒果超媒股份有限公司（18.72%）和湖南马上银科技有限公司（15.92%）。

3. 资本保值能力

从资本保值增值率[②]看，50强中资本保值增值率在100%以上的企业达到38家，相比上年度增加5家，且排名前三的企业资本保值率均远高于上年度居首位的企业（155.76%）。2021湖南服务业50强资本保值增值率排名前五的企业中，广发银行股份有限公司长沙分行以1842.83%的资本保值增值率位居榜首，湖南兴盛优选电子商务有限公司（637.75%）、中国能源建设集团湖南省电力设计院有限公司（219.98%）、长沙水业集团有限公司（196.57%）和爱尔眼科医院集团股份有限公司（149.44%）依次列第2位至第5位。可见在新冠肺炎疫情的冲击下，50强企业总体经济效益和资本保全状况未受到严重影响，不同行业资本保值增值率变化情况存在明显差异，上年度排名前五的企业资本保值增值率均有所下滑，而连锁超市及百货、医药及医疗器材零售等行业企业资本保值增值率普遍有所提升。

二、2021湖南服务业企业50强纳税分析

（一）2021湖南服务业企业50强对湖南省税收收入贡献力开始回升

2021湖南服务业企业50强纳税总额为207.10亿元[③]，比上年度略高，增加1.18亿元；平均纳税额为4.41亿元，比上年度增加0.21亿元。可见50强对湖南省税收收入贡献情况存在小幅提升，整体经济环境有所改善，疫情影响得到了较好控制。2017—2021湖南服务业企业50强纳税平均额增长率分别为8.43%、-16.21%、-51.47%、-2.10%、5.00%，50强对湖南省税收的贡献力度自2017年以来呈下降趋势，2019年下降幅度明显放缓，2020年纳税平均额增长率进一步提升，首次达到正增长，说明服务业企业50强对湖南省税收收入贡献力开始回升。2017—2021湖南服务业企业50强的纳税情况详见表4-17、图4-7。

---

① 因五矿资本股份有限公司、湖南兰天集团有限公司、爱尔眼科医院集团股份有限公司、中华联合财产保险股份有限公司湖南分公司、湖南新长海发展集团有限公司、天泽信息产业股份有限公司、湖南金荣企业集团有限公司、太平人寿保险有限公司湖南分公司、财信吉祥人寿保险股份有限公司、湖南红海人力资源有限公司缺少本年度利润数据，湖南申湘汽车星沙商务广场有限公司缺少本年度所有者权益数据，此处以39家为有效统计。

② 因湖南兰天集团有限公司、湖南申湘汽车星沙商务广场有限公司、中华联合财产保险股份有限公司湖南分公司、湖南新长海发展集团有限公司、湖南金荣企业集团有限公司、太平人寿保险有限公司湖南分公司、财信吉祥人寿保险股份有限公司、湖南红海人力资源有限公司缺少相关所有者权益数据，故此处以42家为有效统计。

③ 因五矿资本股份有限公司、爱尔眼科医院集团股份有限公司、天泽信息产业股份有限公司缺少相关纳税数据，故此处以47家为有效统计。

表 4-17　　2017—2021 湖南服务业企业 50 强纳税情况

年份	纳税总额（亿元）	纳税平均额（亿元）
2020	207.10	4.41
2019	205.92	4.20
2018	193.12	4.29
2017	380.05	8.84
2016	316.57	10.55

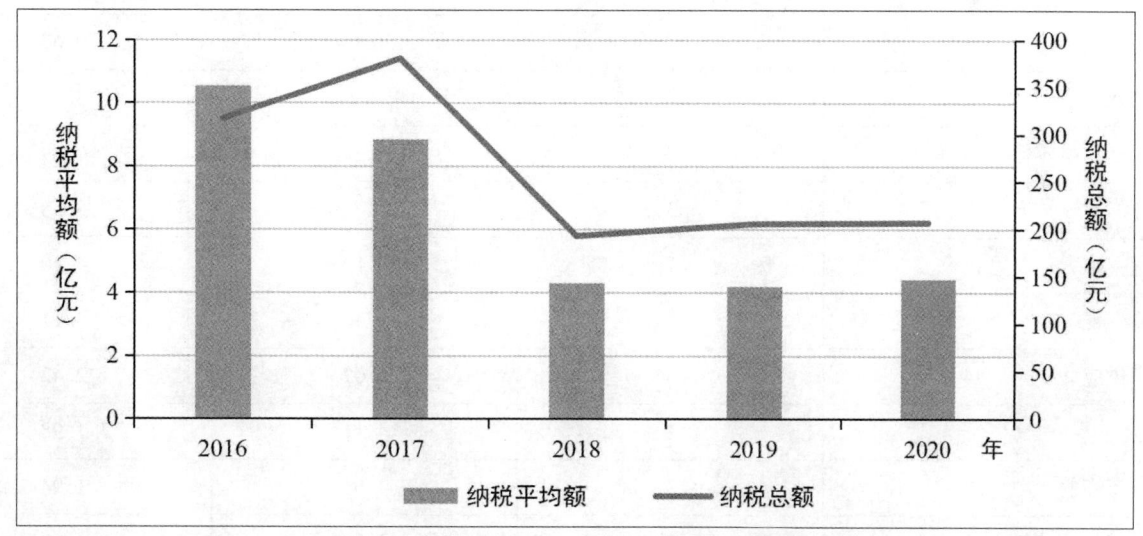

图 4-7　2017—2021 湖南服务业企业 50 强纳税情况变化图

长沙银行股份有限公司以 30.24 亿元的纳税额居 50 强缴纳税款的首位，列第 2 位至第 5 位的企业分别为国网湖南省电力有限公司（23.35 亿元）、华融湘江银行股份有限公司（21.93 亿元）、方正证券股份有限公司（19.30 亿元）和中国移动通信集团湖南有限公司（11.15 亿元）。上述排名前五的企业共纳税 105.97 亿元，占 50 强企业纳税总额的 51.17%。

（二）2021 湖南服务业企业 50 强的纳税结构分析

1. 税收贡献行业差异明显，现代服务业支柱作用凸显

2021 湖南服务业企业 50 强分布在 25 个行业，相比上年度增加了 6 个行业，其中，商业银行、综合服务业、证券业、连锁超市及百货和医药及医疗器材零售 5 个行业的纳税总额居前 5 位。[①] 其中，商业银行有 3 家企业入围，共实现营业收入 5864.61 亿元、利润 89.66 亿元，纳税总额 53.83 亿元；综合服务业有 7 家企业入围，共实现营业收入 1642.52 亿元、利润 9.25 亿元，纳税总额 40.13 亿元；证券业有 2 家企业入围，共实现营业收入 108.21 亿元、利润 10.96 亿元，纳税总额 20.04 亿元。这 3 个行业企业数之和为 12 家，仅占企业总数的 24%，而纳税总额达 114.00 亿元，占 50 强纳税总额的 55.05%，说明不同行业对湖南省税收收入贡献存在显著差异，纳税行业分布不均衡程度较高。本年度纳税额居前三

---

① 因五矿资本股份有限公司、爱尔眼科医院集团股份有限公司、天泽信息产业股份有限公司缺少相关纳税数据，故此处以 23 个行业共 47 家企业为有效统计。

位的企业中，商业银行类企业占据 2 席，其中长沙银行股份有限公司以 30.24 亿元的税收贡献力度位列榜首。可见现代服务业对税收的支撑作用在不断增强，成为湖南省经济发展的新动能。2021 湖南服务业企业 50 强纳税行业分布情况详见表 4-18。

表 4-18　　　　　　　　　　2021 湖南服务业企业 50 强纳税行业分布情况

行业	企业数（家）	纳税总额（亿元）	占比（%）
全省	50	207.10	100
商业银行	3	53.83	25.99
综合服务业	7	40.13	19.38
证券业	2	20.04	9.67
连锁超市及百货	4	17.24	8.33
医药及医疗器材零售	4	13.64	6.59
电信服务	3	13.62	6.58
综合商贸	1	9.12	4.40
公路运输	1	6.44	3.11
综合能源供应	3	5.02	2.42
文化娱乐	2	4.11	1.98
汽车摩托车零售	3	4.01	1.94
保险业	2	3.89	1.88
教育服务	1	2.15	1.04
软件和信息技术	2	1.98	0.96
人力资源服务	1	1.96	0.95
物流及供应链	1	1.87	0.90
商业地产	1	1.86	0.90
互联网服务	2	1.81	0.87
水上运输	1	1.54	0.74
邮政	1	0.89	0.43
基金、信托及其他金融服务	1	0.81	0.39
住宅地产	1	0.70	0.34
金属品商贸	1	0.44	0.21
医疗卫生健康服务	1	—	—
多元化金融	1	—	—

2. 4个地区纳税额均超亿元,长沙地区占总量的95%以上

从地区分布来看,2021湖南服务业企业50强分布在4个地区,每个地区的纳税额均在亿元以上。① 其中,长沙地区入围企业46家,纳税总额为201.99亿元,占50强企业纳税总额的97.53%,相比上年度提高1.92个百分点。株洲地区纳税总额虽然仅次于长沙地区,但纳税总额只有1.86亿元,占50强企业纳税总额的0.90%,与郴州地区和怀化地区的纳税总额及占比差距不大。郴州地区和怀化地区分别以1.63亿元、1.62亿元的纳税总额居第3位和第4位,占比为0.79%和0.78%。长沙地区以外的其他3个地区本年度纳税总额占比均未超过1%,可见税收贡献度在地区之间的差距进一步拉大,服务业纳税贡献基本靠长沙地区的企业支撑,其他地区贡献甚微,区域经济发展不平衡程度增加。2017—2021湖南服务业企业50强所在地区的纳税额及占比情况如表4-19、4-20所示。

表4-19　　2017—2021湖南服务业企业50强所在地区的纳税额

单位:亿元

地区	2016	2017	2018	2019	2020
长沙	301.87	341.92	175.91	196.89	201.99
郴州	—	34.23	2.05	1.65	1.63
株洲	1.50	2.00	2.33	2.68	1.86
怀化	1.29	1.80	2.32	1.54	1.62
湘潭	9.79	0.11	4.62	3.16	—
常德	—	—	5.23	—	—
益阳	1.55	—	0.66	—	—
娄底	0.57	—	—	—	—

表4-20　　2017—2021湖南服务业企业50强所在地区的纳税额占比情况

单位:%

地区	2016	2017	2018	2019	2020
长沙	95.36	89.97	91.09	95.61	97.53
郴州	—	—	1.06	0.80	0.79
株洲	0.47	0.55	1.21	1.30	0.90
怀化	0.41	0.47	1.20	0.75	0.78
湘潭	3.09	0.03	2.39	1.53	—
常德	—	—	2.71	—	—
益阳	0.49	—	0.34	—	—
娄底	0.18	—	—	—	—

---

① 因五矿资本股份有限公司、爱尔眼科医院集团股份有限公司、天泽信息产业股份有限公司缺少相关纳税数据,故此处以47家企业为有效统计。

第三节　湖南服务业大企业发展面临的挑战与机遇

一、湖南服务业大企业发展面临的挑战

（一）大企业规模两极分化加剧，行业整体盈利能力亟待提升

2021湖南服务业企业50强规模虽然不断扩大，并且增长率有所提升，但是发展不均衡的问题更加突出。从收入规模来看，末位企业营业收入仅占首位企业的2.41%。从资产规模来看，排名前三位的资产总额是排名后三位的3.79倍，而上年度该项指标是13.91倍。仅从营业收入和资产总额来看，虽然资产总额差距有所缩小，但服务业企业50强入围门槛仍然很低，排名靠后的企业在营业收入与资产总额上与少数领先企业存在差距。从企业规模及其分布来看，企业规模整体上呈现不断扩张的趋势，规模分布差距逐渐缩小，但是大型企业占比仍然较少，中小型规模的企业占比较大，分布不均衡问题仍然存在。

从总体盈利状况来看，2021湖南服务业企业50强的平均营业收入上升，但平均利润却只有5.52亿元，相比上年度的5.88亿元，下降了0.36亿元，可见企业的经营成本在不断上升。从行业分布来看，利润高度集中在商业银行、互联网服务、电信服务3个行业，其在50强中的企业数占比仅16%，利润总额占比却高达71.01%，利润分布不均衡现象明显。从地区分布来看，利润高度集中在经济发达的省会城市长沙地区，其利润总额占50强利润总额的97.66%，其他地区利润总额仅占2.34%，差距显著。一方面，虽然我国不断加强对新冠肺炎疫情的常态化防控，但是疫情给企业在用工成本、税费缴纳、市场需求拓展、物流运输、房租、运营维护成本等方面都造成了很大的压力，导致盈利能力下降。另一方面，湖南省服务业依然是以传统服务业为主，现代服务业和新兴服务业后劲不足，技术服务业缺乏，发展基础薄弱，未能形成支柱产业，利润分布严重失衡。

（二）现代服务业发展水平滞后，服务业转型升级过程受阻

先进服务行业占比是衡量行业经济水平和经济结构的重要指标之一，而湖南省的传统行业仍然占比较大，入围的企业数较多但整体经济产量不高。如汽车摩托车零售、医药及医疗器材零售、连锁超市及百货3个传统行业实现的利润总额为22亿元，占50强的10%，但这类行业入围的企业数有12家，占50强的22%。与此同时，具有高附加值的现代服务业占比较低，如互联网服务行业实现利润20亿元，占50强的9.1%，而入围的企业数只有2家，仅占50强的4%。入围50强的企业绝大多数是劳动密集型服务行业，缺乏以现代科学技术特别是信息网络技术为主要支撑的高附加值的现代服务业。

湖南省现代服务业发展相对滞后。一方面，服务业有效供给不足，难以满足消费变革的要求。现阶段改善型、享受型商品和服务的有效供给明显不足，导致大量中高端商品和新兴服务消费外流。另一方面，产业结构失衡明显。在服务业企业50强中，运输和其他传统服务业比重过高，入围的新兴服务消费领域的企业屈指可数，知识和资本密集型服务业发展还不充分，难以满足居民当下对于价值消费的追求，导致供给与需求严重错配。可见，湖南省服务业仍然以传统服务业为主，在现代服务领域缺乏优势，未能保持消费创新的可持续性，未能很好地顺应居民消费从规模扩张向质量提升的转变以及从温

饱消费向品牌消费和品质消费的过渡升级，未能充分发挥现代服务业对于创新的催化剂作用和对于产业结构升级的促进作用。现代服务业的发展对社会的发展有着重要意义，湖南省必须加快现代服务业发展，着力提升服务业发展水平。

（三）中心城市辐射效应不明显，区域经济发展不均衡加剧

2021湖南服务业企业50强利润结构的区域集中程度进一步提高，长沙地区作为中心城市其集聚效应远大于辐射效应，对其他地区服务经济的引领和带动作用不明显，市场、技术、人才和资源等要素分布尚未打破区域边界，难以形成良好的区域协同发展格局。其一，在地区分布方面，50强共分布在4个地区，地区总数相比上年度进一步减少，且本年度长沙地区新增3家企业，总计入围46家企业，占比高达92%，集聚发展态势明显。其二，在经济总量方面，长沙地区企业的营业收入、资产总额、利润、纳税额和从业人数等各项指标遥遥领先其他地区，分别占比96.45%、94.72%、97.66%、97.53%和95.37%，相比上年度区域集中化特征更加凸显，其他地区各项指标所占份额甚微，地区间服务业发展不平衡问题愈加显著。其三，在新入选企业方面，2021湖南服务业企业50强名单相比上年度变化较大，新入选10家企业，其中长沙地区9家，株洲地区1家。可见长沙地区服务业大企业竞争激烈，更新换代速度快，其他地区服务业经济发展资源和动力不足，相比长沙地区企业竞争力较低，地区间差距进一步扩大。

总体来看，在地域分布上湖南服务业发展以长沙地区为核心，聚集了绝大多数的服务业大企业，区域服务业发展两极化的问题加剧，不利于资源的跨区域流动和区域经济的协同发展。一方面，在内外部环境不稳定的背景下，不发达地区经济基础较为薄弱，相较长沙等发达地区在市场容量、资源要素以及城镇化水平等方面存在劣势，抵御疫情等外部冲击的能力较差，企业和人口向优势地区汇聚的倾向进一步增强，导致地区发展不均衡现象日益严重。另一方面，省内服务业一体化发展和跨区域协同合作机制有待完善。长沙市作为中心城市未能充分发挥其开放节点作用，人才、技术等资源禀赋难以借助平台优势对各区域进行有效输送，从而产生辐射带动效应，其他地区服务业依托本土资源发展缓慢，经济效益滞后。亟须站在全局视角进行区域统筹规划，激发长沙周边地区服务业大企业的发展动力和创新活力。

（四）对外服务贸易因新冠肺炎疫情受阻，创新引领内生性动力不足

面临新冠肺炎疫情冲击下全球服务贸易管制更严、要素跨境流动壁垒增加等挑战，湖南省服务业企业50强创新水平和抗风险能力不足，海外业务严重受阻，行业结构有待优化。其一，从海外规模来看，2021湖南服务业企业50强中有9家企业申报海外收入数据，相比上年度增加了3家，服务贸易对外开放水平有所提高。但受新冠肺炎疫情全球化蔓延的影响，服务业国际化进程和发展效益严重受阻，9家企业的海外收入合计112.34亿元，同比下降48.39%，其中除芒果超媒股份有限公司海外收入为正增长外，其他企业海外收入增长率均为负值。其二，从所有制分布来看，50强企业中国有企业数量和各项指标占比大幅提升。入围的国有企业共30家，相比上年度增加7家，共实现营业收入4085.35亿元、利润197.21亿元，分别占50强营业收入总额和利润总额的63.86%、89.32%，在资源获取和盈利能力上占据相对主导地位，民营企业规模和效益均远低于国有企业。湖南服务业市场主体的所有制结构有待优化，私营经济活力亟须进一步释放。此外，申报海外收入的企业中仅有1家为民营企业，可见国有企业面对外部环境挑战的韧性和稳定程度相对更强。其三，从研发费用来看，50强中有25家企业申报研发费用数据，相比上年度增加5家，可见湖南省服务业大企业对创新能力的重视程度总体提升。其中，研发费用占营业收入比例的平均水平为1.09%，最高为4.48%，最低为0.01%，相比上年度平均水平下降0.23个百分点。可见湖南服务业企业50强中重视研发创新的企业在增加，但研发强度普遍较低，创新引领的内生性动力不足。

湖南服务业发展迅速，产业规模持续增大，对外开放水平和创新驱动效应有所增强，但在新冠肺炎疫情的冲击下，服务业海外业务发展受到了严重阻碍，国内业务的创新性研发投资强度也有待提升。一方面，新冠肺炎疫情的全球化蔓延导致全球服务贸易消费需求停滞，上下游企业由于原材料和人工管控成本等压力会导致减产甚至停产现象，带来成本攀升和壁垒增加等问题。此外，疫情下线上远程办公进一步加大了企业的管理难度和沟通成本，严重阻碍了50强企业对外服务贸易布局的推进。另一方面，湖南服务业大企业自主创新能力不足，缺乏高端、优质的产业服务创新成果，在国际化竞争中缺少足够的竞争力，尤其对大数据发展背景下各种新兴技术和业态的创新性开发和利用不足，线下业务为主的单一发展模式加大了企业面对疫情等极端风险的脆弱性，影响了服务贸易的产业升级和对外开放进程。

二、湖南服务业大企业发展面临的机遇

（一）新冠肺炎疫情防控常态化效果显著，消费市场活力逐步恢复

新冠肺炎疫情期间，我国政府通过保障要素、财税扶持、金融服务、支持创新等举措，驰援中小企业，全面推动企业复工复产。在各项政策措施的激励作用下，我国经济发展稳定转好，生产生活秩序稳步恢复。

2021年以来，党中央、国务院统筹国内国际双循环，保持宏观政策的连续性、稳定性和可持续性，持续巩固统筹疫情防控和经济社会发展的成果，我国经济复苏稳中向好，扩内需促消费政策持续发力，中国消费市场呈现出旺盛活力。一是国内消费市场恢复态势向好。国家统计局数据显示，2021年第二季度，中国疫情防控形势持续向好，在五一、端午假期消费回升等因素带动下，消费需求稳步释放，社会消费品零售总额同比增长13.9%；两年平均增长4.6%，比一季度加快0.4个百分点；从环比数据看，二季度环比增长1.98%，比一季度加快0.12个百分点。此外，先前受新冠肺炎疫情影响较大的餐饮消费规模基本恢复。2021年上半年，餐饮收入同比增长48.6%，餐饮消费规模基本恢复至2019年同期水平。其中，二季度餐饮收入同比增长29.5%，两年平均增长0.9%。二是跨境电商发展势头正劲。在新冠肺炎疫情的特殊背景下，跨境电商成为经济发展的重要动力。2021年上半年跨境电商进出口额达8867亿元，同比增长28.6%。截至2020年底，全球已有200多个国家和地区使用菜鸟的全球智能物流网络的包裹配送服务。同时，中国已经与22个国家签署了"丝路电商"合作备忘录并建立双边合作机制，拓展跨境电商合作领域，丰富合作内涵，助力海外仓项目建设，推动电商贸易范围由区域化提升至全球化，塑造国际供应链。目前，京东在五大洲设立海外仓超过110个，利用"点、线、网"模式打造国际供应链将产品销往200多个国家与地区。

（二）数字经济助推企业提质增效，服务转型融合效率提升

在全球经济增长乏力的背景下，数字经济成为提振各国经济的重要方向和加速经济增长的新杠杆。

第四章 2021湖南服务业企业50强分析报告

2021年李克强总理在政府工作报告中指出，要加快数字化发展，打造数字经济新优势，协同推进数字产业化和产业数字化转型，加快数字社会建设步伐。数字经济的发展助推服务业虚实结合，挖掘服务业潜在价值，创造附加价值。随着智慧服务、定制服务、绿色服务、共享服务以及体验服务等新业态的崛起，数字经济在服务业的渗透率持续增加，使各业态边界模糊化，跨界融合效率提升。

从提质增效视角来看，数字经济加速了服务业内部的分工深化，打造服务业规模经济优势。互联网能够及时反映专业化的服务业市场需求变动程度，并细化和增加专业化的服务供给内容。依托数字经济，生产性服务业通过采用数字化广告扩大消费市场，公共服务业借助互联网平台实现线上线下融合的新销售渠道，生活性服务业利用跨境电商创造了数字贸易新形式，由此服务业产业链不断延长。同时，生活性服务业的信息需求高速扩张、公共服务业的数字服务市场化、基础服务的互联网消费迅猛激增，激励服务业向网络化发展释放规模经济红利。

从服务业转型融合视角看，数字经济激发服务业模式创新，赋能传统服务业升级改造。通过数字经济，服务业全产业链环节的信息资源得到充分优化与整合，催生和优化服务业的新模式。农村电商通过将生产性服务业和生活性服务业有效衔接，以互联网直播形式连接供需两端，缩短农产品流通环节和流通时间。同时，数字经济打破了服务业各行业间壁垒，电商直播与直播带货等新模式的出现有力推动了服务业数字化的加速发展。服务业企业利用数字平台和数字技术的智能性、低成本性不断催生新商业模式，颠覆了传统服务业发展模式，推动了传统服务业数字化转型。此外，信息时代的到来使得用户消费多样化，激励服务业大企业消化、吸收、应用数字技术，增强企业间的包容性。共享数字信息资源有助于更好地应对市场需求变化，同时服务业企业的数字化合作提高了对需求的响应速度，加快以多方参与者、数字化合作为核心的产业生态圈形成，提高消费者忠诚度，并通过需求端倒逼供给侧促进服务创新，加强服务业与制造业融合升级，实现资源跨界共享。

（三）政府聚焦行业高质量发展，推动现代服务业创新升级

为充分发挥现代服务业对经济增长、结构调整和民生改善的引擎作用，加快推进湖南省服务业的高质量发展，湖南省政府出台《湖南省服务业高质量发展三年行动方案（2020—2022年）》，聚焦服务业关键领域和薄弱环节，在企业培育、项目推进、平台建设和品牌打造等方面予以重点扶持，以促进服务业提质增效，为有效解决当前湖南服务业发展中存在的领军企业数量少、创新驱动效应不强和区域间联动合作少等问题提供了强有力的保障。此外，2021年是"十四五"规划的开篇之年，现代服务业的创新升级和融合发展也得到了政府的高度重视。"十四五"规划强调，要顺应产业发展新业态和居民生活多样化的时代背景，推动服务业精细发展，深化服务业融合发展，构建功能完善、特色鲜明、竞争力强的现代化服务业新体系。同时，健全区域协调发展新机制，构建优势互补的区域布局，实现区域联动发展。

在财税支持方面，为减轻新冠肺炎疫情对服务业大企业的负面影响，湖南省政府积极出台和落实相关税收优惠政策，缓解各市场主体的经营压力，为保障湖南服务业的稳定就业和复工复产发挥了重要作用。在人才引育方面，政府实施更加开放的领军人才引进政策，强化人才激励制度，完善行业人才评价和人员流动机制，构建高技能人才培育体系，为服务业的升级发展提供动力支撑。在创新生态方面，政府不断强化企业创新主体地位，鼓励企业加大研发投入，并通过推动现代服务业和先进制造业的深度融合、加快服务业数字化转型等措施，拓展服务新业态，促进服务业创新发展。在区域协同方面，政府加速构建以中心城市和都市圈为核心的动力系统，在增强承载带动功能上聚焦发力，对外提高长沙作为省会城市的集聚力和影响力，对内增强其辐射力和引领力，缓解区域间服务业发展差距。

（四）新冠肺炎疫情催生服务消费新业态，全球化服务贸易格局重塑

新冠肺炎疫情的暴发对服务业造成了冲击，尤其是娱乐业、旅游业和餐饮服务业等传统行业遭遇停摆，但疫情影响的结构性特征也为服务业的发展带来了新机遇。首先，在线下服务消费严重受限的情况下，远程办公、电子商务、线上教学和网络直播等基于数字技术和大数据的"互联网+贸易"迎来了爆发式增长，公众线上消费需求的增加会带来数字化新业态和新模式的快速发展，新兴服务贸易获得空前的发展机遇。其次，短期内近乎停滞的服务消费需求会在疫情后期迎来较大反弹，通过积极引导市场，强化各地疫情防控举措，能够有效促进疫情后旅游业等服务行业市场的恢复和发展。此外，新冠肺炎疫情促进了公众消费观念的转变，休闲、健康、高端等较高层次的消费需求亟待满足，倒逼服务业大企业提高产品供给质量，加强与其他行业的深度融合，长期来看将推动服务业的转型升级。

新冠肺炎疫情的全球化蔓延也对全球服务贸易造成了严重影响。疫情影响的持久性、复杂性和各国暴发的时点差异性使服务业的国际化发展在面临严峻挑战的同时也迎来了机遇。一方面，境外疫情增长态势仍在持续，国内疫情防控已取得显著成果，可以先于海外快速组织恢复产能，尤其是跨境支付等新兴服务贸易得到了迅速发展，疫情期间实现了逆增长。及时抓住该发展机遇能够进一步扩大和发挥在线上服务消费领域的优势，有利于提高服务业大企业的国际竞争力和影响力。另一方面，中国率先稳定疫情，成为全球生产、投资和消费的"避风港"，外商的引进和投资战略都将有所调整，为加强国内服务业与国际服务业的交流合作提供了新的契机，推动了疫情后服务贸易全球化格局的重塑。

第四节　促进湖南服务业大企业发展的对策与建议

一、培育经济增长新动能，提高服务业大企业盈利能力

在新冠肺炎疫情持续冲击以及国际形势与机遇瞬息万变的复杂背景下，科技和产业变革深入发展，高质量发展成为我国新时代发展的主旋律。中国经济已进入以服务业为主导的发展阶段。谋求高质量增长和经济结构转型，基本实现现代化，是我国成功跨越中等收入陷阱的关键所在。新时代我国服务业如何提升业务经营与盈利能力，如何围绕"增供给、提质量、促改革"的战略部署，深化供给侧结构性改革，对实现中国服务业高质量发展至关重要。

第一，要增加消费性服务的有效供给。鼓励和支持各类市场主体加大幼儿教育、职业教育、医疗、养老康复、健康管理等领域的服务供给，加快推动动漫游戏、创意设计等文化体育产业发展；培育和发展新兴消费性服务行业，适应消费升级新需要，重点培育以人力资本服务、信息消费、网络消费、数字消费、绿色消费、时尚消费等为代表的新兴消费性服务行业；鼓励技术创新和商业模式创新，加快数字技术的广泛深度应用，不断促进新服务、新业态和新模式创新发展，提升消费性服务供给的便捷性。

第二，改革企业发展模式。服务业大企业需要逐渐向"质量效益型"发展转变，为适应高质量发

展的需求，服务业大企业的经营理念和方式应做出创新与改变。一方面，要做好顶层设计，由碎片化主导的机会经营逐渐转向能力引领的战略经营。针对不同类型的业务，分类制定发展目标，高效配置资源，强化核心能力牵引，使得核心竞争力培育更具价值。另一方面，推动全产业链与多专业协同，实现单一经营向系统经营转变，在做大、做强、做优主营业务的基础上，向产业链上下游及高附加值端延伸，打造产业联动优势，提升全产业链服务能力和价值创造能力。

第三，提升服务业服务质量。鼓励企业强化服务质量意识，制定服务标准和规范，加强员工培训，积极运用新理念和新技术精细服务环节、延伸服务链条、创新服务方式、改进服务流程。全面推进诚信体系建设，持续开展服务行业信用评价工作，与业务承接、动态监管、扶优扶强挂钩，规范有关服务业的各方主体行为，完善奖优罚劣机制，加快形成"诚信激励，失信惩罚"的市场竞争机制。强化激励约束机制，健全差异化分类考核指标体系，强化业务经营、市场占有率、营业利润率等指标，引导服务业大企业业务经营与盈利能力高效提升。同时，政府可通过开辟绿色通道、加大信贷支持力度、降低融资成本等方式，对符合条件的企业给予支持。

二、大力发展现代服务业，推动产业结构升级

湖南省要立足新发展阶段、贯彻新发展理念、构建新发展格局，促进现代服务业在构建现代化经济体系中做出更大贡献、发挥重要支撑作用。从国际形势来看，世界正经历百年未有之大变局，新一轮科技革命和产业变革加速演进，要求湖南省加快推动现代服务业开放创新发展。同时，我国已经迈向全面建设社会主义现代化国家的新征程，社会主要矛盾发展变化带来新特征新要求，要求湖南省加快提升现代服务业发展质量。"十四五"时期，湖南现代服务业发展要促进生产性服务业围绕产业链、供应链的安全稳定做好专业化、高端化服务，促进生活性服务业围绕人民美好生活需要提供高品质、多样化服务，以解决现代服务业发展中存在的主要问题为突破口，努力提高现代服务业发展水平和质量，充分发挥其对经济发展和结构调整的巨大推动作用，构建国内国际双循环相互促进的新发展格局。

第一，营造良好的产业环境。首先，要积极开发文化旅游、体育健身、教育培训等需求潜力大的产业，加快发展创意服务、动漫服务业等，不断拓展新的服务领域。着力提升现代物流、现代金融、信息服务等产业支撑能力，引领带动湖南省服务业全面发展。其次，进一步开放服务业市场，建立公开、平等、规范的准入制度，打破部门和行业垄断，创造公平竞争环境，形成政府、市场、企业良性互动格局。充分发挥产业引导股权投资基金的重要作用，吸引社会资本投入现代服务业。完善支持企业创新转型的配套政策，放大政策支持的杠杆效应。

第二，做强产业支持体系。现代服务业发展升级需要创新支撑，创新是现代服务业的核心竞争力。应通过文化创新、科技创新和企业组织结构创新，带动产品、品牌、管理、市场和商业模式创新，推动传统服务业升级，促进新兴服务业态涌现，实现服务业结构优化调整。同时，在"互联网+"时代，应注重借助互联网、大数据等先进技术推动服务业向数字化、智能化、信息化、多元化方向发展；加快发展互联网金融等新兴业态，发挥其服务小微企业、提高金融普惠性的积极作用。创造新的市场需求，建成充满活力、富有效率、更加开放的现代服务业体系。

第三，注重开发和储备人才资源。现代服务业是"以人为本"的行业，是最需要人才支撑的行业。

应将开发和储备人才资源作为发展现代服务业的基本方略，纳入经济社会发展总体规划。当前，应从被动发现人才转向主动聚集培养人才，从满足当前需要使用人才转向着眼未来竞争培育人才，以人才优势推动现代服务业做大、做强、做优。应加强人才需求预测，发布重点领域急需紧缺人才目录，支持引导人才培养和集聚。在高等教育、职业教育以及培育引进专业人才、高层次复合人才等方面均需加大力度，不断满足金融投资、文化创意、研发设计、品牌建设等现代服务业发展的人才需求。

三、鼓励服务业大企业创新领跑，促进区域协调发展

湖南省服务业增加值占 GDP 比重稳定在 50% 以上，新冠肺炎疫情期间仍保持了一定的发展韧性。疫情后期服务业大企业效益逐步回暖，总体发展趋势稳定向好，但服务贸易快速增长的同时，创新驱动效应不强、区域发展两极化等问题进一步加剧，严重阻碍了湖南省服务业的高质量发展。国家发展改革委、市场监管总局联合印发的《关于新时代服务业高质量发展的指导意见》指出，现代化服务业的发展要坚持以供给侧结构性改革为主线，重点做好包括推动服务创新、深化产业融合、拓展服务消费和优化空间布局等 10 个方面工作，努力构建优质高效、布局优化、竞争力强的服务产业新体系。因此，湖南省服务业要积极贯彻落实有关文件精神，结合省域资源优势和特色，依照《湖南省服务业高质量发展三年行动方案（2020—2022 年）》和《湖南省国民经济和社会发展第十四个五年规划和二〇三五年远景目标纲要》的任务要求，提升企业创新能力，推动区域产业协调发展。

第一，扶持壮大创新企业，激发创新驱动内生动力。一方面，要强化企业创新主体地位，支持龙头企业组建创新战略联盟和承担国家重大项目，完善创新能力评价机制，通过资源要素差别化配置激发服务业企业创新活力。另一方面，要积极培育新兴消费热点，支持创意经济、平台经济和体验经济发展，创新和提升服务产品供给质量，满足消费者个性化、时尚化和品牌化的消费需求。此外，还需要加大引育创新人才力度，鼓励省内高校、中职学校和技工院校根据服务业创新发展需要增设一批特色学科，完善人才激励制度，培育一批领军人才和高端人才，助推湖南服务业创新升级。

第二，完善区域协同机制，构建优势互补区域布局。一方面，要提升长沙的中心城市功能，尊重产业和人口向优势区域聚集的客观规律，增强中心城市长沙和其他城市群等服务业发展优势区域的经济和人口承载能力，构建高质量发展的动力系统，提高其集聚力和影响力。另一方面，要加快建设省域副中心城市和长株潭现代化都市圈，激发中心城市以外的新增长极，优化形成"一核两副三带四区"区域经济发展格局，充分发挥枢纽、通道、县域和特殊类型地区比较优势，提高区域间的联动发展能力和辐射带动效应。

第三，依托产业资源优势，加强特色服务产品供给。一方面，要发挥各地区产业资源优势，创新发展具有独特湖湘文化魅力的服务产品及服务模式，提高地区服务业的文化内涵，构建富有创意、竞争力和吸引力强的产业体系，形成具备当地资源特色的服务业发展格局。另一方面，要根据各地区发展实际进行统筹规划和合理分工，完善空间治理体系，对各主体功能区进行分类精准施策，同时破除区域间资源流动障碍，提高资源配置效率，促进区域协调发展。

四、释放市场需求潜力，以"内"促"外"联动发展

为满足人民日益增长的美好生活需要，文化、体育、娱乐、信息和旅游等服务业市场增长迅猛，规

模不断扩大，占GDP比重持续上升，已成为带动经济增长、吸纳就业人员的主要力量。但由于服务业具备生产和消费的不可分离性、不可存储性以及人口聚集性等特征，在新冠肺炎疫情暴发期间，服务业是受到冲击最直接的领域。虽然当前国内新冠肺炎疫情已得到有效控制，湖南服务业大企业逐步回暖，但疫情期间暴露出来的服务业产业链脆弱、商业模式单一和高质量供给不足等问题亟须政府部门予以关注和重视。此外，在全球贸易重塑的格局下，湖南服务业应抓住潜在机遇，常态化疫情防控和服务业高质量发展两手抓，持续提升服务业的国际竞争力，扩大对外开放水平，主动融入国内国际双循环新发展格局。

第一，释放国内有效需求，有序恢复服务业发展。一方面，要关注疫情后期企业恢复问题，针对疫情期间受损严重的生活性服务业和各中小企业持续提供财税金融支持，贯彻落实国家支持服务业发展的各项税收优惠政策，持续优化使用股权投资、融资增信、贷款贴息、项目补助和政策奖励等多种方式组合，缓解中小企业"融资难、融资贵"问题。另一方面，要积极采取有效措施提振消费者信心，出台和落实相关政策，强化对餐饮业、旅行社和酒店业等的精细化和高质量管理，推进品牌建设力度，通过强有力的管控措施和多样化的营销活动，刺激国内服务业加快复苏。

第二，转变企业运营模式，推动服务业转型升级。一方面，要抓住民众新兴消费需求，重点发展电子商务、现代物流和信息服务等"互联网+"线上服务模式，创新企业商业模式，引进夜间经济、平台经济和数字经济等新业态，促进产业跨界融合，提高企业抗风险能力。另一方面，要扩大高端服务供给，顺应多层次、多元化的市场需求，坚持深化供给侧结构性改革，推进要素高效配置，调整优化现有供给结构，以高质量供给适应、引领、创造新需求，充分挖掘市场消费潜力，全面融入国内大循环。

第三，深化对外开放合作，助推产业链、供应链重整。一方面，要优化国内、国际市场布局，抓住医疗健康、跨境电商等疫情下实现逆增长的新兴服务业态，积极开拓海外市场和跨境合作，减少境外产业链、供应链的中断风险，促进海外需求回升。另一方面，要加大外贸政策扶持力度，完善招商引资机制，发挥国内疫情率先稳定的产能恢复优势，提振外商对湖南服务业的投资信心，打通国内循环与国际循环的联结机制，实现相互促进。此外，还要大力推进同线同标同质，健全与国际接轨的标准化建设体系和人才引进体系，增强湖南服务业对国内外高端要素资源的吸引力和集聚力，并加快形成与国际投资、贸易通行规则相衔接的基本制度体系和监管模式，促进湖南服务业的国际化发展。

第五章
2021 湖南企业 100 强横向对比分析报告

与国际国内先进比，取人之长，补已之短，可以更好地认识自身、发现问题，也能为决策提供重要参考。本书第二章已对 2021 湖南企业 100 强的总体发展状况进行了纵向分析比较，提出了许多有价值的意见和建议。本章拟对 2021 湖南企业 100 强再做一些横向对比分析，以期把问题看得更深、更远、更全面，在看到湖南企业 100 强亮点的同时，也认识到与竞争对手之间的差距，从而能够更加准确地进行战略定位，找出解决自身问题的途径与方法，实现高质量发展。本章横向对比分析所选参照系主要是 2021 中国企业 500 强、2021 中国企业 500 强中国内生产总值（GDP）排名前 10 位省份的上榜企业和 2021《财富》世界企业 500 强。

第一节　2021 中国企业 500 强三大榜单中的湖南亮点

一、保持 7 家企业进入中国企业 500 强排行榜

2021 中国企业 500 强排行榜中湖南省有 7 家企业，其中制造业企业 4 家：湖南华菱钢铁集团有限责任公司、三一集团有限公司、中联重科股份有限公司、湖南博长控股集团有限公司；建筑业企业 1 家：湖南建工集团有限公司；服务业企业 2 家：大汉控股集团有限公司、步步高投资集团股份有限公司。湖南华菱钢铁集团有限责任公司、三一集团有限公司、湖南建工集团有限公司连续第 11 年上榜，大汉控股集团有限公司、湖南博长控股集团有限公司连续第 8 年上榜，步步高投资集团股份有限公司连续第 6 年上榜，中联重科股份有限公司连续第 2 年上榜。

7 家上榜企业中，4 家排名较上年提升，3 家排名较上年下降。中联重科股份有限公司以营业收入 651.09 亿元的业绩排名第 320 位，比上年提升了 99 位；三一集团有限公司以营业收入 1253.18 亿元的业绩排名第 182 位，比上年提升了 61 位；大汉控股集团有限公司以营业收入 543.96 亿元的业绩排名第 367 位，比上年提升了 29 位；湖南博长控股集团有限公司以营业收入 557.35 亿元的业绩排名第 360 位，比上年提升了 4 位。三一集团有限公司连续三年实现排名较大幅度上升。本年度排名下降较多的是湖南

建工集团有限公司,其营业收入为 985.74 亿元,排名第 223 位,与上年相比下降 12 位(如表 5-1)。

表 5-1　　　　　　　　2020—2021 中国企业 500 强榜单上湖南企业排名情况

企业名称	2021	2020	排名±位次
湖南华菱钢铁集团有限责任公司	155	154	-1
三一集团有限公司	182	243	+61
湖南建工集团有限公司	223	211	-12
中联重科股份有限公司	320	419	+99
湖南博长控股集团有限公司	360	364	+4
大汉控股集团有限公司	367	396	+29
步步高投资集团股份有限公司	450	443	-7

从 7 家上榜企业的平均规模来看,两项经济指标都比上年有所扩大。(1)营业收入规模。7 家上榜企业共实现营业收入 5941.76 亿元,营业收入平均规模为 848.82 亿元,与 2020 中国企业 500 强榜单上湖南 7 家上榜企业营业收入平均规模相比,增加 126.91 亿元,增幅为 17.39%。(2)资产规模。7 家上榜企业的资产总额为 5878.5 亿元,平均规模为 839.79 亿元,与 2020 中国企业 500 强榜单上湖南 7 家上榜企业平均资产规模相比,增加 169.2 亿元,增幅为 25.23%(如表 5-2)。

表 5-2　　　　　　　　2020—2021 中国企业 500 强中湖南上榜企业规模

单位:亿元

指标	2021		2020	
	总体规模	平均规模	总体规模	平均规模
营业收入	5941.76	848.82	5053.36	721.91
资产	5878.5	839.79	4694.1	670.59

二、7 家企业进入中国制造业企业 500 强排行榜,较上年增加 1 家

在 2021 中国制造业企业 500 强榜单上,湖南有 7 家企业上榜,较上年增加 1 家。2020—2021 中国制造业企业 500 强榜单上湖南企业排名情况如表 5-3 所示。从中可以看出,有 3 家企业的排名较上年有提升,分别是中联重科股份有限公司、三一集团有限公司、唐人神集团股份有限公司,排名分别提升 54 位、27 位和 7 位。三一集团有限公司首次进入 100 强,排第 79 位。湖南五江控股集团有限公司以营业收入 362.56 亿元的业绩新进入 2021 中国制造业企业 500 强榜单,排名第 262 位。

表 5-3　2020—2021 中国制造业企业 500 强榜单上湖南企业排名情况

企业名称	2021	2020	排名±位次
湖南华菱钢铁集团有限责任公司	65	60	-5
三一集团有限公司	79	106	+27
中联重科股份有限公司	144	198	+54
湖南博长控股集团有限公司	170	167	-3
湖南五江控股集团有限公司	262	—	—
唐人神集团股份有限公司	397	404	+7
湖南黄金集团有限责任公司	437	417	-20

从上榜企业的营业收入平均规模来看，7家制造业企业共实现营业收入4681.35亿元，平均规模为668.76亿元，与2020中国制造业企业500强榜单上6家湖南制造业企业的平均规模相比，提高94.42亿元，增幅为16.44%，创历史最高纪录。2017—2021中国制造业企业500强中湖南上榜企业营业收入平均规模如图5-1所示，从中可以看出，平稳扩张是近年来湖南制造业发展的总趋势。

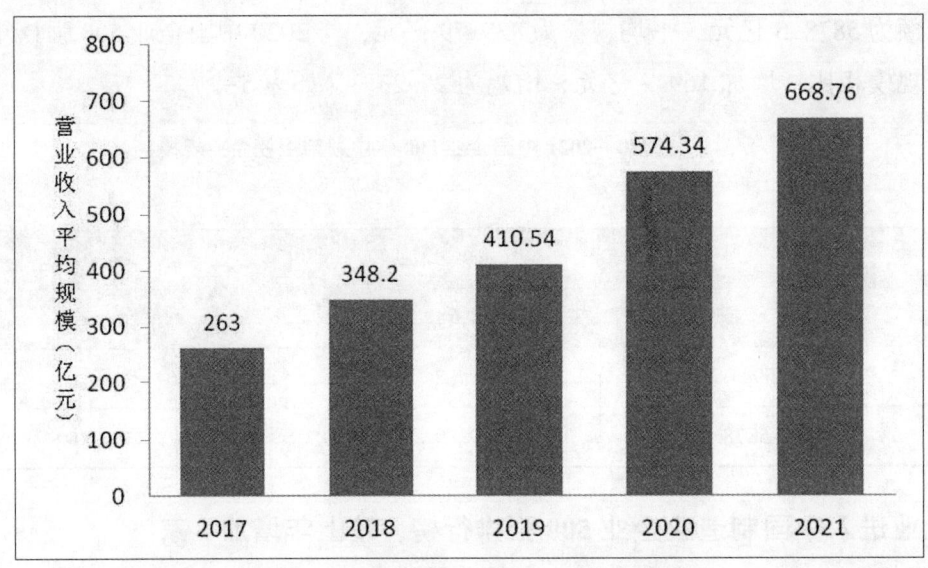

图 5-1　2017—2021 中国制造业企业 500 强中湖南上榜企业营业收入平均规模示意图

三、18 家企业进入中国服务业企业 500 强排行榜，较上年减少 1 家

在2021中国服务业企业500强榜单上，湖南有18家企业上榜，较上年减少1家。在2020中国服务业企业500强榜单上有名的湖南友谊阿波罗股份有限公司和湖南电广传媒股份有限公司，因营业收入未能达到2021中国服务业企业500强60.3亿元的入围门槛而落榜；湖南省轻工盐业集团有限公司2021年没有申报。故18家上榜企业中有2家是"新面孔"，分别是华融湘江银行股份有限公司、湖南省高速公路集团有限公司。2020—2021中国服务业企业500强榜单上湖南企业的排名情况如表5-4所示。安克创新科技股份有限公司以营业收入93.53亿元的业绩排名第411位，较上年提升49位，在湖南上

第五章 2021 湖南企业 100 强横向对比分析报告

榜企业中位次提升最多。湖南博深实业集团有限公司的排名由上年的第 339 位下降至本年的第 347 位，后退 8 位。

表 5-4　　　　　　　2020—2021 中国服务业企业 500 强榜单上湖南企业排名情况

企业名称	2021	2020	排名±位次
大汉控股集团有限公司	136	149	+13
步步高投资集团股份有限公司	162	164	-2
长沙银行股份有限公司	198	205	+7
华融湘江银行股份有限公司	262	—	—
湖南永通集团有限公司	294	316	+22
现代投资股份有限公司	322	331	+9
芒果超媒股份有限公司	326	333	+7
老百姓大药房连锁股份有限公司	327	351	+24
湖南省高速公路集团有限公司	329	—	—
益丰大药房连锁股份有限公司	338	380	+42
湖南兰天集团有限公司	344	358	+14
湖南博深实业集团有限公司	347	339	-8
爱尔眼科医院集团股份有限公司	357	385	+28
湖南粮食集团有限责任公司	359	365	+6
中南出版传媒集团股份有限公司	385	381	-4
湖南佳惠百货有限责任公司	410	403	-7
安克创新科技股份有限公司	411	460	+49
方正证券股份有限公司	460	463	+3
湖南友谊阿波罗股份有限公司	落榜	408	—
湖南电广传媒股份有限公司	落榜	447	—
湖南省轻工盐业集团有限公司	—	459	—

从上榜企业的营业收入平均规模来看，18 家服务业企业共实现营业收入 3226.64 亿元，平均规模为 179.26 亿元，与 2020 中国服务业企业 500 强榜单上 19 家湖南服务业企业的平均规模相比增加 32.82 亿元，增幅高达 22.41%。2017—2021 中国服务业企业 500 强中湖南上榜企业营业收入平均规模如图 5-2 所示。

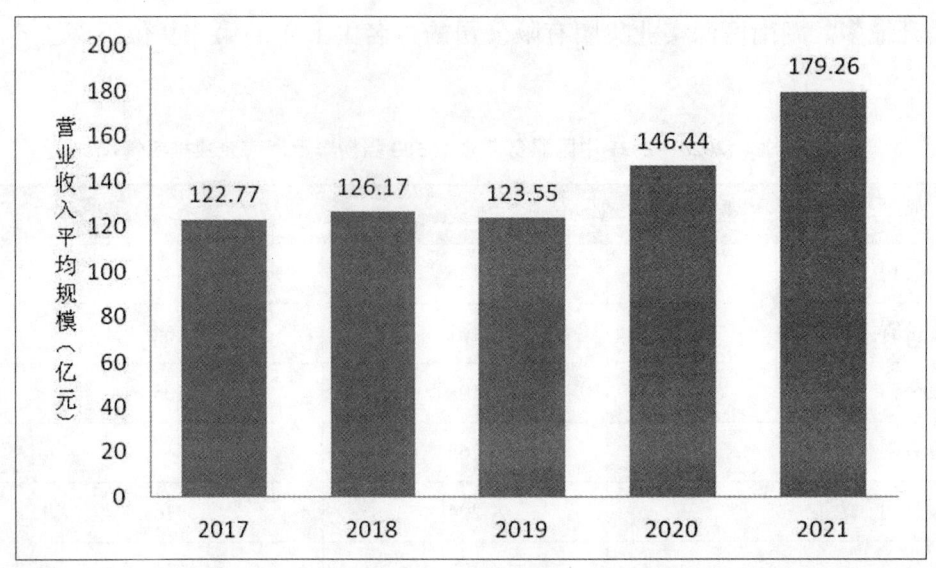

图 5-2　2017—2021 中国服务业企业 500 强中湖南上榜企业营业收入平均规模示意图

四、湖南上榜企业的其他亮点

在 2021 中国跨国公司 100 大及跨国指数排行榜[①]中，湖南有三一集团有限公司和中联重科股份有限公司两家企业上榜。其中，三一集团有限公司连续第 3 次上榜，以海外资产 489.15 亿元的实绩列第 45 名，跨国指数为 11.97%；中联重科股份有限公司首次上榜，以海外资产 235.92 亿元的实绩列第 71 名，跨国指数为 9.35%（见表 5-5）。2020 年，三一集团有限公司继续积极推进数字化及智能化转型，大力推进"灯塔工厂"建设，在国内各大产业园广泛采用视觉识别、工艺仿真、重载机器人等前沿工业技术和数字技术，极大地提升了人机协同效率与生产效率，大幅降低制造成本，进一步增强公司在全球的综合竞争力，2020 年公司人均创收 404.1 万元，处于全球工程机械行业领先水平。2020 年受新冠肺炎疫情冲击，海外工程机械市场需求出现一定程度萎缩，但公司仍坚定推进国际化发展战略，全年共实现海外收入 54.42 亿元，公司海外市场销售情况优于行业，市场份额明显提升，国际化战略取得积极的进展。随着海外市场渠道、服务能力、代理商体系、服务配件体系等资源持续投入，公司海外市场的综合能力体系有望持续增强，国际化战略的纵深推进有助于在全球多个市场复制目前的成功经验，实现更多区域的弯道超车。

中联重科股份有限公司创立于 1992 年，由原建设部长沙建设机械研究院孵化而来。经过 20 多年的创新发展，中联重科逐步成长为一家全球化企业，已从中国工程机械技术发源地成长为国际标准制定者、全球工程机械前五强，产品覆盖全球 100 余个国家和地区，在"一带一路"沿线均有市场布局。公司在东亚、东南亚、欧洲等地区近 20 个国家建有分子公司，在意大利、德国、巴西、印度、白俄罗斯投资建有工业园，在土耳其、沙特拟新建工厂，并在全球设立了 50 多个常驻机构。以阿联酋、巴西为中心，正逐步建立全球物流网络和零配件供应体系。2020 年，公司推动产品本土化战略，主营产品

---

① 本排行榜是中国企业联合会在中国企业 500 强、中国制造业 500 强、中国服务业 500 强的基础上，依据企业自愿申报的数据，参照联合国贸易和发展组织的标准产生的。中国 100 大跨国公司是由拥有海外资产、海外营业收入、海外员工的非金融企业，依据企业海外资产总额的多少排序产生；跨国指数则按照（海外营业收入÷营业收入总额+海外资产÷资产总额+海外员工÷员工总数）÷3×100% 计算得出。

海外市场持续突破。出口业务增长,工程起重机出口销售同比增长35%。同时,海外管理进行变革,优化管理模式,协同、牵引各事业部和职能部门形成合力,建立海外市场核心竞争力,2020年海外收入达38.32亿元。

表 5-5　　2021 中国跨国公司 100 大排行榜中湖南两家上榜企业主要指标

指标	三一集团有限公司	中联重科股份有限公司
跨国指数（%）	11.97	9.35
企业资产总额（亿元）	2249.74	1162.75
海外资产（亿元）	489.15	235.92
海外资产规模在中国企业500强中的排名	45	71
企业营业收入总额（亿元）	1253.18	651.09
海外收入（亿元）	54.42	38.32
企业员工总数（人）	37144	23528
海外员工（人）	3651	441

第二节　2021中国企业500强中十大经济强省上榜企业对比分析

一、2021中国企业500强中十大经济强省上榜企业总体营业收入规模对比

2020年,按国内生产总值（GDP）排名列前10位的省份依次是:广东（110760.94亿元）、江苏（102700亿元）、山东（73129亿元）、浙江（64613亿元）、河南（54997.07亿元）、四川（48598.8亿元）、福建（43903.89亿元）、湖北（43443.46亿元）、湖南（41781.49亿元）和上海（38700.58亿元）。这10省共有288家企业荣登2021中国企业500强排行榜。其中,广东、山东、浙江、江苏4省是"第一梯队",上榜企业数分别达58家、50家、45家和43家,总计196家。这10省上榜企业营业收入合计达391075.3亿元,占中国企业500强总量的43.86%。表5-6列出了十大经济强省在2021中国企业500强中的企业数、营业收入总额及占比情况,从中可以看出,各省上榜企业营业收入总体规模与GDP排名大体相同。相比之下,湖南上榜企业个数保持不变,上榜企业营业收入总额较上年有所增加,但仍为最低,要想达到"第一梯队"现在的经济规模还有很长的路要走。

表 5-6　2021 中国企业 500 强中十大经济强省上榜企业营业收入总体规模对比

省份	上榜企业数（家）	上榜企业营业收入总额（亿元）	在中国企业 500 强中的占比（%）
广东	58	113883.45	12.77
江苏	43	48184.25	5.4
山东	50	47909.93	5.37
浙江	45	54911.33	6.16
河南	12	10266.6	1.15
四川	14	11629.94	1.3
福建	18	26907.71	3.02
湖北	8	10639.54	1.19
湖南	7	5941.76	0.67
上海	33	60800.79	6.82
合计	288	391075.3	43.86

从 2021 中国企业 500 强十大经济强省上榜企业营业收入的平均规模来看，超千亿元的省份有 6 个，即广东省（1963.51 亿元）、上海市（1842.45 亿元）、福建省（1494.87 亿元）、湖北省（1329.94 亿元）、浙江省（1220.25 亿元）和江苏省（1120.56 亿元），其余 4 省均在 830 亿~960 亿元。湖南省 7 家上榜企业营业收入平均规模为 848.82 亿元，排第 9 位，较上年前进 1 位（如图 5-3）。

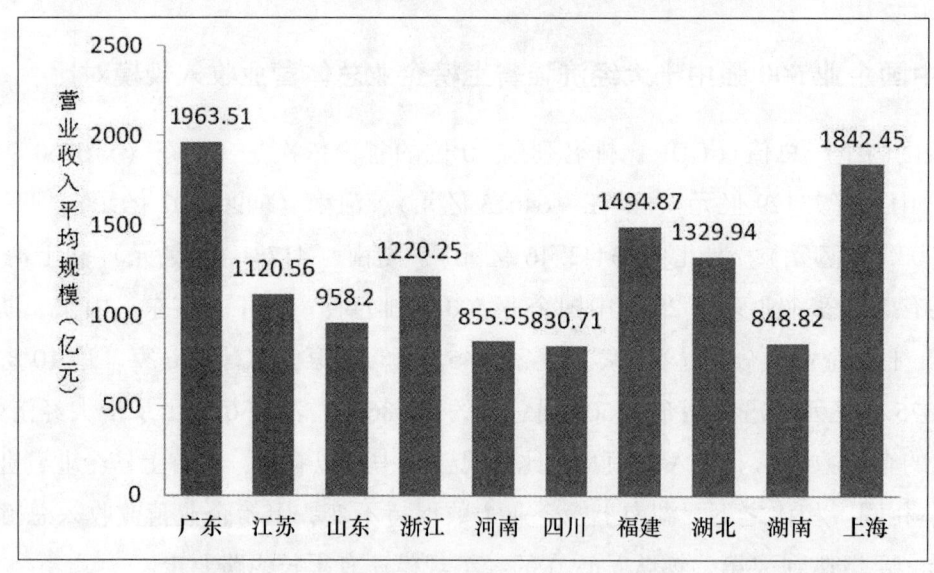

图 5-3　2021 中国企业 500 强中十大经济强省上榜企业营业收入平均规模示意图

二、2021 中国企业 500 强中十大经济强省上榜企业总体盈利水平对比

2021 中国企业 500 强十大经济强省 288 家上榜企业共实现净利润 17544.96 亿元，占 500 强净利润总额的 43.18%。其中，净利润总额超 1000 亿元的省份有 5 个，即广东省（7991.99 亿元）、上海市（3161.72 亿元）、浙江省（2408.6 亿元）、山东省（1194.95 亿元）、福建省（1110.61 亿元）；其余 5

省，1省净利润在900亿元以上，4省净利润在100亿元以上。湖南上榜企业数量最少，净利润总额只有227.47亿元，排第8位。具体数据如表5-7所示。

表 5-7   2021中国企业500强中十大经济强省上榜企业总体盈利水平对比

省份	上榜企业数（家）	上榜企业净利润总额（亿元）	在中国企业500强中的占比（%）
广东	58	7991.99	19.67
江苏	43	919.39	2.26
山东	50	1194.95	2.94
浙江	45	2408.6	5.93
河南	12	103.56	0.25
四川	14	272.16	0.67
福建	18	1110.61	2.73
湖北	8	154.51	0.38
湖南	7	227.47	0.56
上海	33	3161.72	7.78
合计	288	17544.96	43.18

2021中国企业500强中十大经济强省288家上榜企业的平均净利润为60.92亿元，超过这一平均水平的省份有2个，即广东省（137.79亿元）、上海市（95.81亿元）。湖南省7家上榜企业的平均净利润为32.5亿元，居第5位（如图5-4）。

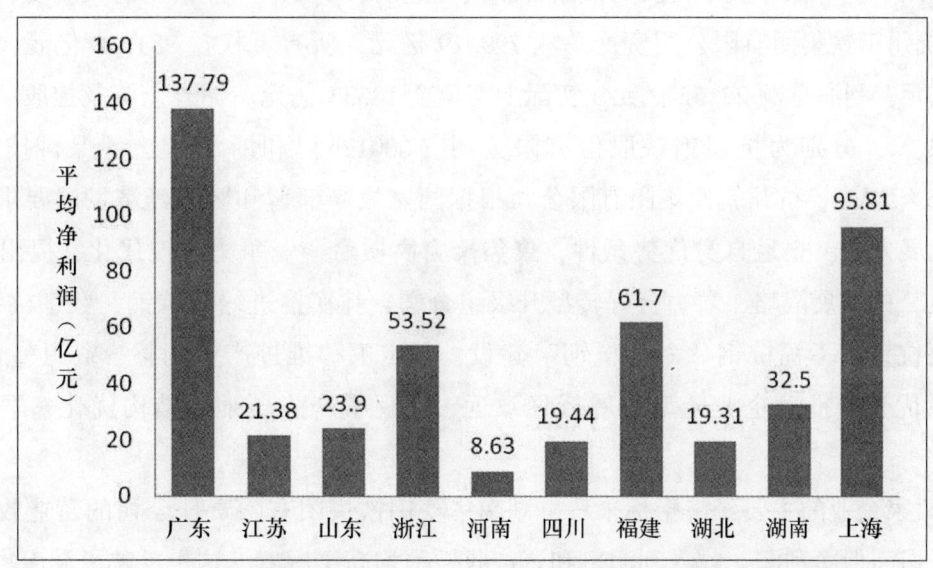

图 5-4   2021中国企业500强中十大经济强省上榜企业平均净利润示意图

三、湖南、浙江两家钢铁企业对比：湖南华菱钢铁集团有限责任公司 VS 杭州钢铁集团有限公司

2020年，面对新冠肺炎疫情的严重冲击、严峻复杂的国际形势和艰巨繁重的国内改革发展稳定任

务，我国经济持续稳定恢复，为钢铁工业发展提供了良好的外部环境。钢铁行业总体呈现相对良好的运行态势，钢铁生产保持平稳，产量同比增长，2020年1—12月全国生铁、粗钢、钢材产量分别为88752万吨、105300万吨、132489万吨，同比上年分别增长4.3%、5.2%、7.7%，国内钢材市场价格呈现"前低后高"的走势，行业效益逐步回升，但也存在钢材出口明显下降、铁矿石价格大幅上涨、环保压力上升等诸多困难。湖南华菱钢铁集团有限责任公司和杭州钢铁集团有限公司同属大型国有钢铁企业，都连续多年进入中国企业500强和中国制造业企业500强榜单。

湖南华菱钢铁集团有限责任公司是1997年由湖南省三大钢铁企业——湘钢、涟钢、衡钢联合组建的大型企业集团，是湖南省属第一大国有企业，下辖华菱钢铁股份有限公司、湘潭钢铁集团有限公司、涟源钢铁集团有限公司、衡阳钢管集团有限公司等多家全资及控股子公司，以钢铁制造为主业，是全球最大的宽厚板生产企业，国内第二的专业化无缝钢管供应商，全球技术最先进的汽车板生产企业，资产总额超1300亿元。粗钢产能规模达2000万吨以上，主要技术装备、生产工艺均达到国内甚至世界先进水平。产品覆盖宽厚板、冷热轧薄板、无缝钢管、线棒材等10大类7000多种规格系列产品。湖南华菱钢铁集团有限责任公司是湖南省第一家年销售收入过1000亿元、1500亿元的企业。2020年，实现营业收入1520.21亿元，利润总额102亿元，以中国钢铁行业排名第九的规模，取得行业利润排名第三的经营业绩。湖南华菱钢铁集团有限责任公司依靠科技创新对钢的品种、工艺结构进行逐步升级，目前华菱高端钢材产品已占据总生产量的54%以上，"高端+差异化"研发策略取得显著成效，产品在升级换代中一步步站稳高端市场，"华菱制造"正迈向产业链、价值链中高端。

杭州钢铁集团有限公司创建于1957年，经过60多年的发展，已成为一家以钢铁智造、现代流通为战略优势产业，以节能环保、数字科技为战略性新兴产业的"2+2"产业格局的大型现代企业集团。截至2020年底，杭州钢铁集团有限公司资产总额799.19亿元，所有者权益381.58亿元，当年实现营业收入1546.11亿元，利润总额22.52亿元，实际上交税金12.33亿元。拥有全资及控股一级企业36家，其中上市公司2家，分别为杭州钢铁股份有限公司（600126）和浙江菲达环保科技股份有限公司（600526）。2016年以来，杭州钢铁集团有限公司根据国家战略部署和区域经济发展要求，结合浙江省八大万亿产业发展方向，立足自身优势条件，聚焦聚力高质量、竞争力、现代化，提出并实施"四轮驱动、创新高地"的发展战略，着力打好转型升级组合拳，扎实推进绿色杭钢、数字杭钢、科技杭钢、活力杭钢、清廉杭钢、幸福杭钢"六个杭钢"建设，坚定不移推进产业调整、资源整合、制度变革、管控重建、体系优化，推动企业转型发展行稳致远，实现了产能压缩、结构优化、平稳转型、效益倍增。

从2020年两家企业的主要经济指标来看，湖南华菱钢铁集团有限责任公司的营业收入略低于杭州钢铁集团有限公司，但净利润、收入利润率和资产收益率均高于后者，这也反映了湖南华菱钢铁集团有限责任公司持续推进精益生产、销研产一体化和营销服务三大战略支撑体系建设，加快品种结构调整和产线结构升级，稳步推进数字化智能化转型，盈利能力持续增强。

第五章 2021湖南企业100强横向对比分析报告

表5-8　　2020年湖南华菱钢铁集团有限责任公司VS杭州钢铁集团有限公司主要经济指标

项目	湖南华菱钢铁集团有限责任公司	杭州钢铁集团有限公司
在2021中国企业500强中排名	第155名	第149名
在2020中国制造业企业500强中排名	第60名	第84名
在2021中国制造业企业500强中排名	第65名	第62名
营业收入（亿元）	1520.21	1546.11
资产总额（亿元）	1134.33	799.19
净利润总额（亿元）	52.85	12.21
收入利润率（%）	3.48	0.79
资产收益率（%）	4.66	1.53

第三节　2021湖南企业100强与中国企业500强对比分析

一、成长性指标对比

2021湖南企业100强的营业收入总额为21335.25亿元，同口径相比增加1782.75亿元，增幅为9.12%；与上年100强相比，营业收入增加2377.17亿元，增幅为12.54%。净利润总额为1162.79亿元，与上年100强相比，净利润增加326.71亿元，增幅为39.08%。资产总额为43031.33亿元，与上年100强相比，资产总额增加12553.38亿元，增幅为41.19%。

2021中国企业500强共实现营业收入89.83万亿元，同口径相比增加4.13万亿元，增幅为4.86%；与上年500强相比，营业收入增加3.81万亿元，增幅为4.43%。利润总额为60023.43亿元，实现归属母公司的净利润40712.58亿元，利润总额、净利润分别比上年500强增长7.75%、4.59%。资产总额为343.58万亿元，比上年500强增加31.23万亿元，增幅为10.00%。

从以上3项成长性指标看，湖南企业100强仍保持好的发展态势，指标均高于中国企业500强。2020—2021湖南企业100强与中国企业500强主要成长性指标对比如表5-9所示。

表5-9　　2020—2021湖南企业100强与中国企业500强主要成长性指标对比

指标	湖南企业100强		中国企业500强	
	2020	2021	2020	2021
营业收入总额增长率（%）	21.61	12.54	8.75	4.43
净利润总额增长率（%）	15.18	39.08	10.20	4.59
资产总额增长率（%）	10.89	41.19	4.41	10.00

从各自设立的企业排行榜入围门槛提高幅度来看，湖南企业100强高于中国企业500强。2021湖南

企业100强的入围门槛为40.61亿元，比上年100强的入围门槛提高5.36亿元，升幅为15.21%。2021中国企业500强的入围门槛为392.36亿元，比上年提高32.75亿元，升幅为9.11%。自2002年以来，中国企业500强入围门槛已经连续19年提升，但从入围门槛增加值看，2021中国企业500强门槛增加值相对上年略有回落。

二、按所有制类别分的指标对比

2021湖南企业100强中国有企业有56家，民营企业有44家，与上年100强相比，国有企业增加5家，民营企业减少5家。从营业收入总额来看，国有企业为13595.53亿元，占100强的63.72%；民营企业为7739.72亿元，占100强的36.28%。从资产总额来看，国有企业为34466.56亿元，占100强的80.10%；民营企业为8564.77亿元，占100强的19.90%。从净利润总额来看，国有企业为631.78亿元，占100强的54.33%；民营企业为531.02亿元，占100强的45.67%。

2021中国企业500强中，国有企业为251家，民营企业为249家。民营企业数量比上年快速增加了13家，民营企业与国有企业在数量上的差距显著缩小，国有企业仅比民营企业多2家，占比分别为50.2%、49.8%。从营业收入来看，2021中国企业500强中，国有企业的营业收入总额为59.94万亿元，占比为66.73%；民营企业的营业收入总额为29.89万亿元，占比为33.27%。中国企业500强中国有企业所占份额比湖南企业100强中国有企业占比高3.01个百分点。从资产总额来看，2021中国企业500强中，国有企业的资产总额为283.69万亿元，占比为82.57%；民营企业的资产总额为9.89万亿元，占比为17.43%。中国企业500强中国有企业所占份额比湖南企业100强中国有企业占比高2.47个百分点。从净利润总额来看，2021中国企业500强中，国有企业共实现净利润2.55万亿元，占比为62.65%；民营企业共实现净利润1.52万亿元，占比为37.35%。中国企业500强中国有企业所占份额比湖南100强中国有企业占比高8.32个百分点。有关数据详见表5-10。

表5-10　　　　　　2021湖南企业100强与中国企业500强按所有制类别分的经济指标对比

单位：%

所有制类别	2021湖南企业100强按所有制类别分主要经济指标占比情况			
	上榜企业数	营业收入总额	资产总额	净利润总额
国有企业	56	63.72	80.10	54.33
民营企业	44	36.28	19.90	45.67
所有制类别	2021中国企业500强按所有制类别分主要经济指标占比情况			
	上榜企业数	营业收入总额	资产总额	净利润总额
国有企业	50.2	66.73	82.57	62.65
民营企业	49.8	33.27	17.43	37.35

从主要效率效益指标来看，2021中国企业500强中，民营企业的营业收入利润率和资产利润率分别为5.12%、2.55%，人均营业收入为326.57万元，人均净利润为16.67万元；国有企业的营业收入利

第五章 2021湖南企业100强横向对比分析报告

润率和资产利润率分别为4.25%、0.90%,人均营业收入为247.25万元,人均净利润为10.50万元。2021湖南企业100强中,民营企业的营业收入利润率和资产利润率分别为4.67%、4.22%,人均营业收入为241.86万元,人均净利润为16.59万元;国有企业的营业收入利润率和资产利润率分别为3.86%、1.52%,人均营业收入为277.34万元,人均净利润为12.89万元。有关数据详见表5-11。

表5-11　　　　　2021湖南企业100强与中国企业500强按所有制类别分的效率效益指标对比

所有制类别	2021湖南企业100强		2021中国企业500强	
	人均营业收入(万元)	人均净利润(万元)	人均营业收入(万元)	人均净利润(万元)
国有企业	277.34	12.89	247.25	10.50
民营企业	241.86	16.59	326.57	16.67
所有制类别	2021湖南企业100强		2021中国企业500强	
	营业收入利润率(%)	资产利润率(%)	营业收入利润率(%)	资产利润率(%)
国有企业	3.86	1.52	4.25	0.90
民营企业	4.67	4.22	5.12	2.55

三、企业规模分布状况分析比较

2021湖南企业100强中首席企业为湖南华菱钢铁集团有限责任公司,年营业收入为1520.21亿元,是末席企业红星实业集团有限公司营业收入40.61亿元的37.43倍,与2020湖南企业100强的情况相比,差距进一步缩小,但与中国企业500强相比差距仍然很大。2021中国企业500强中首席企业国家电网有限公司的营业收入为26676.68亿元,是第100席企业中国华电集团有限公司营业收入2376.37亿元的11.23倍(如表5-12)。

表5-12　　　　　2021湖南企业100强与中国企业500强规模分布差异对比

榜单	首席企业营业收入(I)	第100席企业营业收入(J)	I/J
2021湖南企业100强	1520.21亿元	40.61亿元	37.43
2021中国企业500强	26676.68亿元	2376.37亿元	11.23

四、劳动生产率及盈利能力指标分析比较

2021湖南企业100强的人均营业收入为252.84万元,人均净利润为14万元。与2020湖南企业100强相比,人均营业收入增加36.10万元,人均净利润增加4.19万元。2021中国企业500强人均营业收入为269.03万元,人均净利润为12.19万元,为11年来的最高值;与2020中国企业500强相比,人均营业收入增加9.38万元、增幅为3.61%,人均净利润增加0.44万元、增幅为3.74%。2021湖南企业100强的人均净利润高于中国企业500强(如图5-5)。

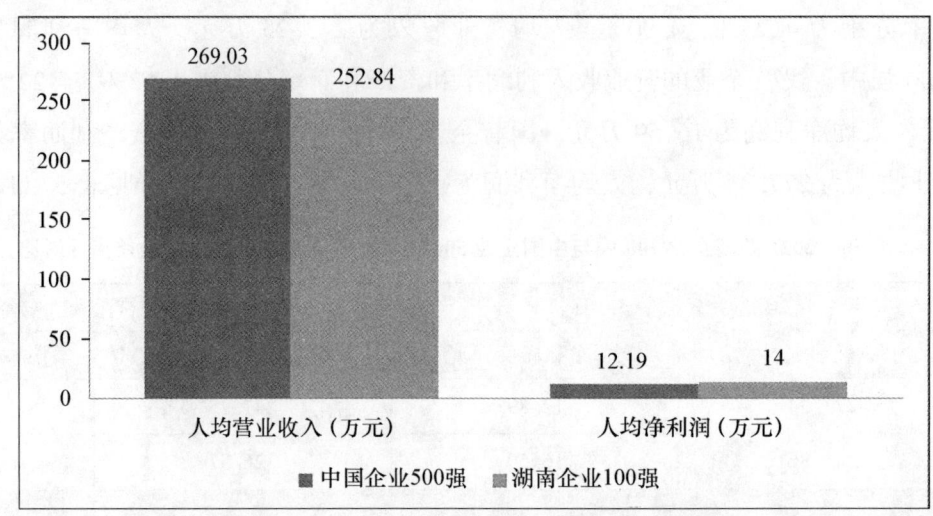

图 5-5 2021 湖南企业 100 强与中国企业 500 强劳动生产率指标对比

以营业收入利润率和资产收益率为主要指标来分析两者的盈利能力。2021 湖南企业 100 强的营业收入利润率为 6.82%，比上年 100 强的营业收入利润率提高了 2.8 个百分点；资产收益率为 3.38%，比上年 100 强的资产收益率下降了 0.01 个百分点。2021 中国企业 500 强的营业收入利润率为 6.68%，比上年 500 强的营业收入利润率提高了 2.15 个百分点；资产收益率为 1.75%，比上年 500 强的资产收益率提高了 0.5 个百分点。2021 湖南企业 100 强的营业收入利润率和资产收益率均高于中国企业 500 强（如图 5-6）。

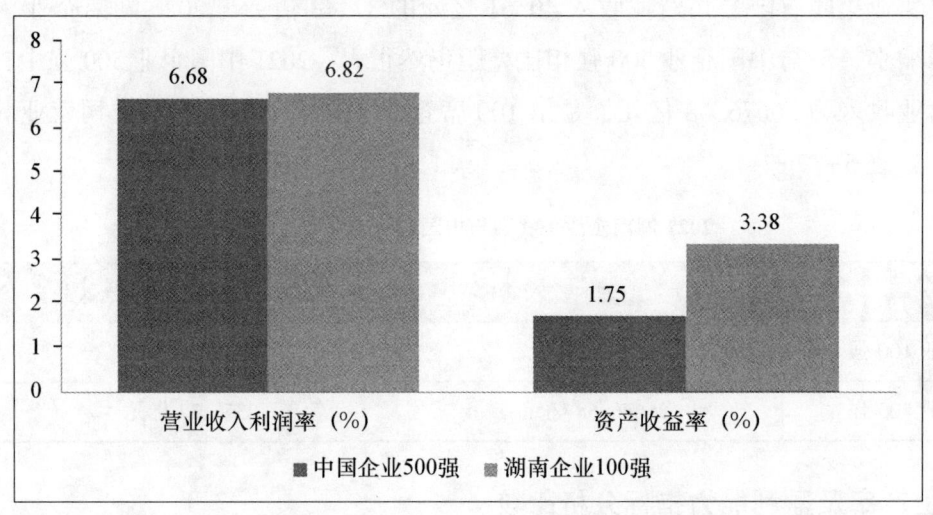

图 5-6 2021 湖南企业 100 强与中国企业 500 强盈利能力指标对比

第四节 2021 湖南企业 100 强与《财富》世界 500 强企业对比分析

一、成长性指标对比分析

2020 年，新冠肺炎疫情及相关防控措施导致需求收缩、供给中断、预期失稳等问题，给世界经济带来巨大冲击，导致世界经济规模的大幅度萎缩。据国际货币基金组织 2021 年 4 月 22 日发布的《世界经

第五章 2021湖南企业100强横向对比分析报告

济展望报告》，预计2020年全球GDP增速为-3.3%，为第二次世界大战以来的最低增长速度。这比2020年10月《世界经济展望报告》的预测少1.1个百分点，这是因为2020年下半年大多数地区放松了封锁措施并调整适应了新的工作方式，经济增长快于预期。中国经济恢复走在世界前列，自2020年第二季度后期中国经济开始强劲复苏，成为疫情发生以来第一个恢复增长的主要经济体。据国家统计局数据，2020年我国实现国内生产总值1015986亿元，比上年增长2.3%。中国经济在海内外遭受新冠肺炎疫情冲击、外部经济普遍萎缩的情况下仍实现了正增长。

从湖南的情况来看，2020年实现地区生产总值41781.5亿元，比上年增长3.8%，比全国平均水平快1.5个百分点。其中，第一产业增长3.7%，第二产业增长4.7%，第三产业增长2.9%，经济呈现增速稳步回升、结构持续优化、质效不断改善的良好态势。表5-13披露了2021湖南企业100强与《财富》世界500强企业部分成长性指标。2021湖南企业100强的营业收入总额为21335.25亿元，同口径相比增长9.12%，与上年100强相比，营业收入增长12.54%；净利润总额为1162.79亿元，与上年100强相比，增幅较大，达39.08%。

表5-13 2021湖南企业100强与《财富》世界500强企业部分成长性指标对比

指标	湖南企业100强		《财富》世界500强企业	
营业收入总额	21335.25亿元	增长9.12%	331.7万亿美元	下降5%
净利润总额	1162.79亿元	增长39.08%	1.6万亿美元	下降20%

《财富》世界500强排行榜的历史始于1955年，2021年是《财富》杂志连续第27年发布全球大公司排行榜。今年，中国大陆（含香港）上榜公司数量连续第二年居首位，达到135家，比上年增加11家。加上台湾地区企业，中国共有143家公司上榜。美国共计122家公司上榜，比上年增加1家。受新冠肺炎疫情影响，《财富》世界500强企业的营业收入总额约为31.7万亿美元，比上年下降5%；进入排行榜的门槛（最低销售收入）也从254亿美元下降到240亿美元。同时，企业利润也有大幅跌落。今年所有上榜公司的净利润总和为1.6万亿美元，同比大幅下降20%，是2009年以来的最大跌幅。这些企业的营业收入和利润下降的直接原因显然是2020年新冠肺炎疫情在全球蔓延。新冠肺炎疫情的蔓延导致全球供应链中断，西欧、北美、东亚这些地区的经济活动发展停滞，世界500强的经营收缩，导致收益下降。

相对于《财富》世界500强企业营业收入总额和净利润总额双下降，2021湖南企业100强营业收入增长9.12%，净利润增长率高达39.08%。这印证了全球经济增速显著放缓的判断，同时说明湖南企业100强在错综复杂的形势下顶住经济下行压力，在2020年保持了营业收入、净利润的高速增长，总体发展状况基本较好。

二、企业规模分布状况比较

如表5-14所示，2021湖南企业100强中首席企业湖南华菱钢铁集团有限责任公司的年营业收入总额1520.21亿元，是末席企业红星实业集团有限公司营业收入40.61亿元的37.43倍；2021《财富》世界500强中首席企业美国沃尔玛公司的营业收入5591.51亿美元，是第100席企业日本永旺集团营业收入 812.28 亿美元的 6.88 倍。湖南企业 100 强与《财富》世界 500 强前 100 强企业相比，企业规模分布的差异很大。2021《财富》世界 500 强企业的入围门槛为 240.43 亿美元，比上年的 253.86 亿美元下降 13.43 亿美元，降幅达 5.29%。2021 湖南企业 100 强的入围门槛为 40.61 亿元，比上年的 35.25 亿元提高 5.36 亿元，涨幅为 15.21%。相比之下，湖南企业 100 强的入围门槛仍保持了稳步提高，但企业规模分布仍旧呈现出严重不均衡的态势。

表 5-14　　　　　2021 湖南企业 100 强与《财富》世界 500 强企业规模分布状况对比

榜单	首席企业营业收入（I）	第 100 席企业营业收入（J）	I/J
湖南企业 100 强	1520.21 亿元	40.61 亿元	37.43
《财富》世界 500 强企业	5591.51 亿美元	812.28 亿美元	6.88

2014—2021 湖南企业 100 强的 I/J 值分别为 90.5、81.6、76.09、82.27、42.39、38.71、37.76 和 37.43，呈逐步缩小态势。而 2014—2021《财富》世界 500 强企业前 100 席企业的 I/J 值在缩小之后又有所扩大，I/J 值分别为 5.97、5.74、6.74、6.82、6.54、5.98、6.23 和 6.88。

三、企业总体盈利能力指标比较

以收入净利润率和净资产收益率作为盈利能力指标来进行比较。2021 湖南企业 100 强的收入净利润率为 5.45%，《财富》世界 500 强企业的收入净利润率为 5.20%，湖南企业 100 强的收入净利润率比《财富》世界 500 强企业高 0.25 个百分点。2021 湖南企业 100 强的净资产收益率为 7.94%，《财富》世界 500 强企业的净资产收益率为 8.39%，湖南企业 100 强的净资产收益率比《财富》世界 500 强企业低 0.45 个百分点。与上年相比，湖南企业 100 强的收入净利润率实现了反超，且净资产收益率与《财富》世界 500 强企业的差距进一步缩小，如图 5-7 所示。

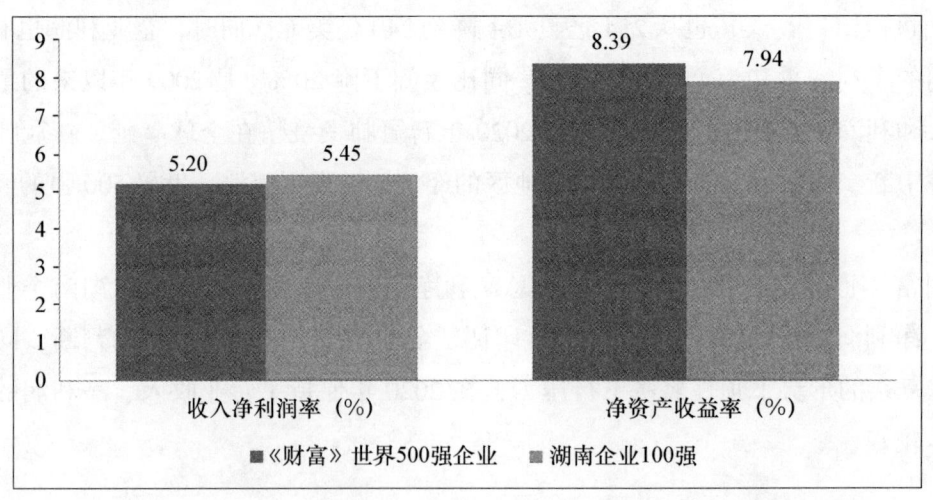

图 5-7　2021 湖南企业 100 强与《财富》世界 500 强企业盈利能力指标对比

四、赚钱最多的 10 家大公司分析比较

从表 5-15 可以看出，2021《财富》世界 500 强企业中赚钱最多的 10 家大公司营业收入总额为

17261.91 亿美元，净利润总额为 4263.27 亿美元，平均收入净利润率为 24.7%。其中，净利润最高的是苹果公司，达 574.11 亿美元；收入净利润率最高的是日本的软银集团，高达 83.7%。从这 10 家大公司的行业分布情况看，主要集中在金融业、互联网服务业、石油勘探开采加工运输业和电子电器设备制造业，其中服务业企业占到八成。发展服务业已经成为中国和世界上多数国家调整经济结构、实现经济社会现代化的重要措施、必由之路。在这 10 家大公司中，中国占 3 家，全部为国有商业银行，实现了排名、营业收入和利润的全面增长。这说明在新冠肺炎疫情席卷全球的大背景下，中国上榜企业的强劲表现，与政府迅速有效控制疫情，快速恢复经济生产密不可分，但同时也说明其他生产性服务业的发展与世界先进水平相比还存在一定差距。后疫情时代，中国企业如何进一步利用国内国际市场上的需求优势保持增长，大力发展生产性服务业，推动服务业结构转型，实现技术和商业模式上的赶超创新，或许成为保持、强化全球竞争力的关键。

表 5-15　　　　　　　　　　2021《财富》世界 500 强企业中赚钱最多的 10 家公司

企业名称	国别	所属行业	净利润（亿美元）	收入净利润率（%）
苹果公司	美国	电子电器设备制造业	574.11	20.91
沙特阿美公司	沙特阿拉伯	石油勘探开采加工与运输业	492.87	21.45
软银集团	日本	金融业	470.53	83.7
中国工商银行	中国	金融业	457.83	25.05
微软公司	美国	互联网服务和零售业	442.81	30.96
伯克希尔-哈撒韦公司	美国	财产和意外保险	425.21	17.32
Alphabet 阿尔法特公司	美国	互联网服务和零售业	402.69	22.06
中国建设银行	中国	金融业	392.83	22.84
中国农业银行	中国	金融业	312.93	20.34
Facebook 公司	美国	金融业	291.46	33.9
净利润合计数/平均收入净利润率			4263.27	24.7

2021 湖南企业 100 强中赚钱最多的 10 家大公司营业收入总额为 8672.6 亿元，净利润总额为 713.08 亿元，平均收入净利润率为 8.22%。其中，净利润最多的是三一集团有限公司，达 187.39 亿元；收入净利润率最高的是五矿资本股份有限公司，达到 22.96%。从这 10 家大公司的行业分布情况看，主要集中在工业机械及设备制造、烟草制品业、综合制造业、黑色冶金和房屋建筑。与《财富》世界 500 强企业中赚钱最多的 10 家大公司相比，湖南企业 100 强中赚钱最多的 10 家大公司中服务业企业占比较少。从表 5-16 可以看出，2021 湖南企业 100 强中赚钱最多的 10 家大公司的行业分布状况是：制造业 7 家，服务业 2 家，建筑业 1 家。属于服务业的 2 家企业营业收入总额为 490.9 亿元，净利润总额为 93.13 亿元，平均收入净利润率为 18.97%，与世界 500 强中赚钱最多的服务业企业差距不是太大。而属于制造业的 7 家企业营业收入总额为 6697.94 亿元，净利润总额为 585.87 亿元，平均收入净利润率

只有8.75%,远低于《财富》世界500强中赚钱最多的制造业企业。当前,湖南应把创新作为制造业转型升级的第一动力,以智能制造为主攻方向,促进先进制造业与现代服务业融合发展,着力提升企业的竞争力和盈利水平。

表5-16 2021湖南企业100强中赚钱最多的10家大公司

企业名称	所属行业	净利润（亿元）	收入净利润率（%）
三一集团有限公司	工业机械及设备制造	187.39	14.95
中国烟草总公司湖南省公司	烟草制品业	81.99	9.21
湖南华菱钢铁集团有限责任公司	黑色冶金	81.31	5.35
湖南中烟工业有限责任公司	烟草制品业	77.54	7.53
中联重科股份有限公司	工业机械及设备制造	73.55	11.3
长沙银行股份有限公司	商业银行	55.61	16.98
蓝思科技集团	综合制造业	50.85	5.14
五矿资本股份有限公司	多元化金融	37.52	22.96
中国建筑第五工程局有限公司	房屋建筑	34.08	2.3
湖南五江控股集团有限公司	综合制造业	33.24	9.17
净利润合计数/平均收入净利润率		713.08	8.22

中外企业数据

第六章
湖南企业数据

第一节 2021湖南企业100强数据

名次	企业名称	营业收入（万元）
1	湖南华菱钢铁集团有限责任公司	15202110
2	中国建筑第五工程局有限公司	14837566
3	三一集团有限公司	12531796
4	湖南中烟工业有限责任公司	10302054
5	蓝思科技集团	9901303
6	湖南建工集团有限公司	9857363
7	中国烟草总公司湖南省公司	8905564
8	国网湖南省电力有限公司	8800485
9	中联重科股份有限公司	6510894
10	湖南博长控股集团有限公司	5573500
11	大汉控股集团有限公司	5439571
12	中国石化销售股份有限公司湖南石油分公司	4615511

续表

名次	企业名称	营业收入（万元）
13	步步高投资集团股份有限公司	4302278
14	中车株洲电力机车研究所有限公司	3909666
15	湖南有色金属控股集团有限公司	3692361
16	湖南五江控股集团有限公司	3625615
17	中国石油化工股份有限公司长岭分公司	3461262
18	长沙银行股份有限公司	3274701
19	中国水利水电第八工程局有限公司	3145832
20	五矿二十三冶建设集团有限公司	2633631
21	中车株洲电力机车有限公司	2353557
22	中国移动通信集团湖南有限公司	2334339
23	湖南省交通水利建设集团有限公司	2209497
24	华融湘江银行股份有限公司	2113372
25	唐人神集团股份有限公司	1852685
26	中石化巴陵石油化工有限公司	1680230
27	五矿资本股份有限公司	1634301
28	湖南永通集团有限公司	1621105
29	湖南黄金集团有限责任公司	1516920
30	中国电信股份有限公司湖南分公司	1460637
31	现代投资股份有限公司	1430920
32	芒果超媒股份有限公司	1400554
33	老百姓大药房连锁股份有限公司	1396669
34	湖南省高速公路集团有限公司	1385796
35	鹏都农牧股份有限公司	1344636
36	益丰大药房连锁股份有限公司	1314450
37	中国石油天然气股份有限公司湖南销售分公司	1288372
38	湖南兰天集团有限公司	1274704
39	湖南博深实业集团有限公司	1257368

续表

名次	企业名称	营业收入（万元）
40	爱尔眼科医院集团股份有限公司	1191241
41	湖南粮食集团有限责任公司	1186556
42	长沙市比亚迪汽车有限公司	1146984
43	中国电建集团中南勘测设计研究院有限公司	1142541
44	湖南省煤业集团有限公司	1136545
45	国药控股湖南有限公司	1079755
46	湖南省沙坪建设有限公司	1060199
47	中南出版传媒集团股份有限公司	1047301
48	长沙中联重科环境产业有限公司	1013567
49	中车株洲电机有限公司	1000748
50	中国联合网络通信有限公司湖南省分公司	968435
51	株洲旗滨集团股份有限公司	964409
52	中国邮政集团有限公司湖南省分公司	942555
53	湖南佳惠百货有限责任公司	940225
54	山河智能装备股份有限公司	937737
55	安克创新科技股份有限公司	935263
56	大唐华银电力股份有限公司	825568
57	五凌电力有限公司	801587
58	湖南省现代农业产业控股集团有限公司	800135
59	金杯电工股份有限公司	779615
60	中国铁建重工集团股份有限公司	761074
61	方正证券股份有限公司	754181
62	岳阳林纸股份有限公司	711586
63	特变电工衡阳变压器有限公司	707999
64	中国航发南方工业有限公司	703111
65	湖南省茶业集团股份有限公司	674373
66	湖南望新建设集团股份有限公司	661924

续表

名次	企业名称	营业收入（万元）
67	湖南省轻工盐业集团有限公司	660543
68	中兵红箭股份有限公司	646302
69	湖南航天有限责任公司	642615
70	湖南高岭建设集团股份有限公司	606518
71	株洲市城市建设发展集团有限公司	595841
72	湖南电广传媒股份有限公司	593994
73	株洲硬质合金集团有限公司	545382
74	长沙格力暖通制冷设备有限公司	538288
75	湖南申湘汽车星沙商务广场有限公司	535435
76	道道全粮油股份有限公司	528732
77	绝味食品股份有限公司	527608
78	中华联合财产保险股份有限公司湖南分公司	527148
79	湖南对外建设集团有限公司	510023
80	长沙中兴智能技术有限公司	508263
81	湖南新长海发展集团有限公司	505416
82	天泽信息产业股份有限公司	502653
83	中国能源建设集团湖南火电建设有限公司	500002
84	湘电集团有限公司	498573
85	湖南顺天建设集团有限公司	483320
86	广发银行股份有限公司长沙分行	476537
87	圣湘生物科技股份有限公司	476296
88	湖南湘科控股集团有限公司	470610
89	天元盛世控股集团有限公司	468862
90	湖南邦普循环科技有限公司	453885
91	佳沃农业开发股份有限公司	452501
92	望建（集团）有限公司	451302
93	长沙水业集团有限公司	436860

续表

名次	企业名称	营业收入（万元）
94	湖南金荣企业集团有限公司	430000
95	湖南博瑞医疗健康产业集团有限公司	428652
96	湖南马上银科技有限公司	428446
97	湖南口味王集团有限责任公司	423534
98	江南工业集团有限公司	417466
99	湖南省郴州建设集团有限公司	406362
100	红星实业集团有限公司	406129

第二节 2021湖南企业100强主要经济技术指标前50数据

1. 按营业收入增长率排序

排名	企业名称	营业收入增长率（%）
1	圣湘生物科技股份有限公司	1203.53
2	中联重科股份有限公司	50.34
3	三一集团有限公司	43.10
4	安克创新科技股份有限公司	40.54
5	湖南马上银科技有限公司	40.04
6	金杯电工股份有限公司	33.40
7	佳沃农业开发股份有限公司	32.01
8	中国能源建设集团湖南火电建设有限公司	30.19
9	江南工业集团有限公司	29.98
10	天泽信息产业股份有限公司	29.97
11	道道全粮油股份有限公司	28.43
12	湖南航天有限责任公司	28.17
13	益丰大药房连锁股份有限公司	27.91
14	蓝思科技集团	27.17

续表

排名	企业名称	营业收入增长率（%）
15	中国电建集团中南勘测设计研究院有限公司	26.98
16	中车株洲电力机车研究所有限公司	26.91
17	山河智能装备股份有限公司	26.25
18	长沙中联重科环境产业有限公司	24.01
19	中车株洲电机有限公司	23.43
20	长沙中兴智能技术有限公司	22.90
21	湖南顺天建设集团有限公司	22.49
22	株洲市城市建设发展集团有限公司	22.43
23	中兵红箭股份有限公司	21.45
24	唐人神集团股份有限公司	20.66
25	中国航发南方工业有限公司	20.44
26	老百姓大药房连锁股份有限公司	19.75
27	爱尔眼科医院集团股份有限公司	19.24
28	特变电工衡阳变压器有限公司	19.12
29	湖南省沙坪建设有限公司	19.10
30	长沙水业集团有限公司	18.47
31	中国建筑第五工程局有限公司	17.54
32	中华联合财产保险股份有限公司湖南分公司	17.54
33	大汉控股集团有限公司	17.43
34	湖南对外建设集团有限公司	17.21
35	湖南永通集团有限公司	15.71
36	湖南口味王集团有限责任公司	15.22
37	中国水利水电第八工程局有限公司	15.12
38	方正证券股份有限公司	14.36
39	湖南华菱钢铁集团有限责任公司	14.22
40	现代投资股份有限公司	13.95
41	湖南兰天集团有限公司	13.20
42	湖南金荣企业集团有限公司	13.16

续表

排名	企业名称	营业收入增长率（%）
43	芒果超媒股份有限公司	12.04
44	湖南有色金属控股集团有限公司	11.98
45	红星实业集团有限公司	11.11
46	湖南望新建设集团股份有限公司	9.98
47	中国邮政集团有限公司湖南省分公司	9.86
48	华融湘江银行股份有限公司	9.80
49	湖南粮食集团有限责任公司	9.57
50	湖南博长控股集团有限公司	9.22

2. 按资产周转率排序

排名	企业名称	资产周转率（%）
1	湖南马上银科技有限公司	482.16
2	中国石油化工股份有限公司长岭分公司	418.78
3	湖南省茶业集团股份有限公司	416.78
4	湖南博长控股集团有限公司	401.76
5	湖南佳惠百货有限责任公司	363.02
6	湖南申湘汽车星沙商务广场有限公司	260.30
7	大汉控股集团有限公司	251.89
8	中车株洲电力机车研究所有限公司	240.63
9	湖南省沙坪建设有限公司	211.13
10	中国石化销售股份有限公司湖南石油分公司	202.91
11	长沙中兴智能技术有限公司	202.55
12	湖南永通集团有限公司	197.69
13	湖南有色金属控股集团有限公司	186.72
14	中国烟草总公司湖南省公司	182.24
15	湖南博瑞医疗健康产业集团有限公司	181.00
16	唐人神集团股份有限公司	180.22
17	步步高投资集团股份有限公司	175.24

续表

排名	企业名称	资产周转率（%）
18	湖南博深实业集团有限公司	173.30
19	湖南高岭建设集团股份有限公司	167.43
20	道道全粮油股份有限公司	152.90
21	中国邮政集团有限公司湖南省分公司	150.93
22	中国石油天然气股份有限公司湖南销售分公司	146.10
23	中石化巴陵石油化工有限公司	144.95
24	湖南黄金集团有限责任公司	142.01
25	湖南省郴州建设集团有限公司	140.84
26	五矿二十三冶建设集团有限公司	137.67
27	湖南建工集团有限公司	134.76
28	湖南华菱钢铁集团有限责任公司	134.02
29	安克创新科技股份有限公司	133.94
30	中车株洲电机有限公司	132.21
31	国药控股湖南有限公司	129.23
32	长沙格力暖通制冷设备有限公司	125.21
33	老百姓大药房连锁股份有限公司	123.77
34	金杯电工股份有限公司	117.73
35	中国能源建设集团湖南火电建设有限公司	109.92
36	湖南中烟工业有限责任公司	106.06
37	益丰大药房连锁股份有限公司	101.50
38	中国建筑第五工程局有限公司	100.70
39	株洲硬质合金集团有限公司	93.48
40	湖南省煤业集团有限公司	92.74
41	特变电工衡阳变压器有限公司	91.48
42	绝味食品股份有限公司	89.09
43	湖南省现代农业产业控股集团有限公司	88.26
44	圣湘生物科技股份有限公司	87.32
45	湖南顺天建设集团有限公司	80.44

续表

排名	企业名称	资产周转率（%）
46	湖南口味王集团有限责任公司	80.35
47	湖南省交通水利建设集团有限公司	79.06
48	湖南邦普循环科技有限公司	77.65
49	中国电建集团中南勘测设计研究院有限公司	76.22
50	中国联合网络通信有限公司湖南省分公司	75.44

3. 按资产总额排序

排名	企业名称	资产（万元）
1	长沙银行股份有限公司	70423473
2	湖南省高速公路集团有限公司	57038212
3	华融湘江银行股份有限公司	40597561
4	三一集团有限公司	22497446
5	中国建筑第五工程局有限公司	14734757
6	蓝思科技集团	13627987
7	五矿资本股份有限公司	13349409
8	株洲市城市建设发展集团有限公司	12845706
9	国网湖南省电力有限公司	12403694
10	方正证券股份有限公司	12325637
11	中联重科股份有限公司	11627494
12	湖南华菱钢铁集团有限责任公司	11343300
13	湖南中烟工业有限责任公司	9713805
14	湖南建工集团有限公司	7314861
15	湖南五江控股集团有限公司	6158841
16	五凌电力有限公司	5803870
17	中国烟草总公司湖南省公司	4886699
18	现代投资股份有限公司	4555642
19	中国水利水电第八工程局有限公司	4280081
20	中国移动通信集团湖南有限公司	4101555

续表

排名	企业名称	资产（万元）
21	广发银行股份有限公司长沙分行	4038962
22	中车株洲电力机车有限公司	3143915
23	湖南省交通水利建设集团有限公司	2794818
24	中国电信股份有限公司湖南分公司	2650382
25	步步高投资集团股份有限公司	2455112
26	长沙水业集团有限公司	2364415
27	中南出版传媒集团股份有限公司	2314192
28	中国石化销售股份有限公司湖南石油分公司	2274652
29	大汉控股集团有限公司	2159491
30	湖南电广传媒股份有限公司	2078359
31	湖南粮食集团有限责任公司	2011580
32	湖南有色金属控股集团有限公司	1977483
33	芒果超媒股份有限公司	1926570
34	五矿二十三冶建设集团有限公司	1913017
35	大唐华银电力股份有限公司	1807020
36	山河智能装备股份有限公司	1735838
37	中国铁建重工集团股份有限公司	1705981
38	中车株洲电力机车研究所有限公司	1624760
39	湖南省轻工盐业集团有限公司	1612506
40	岳阳林纸股份有限公司	1582991
41	爱尔眼科医院集团股份有限公司	1554059
42	湘电集团有限公司	1550789
43	中国电建集团中南勘测设计研究院有限公司	1499019
44	长沙中联重科环境产业有限公司	1474870
45	中国航发南方工业有限公司	1471068
46	鹏都农牧股份有限公司	1457821
47	株洲旗滨集团股份有限公司	1432562
48	湖南博长控股集团有限公司	1387263

续表

排名	企业名称	资产（万元）
49	益丰大药房连锁股份有限公司	1294990
50	中国联合网络通信有限公司湖南省分公司	1283640

4. 按资产增长率排序

排名	企业名称	资产增长率（%）
1	圣湘生物科技股份有限公司	748.97
2	湖南马上银科技有限公司	212.98
3	安克创新科技股份有限公司	131.8
4	湖南申湘汽车星沙商务广场有限公司	110.47
5	蓝思科技集团	56.66
6	金杯电工股份有限公司	43.47
7	三一集团有限公司	43.05
8	唐人神集团股份有限公司	41.19
9	益丰大药房连锁股份有限公司	41.14
10	江南工业集团有限公司	40.92
11	爱尔眼科医院集团股份有限公司	30.65
12	长沙中联重科环境产业有限公司	28.67
13	湖南建工集团有限公司	28.32
14	现代投资股份有限公司	28.15
15	道道全粮油股份有限公司	27.98
16	广发银行股份有限公司长沙分行	27.69
17	中联重科股份有限公司	26.29
18	湖南对外建设集团有限公司	21.32
19	湖南邦普循环科技有限公司	20.16
20	湖南口味王集团有限责任公司	19.96
21	湖南高岭建设集团股份有限公司	18.57
22	湖南粮食集团有限责任公司	18.45
23	五凌电力有限公司	17.79

续表

排名	企业名称	资产增长率（%）
24	湖南省郴州建设集团有限公司	17.2
25	长沙银行股份有限公司	16.98
26	国药控股湖南有限公司	16.07
27	中国能源建设集团湖南火电建设有限公司	15.68
28	湖南佳惠百货有限责任公司	15.64
29	湖南金荣企业集团有限公司	15.25
30	湖南新长海发展集团有限公司	13.88
31	老百姓大药房连锁股份有限公司	13.7
32	国网湖南省电力有限公司	13.35
33	芒果超媒股份有限公司	12.81
34	中国铁建重工集团股份有限公司	12.56
35	湖南博深实业集团有限公司	12.39
36	湖南永通集团有限公司	11.95
37	湖南省沙坪建设有限公司	11.72
38	中石化巴陵石油化工有限公司	11.33
39	华融湘江银行股份有限公司	10.69
40	鹏都农牧股份有限公司	10.66
41	湖南航天有限责任公司	10.65
42	中国电信股份有限公司湖南分公司	10.64
43	山河智能装备股份有限公司	10.54
44	中国烟草总公司湖南省公司	10.52
45	中兵红箭股份有限公司	10.49
46	湖南省交通水利建设集团有限公司	10.08
47	株洲旗滨集团股份有限公司	9.65
48	红星实业集团有限公司	9.4
49	湖南省轻工盐业集团有限公司	9.23
50	株洲市城市建设发展集团有限公司	9.22

5. 按收入利润率排序

排名	企业名称	收入利润率（%）
1	圣湘生物科技股份有限公司	54.94
2	五矿资本股份有限公司	22.96
3	中国铁建重工集团股份有限公司	20.60
4	五凌电力有限公司	20.07
5	株洲旗滨集团股份有限公司	18.93
6	长沙银行股份有限公司	16.98
7	方正证券股份有限公司	15.89
8	广发银行股份有限公司长沙分行	15.88
9	三一集团有限公司	14.95
10	湖南新长海发展集团有限公司	14.91
11	中南出版传媒集团股份有限公司	14.76
12	爱尔眼科医院集团股份有限公司	14.47
13	长沙中联重科环境产业有限公司	14.37
14	芒果超媒股份有限公司	14.13
15	华融湘江银行股份有限公司	13.57
16	绝味食品股份有限公司	13.12
17	中国移动通信集团湖南有限公司	12.99
18	中联重科股份有限公司	11.30
19	安克创新科技股份有限公司	9.57
20	中国烟草总公司湖南省公司	9.21
21	湖南五江控股集团有限公司	9.17
22	湖南邦普循环科技有限公司	8.91
23	长沙格力暖通制冷设备有限公司	7.55
24	湖南中烟工业有限责任公司	7.53
25	中国联合网络通信有限公司湖南省分公司	7.37
26	株洲市城市建设发展集团有限公司	7.08
27	湖南望新建设集团股份有限公司	6.64

续表

排名	企业名称	收入利润率（%）
28	中国电信股份有限公司湖南分公司	6.61
29	益丰大药房连锁股份有限公司	6.59
30	中车株洲电力机车研究所有限公司	6.55
31	株洲硬质合金集团有限公司	6.47
32	江南工业集团有限公司	6.44
33	湖南省郴州建设集团有限公司	6.42
34	山河智能装备股份有限公司	6.15
35	岳阳林纸股份有限公司	5.82
36	唐人神集团股份有限公司	5.77
37	湖南航天有限责任公司	5.57
38	老百姓大药房连锁股份有限公司	5.47
39	湖南华菱钢铁集团有限责任公司	5.35
40	红星实业集团有限公司	5.30
41	天元盛世控股集团有限公司	5.25
42	蓝思科技集团	5.14
43	中国航发南方工业有限公司	5.13
44	特变电工衡阳变压器有限公司	4.96
45	湖南对外建设集团有限公司	4.95
46	湖南省高速公路集团有限公司	4.94
47	中车株洲电力机车有限公司	4.83
48	中车株洲电机有限公司	4.67
49	长沙中兴智能技术有限公司	4.48
50	湖南省沙坪建设有限公司	4.25

6. 按人均营业收入排序

排名	企业名称	人均营业收入（万元）
1	湖南马上银科技有限公司	6301
2	中国石油化工股份有限公司长岭分公司	1542
3	望建（集团）有限公司	1514
4	湖南博深实业集团有限公司	1116

续表

排名	企业名称	人均营业收入（万元）
5	蓝思科技集团	948
6	湖南博瑞医疗健康产业集团有限公司	912
7	大汉控股集团有限公司	869
8	湖南博长控股集团有限公司	804
9	中国烟草总公司湖南省公司	688
10	湖南中烟工业有限责任公司	675
11	道道全粮油股份有限公司	612
12	天元盛世控股集团有限公司	601
13	五矿二十三冶建设集团有限公司	560
14	中国建筑第五工程局有限公司	531
15	圣湘生物科技股份有限公司	523
16	国药控股湖南有限公司	521
17	中国电建集团中南勘测设计研究院有限公司	491
18	湖南望新建设集团股份有限公司	474
19	华融湘江银行股份有限公司	455
20	湖南省郴州建设集团有限公司	450
21	湖南华菱钢铁集团有限责任公司	447
22	安克创新科技股份有限公司	436
23	长沙银行股份有限公司	430
24	中国石化销售股份有限公司湖南石油分公司	419
25	湖南兰天集团有限公司	408
26	现代投资股份有限公司	368
27	湖南永通集团有限公司	358
28	湖南金荣企业集团有限公司	354
29	株洲市城市建设发展集团有限公司	352
30	三一集团有限公司	337
31	长沙中联重科环境产业有限公司	332
32	湖南建工集团有限公司	323

续表

排名	企业名称	人均营业收入（万元）
33	芒果超媒股份有限公司	313
34	湖南省沙坪建设有限公司	297
35	五凌电力有限公司	296
36	湖南申湘汽车星沙商务广场有限公司	289
37	湖南粮食集团有限责任公司	283
38	湖南省交通水利建设集团有限公司	282
39	湖南新长海发展集团有限公司	281
40	湖南电广传媒股份有限公司	281
41	中国水利水电第八工程局有限公司	278
42	中联重科股份有限公司	277
43	中车株洲电机有限公司	265
44	湖南五江控股集团有限公司	260
45	特变电工衡阳变压器有限公司	245
46	中石化巴陵石油化工有限公司	245
47	红星实业集团有限公司	245
48	湖南有色金属控股集团有限公司	236
49	中国能源建设集团湖南火电建设有限公司	229
50	湖南黄金集团有限责任公司	226

7. 按人均资产排序

排名	企业名称	人均资产（万元）
1	长沙银行股份有限公司	9244
2	华融湘江银行股份有限公司	8734
3	株洲市城市建设发展集团有限公司	7597
4	湖南省高速公路集团有限公司	4564
5	五凌电力有限公司	2145
6	方正证券股份有限公司	1524
7	湖南马上银科技有限公司	1307

续表

排名	企业名称	人均资产(万元)
8	蓝思科技集团	1304
9	现代投资股份有限公司	1173
10	湖南电广传媒股份有限公司	983
11	天元盛世控股集团有限公司	955
12	中国电建集团中南勘测设计研究院有限公司	644
13	湖南博深实业集团有限公司	644
14	湖南中烟工业有限责任公司	637
15	长沙水业集团有限公司	606
16	三一集团有限公司	606
17	圣湘生物科技股份有限公司	599
18	红星实业集团有限公司	592
19	中国建筑第五工程局有限公司	527
20	湖南博瑞医疗健康产业集团有限公司	504
21	中联重科股份有限公司	494
22	长沙中联重科环境产业有限公司	483
23	湖南粮食集团有限责任公司	481
24	湖南五江控股集团有限公司	441
25	芒果超媒股份有限公司	431
26	五矿二十三冶建设集团有限公司	407
27	国药控股湖南有限公司	403
28	道道全粮油股份有限公司	400
29	岳阳林纸股份有限公司	381
30	中国水利水电第八工程局有限公司	378
31	中国烟草总公司湖南省公司	377
32	中国石油化工股份有限公司长岭分公司	368
33	湖南省交通水利建设集团有限公司	356
34	中国铁建重工集团股份有限公司	355
35	大汉控股集团有限公司	345

续表

排名	企业名称	人均资产（万元）
36	大唐华银电力股份有限公司	336
37	湖南华菱钢铁集团有限责任公司	333
38	安克创新科技股份有限公司	326
39	湖南省郴州建设集团有限公司	320
40	湖南航天有限责任公司	311
41	国网湖南省电力有限公司	309
42	山河智能装备股份有限公司	304
43	湖南邦普循环科技有限公司	285
44	中国移动通信集团湖南有限公司	284
45	特变电工衡阳变压器有限公司	268
46	湘电集团有限公司	244
47	中车株洲电力机车有限公司	241
48	湖南省现代农业产业控股集团有限公司	240
49	湖南建工集团有限公司	239
50	中国航发南方工业有限公司	223

8. 按研发费用排序

排名	企业名称	研发费用（万元）
1	三一集团有限公司	604000
2	湖南华菱钢铁集团有限责任公司	456676
3	中联重科股份有限公司	350117
4	湖南建工集团有限公司	321861
5	中国建筑第五工程局有限公司	304777
6	中车株洲电力机车研究所有限公司	249579
7	蓝思科技集团	152592
8	中车株洲电力机车有限公司	109600
9	中国水利水电第八工程局有限公司	101336
10	国网湖南省电力有限公司	74802

续表

排名	企业名称	研发费用（万元）
11	湖南省交通水利建设集团有限公司	70248
12	中车株洲电机有限公司	59483
13	安克创新科技股份有限公司	56740
14	中国铁建重工集团股份有限公司	55295
15	湖南有色金属控股集团有限公司	52469
16	长沙市比亚迪汽车有限公司	42138
17	湖南中烟工业有限责任公司	40603
18	湖南博长控股集团有限公司	39810
19	中国电建集团中南勘测设计研究院有限公司	33559
20	山河智能装备股份有限公司	32085
21	株洲硬质合金集团有限公司	30390
22	湖南黄金集团有限责任公司	29094
23	长沙银行股份有限公司	27942
24	长沙中联重科环境产业有限公司	27473
25	湖南省沙坪建设有限公司	26512
26	中国电信股份有限公司湖南分公司	26324
27	金杯电工股份有限公司	25454
28	湖南航天有限责任公司	24011
29	岳阳林纸股份有限公司	23948
30	湖南省茶业集团股份有限公司	23070
31	唐人神集团股份有限公司	20615
32	特变电工衡阳变压器有限公司	19391
33	湖南湘科控股集团有限公司	19301
34	长沙格力暖通制冷设备有限公司	18927
35	芒果超媒股份有限公司	18438
36	江南工业集团有限公司	18301
37	湘电集团有限公司	18255
38	中国移动通信集团湖南有限公司	15675

续表

排名	企业名称	研发费用（万元）
39	中国能源建设集团湖南火电建设有限公司	15262
40	湖南邦普循环科技有限公司	14810
41	湖南口味王集团有限责任公司	14696
42	中国航发南方工业有限公司	13722
43	五凌电力有限公司	11846
44	湖南省轻工盐业集团有限公司	10834
45	湖南五江控股集团有限公司	10092
46	中石化巴陵石油化工有限公司	9264
47	湖南电广传媒股份有限公司	8487
48	圣湘生物科技股份有限公司	8277
49	步步高投资集团股份有限公司	7132
50	中国烟草总公司湖南省公司	6802

9. 按研发费用增长率排序

排名	企业名称	研发费用增长率（%）
1	老百姓大药房连锁股份有限公司	3293.38
2	红星实业集团有限公司	652.08
3	益丰大药房连锁股份有限公司	377.28
4	株洲市城市建设发展集团有限公司	243.94
5	中国移动通信集团湖南有限公司	228.62
6	五矿二十三冶建设集团有限公司	171.85
7	湖南顺天建设集团有限公司	160.48
8	湖南五江控股集团有限公司	153.95
9	现代投资股份有限公司	148.25
10	中国石油化工股份有限公司长岭分公司	144
11	圣湘生物科技股份有限公司	112.5
12	长沙水业集团有限公司	104.99
13	中车株洲电机有限公司	81.96

续表

排名	企业名称	研发费用增长率（%）
14	中国建筑第五工程局有限公司	71.88
15	中联重科股份有限公司	67.39
16	湖南马上银科技有限公司	48.91
17	五凌电力有限公司	45.8
18	山河智能装备股份有限公司	45.22
19	安克创新科技股份有限公司	44.13
20	金杯电工股份有限公司	40.39
21	中国石化销售股份有限公司湖南石油分公司	40
22	湖南华菱钢铁集团有限责任公司	32.47
23	道道全粮油股份有限公司	30.77
24	湖南口味王集团有限责任公司	30.32
25	三一集团有限公司	28.57
26	唐人神集团股份有限公司	25.88
27	中国烟草总公司湖南省公司	25.31
28	湖南省现代农业产业控股集团有限公司	24.8
29	湖南航天有限责任公司	23.77
30	中国水利水电第八工程局有限公司	21.63
31	湖南黄金集团有限责任公司	19.84
32	中石化巴陵石油化工有限公司	18.3
33	中国铁建重工集团股份有限公司	18.12
34	湖南省轻工盐业集团有限公司	17.49
35	湖南省茶业集团股份有限公司	16.85
36	江南工业集团有限公司	16.66
37	湖南湘科控股集团有限公司	16.6
38	步步高投资集团股份有限公司	16.21
39	中国电信股份有限公司湖南分公司	15.97
40	湖南省沙坪建设有限公司	14.63
41	大汉控股集团有限公司	13.74

续表

排名	企业名称	研发费用增长率（%）
42	中国电建集团中南勘测设计研究院有限公司	13.17
43	湖南电广传媒股份有限公司	11.86
44	湖南中烟工业有限责任公司	10.56
45	长沙银行股份有限公司	10.2
46	特变电工衡阳变压器有限公司	7.71
47	中车株洲电力机车研究所有限公司	7.44
48	湖南建工集团有限公司	7.41
49	岳阳林纸股份有限公司	6.42
50	湘电集团有限公司	6.34

10. 按纳税总额排序

排名	企业名称	纳税总额（亿元）
1	湖南中烟工业有限责任公司	6898434
2	中国烟草总公司湖南省公司	1808204
3	中国石油化工股份有限公司长岭分公司	907068
4	三一集团有限公司	590479
5	湖南华菱钢铁集团有限责任公司	556219
6	中国建筑第五工程局有限公司	429749
7	中联重科股份有限公司	360031
8	湖南建工集团有限公司	329088
9	长沙银行股份有限公司	302425
10	蓝思科技集团	300026
11	中车株洲电力机车研究所有限公司	242845
12	国网湖南省电力有限公司	233473
13	华融湘江银行股份有限公司	219251
14	中石化巴陵石油化工有限公司	213238
15	方正证券股份有限公司	192978
16	五凌电力有限公司	122826

续表

排名	企业名称	纳税总额（亿元）
17	中国移动通信集团湖南有限公司	111543
18	步步高投资集团股份有限公司	109273
19	大汉控股集团有限公司	91199
20	湖南有色金属控股集团有限公司	83787
21	中国水利水电第八工程局有限公司	76159
22	湖南五江控股集团有限公司	74386
23	中车株洲电力机车有限公司	74039
24	中国石化销售股份有限公司湖南石油分公司	65371
25	五矿二十三冶建设集团有限公司	65077
26	湖南省高速公路集团有限公司	64389
27	湖南博长控股集团有限公司	63285
28	大唐华银电力股份有限公司	61797
29	湖南省轻工盐业集团有限公司	59625
30	老百姓大药房连锁股份有限公司	56829
31	湖南省煤业集团有限公司	56143
32	绝味食品股份有限公司	56052
33	长沙中联重科环境产业有限公司	53845
34	圣湘生物科技股份有限公司	53256
35	湖南省交通水利建设集团有限公司	49544
36	中国铁建重工集团股份有限公司	46377
37	益丰大药房连锁股份有限公司	45184
38	山河智能装备股份有限公司	43272
39	长沙水业集团有限公司	36102
40	现代投资股份有限公司	34821
41	中华联合财产保险股份有限公司湖南分公司	34426
42	长沙市比亚迪汽车有限公司	32576
43	湖南顺天建设集团有限公司	30293
44	湖南对外建设集团有限公司	29383

续表

排名	企业名称	纳税总额（亿元）
45	湖南黄金集团有限责任公司	27332
46	湖南望新建设集团股份有限公司	27307
47	湖南湘科控股集团有限公司	26944
48	湖南口味王集团有限责任公司	25447
49	国药控股湖南有限公司	25275
50	湖南省沙坪建设有限公司	24448

11. 按纳税额增长率排序

排名	企业名称	纳税额增长率（%）
1	圣湘生物科技股份有限公司	3608.64
2	江南工业集团有限公司	313.99
3	湖南省高速公路集团有限公司	146.30
4	湖南顺天建设集团有限公司	119.64
5	中国移动通信集团湖南有限公司	63.30
6	山河智能装备股份有限公司	53.58
7	中国联合网络通信有限公司湖南省分公司	49.92
8	湖南航天有限责任公司	48.12
9	湖南博深实业集团有限公司	48.08
10	蓝思科技集团	47.60
11	华融湘江银行股份有限公司	42.83
12	方正证券股份有限公司	41.60
13	广发银行股份有限公司长沙分行	39.11
14	湖南永通集团有限公司	33.15
15	中联重科股份有限公司	31.66
16	望建（集团）有限公司	31.50
17	大汉控股集团有限公司	30.63
18	湖南省现代农业产业控股集团有限公司	27.33
19	湖南口味王集团有限责任公司	27.28

续表

排名	企业名称	纳税额增长率（%）
20	金杯电工股份有限公司	27.17
21	长沙格力暖通制冷设备有限公司	25.02
22	中国石化销售股份有限公司湖南石油分公司	22.98
23	岳阳林纸股份有限公司	22.64
24	中国电建集团中南勘测设计研究院有限公司	22.00
25	三一集团有限公司	19.96
26	长沙市比亚迪汽车有限公司	18.72
27	湖南省沙坪建设有限公司	15.52
28	国药控股湖南有限公司	15.15
29	湖南对外建设集团有限公司	14.86
30	湖南金荣企业集团有限公司	14.75
31	湖南兰天集团有限公司	14.04
32	中南出版传媒集团股份有限公司	12.46
33	湖南望新建设集团股份有限公司	10.80
34	湖南湘科控股集团有限公司	10.21
35	长沙银行股份有限公司	9.63
36	中国水利水电第八工程局有限公司	9.33
37	湖南省轻工盐业集团有限公司	7.86
38	湖南黄金集团有限责任公司	5.95
39	中国建筑第五工程局有限公司	5.80
40	湖南佳惠百货有限责任公司	5.50
41	中华联合财产保险股份有限公司湖南分公司	5.19
42	长沙水业集团有限公司	5.02
43	特变电工衡阳变压器有限公司	4.53
44	湖南博瑞医疗健康产业集团有限公司	4.00
45	中国邮政集团有限公司湖南省分公司	3.67
46	中国烟草总公司湖南省公司	3.60
47	湖南粮食集团有限责任公司	3.49

续表

排名	企业名称	纳税额增长率（%）
48	步步高投资集团股份有限公司	2.52
49	湘电集团有限公司	2.16
50	益丰大药房连锁股份有限公司	2.15

12. 按净利润排序

排名	企业名称	净利润（万元）
1	三一集团有限公司	1873850
2	中国烟草总公司湖南省公司	819902
3	湖南华菱钢铁集团有限责任公司	813145
4	湖南中烟工业有限责任公司	775377
5	中联重科股份有限公司	735524
6	长沙银行股份有限公司	556052
7	蓝思科技集团	508531
8	五矿资本股份有限公司	375220
9	中国建筑第五工程局有限公司	340829
10	湖南五江控股集团有限公司	332426
11	中国移动通信集团湖南有限公司	303233
12	华融湘江银行股份有限公司	286883
13	圣湘生物科技股份有限公司	261660
14	中车株洲电力机车研究所有限公司	256010
15	芒果超媒股份有限公司	197934
16	株洲旗滨集团股份有限公司	182536
17	爱尔眼科医院集团股份有限公司	172381
18	五凌电力有限公司	160860
19	中国铁建重工集团股份有限公司	156788
20	中南出版传媒集团股份有限公司	154608
21	长沙中联重科环境产业有限公司	145641
22	湖南建工集团有限公司	139240

续表

排名	企业名称	净利润（万元）
23	大汉控股集团有限公司	127132
24	方正证券股份有限公司	119814
25	中车株洲电力机车有限公司	113669
26	唐人神集团股份有限公司	106851
27	五矿二十三冶建设集团有限公司	101411
28	中国电信股份有限公司湖南分公司	96516
29	安克创新科技股份有限公司	89487
30	益丰大药房连锁股份有限公司	86685
31	老百姓大药房连锁股份有限公司	76448
32	中国石化销售股份有限公司湖南石油分公司	76363
33	广发银行股份有限公司长沙分行	75665
34	湖南新长海发展集团有限公司	75371
35	中国联合网络通信有限公司湖南省分公司	71371
36	绝味食品股份有限公司	69247
37	湖南省高速公路集团有限公司	68459
38	中国水利水电第八工程局有限公司	62637
39	山河智能装备股份有限公司	57688
40	湖南省交通水利建设集团有限公司	56424
41	现代投资股份有限公司	56082
42	中车株洲电机有限公司	46782
43	湖南省沙坪建设有限公司	45058
44	湖南望新建设集团股份有限公司	43941
45	株洲市城市建设发展集团有限公司	42187
46	中国电建集团中南勘测设计研究院有限公司	41584
47	岳阳林纸股份有限公司	41431
48	长沙格力暖通制冷设备有限公司	40627
49	湖南邦普循环科技有限公司	40457
50	中国航发南方工业有限公司	36096

13. 按净利润增长率排序

排名	企业名称	净利润增长率（%）
1	圣湘生物科技股份有限公司	6527.90
2	国药控股湖南有限公司	739.69
3	唐人神集团股份有限公司	270.77
4	特变电工衡阳变压器有限公司	138.22
5	长沙水业集团有限公司	135.50
6	湖南黄金集团有限责任公司	100.34
7	湖南有色金属控股集团有限公司	100.03
8	蓝思科技集团	100.00
9	广发银行股份有限公司长沙分行	82.29
10	大唐华银电力股份有限公司	81.24
11	中联重科股份有限公司	72.05
12	湖南博深实业集团有限公司	71.37
13	江南工业集团有限公司	71.06
14	芒果超媒股份有限公司	71.00
15	中国石化销售股份有限公司湖南石油分公司	67.82
16	五矿二十三冶建设集团有限公司	53.72
17	三一集团有限公司	51.41
18	五凌电力有限公司	50.91
19	天元盛世控股集团有限公司	48.00
20	株洲硬质合金集团有限公司	45.44
21	益丰大药房连锁股份有限公司	42.37
22	中国邮政集团有限公司湖南省分公司	37.33
23	五矿资本股份有限公司	37.19
24	株洲旗滨集团股份有限公司	35.57
25	长沙中兴智能技术有限公司	34.17
26	湖南马上银科技有限公司	32.77
27	岳阳林纸股份有限公司	32.26

续表

排名	企业名称	净利润增长率（%）
28	湖南兰天集团有限公司	28.99
29	中国移动通信集团湖南有限公司	28.26
30	中车株洲电机有限公司	26.50
31	株洲市城市建设发展集团有限公司	25.69
32	爱尔眼科医院集团股份有限公司	25.01
33	老百姓大药房连锁股份有限公司	24.31
34	安克创新科技股份有限公司	23.99
35	湖南省沙坪建设有限公司	22.27
36	中国建筑第五工程局有限公司	22.09
37	方正证券股份有限公司	21.90
38	金杯电工股份有限公司	21.60
39	湖南省高速公路集团有限公司	21.55
40	中国水利水电第八工程局有限公司	18.41
41	湖南华菱钢铁集团有限责任公司	18.40
42	大汉控股集团有限公司	17.57
43	中国电建集团中南勘测设计研究院有限公司	15.45
44	湖南永通集团有限公司	15.13
45	湖南金荣企业集团有限公司	13.33
46	湖南中烟工业有限责任公司	12.35
47	湖南望新建设集团股份有限公司	12.04
48	湖南省交通水利建设集团有限公司	11.97
49	山河智能装备股份有限公司	11.51
50	中国电信股份有限公司湖南分公司	10.57

14. 按资产利润率排序

排名	企业名称	资产利润率（%）
1	圣湘生物科技股份有限公司	56.29
2	湖南望新建设集团股份有限公司	34.30

续表

排名	企业名称	资产利润率（%）
3	中国烟草总公司湖南省公司	22.53
4	中车株洲电力机车研究所有限公司	18.90
5	绝味食品股份有限公司	16.40
6	湖南省茶业集团股份有限公司	15.35
7	爱尔眼科医院集团股份有限公司	15.21
8	株洲旗滨集团股份有限公司	14.63
9	湖南对外建设集团有限公司	14.55
10	安克创新科技股份有限公司	14.17
11	湖南省郴州建设集团有限公司	12.25
12	长沙中兴智能技术有限公司	12.21
13	湖南省沙坪建设有限公司	11.96
14	长沙中联重科环境产业有限公司	11.47
15	湖南中烟工业有限责任公司	11.46
16	长沙格力暖通制冷设备有限公司	10.79
17	唐人神集团股份有限公司	10.66
18	中国铁建重工集团股份有限公司	10.38
19	芒果超媒股份有限公司	10.31
20	中国移动通信集团湖南有限公司	9.91
21	三一集团有限公司	9.85
22	湖南华菱钢铁集团有限责任公司	9.01
23	益丰大药房连锁股份有限公司	8.99
24	湖南新长海发展集团有限公司	8.63
25	老百姓大药房连锁股份有限公司	8.48
26	湖南邦普循环科技有限公司	7.92
27	大汉控股集团有限公司	7.77
28	中联重科股份有限公司	7.44
29	湖南佳惠百货有限责任公司	7.13
30	中南出版传媒集团股份有限公司	6.79

续表

排名	企业名称	资产利润率（%）
31	湖南五江控股集团有限公司	6.75
32	株洲硬质合金集团有限公司	6.65
33	中国联合网络通信有限公司湖南省分公司	6.56
34	中车株洲电机有限公司	6.55
35	五矿二十三冶建设集团有限公司	5.82
36	江南工业集团有限公司	5.61
37	中国电信股份有限公司湖南分公司	4.91
38	特变电工衡阳变压器有限公司	4.86
39	中国石化销售股份有限公司湖南石油分公司	4.41
40	五矿资本股份有限公司	4.39
41	蓝思科技集团	4.37
42	中车株洲电力机车有限公司	4.22
43	金杯电工股份有限公司	4.13
44	湖南博深实业集团有限公司	4.11
45	湖南高岭建设集团股份有限公司	3.89
46	山河智能装备股份有限公司	3.82
47	湖南博瑞医疗健康产业集团有限公司	3.74
48	湖南金荣企业集团有限公司	3.71
49	天元盛世控股集团有限公司	3.61
50	湖南永通集团有限公司	3.55

15. 按人均利润排序

排名	企业名称	人均利润（万元）
1	圣湘生物科技股份有限公司	337
2	长沙银行股份有限公司	89
3	中国烟草总公司湖南省公司	85
4	华融湘江银行股份有限公司	79
5	湖南中烟工业有限责任公司	73

续表

排名	企业名称	人均利润（万元）
6	五凌电力有限公司	72
7	三一集团有限公司	60
8	蓝思科技集团	57
9	长沙中联重科环境产业有限公司	55
10	安克创新科技股份有限公司	46
11	芒果超媒股份有限公司	44
12	湖南新长海发展集团有限公司	44
13	湖南望新建设集团股份有限公司	42
14	湖南省郴州建设集团有限公司	39
15	中国铁建重工集团股份有限公司	37
16	中联重科股份有限公司	37
17	天元盛世控股集团有限公司	34
18	湖南马上银科技有限公司	34
19	株洲市城市建设发展集团有限公司	31
20	湖南华菱钢铁集团有限责任公司	30
21	湖南五江控股集团有限公司	30
22	中国移动通信集团湖南有限公司	28
23	大汉控股集团有限公司	27
24	湖南博深实业集团有限公司	26
25	五矿二十三冶建设集团有限公司	24
26	湖南邦普循环科技有限公司	23
27	绝味食品股份有限公司	22
28	中国电建集团中南勘测设计研究院有限公司	20
29	方正证券股份有限公司	19
30	湖南博瑞医疗健康产业集团有限公司	19
31	望建（集团）有限公司	19
32	现代投资股份有限公司	18
33	中车株洲电力机车研究所有限公司	17

续表

排名	企业名称	人均利润（万元）
34	湖南省沙坪建设有限公司	17
35	红星实业集团有限公司	15
36	中国建筑第五工程局有限公司	14
37	中国联合网络通信有限公司湖南省分公司	13
38	中车株洲电机有限公司	13
39	国药控股湖南有限公司	13
40	特变电工衡阳变压器有限公司	13
41	长沙格力暖通制冷设备有限公司	12
42	岳阳林纸股份有限公司	12
43	中南出版传媒集团股份有限公司	12
44	江南工业集团有限公司	12
45	山河智能装备股份有限公司	12
46	唐人神集团股份有限公司	11
47	湖南金荣企业集团有限公司	10
48	长沙中兴智能技术有限公司	10
49	中车株洲电力机车有限公司	10
50	湖南航天有限责任公司	10

16. 按所有者权益排序

排名	企业名称	所有者权益（万元）
1	湖南省高速公路集团有限公司	19604133
2	湖南中烟工业有限责任公司	8035950
3	蓝思科技集团	7286728
4	中联重科股份有限公司	4674374
5	中国烟草总公司湖南省公司	4456702
6	长沙银行股份有限公司	4433331
7	三一集团有限公司	4145440
8	株洲市城市建设发展集团有限公司	4079627

续表

排名	企业名称	所有者权益（万元）
9	方正证券股份有限公司	3962074
10	湖南五江控股集团有限公司	3923652
11	国网湖南省电力有限公司	3845208
12	华融湘江银行股份有限公司	3094331
13	湖南华菱钢铁集团有限责任公司	2832752
14	中国移动通信集团湖南有限公司	2685318
15	中国建筑第五工程局有限公司	2412944
16	中车株洲电力机车研究所有限公司	1886795
17	中国电信股份有限公司湖南分公司	1512560
18	中南出版传媒集团股份有限公司	1399456
19	湖南建工集团有限公司	1331767
20	五凌电力有限公司	1205209
21	中国石化销售股份有限公司湖南石油分公司	1205022
22	现代投资股份有限公司	1086699
23	芒果超媒股份有限公司	1058798
24	湖南电广传媒股份有限公司	1019592
25	中车株洲电力机车有限公司	1018737
26	中国铁建重工集团股份有限公司	827616
27	大汉控股集团有限公司	821095
28	中国水利水电第八工程局有限公司	771957
29	中国航发南方工业有限公司	739503
30	步步高投资集团股份有限公司	731429
31	长沙中联重科环境产业有限公司	671965
32	湖南博深实业集团有限公司	580054
33	益丰大药房连锁股份有限公司	546867
34	湖南省交通水利建设集团有限公司	542499
35	安克创新科技股份有限公司	539852
36	中国石油天然气股份有限公司湖南销售分公司	536335

续表

排名	企业名称	所有者权益（万元）
37	唐人神集团股份有限公司	533700
38	山河智能装备股份有限公司	530546
39	湖南省轻工盐业集团有限公司	523653
40	五矿二十三冶建设集团有限公司	497702
41	绝味食品股份有限公司	496402
42	中石化巴陵石油化工有限公司	474851
43	圣湘生物科技股份有限公司	474543
44	老百姓大药房连锁股份有限公司	440800
45	特变电工衡阳变压器有限公司	421419
46	湖南博长控股集团有限公司	399882
47	湖南航天有限责任公司	384792
48	中国石油化工股份有限公司长岭分公司	375286
49	湖南永通集团有限公司	374033
50	中国电建集团中南勘测设计研究院有限公司	367893

17. 按人均所有者权益排序

排名	企业名称	人均所有者权益（万元）
1	株洲市城市建设发展集团有限公司	2890.33
2	湖南省高速公路集团有限公司	1571.96
3	湖南博深实业集团有限公司	807.33
4	蓝思科技集团	698.74
5	华融湘江银行股份有限公司	667.00
6	长沙银行股份有限公司	600.19
7	湖南电广传媒股份有限公司	550.20
8	湖南中烟工业有限责任公司	532.28
9	圣湘生物科技股份有限公司	520.9
10	五凌电力有限公司	508.66
11	天元盛世控股集团有限公司	505.47

续表

排名	企业名称	人均所有者权益（万元）
12	方正证券股份有限公司	498.86
13	望建（集团）有限公司	482.98
14	湖南新长海发展集团有限公司	414.43
15	中国烟草总公司湖南省公司	353.68
16	湖南博瑞医疗健康产业集团有限公司	341.14
17	湖南五江控股集团有限公司	303.61
18	现代投资股份有限公司	300.92
19	安克创新科技股份有限公司	254.85
20	芒果超媒股份有限公司	237.56
21	长沙中联重科环境产业有限公司	227.45
22	湖南省郴州建设集团有限公司	225.50
23	道道全粮油股份有限公司	218.26
24	三一集团有限公司	210.66
25	红星实业集团有限公司	210.41
26	中联重科股份有限公司	203.53
27	中车株洲电力机车研究所有限公司	195.47
28	中国移动通信集团湖南有限公司	185.72
29	中国铁建重工集团股份有限公司	172.67
30	中国石油化工股份有限公司长岭分公司	167.17
31	湖南马上银科技有限公司	164.93
32	中国电建集团中南勘测设计研究院有限公司	161.16
33	大汉控股集团有限公司	157.49
34	特变电工衡阳变压器有限公司	146.82
35	湖南华菱钢铁集团有限责任公司	134.71
36	湖南航天有限责任公司	124.14
37	湖南邦普循环科技有限公司	120.64
38	中国航发南方工业有限公司	116.6
39	绝味食品股份有限公司	113.93

续表

排名	企业名称	人均所有者权益（万元）
40	中南出版传媒集团股份有限公司	111.63
41	中国石化销售股份有限公司湖南石油分公司	110.31
42	中国建筑第五工程局有限公司	108.67
43	五矿二十三冶建设集团有限公司	105.89
44	湖南省现代农业产业控股集团有限公司	105.64
45	湖南望新建设集团股份有限公司	99.21
46	湖南省轻工盐业集团有限公司	99.06
47	国网湖南省电力有限公司	95.82
48	山河智能装备股份有限公司	95.36
49	长沙水业集团有限公司	95
50	中国电信股份有限公司湖南分公司	93.92

18. 按净资产利润率排序

排名	企业名称	净资产利润率（%）
1	广发银行股份有限公司长沙分行	236.38
2	圣湘生物科技股份有限公司	55.14
3	岳阳林纸股份有限公司	48.41
4	中国联合网络通信有限公司湖南省分公司	39.31
5	长沙格力暖通制冷设备有限公司	34.75
6	长沙中兴智能技术有限公司	29.91
7	湖南省茶业集团股份有限公司	24.7
8	五矿二十三冶建设集团有限公司	20.38
9	长沙中联重科环境产业有限公司	20.08
10	湖南省沙坪建设有限公司	19.36
11	中国铁建重工集团股份有限公司	18.94
12	芒果超媒股份有限公司	18.72
13	湖南华菱钢铁集团有限责任公司	18.66
14	中国烟草总公司湖南省公司	18.37

续表

排名	企业名称	净资产利润率（%）
15	三一集团有限公司	17.98
16	唐人神集团股份有限公司	17.81
17	湖南邦普循环科技有限公司	16.34
18	湖南马上银科技有限公司	15.92
19	安克创新科技股份有限公司	15.85
20	长沙水业集团有限公司	15.74
21	中联重科股份有限公司	15.58
22	中车株洲电机有限公司	14.68
23	绝味食品股份有限公司	14.13
24	老百姓大药房连锁股份有限公司	14.09
25	益丰大药房连锁股份有限公司	14.05
26	中国邮政集团有限公司湖南省分公司	13.87
27	湖南省郴州建设集团有限公司	12.81
28	中国建筑第五工程局有限公司	12.8
29	国药控股湖南有限公司	12.76
30	大汉控股集团有限公司	12.53
31	长沙银行股份有限公司	12.04
32	湖南佳惠百货有限责任公司	11.82
33	五凌电力有限公司	11.62
34	中国移动通信集团湖南有限公司	11.29
35	湖南省交通水利建设集团有限公司	11.17
36	中国电建集团中南勘测设计研究院有限公司	11.15
37	山河智能装备股份有限公司	10.65
38	湖南建工集团有限公司	10.53
39	株洲硬质合金集团有限公司	10.48
40	中车株洲电力机车有限公司	10.34
41	中南出版传媒集团股份有限公司	10.27
42	湖南中烟工业有限责任公司	9.52

续表

排名	企业名称	净资产利润率（%）
43	华融湘江银行股份有限公司	9.28
44	天元盛世控股集团有限公司	9.04
45	中国能源建设集团湖南火电建设有限公司	9.01
46	湖南五江控股集团有限公司	8.01
47	特变电工衡阳变压器有限公司	7.66
48	金杯电工股份有限公司	7.53
49	湖南航天有限责任公司	7.4
50	蓝思科技集团	6.9

19. 按资产负债率排序

排名	企业名称	资产负债率（%）
1	中车株洲电力机车研究所有限公司	−112.68
2	湖南博深实业集团有限公司	−25.41
3	中国烟草总公司湖南省公司	6.25
4	望建（集团）有限公司	12.99
5	圣湘生物科技股份有限公司	13
6	绝味食品股份有限公司	15.74
7	湖南中烟工业有限责任公司	16.41
8	湖南对外建设集团有限公司	18.27
9	湖南望新建设集团股份有限公司	18.91
10	湖南新长海发展集团有限公司	19.46
11	安克创新科技股份有限公司	21.75
12	湖南省郴州建设集团有限公司	29.43
13	中兵红箭股份有限公司	29.99
14	湖南五江控股集团有限公司	31.2
15	天泽信息产业股份有限公司	31.45
16	爱尔眼科医院集团股份有限公司	31.46
17	湖南博瑞医疗健康产业集团有限公司	32.3

续表

排名	企业名称	资产负债率（%）
18	株洲旗滨集团股份有限公司	33.42
19	中国移动通信集团湖南有限公司	34.53
20	中南出版传媒集团股份有限公司	36.02
21	中国石油天然气股份有限公司湖南销售分公司	39.06
22	湖南高岭建设集团股份有限公司	42
23	中国电信股份有限公司湖南分公司	42.93
24	唐人神集团股份有限公司	42.99
25	湖南电广传媒股份有限公司	44.01
26	株洲硬质合金集团有限公司	44.18
27	芒果超媒股份有限公司	44.87
28	特变电工衡阳变压器有限公司	45.23
29	道道全粮油股份有限公司	45.47
30	金杯电工股份有限公司	46.02
31	蓝思科技集团	46.43
32	中国石化销售股份有限公司湖南石油分公司	46.58
33	湖南省茶业集团股份有限公司	46.71
34	天元盛世控股集团有限公司	47.06
35	中国航发南方工业有限公司	47.78
36	湖南黄金集团有限责任公司	48.74
37	中国铁建重工集团股份有限公司	51.37
38	长沙中联重科环境产业有限公司	52.92
39	湖南永通集团有限公司	52.98
40	湖南省沙坪建设有限公司	53.66
41	湖南佳惠百货有限责任公司	53.85
42	大汉控股集团有限公司	54.37
43	中国石油化工股份有限公司长岭分公司	54.59
44	湖南省轻工盐业集团有限公司	55.03
45	益丰大药房连锁股份有限公司	55.35

续表

排名	企业名称	资产负债率（%）
46	湖南省现代农业产业控股集团有限公司	55.98
47	中车株洲电机有限公司	56.98
48	老百姓大药房连锁股份有限公司	57.41
49	湖南邦普循环科技有限公司	57.63
50	五矿资本股份有限公司	58.49

20. 按资产积累率排序

排名	企业名称	资产积累率（%）
1	广发银行股份有限公司长沙分行	1742.72
2	圣湘生物科技股份有限公司	751.23
3	湘电集团有限公司	317.8
4	安克创新科技股份有限公司	175.16
5	中石化巴陵石油化工有限公司	109.76
6	蓝思科技集团	106.59
7	佳沃农业开发股份有限公司	94.51
8	唐人神集团股份有限公司	54.22
9	长沙格力暖通制冷设备有限公司	53.25
10	爱尔眼科医院集团股份有限公司	51.68
11	五矿资本股份有限公司	45.01
12	天元盛世控股集团有限公司	42.87
13	长沙中兴智能技术有限公司	42.67
14	湖南省现代农业产业控股集团有限公司	36.82
15	金杯电工股份有限公司	36.63
16	长沙水业集团有限公司	35.43
17	五矿二十三冶建设集团有限公司	30.62
18	三一集团有限公司	29.71
19	华融湘江银行股份有限公司	29.28
20	长沙中联重科环境产业有限公司	28.27

续表

排名	企业名称	资产积累率（%）
21	鹏都农牧股份有限公司	28.2
22	老百姓大药房连锁股份有限公司	24.02
23	湖南省沙坪建设有限公司	24.01
24	益丰大药房连锁股份有限公司	22.79
25	湖南粮食集团有限责任公司	22.52
26	江南工业集团有限公司	22.36
27	湖南口味王集团有限责任公司	21.14
28	中联重科股份有限公司	21.13
29	芒果超媒股份有限公司	20.42
30	湖南邦普循环科技有限公司	19.32
31	湖南华菱钢铁集团有限责任公司	17.65
32	国药控股湖南有限公司	17.5
33	湖南兰天集团有限公司	17.35
34	株洲旗滨集团股份有限公司	17.1
35	中国铁建重工集团股份有限公司	16.16
36	湖南省交通水利建设集团有限公司	15.87
37	国网湖南省电力有限公司	15.15
38	湖南望新建设集团股份有限公司	14.03
39	中国能源建设集团湖南火电建设有限公司	13.99
40	大汉控股集团有限公司	13.54
41	湖南省郴州建设集团有限公司	13.51
42	湖南佳惠百货有限责任公司	13.41
43	湖南对外建设集团有限公司	11.99
44	中国烟草总公司湖南省公司	11.8
45	中车株洲电力机车有限公司	11.66
46	湖南新长海发展集团有限公司	11.31
47	中华联合财产保险股份有限公司湖南分公司	11.3
48	湖南博长控股集团有限公司	10.06

续表

排名	企业名称	资产积累率（%）
49	中国邮政集团有限公司湖南省分公司	9.98
50	绝味食品股份有限公司	9.31

21. 按资产保值增值率排序

排名	企业名称	资产保值增值率（%）
1	广发银行股份有限公司长沙分行	1842.83
2	佳沃农业开发股份有限公司	1264.89
3	圣湘生物科技股份有限公司	851.23
4	安克创新科技股份有限公司	274.86
5	中石化巴陵石油化工有限公司	211.8
6	蓝思科技集团	206.66
7	长沙水业集团有限公司	196.57
8	唐人神集团股份有限公司	160.48
9	长沙格力暖通制冷设备有限公司	153.25
10	爱尔眼科医院集团股份有限公司	149.44
11	长沙中兴智能技术有限公司	142.67
12	湖南省现代农业产业控股集团有限公司	139.66
13	五矿二十三冶建设集团有限公司	138.92
14	金杯电工股份有限公司	133.66
15	五矿资本股份有限公司	132.69
16	华融湘江银行股份有限公司	129.36
17	老百姓大药房连锁股份有限公司	126.41
18	湖南粮食集团有限责任公司	126.05
19	长沙中联重科环境产业有限公司	125.06
20	五凌电力有限公司	124.07
21	湖南省沙坪建设有限公司	124.01
22	益丰大药房连锁股份有限公司	121.3
23	鹏都农牧股份有限公司	120.78
24	芒果超媒股份有限公司	120.54
25	湖南省交通水利建设集团有限公司	120.45

续表

排名	企业名称	资产保值增值率（%）
26	中联重科股份有限公司	120.28
27	湖南邦普循环科技有限公司	119.32
28	湖南华菱钢铁集团有限责任公司	118.85
29	中国铁建重工集团股份有限公司	116.2
30	三一集团有限公司	115.4
31	国网湖南省电力有限公司	115.07
32	株洲旗滨集团股份有限公司	115
33	国药控股湖南有限公司	114.49
34	中国能源建设集团湖南火电建设有限公司	113.99
35	湖南省郴州建设集团有限公司	113.51
36	湖南佳惠百货有限责任公司	113.41
37	中国烟草总公司湖南省公司	112.14
38	中车株洲电力机车有限公司	111.09
39	大汉控股集团有限公司	110.44
40	中国邮政集团有限公司湖南省分公司	109.95
41	湖南博长控股集团有限公司	109.86
42	长沙银行股份有限公司	109.11
43	绝味食品股份有限公司	108.69
44	湖南博瑞医疗健康产业集团有限公司	108.47
45	湖南五江控股集团有限公司	108.16
46	株洲硬质合金集团有限公司	107.82
47	中国建筑第五工程局有限公司	107.68
48	中国电建集团中南勘测设计研究院有限公司	107.6
49	现代投资股份有限公司	107.59
50	红星实业集团有限公司	107.48

第三节 2021湖南制造业企业100强数据

名次	企业名称	营业收入（万元）
1	湖南华菱钢铁集团有限责任公司	15202110
2	三一集团有限公司	12531796
3	湖南中烟工业有限责任公司	10302054
4	蓝思科技集团	9901303
5	中联重科股份有限公司	6510894
6	湖南博长控股集团有限公司	5573500
7	中车株洲电力机车研究所有限公司	3909666
8	湖南有色金属控股集团有限公司	3692361
9	中国石油化工股份有限公司长岭分公司	3461262
10	中车株洲电力机车有限公司	2353557
11	唐人神集团股份有限公司	1852685
12	中石化巴陵石油化工有限公司	1680230
13	湖南黄金集团有限责任公司	1516920
14	湖南粮食集团有限责任公司	1186556
15	长沙市比亚迪汽车有限公司	1146984
16	长沙中联重科环境产业有限公司	1013567
17	中车株洲电机有限公司	1000748
18	株洲旗滨集团股份有限公司	964409
19	山河智能装备股份有限公司	937737
20	安克创新科技股份有限公司	935263
21	湖南省现代农业产业控股集团有限公司	800135
22	金杯电工股份有限公司	779615
23	中国铁建重工集团股份有限公司	761074
24	岳阳林纸股份有限公司	711586

续表

名次	企业名称	营业收入（万元）
25	特变电工衡阳变压器有限公司	707999
26	中国航发南方工业有限公司	703111
27	湖南省茶业集团股份有限公司	674373
28	湖南省轻工盐业集团有限公司	660543
29	中兵红箭股份有限公司	646302
30	湖南航天有限责任公司	642615
31	株洲硬质合金集团有限公司	545382
32	长沙格力暖通制冷设备有限公司	538288
33	道道全粮油股份有限公司	528732
34	绝味食品股份有限公司	527608
35	长沙中兴智能技术有限公司	508263
36	湘电集团有限公司	498573
37	圣湘生物科技股份有限公司	476296
38	湖南湘科控股集团有限公司	470610
39	湖南邦普循环科技有限公司	453885
40	佳沃农业开发股份有限公司	452501
41	湖南口味王集团有限责任公司	423534
42	江南工业集团有限公司	417466
43	湖南金弘再生资源集团有限公司	398958
44	湖南科伦制药有限公司	398035
45	克明面业股份有限公司	395775
46	湖南杉杉能源科技有限公司	387433
47	水羊集团股份有限公司	371503
48	株洲千金药业股份有限公司	362696
49	楚天科技股份有限公司	357621
50	湖南中伟新能源科技有限公司	356569

续表

名次	企业名称	营业收入（万元）
51	九芝堂股份有限公司	355954
52	江麓机电集团有限公司	353892
53	长沙惠科金杨新型显示器件有限责任公司	350907
54	株洲联诚集团控股股份有限公司	334560
55	永兴贵研资源有限公司	330469
56	袁隆平农业高科技股份有限公司	329053
57	际华三五一七橡胶制品有限公司	314789
58	湖南金龙电缆有限公司	301012
59	威胜集团有限公司	298124
60	恒飞电缆股份有限公司	295360
61	奥士康科技股份有限公司	291070
62	湖南伍子醉食品有限公司	280797
63	湖南大旺食品有限公司	274303
64	益海嘉里（岳阳）粮油工业有限公司	263485
65	澳优乳业（中国）有限公司	254737
66	湖南科力远新能源股份有限公司	254578
67	湖南艾华集团股份有限公司	251660
68	湖南尔康制药股份有限公司	238227
69	湖南丽臣实业股份有限公司	237066
70	湖南宇新能源科技股份有限公司	229808
71	湖南海利高新技术产业集团有限公司	223082
72	湖南梦洁家纺股份有限公司	222011
73	湖南湘佳牧业股份有限公司	218959
74	加加食品集团股份有限公司	207265
75	三诺生物传感股份有限公司	201521
76	盐津铺子食品股份有限公司	195885

续表

名次	企业名称	营业收入（万元）
77	酒鬼酒股份有限公司	182617
78	亚光科技集团股份有限公司	181287
79	中航飞机起落架有限责任公司	177447
80	地通工业控股集团股份有限公司	177151
81	中车株洲车辆有限公司	173909
82	株洲钻石切削刀具股份有限公司	167666
83	湖南新金浩茶油股份有限公司	161451
84	岳阳东方雨虹防水技术有限责任公司	160945
85	湖南长高高压开关集团股份公司	156173
86	株洲天桥起重机股份有限公司	150153
87	郴州丰越环保科技有限公司	149331
88	湖南八百里水产股份有限公司	143164
89	湖南星邦智能装备股份有限公司	141507
90	湖南机油泵股份有限公司	140902
91	株洲宏达电子股份有限公司	140086
92	湖南红太阳新能源科技有限公司	133548
93	湖南红太阳光电科技有限公司	132524
94	湖南方盛制药股份有限公司	127877
95	湘北威尔曼制药股份有限公司	124949
96	长城信息股份有限公司	124696
97	湘潭电化科技股份有限公司	123417
98	郴州市金贵银业股份有限公司	120514
99	湖南飞沃新能源科技股份有限公司	119550
100	华自科技股份有限公司	116229

第四节 2021 湖南服务业企业 50 强数据

名次	企业名称	营业收入（万元）
1	国网湖南省电力有限公司	8800485
2	大汉控股集团有限公司	5439571
3	中国石化销售股份有限公司湖南石油分公司	4615511
4	步步高投资集团股份有限公司	4302278
5	长沙银行股份有限公司	3274701
6	中国移动通信集团湖南有限公司	2334339
7	华融湘江银行股份有限公司	2113372
8	五矿资本股份有限公司	1634301
9	湖南永通集团有限公司	1621105
10	中国电信股份有限公司湖南分公司	1460637
11	现代投资股份有限公司	1430920
12	芒果超媒股份有限公司	1400554
13	老百姓大药房连锁股份有限公司	1396669
14	湖南省高速公路集团有限公司	1385796
15	益丰大药房连锁股份有限公司	1314450
16	中国石油天然气股份有限公司湖南销售分公司	1288372
17	湖南兰天集团有限公司	1274704
18	湖南博深实业集团有限公司	1257368
19	爱尔眼科医院集团股份有限公司	1191241
20	中国电建集团中南勘测设计研究院有限公司	1142541
21	国药控股湖南有限公司	1079755
22	中南出版传媒集团股份有限公司	1047301
23	中国联合网络通信有限公司湖南省分公司	968435
24	中国邮政集团有限公司湖南省分公司	942555
25	湖南佳惠百货有限责任公司	940225
26	方正证券股份有限公司	754181

续表

名次	企业名称	营业收入（万元）
27	株洲市城市建设发展集团有限公司	595841
28	湖南电广传媒股份有限公司	593994
29	湖南申湘汽车星沙商务广场有限公司	535435
30	中华联合财产保险股份有限公司湖南分公司	527148
31	湖南新长海发展集团有限公司	505416
32	天泽信息产业股份有限公司	502653
33	广发银行股份有限公司长沙分行	476537
34	长沙水业集团有限公司	436860
35	湖南金荣企业集团有限公司	430000
36	湖南博瑞医疗健康产业集团有限公司	428652
37	湖南马上银科技有限公司	428446
38	红星实业集团有限公司	406129
39	中国能源建设集团湖南省电力设计院有限公司	370309
40	湖南兴盛优选电子商务有限公司	369756
41	中冶长天国际工程有限责任公司	364943
42	太平人寿保险有限公司湖南分公司	354631
43	湖南省国有资产管理集团有限公司	351565
44	财信吉祥人寿保险股份有限公司	327917
45	湖南郴电国际发展股份有限公司	304716
46	长沙通程实业（集团）有限公司	263102
47	恩瑞集团有限公司	261793
48	湖南红海人力资源有限公司	257761
49	湖南友谊阿波罗控股股份有限公司	252377
50	湖南省湘水集团有限公司	212213

第五节 2021 湖南企业 200 家数据

名次	企业名称	营业收入（万元）
1	湖南华菱钢铁集团有限责任公司	15202110
2	中国建筑第五工程局有限公司	14837566
3	三一集团有限公司	12531796
4	湖南中烟工业有限责任公司	10302054
5	蓝思科技集团	9901303
6	湖南建工集团有限公司	9857363
7	中国烟草总公司湖南省公司	8905564
8	国网湖南省电力有限公司	8800485
9	中联重科股份有限公司	6510894
10	湖南博长控股集团有限公司	5573500
11	大汉控股集团有限公司	5439571
12	中国石化销售股份有限公司湖南石油分公司	4615511
13	步步高投资集团股份有限公司	4302278
14	中车株洲电力机车研究所有限公司	3909666
15	湖南有色金属控股集团有限公司	3692361
16	湖南五江控股集团有限公司	3625615
17	中国石油化工股份有限公司长岭分公司	3461262
18	长沙银行股份有限公司	3274701
19	中国水利水电第八工程局有限公司	3145832
20	五矿二十三冶建设集团有限公司	2633631
21	中车株洲电力机车有限公司	2353557
22	中国移动通信集团湖南有限公司	2334339
23	湖南省交通水利建设集团有限公司	2209497
24	华融湘江银行股份有限公司	2113372
25	唐人神集团股份有限公司	1852685
26	中石化巴陵石油化工有限公司	1680230
27	五矿资本股份有限公司	1634301
28	湖南永通集团有限公司	1621105

续表

名次	企业名称	营业收入（万元）
29	湖南黄金集团有限责任公司	1516920
30	中国电信股份有限公司湖南分公司	1460637
31	现代投资股份有限公司	1430920
32	芒果超媒股份有限公司	1400554
33	老百姓大药房连锁股份有限公司	1396669
34	湖南省高速公路集团有限公司	1385796
35	鹏都农牧股份有限公司	1344636
36	益丰大药房连锁股份有限公司	1314450
37	中国石油天然气股份有限公司湖南销售分公司	1288372
38	湖南兰天集团有限公司	1274704
39	湖南博深实业集团有限公司	1257368
40	爱尔眼科医院集团股份有限公司	1191241
41	湖南粮食集团有限责任公司	1186556
42	长沙市比亚迪汽车有限公司	1146984
43	中国电建集团中南勘测设计研究院有限公司	1142541
44	湖南省煤业集团有限公司	1136545
45	国药控股湖南有限公司	1079755
46	湖南省沙坪建设有限公司	1060199
47	中南出版传媒集团股份有限公司	1047301
48	长沙中联重科环境产业有限公司	1013567
49	中车株洲电机有限公司	1000748
50	中国联合网络通信有限公司湖南省分公司	968435
51	株洲旗滨集团股份有限公司	964409
52	中国邮政集团有限公司湖南省分公司	942555
53	湖南佳惠百货有限责任公司	940225
54	山河智能装备股份有限公司	937737
55	安克创新科技股份有限公司	935263
56	大唐华银电力股份有限公司	825568
57	五凌电力有限公司	801587
58	湖南省现代农业产业控股集团有限公司	800135

续表

名次	企业名称	营业收入（万元）
59	金杯电工股份有限公司	779615
60	中国铁建重工集团股份有限公司	761074
61	方正证券股份有限公司	754181
62	岳阳林纸股份有限公司	711586
63	特变电工衡阳变压器有限公司	707999
64	中国航发南方工业有限公司	703111
65	湖南省茶业集团股份有限公司	674373
66	湖南望新建设集团股份有限公司	661924
67	湖南省轻工盐业集团有限公司	660543
68	中兵红箭股份有限公司	646302
69	湖南航天有限责任公司	642615
70	湖南高岭建设集团股份有限公司	606518
71	株洲市城市建设发展集团有限公司	595841
72	湖南电广传媒股份有限公司	593994
73	株洲硬质合金集团有限公司	545382
74	长沙格力暖通制冷设备有限公司	538288
75	湖南申湘汽车星沙商务广场有限公司	535435
76	道道全粮油股份有限公司	528732
77	绝味食品股份有限公司	527608
78	中华联合财产保险股份有限公司湖南分公司	527148
79	湖南对外建设集团有限公司	510023
80	长沙中兴智能技术有限公司	508263
81	湖南新长海发展集团有限公司	505416
82	天泽信息产业股份有限公司	502653
83	中国能源建设集团湖南火电建设有限公司	500002
84	湘电集团有限公司	498573
85	湖南顺天建设集团有限公司	483320
86	广发银行股份有限公司长沙分行	476537
87	圣湘生物科技股份有限公司	476296
88	湖南湘科控股集团有限公司	470610

续表

名次	企业名称	营业收入（万元）
89	天元盛世控股集团有限公司	468862
90	湖南邦普循环科技有限公司	453885
91	佳沃农业开发股份有限公司	452501
92	望建（集团）有限公司	451302
93	长沙水业集团有限公司	436860
94	湖南金荣企业集团有限公司	430000
95	湖南博瑞医疗健康产业集团有限公司	428652
96	湖南马上银科技有限公司	428446
97	湖南口味王集团有限责任公司	423534
98	江南工业集团有限公司	417466
99	湖南省郴州建设集团有限公司	406362
100	红星实业集团有限公司	406129
101	湖南金弘再生资源集团有限公司	398958
102	湖南科伦制药有限公司	398035
103	克明面业股份有限公司	395775
104	湖南东方红建设集团有限公司	388450
105	湖南杉杉能源科技有限公司	387433
106	伟大集团	377033
107	水羊集团股份有限公司	371503
108	中国能源建设集团湖南省电力设计院有限公司	370309
109	湖南兴盛优选电子商务有限公司	369756
110	中冶长天国际工程有限责任公司	364943
111	株洲千金药业股份有限公司	362696
112	楚天科技股份有限公司	357621
113	湖南中伟新能源科技有限公司	356569
114	九芝堂股份有限公司	355954
115	太平人寿保险有限公司湖南分公司	354631
116	江麓机电集团有限公司	353892
117	湖南省国有资产管理集团有限公司	351565
118	长沙惠科金杨新型显示器件有限责任公司	350907

续表

名次	企业名称	营业收入（万元）
119	株洲联诚集团控股股份有限公司	334560
120	永兴贵研资源有限公司	330469
121	袁隆平农业高科技股份有限公司	329053
122	财信吉祥人寿保险股份有限公司	327917
123	中交一公局桥隧工程有限公司	320546
124	际华三五一七橡胶制品有限公司	314789
125	湖南郴电国际发展股份有限公司	304716
126	湖南金龙电缆有限公司	301012
127	威胜集团有限公司	298124
128	恒飞电缆股份有限公司	295360
129	奥士康科技股份有限公司	291070
130	长安益阳发电有限公司	284205
131	湖南伍子醉食品有限公司	280797
132	湖南大旺食品有限公司	274303
133	益海嘉里（岳阳）粮油工业有限公司	263485
134	长沙通程实业（集团）有限公司	263102
135	恩瑞集团有限公司	261793
136	湖南红海人力资源有限公司	257761
137	澳优乳业（中国）有限公司	254737
138	湖南科力远新能源股份有限公司	254578
139	湖南友谊阿波罗控股股份有限公司	252377
140	湖南艾华集团股份有限公司	251660
141	湖南尔康制药股份有限公司	238227
142	湖南丽臣实业股份有限公司	237066
143	湖南宇新能源科技股份有限公司	229808
144	湖南海利高新技术产业集团有限公司	223082
145	湖南梦洁家纺股份有限公司	222011
146	湖南湘佳牧业股份有限公司	218959
147	湖南省湘水集团有限公司	212213
148	加加食品集团股份有限公司	207265

续表

名次	企业名称	营业收入（万元）
149	湖南省蓝马车业集团	202496
150	三诺生物传感股份有限公司	201521
151	盐津铺子食品股份有限公司	195885
152	湖南黄花建设集团股份有限公司	195507
153	长安电力华中发电有限公司	187419
154	湖南和顺石油股份有限公司	184353
155	酒鬼酒股份有限公司	182617
156	亚光科技集团股份有限公司	181287
157	中国广电湖南网络股份有限公司	180663
158	中机国际工程设计研究院有限责任公司	178809
159	湖南省机场管理集团有限公司	178764
160	中航飞机起落架有限责任公司	177447
161	地通工业控股集团股份有限公司	177151
162	中车株洲车辆有限公司	173909
163	湖南永清环境科技产业集团有限公司	170006
164	株洲钻石切削刀具股份有限公司	167666
165	湖南新金浩茶油股份有限公司	161451
166	岳阳东方雨虹防水技术有限责任公司	160945
167	株洲百货股份有限公司	159853
168	湖南长高高压开关集团股份公司	156173
169	株洲天桥起重机股份有限公司	150153
170	郴州丰越环保科技有限公司	149331
171	拓维信息系统股份有限公司	148859
172	湖南八百里水产股份有限公司	143164
173	湖南星邦智能装备股份有限公司	141507
174	湖南机油泵股份有限公司	140902
175	湖南百利工程科技有限公司	140420
176	株洲宏达电子股份有限公司	140086
177	湖南潭州教育网络科技有限公司	135788
178	湖南红太阳新能源科技有限公司	133548

续表

名次	企业名称	营业收入（万元）
179	湖南红太阳光电科技有限公司	132524
180	湖南仁仁洁国际清洁科技集团股份有限公司	128900
181	湖南方盛制药股份有限公司	127877
182	湘北威尔曼制药股份有限公司	124949
183	长城信息股份有限公司	124696
184	湘潭电化科技股份有限公司	123417
185	郴州市金贵银业股份有限公司	120514
186	湖南飞沃新能源科技股份有限公司	119550
187	华自科技股份有限公司	116229
188	湖南东信集团有限公司	111023
189	湖南东亿电气股份有限公司	109997
190	恒天九五重工有限公司	108227
191	湖南正虹科技发展股份有限公司	106830
192	中粮米业（岳阳）有限公司	102984
193	湖南竞网智赢网络技术有限公司	101628
194	科力尔电机集团股份有限公司	99319
195	湖南九典制药股份有限公司	97816
196	湖南中科电气股份有限公司	97363
197	湖南苏宁易购有限公司	95704
198	株洲市水务投资集团有限公司	95159
199	长缆电工科技股份有限公司	94058
200	大湖水殖股份有限公司	93652

第七章 中国500强企业及《财富》世界500强企业数据刊登

第一节 2021中国企业500强数据

排名	企业名称	营业收入（万元）	净利润（万元）	资产（万元）	所有者权益（万元）	从业人数（人）
1	国家电网有限公司	266766782	3850471	434622758	182290921	1043614
2	中国石油天然气集团有限公司	195931195	3156874	408867383	197858788	1242245
3	中国石油化工集团有限公司	195772455	4281570	223996049	78994612	553833
4	中国建筑股份有限公司	161502333	4494425	219217384	30042143	356864
5	中国平安保险（集团）股份有限公司	132141486	14309841	952787025	76255978	362035
6	中国工商银行股份有限公司	126128136	31590546	3334505789	289350211	439787
7	中国建设银行股份有限公司	114475400	27357900	2813225400	236480800	373814
8	中国农业银行股份有限公司	106043500	21592500	2720504700	220478900	459000
9	中国人寿保险（集团）公司	99766657	3207214	506541483	18909182	182632
10	中国铁路工程集团有限公司	97554878	1130786	120918497	11197790	308894
11	中国银行股份有限公司	92280100	19287000	2440265900	203841900	309084
12	中国铁道建筑集团有限公司	91074888	1024966	124572775	9522113	364632
13	华为投资控股有限公司	89136800	6459500	87685400	33032500	197000

第七章　中国500强企业及《财富》世界500强企业数据刊登

续表

排名	企业名称	营业收入（万元）	净利润（万元）	资产（万元）	所有者权益（万元）	从业人数（人）
14	中国移动通信集团有限公司	77159747	8914881	198704388	110232389	455721
15	京东集团股份有限公司	74580189	4940522	42228779	18754330	310000
16	上海汽车集团股份有限公司	74213245	2043104	91941476	26010295	143922
17	中国交通建设集团有限公司	73738891	803866	200027142	14160455	213438
18	阿里巴巴集团控股有限公司	71728900	15057800	169021800	93747000	251462
19	中国五矿集团有限公司	70390347	338859	98300396	6927371	200175
20	中国第一汽车集团有限公司	69742459	1977861	48894055	20972109	124565
21	恒力集团有限公司	69533561	1637160	26587848	4777589	118496
22	正威国际集团有限公司	69193677	1277708	20258068	11405624	20180
23	中国华润有限公司	68611944	2987838	179888442	26183324	370955
24	山东能源集团有限公司	67523956	801699	68510271	11236834	244832
25	中国宝武钢铁集团有限公司	67373867	2503826	101407132	29377547	207971
26	中国邮政集团有限公司	66449974	3241871	1181708989	42756802	828278
27	东风汽车集团有限公司	59930949	769705	55525156	10617668	145756
28	中国人民保险集团股份有限公司	58369600	2006900	125546100	20219400	961662
29	苏宁控股集团	58278071	-214150	35367214	11565140	280037
30	中国南方电网有限责任公司	57752408	689020	101249591	38917994	288573
31	中国海洋石油集团有限公司	57474604	3313654	126171463	58268933	80058
32	国家能源投资集团有限责任公司	55694290	2830444	178807863	42800630	326641
33	中国电力建设集团有限公司	54155793	475134	105697954	9182060	180883
34	中国医药集团有限公司	53321958	868503	46239608	8941794	176686
35	中粮集团有限公司	53030503	950570	66978757	9597082	151000
36	中国中信集团有限公司	51535674	2651343	825546695	38063102	148283
37	恒大集团有限公司	50724800	807600	230115900	35043100	200000

续表

排名	企业名称	营业收入（万元）	净利润（万元）	资产（万元）	所有者权益（万元）	从业人数（人）
38	北京汽车集团有限公司	49781770	234470	53436124	6992693	110000
39	中国电信集团有限公司	49266732	1301398	90781347	37340700	400945
40	中国兵器工业集团有限公司	49002216	1042489	43991352	12021470	212960
41	腾讯控股有限公司	48206400	15984700	133342500	70398400	85858
42	中国航空工业集团有限公司	46880346	631803	105196580	20985565	420000
43	交通银行股份有限公司	46617700	7827400	1069761600	86660700	90716
44	晋能控股集团有限公司	46599091	5687	102767208	8441882	472860
45	碧桂园控股有限公司	46285600	3500200	201580900	17510200	93500
46	绿地控股集团股份有限公司	45606199	1499777	139733629	8477640	86251
47	厦门建发集团有限公司	44237231	657301	43696789	5722588	28928
48	太平洋建设集团有限公司	44186077	1530497	29193404	13587352	295281
49	中国中化集团有限公司	43845360	558279	63697245	6024402	72237
50	中国太平洋保险（集团）股份有限公司	42218239	2458394	177100444	21522384	118119
51	招商银行股份有限公司	42007400	9734200	786613600	68445700	76585
52	万科企业股份有限公司	41911168	4151554	186917709	22451095	140656
53	联想控股股份有限公司	41756685	386801	65173277	6043436	84000
54	中国化工集团有限公司	41739411	-562764	85742676	-2587815	141250
55	招商局集团有限公司	41593770	4084391	222333457	39788388	199000
56	厦门国贸控股集团有限公司	40212600	197176	15355637	1676097	21374
57	中国保利集团公司	40069966	1345101	157048480	10065653	101500
58	广州汽车工业集团有限公司	39829579	397557	33502493	4815897	110537
59	中国建材集团有限公司	39409660	71041	60012574	3614746	202844
60	厦门象屿集团有限公司	37483544	192525	17002546	2077718	11671
61	中国光大集团股份公司	36866010	1773921	592390786	23047670	78600

续表

排名	企业名称	营业收入（万元）	净利润（万元）	资产（万元）	所有者权益（万元）	从业人数（人）
62	兴业银行股份有限公司	36786700	6662600	789400000	61558600	59630
63	中国铝业集团有限公司	36701991	221406	63240430	10873661	156258
64	河钢集团有限公司	36404984	3900	48552978	7145832	108132
65	上海浦东发展银行股份有限公司	36309900	5832500	795021800	63819700	61686
66	陕西煤业化工集团有限责任公司	34026966	83380	59606033	5909145	142546
67	中国民生银行股份有限公司	33862440	3430887	695023294	52953702	59262
68	江西铜业集团有限公司	33685917	134326	16929038	2918488	24528
69	中国远洋海运集团有限公司	33118871	1015155	84988963	18986857	110338
70	中南控股集团有限公司	33009152	122826	38382172	654459	100000
71	陕西延长石油（集团）有限责任公司	32766209	110887	44405357	15100192	133137
72	浙江吉利控股集团有限公司	32561869	933057	48540396	8718333	125764
73	中国船舶集团有限公司	32322774	1293474	86142593	24906578	218956
74	中国华能集团有限公司	31419332	215557	118751931	11895425	128560
75	国美控股集团有限公司	31047660	156155	28476315	7812257	64661
76	浙江荣盛控股集团有限公司	30860925	427401	27062106	2639872	20493
77	潍柴控股集团有限公司	30488263	198186	30855545	905706	88695
78	中国联合网络通信集团有限公司	30488253	237423	61581817	18147366	257147
79	海尔集团公司	30247330	806055	44777414	5643579	99813
80	青山控股集团有限公司	29289244	779213	8615934	2953193	75102
81	山东魏桥创业集团有限公司	28896461	852854	24609539	7845228	100395
82	美的集团股份有限公司	28570972	2722296	36038260	11751626	149239
83	中国机械工业集团有限公司	28287460	393906	35489807	6897908	139453
84	国家电力投资集团有限公司	27822779	237191	132413690	16364346	125916
85	中国能源建设集团有限公司	27212971	350213	47642266	4174812	120963

续表

排名	企业名称	营业收入（万元）	净利润（万元）	资产（万元）	所有者权益（万元）	从业人数（人）
86	中国航天科技集团有限公司	26731911	1887219	51876555	21665544	179085
87	江苏沙钢集团有限公司	26678565	789680	30222583	6689751	45060
88	浙江恒逸集团有限公司	26607632	104892	11357453	1180272	22019
89	盛虹控股集团有限公司	26523669	358645	11509193	2216707	32272
90	安徽海螺集团有限责任公司	26171587	1296083	24549749	6239092	59823
91	中国航天科工集团有限公司	26010986	1348948	38400638	14399553	145148
92	阳光龙净集团有限公司	25021130	372726	47355617	3061988	28670
93	中国电子信息产业集团有限公司	24792373	-67099	34965948	6492228	185050
94	金川集团股份有限公司	24775947	248703	11485345	3710891	29220
95	小米公司	24586563	2035550	25367982	12369170	22074
96	泰康保险集团股份有限公司	24478229	2403704	112961614	10729396	56899
97	中国太平保险集团有限责任公司	24467745	286419	98373380	4128041	65900
98	中国中车集团有限公司	23996982	516146	43672971	7756818	178500
99	中国兵器装备集团有限公司	23773708	588279	35839407	7702659	170282
100	中国华电集团有限公司	23763660	403519	86104255	10670818	102486
101	中国电子科技集团有限公司	23674894	1296924	45161011	17392078	220000
102	雪松控股集团有限公司	23347530	34224	12316068	2697891	23856
103	上海建工集团股份有限公司	23132723	335085	32135673	3668049	54498
104	融创中国控股有限公司	23058734	3564378	110840520	12562751	50563
105	中国核工业集团有限公司	22537364	819943	91225669	16351002	143200
106	敬业集团有限公司	22444527	419035	6987448	3232483	31000
107	重庆市金科投资控股（集团）有限责任公司	22381421	203112	39059318	1724815	29466
108	山东钢铁集团有限公司	22073340	89294	37368514	1883086	71107

第七章 中国500强企业及《财富》世界500强企业数据刊登

续表

排名	企业名称	营业收入（万元）	净利润（万元）	资产（万元）	所有者权益（万元）	从业人数（人）
109	新希望控股集团有限公司	21807950	355630	31604041	2696765	142659
110	深圳市投资控股有限公司	21489121	1146080	84536737	19463485	75102
111	鞍钢集团有限公司	21311112	178357	34018335	5917492	112606
112	山西焦煤集团有限责任公司	21013130	110358	44273942	5609450	181426
113	铜陵有色金属集团控股有限公司	20907830	-17770	9308857	756342	22621
114	首钢集团有限公司	20737071	29314	51200691	11867085	97235
115	新华人寿保险股份有限公司	20653800	1429700	100437600	10168000	35474
116	中国林业集团有限公司	20460921	39366	16439561	1601885	5856
117	海亮集团有限公司	19642059	80905	6099649	1993628	20172
118	中国通用技术（集团）控股有限责任公司	19581759	385243	22571766	4946031	52945
119	北京建龙重工集团有限公司	19569510	340852	15454742	3123334	61300
120	浙江省交通投资集团有限公司	19436092	487633	59489359	11081389	38777
121	中国大唐集团有限公司	19240874	218843	79656306	11593809	99925
122	上海医药集团股份有限公司	19190916	449622	14918566	4535468	48136
123	广西投资集团有限公司	19118515	28484	59765667	4918305	32623
124	多弗国际控股集团有限公司	19091564	322224	14097705	7227596	23810
125	新疆广汇实业投资（集团）有限责任公司	18939387	40823	27819345	3786165	73963
126	中国中煤能源集团有限公司	18702415	334300	41276651	7694083	131121
127	龙湖集团控股有限公司	18454730	2000203	76515882	10834393	35426
128	广州市建筑集团有限公司	18390878	87461	15466262	1068969	38325
129	广州医药集团有限公司	17988428	206342	5959129	832806	34371
130	云南省投资控股集团有限公司	17861994	192268	47452133	7240881	51442
131	万洲国际有限公司	17646430	570997	12211350	6528162	107000

续表

排名	企业名称	营业收入（万元）	净利润（万元）	资产（万元）	所有者权益（万元）	从业人数（人）
132	中国重型汽车集团有限公司	17564831	405542	12073281	1768488	36626
133	华阳新材料科技集团有限公司	17379672	−119190	25884812	2778112	125792
134	紫金矿业集团股份有限公司	17150134	650855	18231325	5653855	20024
135	珠海格力电器股份有限公司	17049742	2217511	27921792	11519021	83952
136	中国平煤神马能源化工集团有限责任公司	17031995	−92730	20659176	2280291	122601
137	中国再保险（集团）股份有限公司	16819440	571044	45357689	9302823	63914
138	南通三建控股有限公司	16777160	483868	5977120	2486790	83626
139	河南能源化工集团有限公司	16710826	−547994	27143393	692499	135708
140	天能控股集团有限公司	16482138	196797	5550284	548319	24379
141	华夏银行股份有限公司	16423000	2127500	339981600	28061300	39748
142	东浩兰生（集团）有限公司	16183072	78311	3538125	1364628	6059
143	潞安化工集团有限公司	16170997	−70145	26917894	3691499	102099
144	上海电气（集团）总公司	16063032	263891	37897388	3625697	68322
145	南京钢铁集团有限公司	15715916	239017	5734389	1710346	10642
146	北京首农食品集团有限责任公司	15706161	291480	15380078	3927119	47215
147	比亚迪股份有限公司	15659769	423427	20101732	5687427	224280
148	光明食品（集团）有限公司	15574792	122931	29611531	7115071	109375
149	杭州钢铁集团有限公司	15461073	122095	7991922	2678146	15101
150	顺丰控股股份有限公司	15398687	732608	11116004	5644305	121925
151	北京电子控股有限责任公司	15364413	93907	48729381	1681570	85000
152	国家开发投资集团有限公司	15307859	628314	68226971	9797947	51885
153	TCL	15281977	560552	32630924	3942651	119063
154	杭州市实业投资集团有限公司	15222889	163567	6434864	1486893	6867

续表

排名	企业名称	营业收入（万元）	净利润（万元）	资产（万元）	所有者权益（万元）	从业人数（人）
155	湖南华菱钢铁集团有限责任公司	15202110	528512	11343300	2832752	34038
156	中国航空油料集团有限公司	15131594	255166	6249346	2579573	14152
157	云南省建设投资控股集团有限公司	15059527	255277	60118953	15496237	45401
158	中升集团控股有限公司	14834807	553808	6850102	2646290	31803
159	华侨城集团有限公司	14708022	791522	67103995	9026788	64255
160	甘肃省公路航空旅游投资集团有限公司	14544927	7611	61133323	20578685	54319
161	陕西有色金属控股集团有限责任公司	14459580	89387	14079782	3297979	43541
162	四川长虹电子控股集团有限公司	14302825	5551	8692290	187522	59727
163	陕西建工控股集团有限公司	14282336	164730	22879679	1318677	42963
164	河北新华联合冶金控股集团有限公司	14232625	202061	11818740	827726	20566
165	山东高速集团有限公司	14189091	-22572	107074705	15043963	43196
166	中天钢铁集团有限公司	14003355	212753	4699532	1676941	12434
167	北大荒农垦集团有限公司	13919097	33146	21643206	4057912	520823
168	冀南钢铁集团有限公司	13907899	1099538	4390238	4049452	19226
169	无锡产业发展集团有限公司	13801604	21854	10916634	1042776	27527
170	复星国际有限公司	13662948	801794	76768060	12781203	72000
171	海信集团控股股份有限公司	13631446	347424	15275714	1913796	88129
172	中国有色矿业集团有限公司	13609998	109496	10941221	1946424	47157
173	广东鼎龙实业集团有限公司	13462321	235422	3865361	798303	3379
174	北京金隅集团股份有限公司	13392236	284377	29135238	6337594	47672
175	云南省能源投资集团有限公司	13150164	189053	20561290	5367947	29958
176	河北津西钢铁集团股份有限公司	13036986	157825	6514868	2368720	10672
177	浙江省兴合集团有限责任公司	13010772	58006	6392899	528797	19207
178	西安迈科金属国际集团有限公司	12887046	33907	2472443	560540	1190

续表

排名	企业名称	营业收入（万元）	净利润（万元）	资产（万元）	所有者权益（万元）	从业人数（人）
179	超威电源集团有限公司	12822745	132766	3288840	733184	18520
180	万向集团公司	12673776	181103	9270589	2351807	23947
181	北京银行股份有限公司	12665100	2148400	290001400	21921900	15490
182	三一集团有限公司	12531796	745519	22497446	4145440	37144
183	北京城建集团有限责任公司	12525443	252068	35035328	2629340	23565
184	四川省宜宾五粮液集团有限公司	12107223	591444	15454873	3846605	43640
185	中国化学工程集团有限公司	12094971	221535	16118405	2974792	45057
186	中天控股集团有限公司	12065311	344758	12236780	2043911	18719
187	东岭集团股份有限公司	12020369	43256	4513269	1105255	10189
188	物产中大金属集团有限公司	11937540	104231	2113999	406261	1248
189	中国国际技术智力合作集团有限公司	11853051	85293	1578359	571718	5112
190	上海均和集团有限公司	11762032	21120	2642799	1287164	5150
191	广西柳州钢铁集团有限公司	11740007	404517	10473353	2958500	31448
192	亨通集团有限公司	11700579	43274	7889205	748419	18105
193	上海德龙钢铁集团有限公司	11561923	370556	10258566	1711391	46534
194	阳光保险集团股份有限公司	11497979	564412	40548049	5577207	234326
195	美团公司	11479451	470831	16657480	9769303	59642
196	酒泉钢铁（集团）有限责任公司	11406950	38834	11016109	2283916	35070
197	南山集团有限公司	11358670	492405	13180049	6389908	46257
198	洛阳栾川钼业集团股份有限公司	11298101	232878	12244124	3889178	10956
199	传化集团有限公司	11173172	200849	7243238	1113618	12236
200	中国广核集团有限公司	11087379	839531	78715554	13250941	43599
201	九州通医药集团股份有限公司	11085951	307505	8082384	2182666	28213
202	新疆中泰（集团）有限责任公司	11050341	-1727	10834323	317658	40676

第七章 中国500强企业及《财富》世界500强企业数据刊登

续表

排名	企业名称	营业收入（万元）	净利润（万元）	资产（万元）	所有者权益（万元）	从业人数（人）
203	珠海华发集团有限公司	10919024	151467	48778304	5267326	39735
204	中国黄金集团有限公司	10860869	50746	11266368	1794332	40149
205	百度网络技术有限公司	10770400	2247200	33270800	18269600	41000
206	浙江省能源集团有限公司	10738544	621290	27642588	8444745	23066
207	云南省交通投资建设集团有限公司	10640906	49589	52924579	10104107	17279
208	北京建工集团有限责任公司	10551211	119494	20211367	1990901	38669
209	海澜集团有限公司	10521688	381807	11372235	8485812	17097
210	雅戈尔集团股份有限公司	10481096	778940	9552914	2874185	22475
211	宁波金田投资控股有限公司	10382009	16929	1656530	204124	7021
212	长城汽车股份有限公司	10330761	536249	15401149	5734185	63174
213	卓尔控股有限公司	10208663	94796	9657260	4942761	15596
214	辽宁方大集团实业有限公司	10197710	525684	12111165	2916570	59576
215	唯品会控股有限公司	10185849	590696	5894081	2849773	16675
216	山东东明石化集团有限公司	10166832	197748	4028122	2091295	7420
217	北京外企服务集团有限责任公司	10148195	39599	1311864	305046	5233
218	中兴通讯股份有限公司	10145067	425975	15063491	4329681	73709
219	北京控股集团有限公司	10126115	119837	38833455	4184976	73726
220	江苏永钢集团有限公司	10096904	390699	4057066	2291866	7181
221	龙光交通集团有限公司	10067914	1600929	40363941	7101357	17064
222	协鑫集团有限公司	10039029	-528178	17710916	3878084	24256
223	湖南建工集团有限公司	9857362	140238	7314860	1331766	30551
224	上海银行股份有限公司	9853783	2088506	246214402	19039789	12932
225	贵州茅台酒股份有限公司	9799324	4669729	21339581	16132274	29031
226	弘阳集团有限公司	9787913	334398	14505354	2401773	9020

排名	企业名称	营业收入（万元）	净利润（万元）	资产（万元）	所有者权益（万元）	从业人数（人）
227	日照钢铁控股集团有限公司	9711525	837986	11271737	4168041	16628
228	内蒙古伊利实业集团股份有限公司	9652396	707818	7115426	3038391	59159
229	利华益集团股份有限公司	9621648	227721	4537960	2141762	5576
230	江铃汽车集团有限公司	9456716	31192	7287985	1134130	35335
231	中国国际海运集装箱（集团）股份有限公司	9415908	534961	14621151	4401752	51100
232	前海人寿保险股份有限公司	9387258	113904	30266274	2700900	3142
233	永辉超市股份有限公司	9319911	179447	5615798	1935110	120748
234	中国南方航空集团有限公司	9305143	-439314	34743397	6577447	119178
235	万达控股集团有限公司	9302513	182921	5059279	1464225	13205
236	陕西汽车控股集团有限公司	9300892	66276	7204158	560477	31435
237	通威集团有限公司	9263517	319716	7565034	1887443	26825
238	江苏悦达集团有限公司	9262176	42121	8955425	1622858	41180
239	立讯精密工业股份有限公司	9250126	722546	7001275	2810182	172410
240	东方国际（集团）有限公司	9235469	94363	6372570	1744578	64136
241	神州数码集团股份有限公司	9206044	62409	3068960	470006	4569
242	晨鸣控股有限公司	9162298	16311	9370551	398339	15937
243	广西北部湾国际港务集团有限公司	9036745	2519	13496648	2431497	32000
244	正泰集团股份有限公司	8935473	203926	8863915	1857600	34618
245	奥园集团有限公司	8835171	590755	32567846	1855289	23773
246	福建大东海实业集团有限公司	8816736	689970	6180781	3857144	19648
247	新奥天然气股份有限公司	8809877	210696	10952385	813229	39282
248	开滦（集团）有限责任公司	8704453	5022	8953718	1383833	48832
249	重庆市迪马实业股份有限公司	8679400	180285	8172774	1077569	7273

第七章 中国500强企业及《财富》世界500强企业数据刊登

续表

排名	企业名称	营业收入（万元）	净利润（万元）	资产（万元）	所有者权益（万元）	从业人数（人）
250	包头钢铁（集团）有限责任公司	8667610	4269	17209353	486216	42729
251	双胞胎（集团）股份有限公司	8663084	531729	4052957	1618962	20000
252	天津泰达投资控股有限公司	8653070	40810	45961872	11238743	23273
253	山东省国有资产投资控股有限公司	8619026	119519	15733131	1621173	33980
254	中国宏桥集团有限公司	8614464	1049594	9743361	7119614	42445
255	江苏南通二建集团有限公司	8602674	404376	3898506	2000224	118367
256	内蒙古电力（集团）有限责任公司	8596369	174128	10311390	4791000	36293
257	天津荣程祥泰投资控股集团有限公司	8505107	65497	1995521	1164840	4802
258	奇瑞控股集团有限公司	8286878	75589	19985255	1848220	28633
259	山西建设投资集团有限公司	8121904	146586	13750425	2171321	31007
260	中国铁塔股份有限公司	8109900	642800	33738000	18624600	23300
261	振烨国际产业控股集团（深圳）有限公司	8105145	164675	1748804	573902	1836
262	重庆华宇集团有限公司	8084989	927049	13016523	4822812	6524
263	荣盛控股股份有限公司	8072639	338050	31291188	2526258	29110
264	上海永达控股（集团）有限公司	7983600	164323	3542478	1232715	16177
265	新余钢铁集团有限公司	7980988	150607	5819738	1290529	21050
266	浙江省建设投资集团有限公司	7954965	108394	8678781	582697	21235
267	广州工业投资控股集团有限公司	7927400	97935	8135365	1589756	30874
268	河北普阳钢铁有限公司	7918524	411450	4015298	2345633	7500
269	中基宁波集团股份有限公司	7913177	25504	1339036	141001	2346
270	杭州锦江集团有限公司	7889834	11830	7069566	1781983	9900
271	永锋集团有限公司	7866643	186266	5381550	1208528	11892
272	南通四建集团有限公司	7820558	450018	3853436	2351590	178000

续表

排名	企业名称	营业收入（万元）	净利润（万元）	资产（万元）	所有者权益（万元）	从业人数（人）
273	玖龙纸业（控股）有限公司	7813009	589176	8348039	4330985	19000
274	山东黄金集团有限公司	7665271	88338	12046327	1127390	24526
275	华泰集团有限公司	7649093	129153	3435710	1146358	8302
276	武安市裕华钢铁有限公司	7626638	638570	2950186	2341417	10976
277	陕西投资集团有限公司	7541571	203602	20052616	3694565	23797
278	红豆集团有限公司	7500322	33733	4850164	1824612	26085
279	温氏食品集团股份有限公司	7493891	742587	8050012	4578796	52809
280	广东省广晟控股集团有限公司	7464437	116694	13889719	1400998	50079
281	金鼎钢铁集团有限公司	7436768	212626	1548868	1093577	3780
282	中国东方航空集团有限公司	7387773	−127418	38159364	8157756	100179
283	中国国际航空股份有限公司	7386070	−1440334	28402962	7754133	89373
284	网易公司	7366713	1206275	14187458	8212680	20920
285	山东招金集团有限公司	7355595	35732	6009801	587585	14324
286	云天化集团有限责任公司	7343694	−47755	9435230	773351	22002
287	万华化学集团股份有限公司	7343297	1004143	13375267	4878035	17581
288	成都兴城投资集团有限公司	7299846	219621	77909960	5670688	35000
289	浙江省国际贸易集团有限公司	7189989	112480	12974606	1699743	24976
290	中天科技集团有限公司	7183181	272668	5294027	833928	15033
291	旭辉控股（集团）有限公司	7179866	803190	37929941	3605168	19649
292	广东省广新控股集团有限公司	7113661	161399	6674392	1440639	28623
293	桐昆控股集团有限公司	7101058	200817	5678305	881083	21943
294	蓝润集团有限公司	7100016	248799	9802214	3783193	23156
295	甘肃省建设投资（控股）集团有限公司	7075457	72959	9753075	2139119	65549
296	奥克斯集团有限公司	7063720	64762	6248808	1264342	34716

续表

排名	企业名称	营业收入（万元）	净利润（万元）	资产（万元）	所有者权益（万元）	从业人数（人）
297	恒信汽车集团股份有限公司	7051452	185329	1902595	1063785	21280
298	中国旅游集团有限公司	6992848	165227	15173238	2609382	43367
299	广州越秀集团股份有限公司	6965922	445401	67546130	4932790	26830
300	南京银行股份有限公司	6964558	1310088	151707577	10687613	11514
301	北京能源集团有限责任公司	6940960	243764	35305719	7934702	35263
302	广东省建筑工程集团有限公司	6937922	123242	9326862	1841099	21800
303	广厦控股集团有限公司	6831071	87718	4562738	1174203	111867
304	兰州新区商贸物流投资集团有限公司	6815822	13195	1628351	751541	2019
305	唐山港陆钢铁有限公司	6801593	75420	1924838	1026598	8278
306	四川华西集团有限公司	6750695	89708	7553602	1100775	23683
307	上海城建（集团）公司	6722142	81772	14264539	1104058	21493
308	青建集团股份公司	6663210	157213	4548538	1185479	15180
309	渤海银行股份有限公司	6621688	844457	139352313	10324583	10295
310	浙江前程投资股份有限公司	6620344	1179	637873	98429	434
311	上海中梁企业发展有限公司	6615524	355200	27082131	1254123	15699
312	旭阳控股有限公司	6602635	208541	4193400	1361578	10728
313	四川省川威集团有限公司	6579094	92535	4514149	650037	13792
314	中国铁路物资集团有限公司	6577404	281939	6077173	811766	8430
315	淮北矿业（集团）有限责任公司	6552350	127455	9927534	1594011	53384
316	山东京博控股集团有限公司	6533080	94317	4158783	599508	9892
317	山东海科控股有限公司	6532582	105913	2526691	798109	4436
318	河北新金钢铁有限公司	6511408	101423	2008434	1107774	5329
319	中联重科股份有限公司	6510894	728067	11627494	4674374	23528
320	贵州磷化（集团）有限责任公司	6431979	14325	9069345	1347020	17766

续表

排名	企业名称	营业收入（万元）	净利润（万元）	资产（万元）	所有者权益（万元）	从业人数（人）
321	深圳市爱施德股份有限公司	6418995	70047	1130764	541430	2378
322	宁夏天元锰业集团有限公司	6413255	-295495	15160930	8005565	20443
323	江苏省苏中建设集团股份有限公司	6402683	184502	2661549	921197	155703
324	深圳海王集团股份有限公司	6339653	56368	6150974	1093995	30752
325	三房巷集团有限公司	6325015	79385	2464182	1020416	6800
326	德力西集团有限公司	6291633	117232	2150197	624119	20336
327	安徽建工集团控股有限公司	6220401	39580	11335765	370996	21361
328	百联集团有限公司	6211884	14382	9592621	2082037	46762
329	晶科能源控股有限公司	6202061	112030	7587549	0	24361
330	河北新武安钢铁集团文安钢铁有限公司	6178592	177858	1247259	1125354	3970
331	本钢集团有限公司	6159631	7568	15559646	2988468	60761
332	盘锦北方沥青燃料有限公司	6152777	498410	5817556	1600202	3534
333	白银有色集团股份有限公司	6142270	7297	4650087	1525574	14297
334	云南锡业集团（控股）有限责任公司	6140825	92066	5699298	316554	20652
335	河北省物流产业集团有限公司	6111800	6896	1587209	284755	2209
336	新疆特变电工集团有限公司	6096838	326771	13608470	4835040	20972
337	泸州老窖集团有限责任公司	6076553	247016	27395165	1369112	14099
338	重庆化医控股（集团）公司	6062002	-89610	9104620	477259	24813
339	四川省能源投资集团有限责任公司	6056236	104451	18562967	3466118	24392
340	广东海大集团股份有限公司	6032386	252273	2752695	1397278	26241
341	牧原实业集团有限公司	5942750	354157	15368105	1098433	124503
342	浙江富冶集团有限公司	5906312	50073	1256305	357769	2685
343	四川公路桥梁建设集团有限公司	5874635	314619	10836588	1803343	9862
344	远大物产集团有限公司	5860283	-11808	621503	220697	499

第七章 中国500强企业及《财富》世界500强企业数据刊登

续表

排名	企业名称	营业收入（万元）	净利润（万元）	资产（万元）	所有者权益（万元）	从业人数（人）
345	上海钢联电子商务股份有限公司	5852122	21667	1304082	135896	3038
346	江苏新长江实业集团有限公司	5848383	107768	4383018	1342624	6862
347	广西盛隆冶金有限公司	5840699	180692	4783714	1880532	12188
348	安徽江淮汽车集团控股有限公司	5825477	5308	4454525	474402	27398
349	绿城房地产集团有限公司	5803567	264518	39563699	4628561	6545
350	天元建设集团有限公司	5779130	171267	7133835	1549345	14537
351	歌尔股份有限公司	5774274	284800	4911783	1965325	87346
352	厦门路桥工程物资有限公司	5730709	30465	1824712	152949	487
353	建业控股有限公司	5724197	201103	18214854	1498582	28200
354	山西鹏飞集团有限公司	5678218	272841	5113391	5113391	16268
355	山东如意时尚投资控股有限公司	5671453	262163	7056634	1605041	41492
356	恒申控股集团有限公司	5666242	401495	4323703	2282698	8251
357	福建永荣控股集团有限公司	5661317	19248	2911657	1087626	4341
358	新疆金风科技股份有限公司	5626511	296351	10913818	3416825	8956
359	湖南博长控股集团有限公司	5573500	18315	1387263	399882	6936
360	物美科技集团有限公司	5567770	165161	10289911	2636834	100000
361	重庆建工投资控股有限责任公司	5567143	17767	7718545	528077	16028
362	江苏国泰国际集团股份有限公司	5563778	97767	2589687	923547	13844
363	闻泰通讯股份有限公司	5518361	65863	1805579	304421	7758
364	红狮控股集团有限公司	5497879	586538	6072301	2668274	16624
365	隆基绿能科技股份有限公司	5458318	855237	8763483	3510577	46631
366	大汉控股集团有限公司	5439571	102887	2159491	821095	6257
367	南昌市政公用投资控股有限责任公司	5428951	59158	14654556	3583234	33727
368	山东太阳控股集团有限公司	5404945	306636	4209523	1789066	15225

续表

排名	企业名称	营业收入（万元）	净利润（万元）	资产（万元）	所有者权益（万元）	从业人数（人）
369	中华联合保险集团股份有限公司	5396526	69521	8116085	1747754	47659
370	广州智能装备产业集团有限公司	5392268	148363	6161880	1491911	30590
371	福建省三钢（集团）有限责任公司	5357563	183056	5277897	1653944	16427
372	广西北部湾投资集团有限公司	5341509	214238	22344180	7423768	18316
373	杉杉控股有限公司	5313824	73254	5813930	1080984	6858
374	辽宁嘉晨控股集团有限公司	5312895	277072	5306484	4089799	11230
375	北京首都创业集团有限公司	5270094	185030	40912774	2672531	37033
376	北京首都开发控股（集团）有限公司	5247846	206275	37128849	1972539	13946
377	龙记泰信实业集团有限公司	5213655	213509	2760445	1467434	5277
378	新凤祥控股集团有限责任公司	5185887	24198	3036721	997550	12016
379	老凤祥股份有限公司	5172150	158602	1956327	796490	3659
380	新凤鸣控股集团有限公司	5148647	61814	2851417	1215351	10833
381	富通集团有限公司	5123603	156931	3203860	1195546	5332
382	研祥高科技控股集团有限公司	5095715	294037	4287167	2721334	5155
383	兴华财富集团有限公司	5082717	252278	2012208	1310160	6534
384	河南豫光金铅集团有限责任公司	5082342	17791	2114879	107056	6051
385	广东省广物控股集团有限公司	5063517	81659	4683494	1491221	11845
386	稻花香集团	5057532	32659	1716225	328632	10011
387	宁德时代新能源科技股份有限公司	5031949	558334	15661843	6420730	33078
388	福佳集团有限公司	5031230	335212	8861243	5141649	2113
389	安阳钢铁集团有限责任公司	5029911	28680	5632445	785703	21435
390	天瑞集团股份有限公司	5026666	205576	7517389	4063342	14911
391	龙信建设集团有限公司	5014875	129125	1287045	613513	49595
392	重庆农村商业银行股份有限公司	4990405	840120	113592644	9322861	15088

第七章 中国 500 强企业及《财富》世界 500 强企业数据刊登

续表

排名	企业名称	营业收入（万元）	净利润（万元）	资产（万元）	所有者权益（万元）	从业人数（人）
393	郑州中瑞实业集团有限公司	4981717	17036	6793122	1136341	2582
394	威高集团有限公司	4978281	429709	6716835	3850527	28312
395	山东泰山钢铁集团有限公司	4974172	73100	2216911	1161465	7850
396	汇通达网络股份有限公司	4961023	19860	2077897	598623	5220
397	福建省港口集团有限责任公司	4941062	21192	8775340	2038487	33341
398	江苏南通六建建设集团有限公司	4918672	115690	1288877	944004	65412
399	江西正邦科技股份有限公司	4916630	574413	5925956	2325210	52322
400	山东九羊集团有限公司	4907189	160633	1812338	1303071	7766
401	帝海投资控股集团有限公司	4901878	200576	5218986	4221192	1200
402	广东省能源集团有限公司	4897642	260099	15366899	5293788	14617
403	上海闽路润贸易有限公司	4875304	9773	1014070	22122	168
404	融信（福建）投资集团有限公司	4854412	216056	22027158	2392707	3555
405	南京新工投资集团有限责任公司	4848350	94318	8246321	2615615	34553
406	天津友发钢管集团股份有限公司	4841870	114323	1184044	625504	12593
407	欧菲光集团股份有限公司	4834970	-194452	3422706	745745	27306
408	三河汇福粮油集团有限公司	4815435	70987	1330151	539929	3000
409	江西省建工集团有限责任公司	4799406	44705	6555380	425334	3868
410	山东中矿集团有限公司	4790108	50511	967932	241261	3606
411	宁波均胜电子股份有限公司	4788984	61617	5626515	1516899	53816
412	天津渤海化工集团有限责任公司	4764335	43834	11235560	3836384	25973
413	中国信息通信科技集团有限公司	4750222	89328	10356350	2525139	38685
414	广西玉柴机器集团有限公司	4749276	84472	4408780	1400452	15953
415	广西交通投资集团有限公司	4729291	-9796	44066992	13185159	14975
416	人民电器集团有限公司	4696591	191998	1321099	1007895	21250

续表

排名	企业名称	营业收入（万元）	净利润（万元）	资产（万元）	所有者权益（万元）	从业人数（人）
417	隆鑫控股有限公司	4695753	-107646	6264910	834005	30007
418	通州建总集团有限公司	4686350	145988	639718	241677	72000
419	河北文丰钢铁有限公司	4683338	385462	1851646	1605434	4708
420	重庆机电控股（集团）公司	4665129	83556	6028936	1303892	25869
421	河北建工集团有限责任公司	4636082	10346	2121776	141445	6679
422	明阳新能源投资控股集团有限公司	4626820	298170	8106165	2591756	9401
423	重庆中昂投资集团有限公司	4624605	670578	9761787	3668495	11930
424	江苏华西集团有限公司	4614720	-20671	4957670	1433962	15225
425	东营齐润化工有限公司	4611600	135122	2155534	1154280	1350
426	江苏省华建建设股份有限公司	4582201	133323	1795966	333767	67609
427	祥生地产集团有限公司	4572626	165214	16766573	1422463	4000
428	远景能源有限公司	4555397	318779	7496609	1635355	5181
429	山东创新金属科技有限公司	4551359	87863	1767652	64076	7772
430	心里程控股集团有限公司	4538097	170118	2462309	1618007	3383
431	东方润安集团有限公司	4537856	65103	1199808	546165	4985
432	浙江中成控股集团有限公司	4535824	87705	1754020	832723	52355
433	福建省电子信息（集团）有限责任公司	4524248	-124686	10381615	462594	53113
434	水发集团有限公司	4522925	21636	14177393	1444381	22968
435	重庆医药（集团）股份有限公司	4521953	90791	4153306	737835	12173
436	四川德胜集团钒钛有限公司	4521138	69524	2741393	836532	10031
437	四川省商业投资集团有限责任公司	4517092	9169	2351743	170239	3785
438	盛京银行股份有限公司	4512775	120378	103795838	7945193	7556
439	通鼎集团有限公司	4511879	129470	2456488	616815	13503
440	恒丰银行股份有限公司	4480390	530989	111415463	10487051	11408

排名	企业名称	营业收入（万元）	净利润（万元）	资产（万元）	所有者权益（万元）	从业人数（人）
441	申能（集团）有限公司	4474359	581539	20991086	10590864	17287
442	中国节能环保集团有限公司	4439436	12699	22134106	3067138	52429
443	齐成（山东）石化集团有限公司	4417152	17064	2634090	27811	975
444	山东汇丰石化集团有限公司	4415001	87789	1534981	170376	2044
445	山东渤海实业股份有限公司	4398565	74136	2070375	483286	2779
446	中铁集装箱运输有限责任公司	4394572	138145	2837818	1497663	962
447	福建省能源集团有限责任公司	4358303	192440	13352230	2426239	29664
448	远东控股集团有限公司	4349782	2456	2600026	386578	8160
449	山东金岭集团有限公司	4302881	241054	1796108	1500178	4345
450	步步高投资集团股份有限公司	4302278	11171	2455112	731428	24338
451	宏旺投资集团有限公司	4301255	40547	1015509	378992	2245
452	沂州集团有限公司	4298812	79724	1595320	610074	3067
453	富海集团新能源控股有限公司	4285514	131148	2176209	880211	5688
454	中科电力装备集团有限公司	4281482	18657	1868879	176063	3224
455	西王集团有限公司	4263690	1082	5043971	990693	16000
456	上海华谊（集团）公司	4260017	101203	7884125	2068223	20237
457	金澳科技（湖北）化工有限公司	4256736	46356	834225	542224	4358
458	贵州盘江煤电集团有限责任公司	4255044	-41648	7704923	1084469	55569
459	重庆市能源投资集团有限公司	4242164	-225592	9630830	1564542	36649
460	宁波富邦控股集团有限公司	4217583	62123	4858233	1126770	12036
461	山东金诚石化集团有限公司	4210501	-2185	1176091	523360	2325
462	新疆生产建设兵团建设工程（集团）有限责任公司	4209438	41494	6511980	1101880	18435
463	中融新大集团有限公司	4182191	-182726	15052572	6827430	10000

续表

排名	企业名称	营业收入（万元）	净利润（万元）	资产（万元）	所有者权益（万元）	从业人数（人）
464	上海新增鼎资产管理有限公司	4177875	-148	38246	17316	398
465	淮河能源控股集团有限责任公司	4175770	284291	12515094	1367270	71124
466	万基控股集团有限公司	4158946	31396	2504110	241840	12058
467	上海农村商业银行股份有限公司	4155550	816067	105697668	7721084	7183
468	金浦投资控股集团有限公司	4149067	27701	2434219	559230	9660
469	云账户技术（天津）有限公司	4140397	2823	140048	12894	456
470	西部矿业集团有限公司	4136351	4411	6608344	437519	7611
471	河北省国和投资集团有限公司	4125996	3621	768511	96713	2377
472	徐州矿务集团有限公司	4108056	45704	4891129	1629710	22450
473	深圳金雅福控股集团有限公司	4102225	13566	224246	127727	1815
474	法尔胜泓昇集团有限公司	4098825	30463	1514262	456466	9128
475	广东省交通集团有限公司	4092696	62306	44628833	9627422	56946
476	广州农村商业银行股份有限公司	4090552	508130	102787165	6948708	13941
477	重庆千信集团有限公司	4068020	36067	1437144	466090	518
478	宜昌兴发集团有限责任公司	4053946	19392	4299796	479956	12860
479	森马集团有限公司	4051223	28365	3148241	1094733	3843
480	四川科伦实业集团有限公司	4042711	53911	1432841	1378929	27525
481	山东科达集团有限公司	4041564	127038	1348202	1053517	8633
482	石药控股集团有限公司	4035608	585518	5448773	2816504	26556
483	伊电控股集团有限公司	4032330	16575	9179453	1181851	5600
484	深圳市中农网有限公司	4028649	668	1480845	85558	558
485	江苏扬子江船业集团	4026258	418317	13203133	3928895	22009
486	澳洋集团有限公司	4016403	41875	1990685	499437	9863
487	河北建设集团股份有限公司	4014993	75986	6279388	624594	8773

第七章 中国500强企业及《财富》世界500强企业数据刊登

续表

排名	企业名称	营业收入（万元）	净利润（万元）	资产（万元）	所有者权益（万元）	从业人数（人）
488	创维集团有限公司	3985341	96929	5474327	1016044	33680
489	双良集团有限公司	3983063	16931	2859953	798389	7030
490	河北安丰钢铁有限公司	3980619	411362	2088353	1462780	9500
491	江苏华宏实业集团有限公司	3977545	19494	885004	27987	2671
492	北京江南投资集团有限公司	3974219	582173	14422809	2888069	451
493	杭州市城市建设投资集团有限公司	3972538	168181	16228849	4652386	36409
494	山东清源集团有限公司	3971183	67985	3380249	1204925	4120
495	江苏阳光集团有限公司	3961174	203608	2188652	1114557	12588
496	卧龙控股集团有限公司	3958745	98654	3493102	996834	18005
497	鲁丽集团有限公司	3957637	120198	1589164	803468	6914
498	石横特钢集团有限公司	3942296	244960	3268340	2079582	12212
499	广州国资发展控股有限公司	3926853	166971	8168473	2229038	11629
500	盛屯矿业集团股份有限公司	3923619	5909	2323333	1067956	7107

第二节 2021中国制造业企业500强数据

排名	企业名称	营业收入（万元）	净利润（万元）	资产（万元）	所有者权益（万元）	从业人数（人）
1	中国石油化工集团有限公司	195772455	4281570	223996049	78994612	553833
2	华为投资控股有限公司	89136800	6459500	87685400	33032500	197000
3	上海汽车集团股份有限公司	74213245	2043104	91941476	26010295	143922
4	中国五矿集团有限公司	70390347	338859	98300396	6927371	200175
5	中国第一汽车集团有限公司	69742459	1977861	48894055	20972109	124565
6	恒力集团有限公司	69533561	1637160	26587848	4777589	118496
7	正威国际集团有限公司	69193677	1277708	20258068	11405624	20180

续表

排名	企业名称	营业收入（万元）	净利润（万元）	资产（万元）	所有者权益（万元）	从业人数（人）
8	中国宝武钢铁集团有限公司	67373867	2503826	101407132	29377547	207971
9	东风汽车集团有限公司	59930949	769705	55525156	10617668	145756
10	北京汽车集团有限公司	49781770	234470	53436124	6992693	110000
11	中国兵器工业集团有限公司	49002216	1042489	43991352	12021470	212960
12	中国航空工业集团有限公司	46880346	631803	105196580	20985565	420000
13	联想控股股份有限公司	41756685	386801	65173277	6043436	84000
14	中国化工集团有限公司	41739411	-562764	85742676	-2587815	141250
15	广州汽车工业集团有限公司	39829579	397557	33502493	4815897	110537
16	中国建材集团有限公司	39409660	71041	60012574	3614746	202844
17	中国铝业集团有限公司	36701991	221406	63240430	10873661	156258
18	河钢集团有限公司	36404984	3900	48552978	7145832	108132
19	江西铜业集团有限公司	33685917	134326	16929038	2918488	24528
20	浙江吉利控股集团有限公司	32561869	933057	48540396	8718333	125764
21	中国船舶集团有限公司	32322774	1293474	86142593	24906578	218956
22	浙江荣盛控股集团有限公司	30860925	427401	27062106	2639872	20493
23	潍柴控股集团有限公司	30488263	198186	30855545	905706	88695
24	海尔集团公司	30247330	806055	44777414	5643579	99813
25	青山控股集团有限公司	29289244	779213	8615934	2953193	75102
26	山东魏桥创业集团有限公司	28896461	852854	24609539	7845228	100395
27	美的集团股份有限公司	28570972	2722296	36038260	11751626	149239
28	中国航天科技集团有限公司	26731911	1887219	51876555	21665544	179085
29	江苏沙钢集团有限公司	26678565	789680	30222583	6689751	45060
30	浙江恒逸集团有限公司	26607632	104892	11357453	1180272	22019
31	盛虹控股集团有限公司	26523669	358645	11509193	2216707	32272

第七章 中国500强企业及《财富》世界500强企业数据刊登

续表

排名	企业名称	营业收入（万元）	净利润（万元）	资产（万元）	所有者权益（万元）	从业人数（人）
32	安徽海螺集团有限责任公司	26171587	1296083	24549749	6239092	59823
33	中国航天科工集团有限公司	26010986	1348948	38400638	14399553	145148
34	中国电子信息产业集团有限公司	24792373	-67099	34965948	6492228	185050
35	金川集团股份有限公司	24775947	248703	11485345	3710891	29220
36	小米公司	24586563	2035550	25367982	12369170	22074
37	中国中车集团有限公司	23996982	516146	43672971	7756818	178500
38	中国兵器装备集团有限公司	23773708	588279	35839407	7702659	170282
39	中国电子科技集团有限公司	23674894	1296924	45161011	17392078	220000
40	敬业集团有限公司	22444527	419035	6987448	3232483	31000
41	山东钢铁集团有限公司	22073340	89294	37368514	1883086	71107
42	新希望控股集团有限公司	21807950	355630	31604041	2696765	142659
43	鞍钢集团有限公司	21311112	178357	34018335	5917492	112606
44	铜陵有色金属集团控股有限公司	20907830	-17770	9308857	756342	22621
45	首钢集团有限公司	20737071	29314	51200691	11867085	97235
46	海亮集团有限公司	19642059	80905	6099649	1993628	20172
47	北京建龙重工集团有限公司	19569510	340852	15454742	3123334	61300
48	上海医药集团股份有限公司	19190916	449622	14918566	4535468	48136
49	多弗国际控股集团有限公司	19091564	322224	14097705	7227596	23810
50	广州医药集团有限公司	17988428	206342	5959129	832806	34371
51	万洲国际有限公司	17646430	570997	12211350	6528162	107000
52	中国重型汽车集团有限公司	17564831	405542	12073281	1768488	36626
53	紫金矿业集团股份有限公司	17150134	650855	18231325	5653855	20024
54	珠海格力电器股份有限公司	17049742	2217511	27921792	11519021	83952
55	天能控股集团有限公司	16482138	196797	5550284	548319	24379

续表

排名	企业名称	营业收入（万元）	净利润（万元）	资产（万元）	所有者权益（万元）	从业人数（人）
56	潞安化工集团有限公司	16170997	-70145	26917894	3691499	102099
57	上海电气（集团）总公司	16063032	263891	37897388	3625697	68322
58	南京钢铁集团有限公司	15715916	239017	5734389	1710346	10642
59	北京首农食品集团有限责任公司	15706161	291480	15380078	3927119	47215
60	比亚迪股份有限公司	15659769	423427	20101732	5687427	224280
61	光明食品（集团）有限公司	15574792	122931	29611531	7115071	109375
62	杭州钢铁集团有限公司	15461073	122095	7991922	2678146	15101
63	北京电子控股有限责任公司	15364413	93907	48729381	1681570	85000
64	TCL	15281977	560552	32630924	3942651	119063
65	湖南华菱钢铁集团有限责任公司	15202110	528512	11343300	2832752	34038
66	陕西有色金属控股集团有限责任公司	14459580	89387	14079782	3297979	43541
67	四川长虹电子控股集团有限公司	14302825	5551	8692290	187522	59727
68	河北新华联合冶金控股集团有限公司	14232625	202061	11818740	827726	20566
69	中天钢铁集团有限公司	14003355	212753	4699532	1676941	12434
70	冀南钢铁集团有限公司	13907899	1099538	4390238	4049452	19226
71	无锡产业发展集团有限公司	13801604	21854	10916634	1042776	27527
72	复星国际有限公司	13662948	801794	76768060	12781203	72000
73	海信集团控股股份有限公司	13631446	347424	15275714	1913796	88129
74	中国有色矿业集团有限公司	13609998	109496	10941221	1946424	47157
75	北京金隅集团股份有限公司	13392236	284377	29135238	6337594	47672
76	河北津西钢铁集团股份有限公司	13036986	157825	6514868	2368720	10672
77	超威电源集团有限公司	12822745	132766	3288840	733184	18520
78	万向集团公司	12673776	181103	9270589	2351807	23947
79	三一集团有限公司	12531796	745519	22497446	4145440	37144

第七章　中国500强企业及《财富》世界500强企业数据刊登

续表

排名	企业名称	营业收入（万元）	净利润（万元）	资产（万元）	所有者权益（万元）	从业人数（人）
80	四川省宜宾五粮液集团有限公司	12107223	591444	15454873	3846605	43640
81	广西柳州钢铁集团有限公司	11740007	404517	10473353	2958500	31448
82	亨通集团有限公司	11700579	43274	7889205	748419	18105
83	上海德龙钢铁集团有限公司	11561923	370556	10258566	1711391	46534
84	酒泉钢铁（集团）有限责任公司	11406950	38834	11016109	2283916	35070
85	南山集团有限公司	11358670	492405	13180049	6389908	46257
86	洛阳栾川钼业集团股份有限公司	11298101	232878	12244124	3889178	10956
87	新疆中泰（集团）有限责任公司	11050341	-1727	10834323	317658	40676
88	中国黄金集团有限公司	10860869	50746	11266368	1794332	40149
89	海澜集团有限公司	10521688	381807	11372235	8485812	17097
90	雅戈尔集团股份有限公司	10481096	778940	9552914	2874185	22475
91	宁波金田投资控股有限公司	10382009	16929	1656530	204124	7021
92	长城汽车股份有限公司	10330761	536249	15401149	5734185	63174
93	辽宁方大集团实业有限公司	10197710	525684	12111165	2916570	59576
94	山东东明石化集团有限公司	10166832	197748	4028122	2091295	7420
95	中兴通讯股份有限公司	10145067	425975	15063491	4329681	73709
96	江苏永钢集团有限公司	10096904	390699	4057066	2291866	7181
97	协鑫集团有限公司	10039029	-528178	17710916	3878084	24256
98	贵州茅台酒股份有限公司	9799324	4669729	21339581	16132274	29031
99	日照钢铁控股集团有限公司	9711525	837986	11271737	4168041	16628
100	内蒙古伊利实业集团股份有限公司	9652396	707818	7115426	3038391	59159
101	利华益集团股份有限公司	9621648	227721	4537960	2141762	5576
102	江铃汽车集团有限公司	9456716	31192	7287985	1134130	35335

续表

排名	企业名称	营业收入（万元）	净利润（万元）	资产（万元）	所有者权益（万元）	从业人数（人）
103	中国国际海运集装箱（集团）股份有限公司	9415908	534961	14621151	4401752	51100
104	万达控股集团有限公司	9302513	182921	5059279	1464225	13205
105	陕西汽车控股集团有限公司	9300892	66276	7204158	560477	31435
106	通威集团有限公司	9263517	319716	7565034	1887443	26825
107	江苏悦达集团有限公司	9262176	42121	8955425	1622858	41180
108	立讯精密工业股份有限公司	9250126	722546	7001275	2810182	172410
109	晨鸣控股有限公司	9162298	16311	9370551	398339	15937
110	正泰集团股份有限公司	8935473	203926	8863915	1857600	34618
111	福建大东海实业集团有限公司	8816736	689970	6180781	3857144	19648
112	包头钢铁（集团）有限责任公司	8667610	4269	17209353	486216	42729
113	双胞胎（集团）股份有限公司	8663084	531729	4052957	1618962	20000
114	中国宏桥集团有限公司	8614464	1049594	9743361	7119614	42445
115	天津荣程祥泰投资控股集团有限公司	8505107	65497	1995521	1164840	4802
116	奇瑞控股集团有限公司	8286878	75589	19985255	1848220	28633
117	中国铁塔股份有限公司	8109900	642800	33738000	18624600	23300
118	新余钢铁集团有限公司	7980988	150607	5819738	1290529	21050
119	广州工业投资控股集团有限公司	7927400	97935	8135365	1589756	30874
120	河北普阳钢铁有限公司	7918524	411450	4015298	2345633	7500
121	杭州锦江集团有限公司	7889834	11830	7069566	1781983	9900
122	永锋集团有限公司	7866643	186266	5381550	1208528	11892
123	玖龙纸业（控股）有限公司	7813009	589176	8348039	4330985	19000
124	山东黄金集团有限公司	7665271	88338	12046327	1127390	24526
125	华泰集团有限公司	7649093	129153	3435710	1146358	8302

第七章 中国500强企业及《财富》世界500强企业数据刊登

续表

排名	企业名称	营业收入（万元）	净利润（万元）	资产（万元）	所有者权益（万元）	从业人数（人）
126	武安市裕华钢铁有限公司	7626638	638570	2950186	2341417	10976
127	红豆集团有限公司	7500322	33733	4850164	1824612	26085
128	温氏食品集团股份有限公司	7493891	742587	8050012	4578796	52809
129	金鼎钢铁集团有限公司	7436768	212626	1548868	1093577	3780
130	山东招金集团有限公司	7355595	35732	6009801	587585	14324
131	云天化集团有限责任公司	7343694	-47755	9435230	773351	22002
132	万华化学集团股份有限公司	7343297	1004143	13375267	4878035	17581
133	中天科技集团有限公司	7183181	272668	5294027	833928	15033
134	桐昆控股集团有限公司	7101058	200817	5678305	881083	21943
135	蓝润集团有限公司	7100016	248799	9802214	3783193	23156
136	奥克斯集团有限公司	7063720	64762	6248808	1264342	34716
137	唐山港陆钢铁有限公司	6801593	75420	1924838	1026598	8278
138	旭阳控股有限公司	6602635	208541	4193400	1361578	10728
139	四川省川威集团有限公司	6579094	92535	4514149	650037	13792
140	山东京博控股集团有限公司	6533080	94317	4158783	599508	9892
141	山东海科控股有限公司	6532582	105913	2526691	798109	4436
142	河北新金钢铁有限公司	6511408	101423	2008434	1107774	5329
143	中联重科股份有限公司	6510894	728067	11627494	4674374	23528
144	贵州磷化（集团）有限责任公司	6431979	14325	9069345	1347020	17766
145	宁夏天元锰业集团有限公司	6413255	-295495	15160930	8005565	20443
146	深圳海王集团股份有限公司	6339653	56368	6150974	1093995	30752
147	三房巷集团有限公司	6325015	79385	2464182	1020416	6800
148	德力西集团有限公司	6291633	117232	2150197	624119	20336
149	晶科能源控股有限公司	6202061	112030	7587549	0	24361

续表

排名	企业名称	营业收入（万元）	净利润（万元）	资产（万元）	所有者权益（万元）	从业人数（人）
150	河北新武安钢铁集团文安钢铁有限公司	6178592	177858	1247259	1125354	3970
151	本钢集团有限公司	6159631	7568	15559646	2988468	60761
152	盘锦北方沥青燃料有限公司	6152777	498410	5817556	1600202	3534
153	白银有色集团股份有限公司	6142270	7297	4650087	1525574	14297
154	云南锡业集团（控股）有限责任公司	6140825	92066	5699298	316554	20652
155	新疆特变电工集团有限公司	6096838	326771	13608470	4835040	20972
156	泸州老窖集团有限责任公司	6076553	247016	27395165	1369112	14099
157	重庆化医控股（集团）公司	6062002	-89610	9104620	477259	24813
158	广东海大集团股份有限公司	6032386	252273	2752695	1397278	26241
159	牧原实业集团有限公司	5942750	354157	15368105	1098433	124503
160	浙江富冶集团有限公司	5906312	50073	1256305	357769	2685
161	江苏新长江实业集团有限公司	5848383	107768	4383018	1342624	6862
162	广西盛隆冶金有限公司	5840699	180692	4783714	1880532	12188
163	安徽江淮汽车集团控股有限公司	5825477	5308	4454525	474402	27398
164	歌尔股份有限公司	5774274	284800	4911783	1965325	87346
165	山东如意时尚投资控股有限公司	5671453	262163	7056634	1605041	41492
166	恒申控股集团有限公司	5666242	401495	4323703	2282698	8251
167	福建永荣控股集团有限公司	5661317	19248	2911657	1087626	4341
168	新疆金风科技股份有限公司	5626511	296351	10913818	3416825	8956
169	湖南博长控股集团有限公司	5573500	18315	1387263	399882	6936
170	闻泰通讯股份有限公司	5518361	65863	1805579	304421	7758
171	红狮控股集团有限公司	5497879	586538	6072301	2668274	16624
172	隆基绿能科技股份有限公司	5458318	855237	8763483	3510577	46631

续表

排名	企业名称	营业收入（万元）	净利润（万元）	资产（万元）	所有者权益（万元）	从业人数（人）
173	山东太阳控股集团有限公司	5404945	306636	4209523	1789066	15225
174	广州智能装备产业集团有限公司	5392268	148363	6161880	1491911	30590
175	福建省三钢（集团）有限责任公司	5357563	183056	5277897	1653944	16427
176	杉杉控股有限公司	5313824	73254	5813930	1080984	6858
177	辽宁嘉晨控股集团有限公司	5312895	277072	5306484	4089799	11230
178	新凤祥控股集团有限责任公司	5185887	24198	3036721	997550	12016
179	老凤祥股份有限公司	5172150	158602	1956327	796490	3659
180	新凤鸣控股集团有限公司	5148647	61814	2851417	1215351	10833
181	富通集团有限公司	5123603	156931	3203860	1195546	5332
182	研祥高科技控股集团有限公司	5095715	294037	4287167	2721334	5155
183	河南豫光金铅集团有限责任公司	5082342	17791	2114879	107056	6051
184	稻花香集团	5057532	32659	1716225	328632	10011
185	宁德时代新能源科技股份有限公司	5031949	558334	15661843	6420730	33078
186	福佳集团有限公司	5031230	335212	8861243	5141649	2113
187	安阳钢铁集团有限责任公司	5029911	28680	5632445	785703	21435
188	天瑞集团股份有限公司	5026666	205576	7517389	4063342	14911
189	威高集团有限公司	4978281	429709	6716835	3850527	28312
190	山东泰山钢铁集团有限公司	4974172	73100	2216911	1161465	7850
191	江西正邦科技股份有限公司	4916630	574413	5925956	2325210	52322
192	山东九羊集团有限公司	4907189	160633	1812338	1303071	7766
193	天津友发钢管集团股份有限公司	4841870	114323	1184044	625504	12593
194	欧菲光集团股份有限公司	4834970	-194452	3422706	745745	27306
195	三河汇福粮油集团有限公司	4815435	70987	1330151	539929	3000
196	山东中矿集团有限公司	4790108	50511	967932	241261	3606

续表

排名	企业名称	营业收入（万元）	净利润（万元）	资产（万元）	所有者权益（万元）	从业人数（人）
197	宁波均胜电子股份有限公司	4788984	61617	5626515	1516899	53816
198	天津渤海化工集团有限责任公司	4764335	43834	11235560	3836384	25973
199	中国信息通信科技集团有限公司	4750222	89328	10356350	2525139	38685
200	广西玉柴机器集团有限公司	4749276	84472	4408780	1400452	15953
201	人民电器集团有限公司	4696591	191998	1321099	1007895	21250
202	隆鑫控股有限公司	4695753	-107646	6264910	834005	30007
203	河北文丰钢铁有限公司	4683338	385462	1851646	1605434	4708
204	重庆机电控股（集团）公司	4665129	83556	6028936	1303892	25869
205	明阳新能源投资控股集团有限公司	4626820	298170	8106165	2591756	9401
206	江苏华西集团有限公司	4614720	-20671	4957670	1433962	15225
207	东营齐润化工有限公司	4611600	135122	2155534	1154280	1350
208	远景能源有限公司	4555397	318779	7496609	1635355	5181
209	山东创新金属科技有限公司	4551359	87863	1767652	64076	7772
210	心里程控股集团有限公司	4538097	170118	2462309	1618007	3383
211	东方润安集团有限公司	4537856	65103	1199808	546165	4985
212	福建省电子信息（集团）有限责任公司	4524248	-124686	10381615	462594	53113
213	四川德胜集团钒钛有限公司	4521138	69524	2741393	836532	10031
214	齐成（山东）石化集团有限公司	4417152	17064	2634090	27811	975
215	山东汇丰石化集团有限公司	4415001	87789	1534981	170376	2044
216	山东渤海实业股份有限公司	4398565	74136	2070375	483286	2779
217	福建省能源集团有限责任公司	4358303	192440	13352230	2426239	29664
218	远东控股集团有限公司	4349782	2456	2600026	386578	8160
219	山东金岭集团有限公司	4302881	241054	1796108	1500178	4345

续表

排名	企业名称	营业收入（万元）	净利润（万元）	资产（万元）	所有者权益（万元）	从业人数（人）
220	宏旺投资集团有限公司	4301255	40547	1015509	378992	2245
221	沂州集团有限公司	4298812	79724	1595320	610074	3067
222	富海集团新能源控股有限公司	4285514	131148	2176209	880211	5688
223	中科电力装备集团有限公司	4281482	18657	1868879	176063	3224
224	西王集团有限公司	4263690	1082	5043971	990693	16000
225	上海华谊（集团）公司	4260017	101203	7884125	2068223	20237
226	金澳科技（湖北）化工有限公司	4256736	46356	834225	542224	4358
227	宁波富邦控股集团有限公司	4217583	62123	4858233	1126770	12036
228	山东金诚石化集团有限公司	4210501	-2185	1176091	523360	2325
229	万基控股集团有限公司	4158946	31396	2504110	241840	12058
230	金浦投资控股集团有限公司	4149067	27701	2434219	559230	9660
231	西部矿业集团有限公司	4136351	4411	6608344	437519	7611
232	法尔胜泓昇集团有限公司	4098825	30463	1514262	456466	9128
233	宜昌兴发集团有限责任公司	4053946	19392	4299796	479956	12860
234	森马集团有限公司	4051223	28365	3148241	1094733	3843
235	四川科伦实业集团有限公司	4042711	53911	1432841	1378929	27525
236	石药控股集团有限公司	4035608	585518	5448773	2816504	26556
237	伊电控股集团有限公司	4032330	16575	9179453	1181851	5600
238	江苏扬子江船业集团	4026258	418317	13203133	3928895	22009
239	澳洋集团有限公司	4016403	41875	1990685	499437	9863
240	创维集团有限公司	3985341	96929	5474327	1016044	33680
241	双良集团有限公司	3983063	16931	2859953	798389	7030
242	河北安丰钢铁有限公司	3980619	411362	2088353	1462780	9500
243	江苏华宏实业集团有限公司	3977545	19494	885004	27987	2671

续表

排名	企业名称	营业收入（万元）	净利润（万元）	资产（万元）	所有者权益（万元）	从业人数（人）
244	山东清源集团有限公司	3971183	67985	3380249	1204925	4120
245	江苏阳光集团有限公司	3961174	203608	2188652	1114557	12588
246	卧龙控股集团有限公司	3958745	98654	3493102	996834	18005
247	鲁丽集团有限公司	3957637	120198	1589164	803468	6914
248	石横特钢集团有限公司	3942296	244960	3268340	2079582	12212
249	盛屯矿业集团股份有限公司	3923619	5909	2323333	1067956	7107
250	山东鲁花集团有限公司	3903065	423339	3282572	1341239	26000
251	江苏中利控股集团有限公司	3862221	112254	3996416	1423472	6925
252	山东恒源石油化工股份有限公司	3843643	80932	1700315	716726	1729
253	新疆天业（集团）有限公司	3820420	-7556	4452871	684210	15710
254	中国东方电气集团有限公司	3817237	124010	10015864	1789967	18833
255	得力集团有限公司	3804946	316398	2618712	959950	16043
256	江苏江润铜业有限公司	3803819	12250	346844	178885	753
257	舜宇集团有限公司	3800177	487179	3543812	1659722	24374
258	重庆市博赛矿业（集团）有限公司	3788251	70611	1279918	643619	8280
259	郑州宇通企业集团	3748355	255106	10266973	1873004	29483
260	中国一重集团有限公司	3729003	34418	4830881	1128454	15441
261	重庆轻纺控股（集团）公司	3639776	43383	2983491	620845	23857
262	湖南五江控股集团有限公司	3625615	314263	6158841	3923652	23956
263	华勤橡胶工业集团有限公司	3571859	81579	2108081	943405	8500
264	河北天柱钢铁集团有限公司	3568670	150845	1507184	770295	5578
265	利时集团股份有限公司	3517263	86382	1716118	890643	6829
266	江苏大明金属制品有限公司	3510130	30735	1087424	190320	6039
267	山西晋南钢铁集团有限公司	3501720	134796	2614485	1099122	7326

第七章　中国500强企业及《财富》世界500强企业数据刊登

续表

排名	企业名称	营业收入（万元）	净利润（万元）	资产（万元）	所有者权益（万元）	从业人数（人）
268	山西建邦集团有限公司	3480273	135471	1539530	997933	3252
269	浙江升华控股集团有限公司	3462094	31321	899136	298433	2910
270	山东寿光鲁清石化有限公司	3460001	58680	2377810	905187	2771
271	振石控股集团有限公司	3402332	198532	3014964	1069877	7431
272	巨化集团有限公司	3393704	223617	3863269	962560	11421
273	金东纸业（江苏）股份有限公司	3374874	148245	6999417	2094672	5201
274	四川九洲投资控股集团有限公司	3334245	27310	2771559	627179	12565
275	五得利面粉集团有限公司	3328398	245474	1637941	1293719	5500
276	北京顺鑫控股集团有限公司	3300580	155	3580737	342025	8638
277	波司登股份有限公司	3288516	410679	3854196	2300611	23934
278	天津华北集团有限公司	3284748	17196	1252064	606365	1180
279	河南中原黄金冶炼厂有限责任公司	3280631	44681	1709012	774232	1445
280	重庆小康控股有限公司	3276438	−108698	2932442	120075	14358
281	三花控股集团有限公司	3274796	124269	2792407	1020840	23790
282	云南白药集团集团股份有限公司	3274277	551607	5521945	3805255	8131
283	花园集团有限公司	3267598	52595	2706926	1133756	13952
284	广西南丹南方金属有限公司	3266685	58902	2091262	752356	5189
285	太平鸟集团有限公司	3227611	51140	1632558	98353	13638
286	道恩集团有限公司	3184087	90262	1358458	208331	3514
287	浙江龙盛控股有限公司	3176536	449858	6015784	2922140	8284
288	河北兴华钢铁有限公司	3176396	136646	901016	620773	5369
289	华芳集团有限公司	3150194	26967	708443	488074	7247
290	浙江元立金属制品集团有限公司	3149802	181082	2321498	700730	13000
291	西子联合控股有限公司	3128623	369981	5015509	1801655	19049

续表

排名	企业名称	营业收入（万元）	净利润（万元）	资产（万元）	所有者权益（万元）	从业人数（人）
292	济源市万洋冶炼（集团）有限公司	3099762	43764	594468	248487	3160
293	万通海欣控股集团股份有限公司	3085453	112642	3536378	1638839	3500
294	浙江东南网架集团有限公司	3085396	33345	2916439	941974	12188
295	香驰控股有限公司	3060157	78394	1540170	801678	1912
296	河南金利金铅集团有限公司	3048940	31800	685112	248222	2871
297	山东东方华龙工贸集团有限公司	3036502	11320	1182955	489521	1502
298	山东中海化工集团有限公司	3035591	117905	1186681	758000	2637
299	深圳市中金岭南有色金属股份有限公司	3022613	99510	2434833	1220249	9835
300	天津天士力大健康产业投资集团有限公司	3016187	29592	7939218	2698444	19773
301	河北诚信集团有限公司	3015255	299786	1658594	1187031	10238
302	万丰奥特控股集团有限公司	3011647	198413	2900250	579218	12275
303	鹏鼎控股（深圳）股份有限公司	2985131	284147	3310242	2155803	43567
304	欣旺达电子股份有限公司	2969231	80196	3067220	681902	9473
305	天合光能股份有限公司	2941797	122928	4559246	1508118	14130
306	华新水泥股份有限公司	2935652	563060	4392851	2357138	16167
307	青岛啤酒集团有限公司	2910111	78979	4795977	711894	36984
308	山东恒邦冶炼股份有限公司	2895124	36630	1758971	749078	4192
309	山东垦利石化集团有限公司	2877844	135727	1685046	968633	2619
310	中策橡胶集团有限公司	2814833	188615	2656881	1090155	23650
311	金龙精密铜管集团股份有限公司	2788411	79639	1364109	132249	6617
312	天洁集团有限公司	2776942	147958	1400759	695680	1325
313	华立集团股份有限公司	2775838	24448	2219285	252319	12000
314	江苏恒瑞医药股份有限公司	2773459	632838	3472958	3050430	28903

续表

排名	企业名称	营业收入（万元）	净利润（万元）	资产（万元）	所有者权益（万元）	从业人数（人）
315	河北鑫达钢铁集团有限公司	2770306	62274	2031416	1359948	8546
316	浙江协和集团有限公司	2760507	27699	766483	185599	1382
317	常熟市龙腾特种钢有限公司	2738731	172328	2655739	731535	5179
318	浙江富春江通信集团有限公司	2700007	63374	2346764	482540	4534
319	奥盛集团有限公司	2697786	85750	1208819	956946	1570
320	广东德赛集团有限公司	2679846	18127	1773900	263804	15346
321	宁波博洋控股集团有限公司	2677358	50170	693526	163901	7656
322	郑州煤矿机械集团股份有限公司	2651939	123914	3371441	1306379	17415
323	浙江大华技术股份有限公司	2646596	390277	3659503	1977303	17251
324	江苏长电科技股份有限公司	2646399	130439	3232819	1339970	23359
325	哈尔滨电气集团有限公司	2639470	26675	6498264	1454869	15464
326	兴惠化纤集团有限公司	2632230	31592	691321	465211	2506
327	广西柳工集团有限公司	2626765	16233	4459805	442403	17314
328	邯郸市正大制管有限公司	2613111	42682	464745	111638	5564
329	大亚科技集团有限公司	2607501	88530	1652195	310366	13816
330	洛阳炼化宏达实业有限责任公司	2598310	15191	610740	109665	1557
331	胜达集团有限公司	2581679	99493	1303176	909178	2978
332	江苏中超投资集团有限公司	2568080	5287	1292449	228040	5400
333	山西晋城钢铁控股集团有限公司	2554951	118034	2239972	1370118	10700
334	广西贵港钢铁集团有限公司	2551834	23681	841984	240540	2815
335	三宝集团股份有限公司	2549969	85460	1303482	585898	4561
336	大连西太平洋石油化工有限公司	2545395	-134509	672403	-286910	1057
337	成都蛟龙投资有限责任公司	2545036	204807	953721	777106	53627
338	福建三安集团有限公司	2540036	-85332	6373478	987472	0

排名	企业名称	营业收入（万元）	净利润（万元）	资产（万元）	所有者权益（万元）	从业人数（人）
339	兴达投资集团有限公司	2534870	107080	816647	635749	952
340	广州立白凯晟控股有限公司	2518530	151011	2649444	1357790	9297
341	山鹰国际控股股份公司	2496915	138110	4543655	1559627	13189
342	山东永鑫能源集团有限公司	2492333	11220	1394181	−5228	1935
343	淄博齐翔腾达化工股份有限公司	2468592	97572	2063890	898103	2467
344	江苏三木集团有限公司	2466685	98649	1349631	786346	6303
345	广东格兰仕集团有限公司	2464603	72542	2267895	645243	23538
346	河南济源钢铁（集团）有限公司	2452762	107996	1856853	848330	7310
347	纳爱斯集团有限公司	2452551	148534	2345039	2024188	12018
348	浙江省机电集团有限公司	2451868	10875	2276899	354168	5026
349	华鲁控股集团有限公司	2434613	74408	4024424	911672	17862
350	江阴江东集团公司	2326296	120662	581730	459443	6660
351	农夫山泉股份有限公司	2320813	528546	2580302	1550121	19091
352	重庆万达薄板有限公司	2318016	37867	1297591	314433	2430
353	宁波申洲针织有限公司	2303065	510674	3685176	2727606	89100
354	安徽楚江科技新材料股份有限公司	2297409	27424	1124546	575188	6422
355	宗申产业集团有限公司	2259786	41271	2530790	443372	14739
356	苏州创元投资发展（集团）有限公司	2257325	56170	3489609	797328	13759
357	久立集团股份有限公司	2254023	36974	1039212	256822	4042
358	天津源泰德润钢管制造集团有限公司	2200853	24527	306260	306260	2000
359	滨化集团	2200319	55356	2229712	1077105	5185
360	北京东方雨虹防水技术股份有限公司	2173037	338887	2784665	1461438	8036
361	宜宾天原集团股份有限公司	2164607	11588	1475084	504695	4187
362	桂林力源粮油食品集团有限公司	2153660	89087	897495	341275	10000

续表

排名	企业名称	营业收入（万元）	净利润（万元）	资产（万元）	所有者权益（万元）	从业人数（人）
363	浙江华友钴业股份有限公司	2118684	116484	2694532	992212	8079
364	无锡新三洲特钢有限公司	2098717	9733	305615	124382	2465
365	浙江甬金金属科技股份有限公司	2044342	41444	620649	314680	2012
366	人福医药集团股份公司	2036892	114851	3162687	1076427	15042
367	攀枝花钢城集团有限公司	2026480	1820	877591	-148496	10911
368	深圳市兆驰股份有限公司	2018622	176339	2655270	1139621	13424
369	无棣鑫岳化工集团有限公司	2015023	111205	1871667	949455	3576
370	深圳市大疆创新科技有限公司	2013902	601464	2865442	2048908	10599
371	山东博汇集团有限公司	2012185	-43311	3947379	20865	9000
372	天津纺织集团（控股）有限公司	2011615	7654	1737488	577704	3464
373	广西汽车集团有限公司	2007589	4153	1875013	600846	14474
374	河南神火集团有限公司	2001719	36709	6716556	38822	28985
375	天津恒兴集团有限公司	1999938	71997	828797	712382	850
376	江苏西城三联控股集团有限公司	1998714	-43941	539937	-235680	2735
377	上海韦尔半导体股份有限公司	1982397	270610	2264799	1123864	3291
378	浙江人本实业有限公司	1981157	51690	1275469	280369	22069
379	江苏上上电缆集团有限公司	1975791	49382	837062	646634	4949
380	凌源钢铁集团有限责任公司	1973256	39354	2532420	296319	9994
381	长春一汽富维汽车零部件股份有限公司	1951998	61726	1791313	631242	14376
382	吉林亚泰（集团）股份有限公司	1949799	13719	5831799	1456902	18866
383	四川省达州钢铁集团有限责任公司	1947436	38921	821318	301139	5549
384	雅迪集团控股有限公司	1936031	95738	1601635	358949	8184
385	玲珑集团有限公司	1933735	119411	3648460	897948	19872

续表

排名	企业名称	营业收入（万元）	净利润（万元）	资产（万元）	所有者权益（万元）	从业人数（人）
386	阳光电源股份有限公司	1928564	195431	2800293	1045590	4492
387	中国西电集团有限公司	1915883	45763	4205307	1432994	17481
388	厦门钨业股份有限公司	1896374	61410	2510387	761480	13819
389	山东华星石油化工集团有限公司	1891545	50547	1091826	409852	1456
390	诸城外贸有限责任公司	1889801	72985	2173606	1035655	7338
391	安徽天大企业（集团）有限公司	1887203	27866	1601366	267205	1668
392	山东临工工程机械有限公司	1864647	185161	1909945	748525	3925
393	红太阳集团有限公司	1861622	10410	3745127	915323	4402
394	黑龙江飞鹤乳业有限公司	1859247	393458	2832284	1918553	5833
395	福建福海创石油化工有限公司	1858857	-176665	4062448	1465829	1528
396	上海仪电（集团）有限公司	1855703	23654	7979604	1287177	14899
397	唐人神集团股份有限公司	1852685	95034	1028008	533700	9798
398	中建信控股集团有限公司	1832065	22843	3019447	179704	11516
399	中国庆华能源集团有限公司	1829583	-90620	6839848	410950	10065
400	山西安泰控股集团有限公司	1816578	34510	1780264	404802	6462
401	山东寿光巨能控股集团有限公司	1815225	38174	1321081	724601	8350
402	山东神驰控股有限公司	1804323	133061	1573304	1082377	1468
403	苏州佳世达电通有限公司	1797085	11700	759947	223146	3565
404	唐山三友集团有限公司	1791876	42972	2562800	557840	18228
405	顾家集团有限公司	1771605	-25485	2372577	668218	18700
406	致达控股集团有限公司	1754006	31197	2788386	492257	4922
407	金猴集团有限公司	1725743	38268	547136	350569	3030
408	福建百宏聚纤科技实业有限公司	1722261	74984	3061224	1102161	10498
409	瑞声科技（控股）有限公司	1714021	150671	3891131	2115874	33735

续表

排名	企业名称	营业收入（万元）	净利润（万元）	资产（万元）	所有者权益（万元）	从业人数（人）
410	广州视源电子科技股份有限公司	1712932	191183	1256035	719850	4642
411	广博控股集团有限公司	1695168	20548	1725658	386580	3600
412	浙江天圣控股集团有限公司	1692186	64998	1403487	405895	2928
413	天津市宝来工贸有限公司	1689561	49317	251946	210737	2218
414	宁波华翔电子股份有限公司	1689235	84943	1910471	1032950	15449
415	精工控股集团有限公司	1675543	17514	2506550	310464	10797
416	广西农垦集团有限责任公司	1672660	27788	8518081	5152185	21335
417	秦皇岛宏兴钢铁有限公司	1650383	162181	1191472	949531	5032
418	三环集团有限公司	1644747	-49888	2519133	712467	17200
419	上海龙旗科技股份有限公司	1638414	26461	1296579	151996	9959
420	河南明泰铝业股份有限公司	1633342	107005	1277347	865782	5301
421	泰开集团有限公司	1611423	89705	1629937	298448	13049
422	东方日升新能源股份有限公司	1606349	16534	2892283	844306	8554
423	山西高义钢铁有限公司	1599086	124381	1138698	422317	4960
424	上海华虹（集团）有限公司	1589253	-34936	7727024	1191091	10388
425	杭叉集团股份有限公司	1589007	85032	854440	489039	4740
426	利欧集团股份有限公司	1554787	477248	1925788	1297725	5525
427	山东联盟化工集团有限公司	1552994	36575	1093068	603385	6441
428	潍坊特钢集团有限公司	1549883	15085	875682	363731	6750
429	上海源耀农业股份有限公司	1546086	4314	128396	46537	774
430	百色市工业投资集团有限公司	1543584	-11369	1230934	375063	1816
431	赛轮集团股份有限公司	1540499	149146	2105621	846195	12779
432	福建省汽车工业集团有限公司	1536940	-45439	3283430	238092	15820
433	深圳市宝德投资控股有限公司	1533726	4634	1403257	385813	1699

续表

排名	企业名称	营业收入（万元）	净利润（万元）	资产（万元）	所有者权益（万元）	从业人数（人）
434	山东鑫海科技股份有限公司	1524787	200180	2531858	1153794	7896
435	重庆智飞生物制品股份有限公司	1519037	330133	1521524	824866	3380
436	泰豪集团有限公司	1517041	44821	2276539	746336	7462
437	湖南黄金集团有限责任公司	1516920	146	1068186	163782	6716
438	普联技术有限公司	1505913	383396	2076048	1883160	12219
439	安徽淮海实业发展集团有限公司	1504869	37392	973010	259232	5636
440	迪尚集团有限公司	1504416	112245	913104	381384	24685
441	陕西鼓风机（集团）有限公司	1503661	24761	3193562	751697	5965
442	江阴模塑集团有限公司	1500437	10341	1026937	304913	9629
443	卫华集团有限公司	1487659	38542	1012199	401961	5800
444	欧派家居集团股份有限公司	1473969	206262	1884363	1192542	20022
445	新和成控股集团有限公司	1444485	215522	4252310	1338376	15109
446	青岛澳柯玛控股集团有限公司	1437298	51870	1993335	392715	7209
447	龙蟒佰利联集团股份有限公司	1416402	228869	3477143	1419459	10038
448	山西杏花村汾酒集团有限责任公司	1401910	156389	2216268	808814	13567
449	青海盐湖工业股份有限公司	1401626	203951	2010981	411928	15192
450	中哲控股集团有限公司	1401275	21582	452298	88744	5150
451	闽源钢铁集团有限公司	1400499	19232	652315	343588	4948
452	厦门金龙汽车集团股份有限公司	1395787	3190	2372080	510853	12357
453	英科医疗科技股份有限公司	1383671	700705	1293481	934384	6503
454	万邦德医药控股集团股份有限公司	1370186	28494	566232	262165	2745
455	林州凤宝管业有限公司	1369076	25148	1093792	388845	4931
456	健康元药业集团股份有限公司	1352160	112043	2815697	1109612	12466

续表

排名	企业名称	营业收入（万元）	净利润（万元）	资产（万元）	所有者权益（万元）	从业人数（人）
457	安徽鸿路钢结构（集团）股份有限公司	1345093	79909	1620731	597798	15190
458	太原重型机械集团有限公司	1342456	-33843	5528755	511926	9682
459	南京高速齿轮制造有限公司	1339402	79966	1858236	525718	5586
460	北京时尚控股有限责任公司	1338459	17550	1872454	621286	8596
461	江南集团有限公司	1333519	16949	1577184	643923	3425
462	浙江中财管道科技股份有限公司	1326588	87305	705433	497661	9056
463	祥兴（福建）箱包集团有限公司	1322358	79969	443831	396200	10286
464	正和集团股份有限公司	1314014	22719	632103	300009	1360
465	上海晨光文具股份有限公司	1313775	125543	970991	519357	5689
466	山东时风（集团）有限责任公司	1307585	9345	846077	612862	10417
467	回音必集团有限公司	1306494	55754	682503	434188	2125
468	星星集团有限公司	1302466	74408	2696390	753636	15499
469	爱玛科技集团股份有限公司	1290459	59852	955850	262976	6563
470	安徽天康（集团）股份有限公司	1286021	39577	555570	388991	4460
471	安徽中鼎控股（集团）股份有限公司	1275572	-6746	2238032	513297	22903
472	青岛康大外贸集团有限公司	1264450	38449	802100	96593	7685
473	安徽叉车集团有限责任公司	1259536	36769	1239940	328787	8343
474	无锡华东重机科技集团有限公司	1259489	28813	968266	208741	954
475	浙江新安化工集团股份有限公司	1251641	58478	1245688	650165	5766
476	格林美股份有限公司	1246628	41250	2970830	1330967	5129
477	山东潍焦控股集团有限公司	1245972	55683	1087134	257879	3491
478	铜陵精达特种电磁线股份有限公司	1244690	41890	896578	382371	3188
479	江苏鼎胜新能源材料股份有限公司	1242655	-1499	1332879	379811	4982

排名	企业名称	营业收入（万元）	净利润（万元）	资产（万元）	所有者权益（万元）	从业人数（人）
480	河南黄河实业集团股份有限公司	1226696	58735	1821693	820108	9463
481	杭州金鱼电器集团有限公司	1203761	-7676	779686	48783	5577
482	山东淄博傅山企业集团有限公司	1201545	15555	623329	298148	5458
483	宁波方太厨具有限公司	1199562	146113	1466848	840401	6850
484	山东华通控股集团有限公司	1199109	51934	860684	772879	1706
485	广东兴发铝业有限公司	1192961	75663	837718	346537	8478
486	金沙河集团有限公司	1177707	36358	348393	176598	4500
487	天津市新宇彩板有限公司	1169732	18915	558633	104442	1870
488	黑龙江鑫达企业集团有限公司	1167453	44709	1898282	574635	956
489	景德镇黑猫集团有限责任公司	1154284	-3936	2100100	249921	9356
490	深圳市汇川技术股份有限公司	1151132	210014	1864759	1063746	12866
491	浙江海正药业股份有限公司	1135440	41719	2085977	667867	8446
492	瑞星集团股份有限公司	1134582	-21594	1841454	414788	3247
493	广西洋浦南华糖业集团股份有限公司	1130246	19421	1943964	613754	11432
494	青特集团有限公司	1128279	55701	2531303	380532	3820
495	浙江永利实业集团有限公司	1115421	93120	2391246	944900	3210
496	北京君诚实业投资集团有限公司	1112673	9042	245879	73699	1987
497	富奥汽车零部件股份有限公司	1111343	90133	1446149	726260	9074
498	大连冰山集团有限公司	1110179	8260	1380098	120471	10182
499	阿尔法（江阴）沥青有限公司	1109126	10213	194318	89099	210
500	安徽古井集团有限责任公司	1109094	94283	2090520	678769	11448

第三节 2021 中国服务业企业 500 强数据

名次	企业名称	营业收入（万元）	净利润（万元）	资产（万元）	所有者权益（万元）	从业人数（人）
1	国家电网有限公司	266766782	3850471	434622758	182290921	1043614
2	中国平安保险（集团）股份有限公司	132141486	14309841	952787025	76255978	362035
3	中国工商银行股份有限公司	126128136	31590546	3334505789	289350211	439787
4	中国建设银行股份有限公司	114475400	27357900	2813225400	236480800	373814
5	中国农业银行股份有限公司	106043500	21592500	2720504700	220478900	459000
6	中国人寿保险（集团）公司	99766657	3207214	506541483	18909182	182632
7	中国银行股份有限公司	92280100	19287000	2440265900	203841900	309084
8	中国移动通信集团有限公司	77159747	8914881	198704388	110232389	455721
9	京东集团股份有限公司	74580189	4940522	42228779	18754330	310000
10	阿里巴巴集团控股有限公司	71728900	15057800	169021800	93747000	251462
11	中国华润有限公司	68611944	2987838	179888442	26183324	370955
12	中国邮政集团有限公司	66449974	3241871	1181708989	42756802	828278
13	中国人民保险集团股份有限公司	58369600	2006900	125546100	20219400	961662
14	苏宁控股集团	58278071	-214150	35367214	11565140	280037
15	中国南方电网有限责任公司	57752408	689020	101249591	38917994	288573
16	中国医药集团有限公司	53321958	868503	46239608	8941794	176686
17	中粮集团有限公司	53030503	950570	66978757	9597082	151000
18	中国中信集团有限公司	51535674	2651343	825546695	38063102	148283
19	恒大集团有限公司	50724800	807600	230115900	35043100	200000
20	中国电信集团有限公司	49266732	1301398	90781347	37340700	400945
21	腾讯控股有限公司	48206400	15984700	133342500	70398400	85858
22	交通银行股份有限公司	46617700	7827400	1069761600	86660700	90716

续表

名次	企业名称	营业收入（万元）	净利润（万元）	资产（万元）	所有者权益（万元）	从业人数（人）
23	碧桂园控股有限公司	46285600	3500200	201580900	17510200	93500
24	绿地控股集团股份有限公司	45606199	1499777	139733629	8477640	86251
25	厦门建发集团有限公司	44237231	657301	43696789	5722588	28928
26	中国中化集团有限公司	43845360	558279	63697245	6024402	72237
27	中国太平洋保险（集团）股份有限公司	42218239	2458394	177100444	21522384	118119
28	招商银行股份有限公司	42007400	9734200	786613600	68445700	76585
29	万科企业股份有限公司	41911168	4151554	186917709	22451095	140656
30	招商局集团有限公司	41593770	4084391	222333457	39788388	199000
31	厦门国贸控股集团有限公司	40212600	197176	15355637	1676097	21374
32	中国保利集团公司	40069966	1345101	157048480	10065653	101500
33	厦门象屿集团有限公司	37483544	192525	17002546	2077718	11671
34	中国光大集团股份公司	36866010	1773921	592390786	23047670	78600
35	兴业银行股份有限公司	36786700	6662600	789400000	61558600	59630
36	上海浦东发展银行股份有限公司	36309900	5832500	795021800	63819700	61686
37	中国民生银行股份有限公司	33862440	3430887	695023294	52953702	59262
38	中国远洋海运集团有限公司	33118871	1015155	84988963	18986857	110338
39	中南控股集团有限公司	33009152	122826	38382172	654459	100000
40	国美控股集团有限公司	31047660	156155	28476315	7812257	64661
41	中国联合网络通信集团有限公司	30488253	237423	61581817	18147366	257147
42	中国机械工业集团有限公司	28287460	393906	35489807	6897908	139453
43	阳光龙净集团有限公司	25021130	372726	47355617	3061988	28670
44	泰康保险集团股份有限公司	24478229	2403704	112961614	10729396	56899
45	中国太平保险集团有限责任公司	24467745	286419	98373380	4128041	65900

第七章 中国500强企业及《财富》世界500强企业数据刊登

续表

名次	企业名称	营业收入（万元）	净利润（万元）	资产（万元）	所有者权益（万元）	从业人数（人）
46	雪松控股集团有限公司	23347530	34224	12316068	2697891	23856
47	融创中国控股有限公司	23058734	3564378	110840520	12562751	50563
48	重庆市金科投资控股（集团）有限责任公司	22381421	203112	39059318	1724815	29466
49	深圳市投资控股有限公司	21489121	1146080	84536737	19463485	75102
50	新华人寿保险股份有限公司	20653800	1429700	100437600	10168000	35474
51	中国通用技术（集团）控股有限责任公司	19581759	385243	22571766	4946031	52945
52	浙江省交通投资集团有限公司	19436092	487633	59489359	11081389	38777
53	广西投资集团有限公司	19118515	28484	59765667	4918305	32623
54	新疆广汇实业投资（集团）有限责任公司	18939387	40823	27819345	3786165	73963
55	龙湖集团控股有限公司	18454730	2000203	76515882	10834393	35426
56	云南省投资控股集团有限公司	17861994	192268	47452133	7240881	51442
57	中国再保险（集团）股份有限公司	16819440	571044	45357689	9302823	63914
58	华夏银行股份有限公司	16423000	2127500	339981600	28061300	39748
59	东浩兰生（集团）有限公司	16183072	78311	3538125	1364628	6059
60	顺丰控股股份有限公司	15398687	732608	11116004	5644305	121925
61	国家开发投资集团有限公司	15307859	628314	68226971	9797947	51885
62	杭州市实业投资集团有限公司	15222889	163567	6434864	1486893	6867
63	中国航空油料集团有限公司	15131594	255166	6249346	2579573	14152
64	云南省建设投资控股集团有限公司	15059527	255277	60118953	15496237	45401
65	中升集团控股有限公司	14834807	553808	6850102	2646290	31803
66	华侨城集团有限公司	14708022	791522	67103995	9026788	64255
67	甘肃省公路航空旅游投资集团有限公司	14544927	7611	61133323	20578685	54319

续表

名次	企业名称	营业收入（万元）	净利润（万元）	资产（万元）	所有者权益（万元）	从业人数（人）
68	山东高速集团有限公司	14189091	-22572	107074705	15043963	43196
69	广东鼎龙实业集团有限公司	13462321	235422	3865361	798303	3379
70	云南省能源投资集团有限公司	13150164	189053	20561290	5367947	29958
71	浙江省兴合集团有限责任公司	13010772	58006	6392899	528797	19207
72	西安迈科金属国际集团有限公司	12887046	33907	2472443	560540	1190
73	北京银行股份有限公司	12665100	2148400	290001400	21921900	15490
74	东岭集团股份有限公司	12020369	43256	4513269	1105255	10189
75	物产中大金属集团有限公司	11937540	104231	2113999	406261	1248
76	中国国际技术智力合作集团有限公司	11853051	85293	1578359	571718	5112
77	上海均和集团有限公司	11762032	21120	2642799	1287164	5150
78	阳光保险集团股份有限公司	11497979	564412	40548049	5577207	234326
79	美团公司	11479451	470831	16657480	9769303	59642
80	传化集团有限公司	11173172	200849	7243238	1113618	12236
81	九州通医药集团股份有限公司	11085951	307505	8082384	2182666	28213
82	珠海华发集团有限公司	10919024	151467	48778304	5267326	39735
83	百度网络技术有限公司	10770400	2247200	33270800	18269600	41000
84	浙江省能源集团有限公司	10738544	621290	27642588	8444745	23066
85	卓尔控股有限公司	10208663	94796	9657260	4942761	15596
86	唯品会控股有限公司	10185849	590696	5894081	2849773	16675
87	北京外企服务集团有限责任公司	10148195	39599	1311864	305046	5233
88	北京控股集团有限公司	10126115	119837	38833455	4184976	73726
89	上海银行股份有限公司	9853783	2088506	246214402	19039789	12932
90	弘阳集团有限公司	9787913	334398	14505354	2401773	9020
91	前海人寿保险股份有限公司	9387258	113904	30266274	2700900	3142

第七章　中国500强企业及《财富》世界500强企业数据刊登

续表

名次	企业名称	营业收入（万元）	净利润（万元）	资产（万元）	所有者权益（万元）	从业人数（人）
92	永辉超市股份有限公司	9319911	179447	5615798	1935110	120748
93	中国南方航空集团有限公司	9305143	-439314	34743397	6577447	119178
94	东方国际（集团）有限公司	9235469	94363	6372570	1744578	64136
95	神州数码集团股份有限公司	9206044	62409	3068960	470006	4569
96	广西北部湾国际港务集团有限公司	9036745	2519	13496648	2431497	32000
97	奥园集团有限公司	8835171	590755	32567846	1855289	23773
98	新奥天然气股份有限公司	8809877	210696	10952385	813229	39282
99	重庆市迪马实业股份有限公司	8679400	180285	8172774	1077569	7273
100	天津泰达投资控股有限公司	8653070	40810	45961872	11238743	23273
101	山东省国有资产投资控股有限公司	8619026	119519	15733131	1621173	33980
102	内蒙古电力（集团）有限责任公司	8596369	174128	10311390	4791000	36293
103	振烨国际产业控股集团（深圳）有限公司	8105145	164675	1748804	573902	1836
104	重庆华宇集团有限公司	8084989	927049	13016523	4822812	6524
105	荣盛控股股份有限公司	8072639	338050	31291188	2526258	29110
106	上海永达控股（集团）有限公司	7983600	164323	3542478	1232715	16177
107	中基宁波集团股份有限公司	7913177	25504	1339036	141001	2346
108	陕西投资集团有限公司	7541571	203602	20052616	3694565	23797
109	广东省广晟控股集团有限公司	7464437	116694	13889719	1400998	50079
110	中国东方航空集团有限公司	7387773	-127418	38159364	8157756	100179
111	中国国际航空股份有限公司	7386070	-1440334	28402962	7754133	89373
112	网易公司	7366713	1206275	14187458	8212680	20920
113	浙江省国际贸易集团有限公司	7189989	112480	12974606	1699743	24976
114	广东省广新控股集团有限公司	7113661	161399	6674392	1440639	28623

续表

名次	企业名称	营业收入（万元）	净利润（万元）	资产（万元）	所有者权益（万元）	从业人数（人）
115	恒信汽车集团股份有限公司	7051452	185329	1902595	1063785	21280
116	中国旅游集团有限公司	6992848	165227	15173238	2609382	43367
117	广州越秀集团股份有限公司	6965922	445401	67546130	4932790	26830
118	南京银行股份有限公司	6964558	1310088	151707577	10687613	11514
119	北京能源集团有限责任公司	6940960	243764	35305719	7934702	35263
120	兰州新区商贸物流投资集团有限公司	6815822	13195	1628351	751541	2019
121	渤海银行股份有限公司	6621688	844457	139352313	10324583	10295
122	浙江前程投资股份有限公司	6620344	1179	637873	98429	434
123	上海中梁企业发展有限公司	6615524	355200	27082131	1254123	15699
124	中国铁路物资集团有限公司	6577404	281939	6077173	811766	8430
125	深圳市爱施德股份有限公司	6418995	70047	1130764	541430	2378
126	百联集团有限公司	6211884	14382	9592621	2082037	46762
127	河北省物流产业集团有限公司	6111800	6896	1587209	284755	2209
128	四川省能源投资集团有限责任公司	6056236	104451	18562967	3466118	24392
129	远大物产集团有限公司	5860283	-11808	621503	220697	499
130	上海钢联电子商务股份有限公司	5852122	21667	1304082	135896	3038
131	绿城房地产集团有限公司	5803567	264518	39563699	4628561	6545
132	厦门路桥工程物资有限公司	5730709	30465	1824712	152949	487
133	建业控股有限公司	5724197	201103	18214854	1498582	28200
134	物美科技集团有限公司	5567770	165161	10289911	2636834	100000
135	江苏国泰国际集团股份有限公司	5563778	97767	2589687	923547	13844
136	大汉控股集团有限公司	5439571	102887	2159491	821095	6257
137	南昌市政公用投资控股有限责任公司	5428951	59158	14654556	3583234	33727
138	中华联合保险集团股份有限公司	5396526	69521	8116085	1747754	47659

第七章　中国500强企业及《财富》世界500强企业数据刊登

续表

名次	企业名称	营业收入（万元）	净利润（万元）	资产（万元）	所有者权益（万元）	从业人数（人）
139	北京首都创业集团有限公司	5270094	185030	40912774	2672531	37033
140	北京首都开发控股（集团）有限公司	5247846	206275	37128849	1972539	13946
141	龙记泰信实业集团有限公司	5213655	213509	2760445	1467434	5277
142	兴华财富集团有限公司	5082717	252278	2012208	1310160	6534
143	广东省广物控股集团有限公司	5063517	81659	4683494	1491221	11845
144	重庆农村商业银行股份有限公司	4990405	840120	113592644	9322861	15088
145	郑州中瑞实业集团有限公司	4981717	17036	6793122	1136341	2582
146	汇通达网络股份有限公司	4961023	19860	2077897	598623	5220
147	福建省港口集团有限责任公司	4941062	21192	8775340	2038487	33341
148	上海闽路润贸易有限公司	4875304	9773	1014070	22122	168
149	南京新工投资集团有限责任公司	4848350	94318	8246321	2615615	34553
150	广西交通投资集团有限公司	4729291	-9796	44066992	13185159	14975
151	重庆中昂投资集团有限公司	4624605	670578	9761787	3668495	11930
152	祥生地产集团有限公司	4572626	165214	16766573	1422463	4000
153	水发集团有限公司	4522925	21636	14177393	1444381	22968
154	重庆医药（集团）股份有限公司	4521953	90791	4153306	737835	12173
155	四川省商业投资集团有限责任公司	4517092	9169	2351743	170239	3785
156	盛京银行股份有限公司	4512775	120378	103795838	7945193	7556
157	通鼎集团有限公司	4511879	129470	2456488	616815	13503
158	恒丰银行股份有限公司	4480390	530989	111415463	10487051	11408
159	申能（集团）有限公司	4474359	581539	20991086	10590864	17287
160	中国节能环保集团有限公司	4439436	12699	22134106	3067138	52429
161	中铁集装箱运输有限责任公司	4394572	138145	2837818	1497663	962
162	步步高投资集团股份有限公司	4302278	11171	2455112	731428	24338

续表

名次	企业名称	营业收入（万元）	净利润（万元）	资产（万元）	所有者权益（万元）	从业人数（人）
163	重庆市能源投资集团有限公司	4242164	-225592	9630830	1564542	36649
164	中融新大集团有限公司	4182191	-182726	15052572	6827430	10000
165	上海新增鼎资产管理有限公司	4177875	-148	38246	17316	398
166	上海农村商业银行股份有限公司	4155550	816067	105697668	7721084	7183
167	云账户技术（天津）有限公司	4140397	2823	140048	12894	456
168	河北省国和投资集团有限公司	4125996	3621	768511	96713	2377
169	深圳金雅福控股集团有限公司	4102225	13566	224246	127727	1815
170	广东省交通集团有限公司	4092696	62306	44628833	9627422	56946
171	广州农村商业银行股份有限公司	4090552	508130	102787165	6948708	13941
172	重庆千信集团有限公司	4068020	36067	1437144	466090	518
173	深圳市中农网有限公司	4028649	668	1480845	85558	558
174	北京江南投资集团有限公司	3974219	582173	14422809	2888069	451
175	杭州市城市建设投资集团有限公司	3972538	168181	16228849	4652386	36409
176	广州国资发展控股有限公司	3926853	166971	8168473	2229038	11629
177	武汉金融控股（集团）有限公司	3898289	138800	14578791	2052460	13883
178	海通证券股份有限公司	3821982	1087539	69407335	15344846	11060
179	江苏汇鸿国际集团股份有限公司	3785819	23783	2499103	540376	3993
180	天津亿联控股集团有限公司	3701796	178927	10190377	4118979	10798
181	张家港保税区立信投资有限公司	3692686	31045	117669	61473	20
182	山东省商业集团有限公司	3688895	-22112	12621302	632969	37032
183	重庆市中科控股有限公司	3674382	12475	2118367	383359	2167
184	新华锦集团	3616207	11190	1051128	261763	78
185	深圳前海微众银行股份有限公司	3596648	495707	34642999	2102807	2871
186	厦门中骏集团有限公司	3573089	412091	17437393	2300159	9414

续表

名次	企业名称	营业收入（万元）	净利润（万元）	资产（万元）	所有者权益（万元）	从业人数（人）
187	厦门港务控股集团有限公司	3553889	102	4443648	739640	10026
188	宝龙地产控股有限公司	3549530	609322	19513151	3622087	11617
189	圆通速递股份有限公司	3490704	176675	2642915	1712949	13490
190	天津银行股份有限公司	3425879	430759	68776020	5313022	6694
191	华东医药股份有限公司	3368306	281986	2420135	1461982	11359
192	文一投资控股集团	3327056	79282	5388242	2838284	23000
193	湖北省交通投资集团有限公司	3324888	137558	49686599	13335844	20806
194	广州市城市建设投资集团有限公司	3320528	15384	24027268	12069369	5884
195	华南物资集团有限公司	3310915	6552	622701	73531	729
196	北京首都旅游集团有限责任公司	3310762	-246398	13194772	1617662	69369
197	青岛城市建设投资（集团）有限责任公司	3291675	185430	35053731	9292091	20365
198	长沙银行股份有限公司	3274701	533840	70423473	4433331	7618
199	上海均瑶（集团）有限公司	3192952	-27986	9322430	996812	19450
200	苏州金螳螂企业（集团）有限公司	3192217	56410	5129936	511121	16241
201	杭州东恒石油有限公司	3178373	32715	874249	335091	459
202	广东粤海控股集团有限公司	3149880	65603	15086550	4045800	15261
203	北京学而思教育科技有限公司	3147060	-81200	2003090	1037703	74000
204	云南省康旅控股集团有限公司	3144751	-3731	28085644	4741501	28855
205	卓越置业集团有限公司	3126966	433630	26816504	5751116	230
206	深圳市信利康供应链管理有限公司	3044375	13603	1051949	140092	494
207	奥德集团有限公司	3030466	464507	5175664	2927078	12363
208	江阴长三角钢铁集团有限公司	3028876	1567	46141	11776	350
209	月星集团有限公司	3021932	278560	5942209	2166770	10735

名次	企业名称	营业收入（万元）	净利润（万元）	资产（万元）	所有者权益（万元）	从业人数（人）
210	浙江省海港投资运营集团有限公司	2971725	273605	13271509	6450890	20062
211	广州市方圆房地产发展有限公司	2941845	174898	9272702	1551983	8000
212	广发证券股份有限公司	2915349	1003813	45746369	9816220	10379
213	东华能源股份有限公司	2908175	121033	2812386	1018849	1903
214	北京金融街投资（集团）有限公司	2899190	91860	25797711	3573457	12693
215	金鹏控股集团有限公司	2891226	75224	2979366	682448	5754
216	世纪金源投资集团有限公司	2875423	690825	9231978	4929372	19686
217	中国万向控股有限公司	2872934	104093	15589982	1030615	16256
218	杭州滨江房产集团股份有限公司	2859680	232765	17201553	1836935	1555
219	源山投资控股有限公司	2854553	3138	631330	312228	175
220	武汉商贸集团有限公司	2767758	46311	7145537	1234053	39734
221	德邦物流股份有限公司	2750345	56438	1019126	462382	150000
222	郑州银行股份有限公司	2746715	316757	54781344	4449490	4984
223	庞大汽贸集团股份有限公司	2738561	58035	2263535	1099030	12801
224	瑞康医药集团股份有限公司	2720388	26130	3129019	746906	10066
225	武汉当代科技产业集团股份有限公司	2714402	60251	9456614	1243248	28668
226	利群集团股份有限公司	2712631	19067	2353409	708539	10171
227	湖北省联投控股有限公司	2711948	2686	21768379	1507947	10071
228	天津港（集团）有限公司	2700003	-52160	14176806	2085593	20955
229	洛阳国宏投资集团有限公司	2672115	41858	2892074	1275941	3354
230	北京中能昊龙投资控股集团有限公司	2639869	260706	2393785	1608799	1350
231	广西现代物流集团有限公司	2625541	12876	2196930	716584	4308
232	上海国际港务（集团）股份有限公司	2611946	830714	15592474	8751786	14068
233	合肥维天运通信息科技股份有限公司	2576226	3261	253761	25223	750

第七章　中国500强企业及《财富》世界500强企业数据刊登

续表

名次	企业名称	营业收入（万元）	净利润（万元）	资产（万元）	所有者权益（万元）	从业人数（人）
234	江苏万帮金之星车业投资集团有限公司	2563424	161941	502653	387405	2508
235	中通快递股份有限公司	2521429	431221	5920475	4897881	23018
236	大华（集团）有限公司	2513157	543831	16044483	3106537	4772
237	浙江英特药业有限责任公司	2500669	27268	1105955	229393	3956
238	福州城市建设投资集团有限公司	2487751	141446	19075294	8175722	7831
239	无锡市不锈钢电子交易中心有限公司	2433146	3698	18118	16382	99
240	青岛世纪瑞丰集团有限公司	2432325	2802	947086	35960	102
241	联发集团有限公司	2390374	84136	9641058	1122126	4803
242	浙江建华集团有限公司	2388253	8211	287297	94602	3059
243	深圳华强集团有限公司	2378916	107492	7008569	1590716	22960
244	江苏无锡朝阳集团股份有限公司	2377873	19965	196032	132652	1502
245	重庆对外经贸（集团）有限公司	2333870	7253	2201335	488386	15367
246	重庆高速公路集团有限公司	2314856	29778	21553762	5670702	12090
247	浙江永安资本管理有限公司	2312293	20736	587502	187661	183
248	南京新华海科技产业集团有限公司	2310405	51271	1206240	536648	1701
249	广东优友网络科技有限公司	2300178	6506	229754	9014	428
250	浙江宝利德股份有限公司	2251757	38903	676043	181340	2434
251	无锡市国联发展（集团）有限公司	2249248	172082	12400017	2450979	11924
252	深圳市富森供应链管理有限公司	2244209	6871	1128104	78593	455
253	青岛西海岸新区融合控股集团有限公司	2205205	20084	12655867	2578497	2400
254	中原出版传媒投资控股集团有限公司	2197815	65596	2030789	968962	16024
255	广州市水务投资集团有限公司	2173567	48833	17892595	4409689	28467
256	漳州市九龙江集团有限公司	2171541	123079	8654342	2278315	6258

续表

名次	企业名称	营业收入（万元）	净利润（万元）	资产（万元）	所有者权益（万元）	从业人数（人）
257	东莞农村商业银行股份有限公司	2169928	485693	54840196	3614563	8122
258	申通快递有限公司	2156605	3633	1595161	2039229	1845
259	山西云时代技术有限公司	2147829	10837	1665774	357908	13932
260	江西银行股份有限公司	2123278	185917	45869282	3526758	5081
261	上海协通（集团）有限公司	2122377	77791	660646	273624	1960
262	华融湘江银行股份有限公司	2113371	287137	40597561	3094330	4648
263	贵州银行股份有限公司	2112946	367066	45640120	3602782	5169
264	广州金融控股集团有限公司	2067843	192007	73082801	3205664	2697
265	武汉联杰能源有限公司	2064612	2029	267269	166164	31
266	张家港保税区旭江贸易有限公司	2039519	59772	746010	227287	20
267	山东港口日照港集团有限公司	2014755	-12025	6664334	1162967	8847
268	吉林银行股份有限公司	2002692	125726	43449953	3774601	10026
269	九江银行股份有限公司	1976543	167286	41579413	2597618	4227
270	青岛银行股份有限公司	1972669	239407	45982761	3028517	4230
271	淄博商厦股份有限公司	1949194	15555	577645	270874	9516
272	张家港市沃丰贸易有限公司	1931470	13822	453001	15327	20
273	贵州现代物流产业（集团）有限责任公司	1931453	9635	1488461	364356	2502
274	润华集团股份有限公司	1863935	50758	1468937	721265	5357
275	西安曲江文化产业投资（集团）有限公司	1856281	210	9671688	1254546	19752
276	携程计算机（上海）有限公司	1832700	-324700	18724900	10035400	33400
277	厦门海沧投资集团有限公司	1816953	22966	3558367	645333	6354
278	江苏省苏豪控股集团有限公司	1808297	124096	3006460	892573	8112
279	桂林银行股份有限公司	1806111	109443	37698351	2401656	5747

第七章 中国500强企业及《财富》世界500强企业数据刊登

续表

名次	企业名称	营业收入（万元）	净利润（万元）	资产（万元）	所有者权益（万元）	从业人数（人）
280	江阴市金桥化工有限公司	1792031	1245	144391	16989	90
281	山东远通汽车贸易集团有限公司	1785466	18563	651310	379135	5730
282	安徽出版集团有限责任公司	1766343	36674	2513185	874168	4247
283	砂之船商业管理集团有限公司	1725606	58721	1018956	0	29257
284	张家港市泽厚贸易有限公司	1719783	8421	252328	9921	20
285	宁波君安控股有限公司	1718611	5943	313103	69239	89
286	天津现代集团有限公司	1685112	63316	2697954	1091833	459
287	广州无线电集团有限公司	1683380	63314	4273868	819686	46012
288	青岛农村商业银行股份有限公司	1668464	295963	40681107	2884168	5145
289	河北港口集团有限公司	1662302	3265	6925857	2781462	12951
290	重庆交通运输控股（集团）有限公司	1646241	1097	2646485	939911	39050
291	无锡市交通产业集团有限公司	1645696	16461	5720933	1777905	11575
292	安徽辉隆投资集团有限公司	1634649	4952	1013695	97934	3045
293	西安城市基础设施建设投资集团有限公司	1626666	58639	19448468	7362547	30915
294	湖南永通集团有限公司	1621105	21115	820029	374033	4523
295	青岛西海岸新区海洋控股集团有限公司	1619295	30615	9410795	2135915	8699
296	厦门翔业集团有限公司	1611683	12153	3924148	1113517	12909
297	四川航空股份有限公司	1608122	-308765	4119495	327094	17330
298	石家庄北国人百集团有限责任公司	1600702	17117	1231595	384555	15939
299	信誉楼百货集团有限公司	1583803	75991	763184	258460	29500
300	青岛港（集团）有限公司	1579337	130881	8268293	3098924	14584
301	天津津路钢铁实业有限公司	1572384	3061	325212	14887	104
302	广西柳州医药股份有限公司	1566866	71171	1480773	509860	4706

续表

名次	企业名称	营业收入（万元）	净利润（万元）	资产（万元）	所有者权益（万元）	从业人数（人）
303	天津城市基础设施建设投资集团有限公司	1565424	146363	85504190	26210285	15000
304	广州红海人力资源集团股份有限公司	1564751	10307	169533	28002	1878
305	河北高速公路集团有限公司	1563624	-406273	29015771	9484937	26261
306	鹭燕医药股份有限公司	1553127	26752	843488	234047	5163
307	曹妃甸国控投资集团有限公司	1537985	131234	14872681	6736226	4822
308	维科控股集团股份有限公司	1524478	150183	1641950	334351	5899
309	中国江苏国际经济技术合作集团有限公司	1517356	11489	2222710	411166	8364
310	武汉物易云通网络科技有限公司	1515094	49	46408	5283	380
311	浙江世纪华通集团股份有限公司	1498297	294633	4274683	2891888	7250
312	广东宏川集团有限公司	1494612	32945	977915	224273	1487
313	张家港保税区昌荣贸易有限公司	1490654	26404	191173	41279	59
314	浙江省农村发展集团有限公司	1486789	17229	1834423	175443	1866
315	天津农村商业银行股份有限公司	1478817	226131	34959582	2967037	5673
316	广微控股有限公司	1473760	42608	2179776	1142198	9336
317	江苏满运软件科技有限公司	1469013	15236	467592	-22671	855
318	大参林药业集团股份有限公司	1458286	106218	1233192	538480	32337
319	杭州联华华商集团有限公司	1450376	38078	1369424	72772	13086
320	马上消费金融股份有限公司	1440085	71151	5248418	715196	1699
321	青岛西海岸发展（集团）有限公司	1431922	246521	7455293	1920378	1376
322	现代投资股份有限公司	1430920	52489	4555642	1086699	3885
323	洛阳银行股份有限公司	1424499	162741	27593537	2126254	3199
324	欧龙汽车贸易集团有限公司	1419787	41091	470976	233758	2832
325	河南交通投资集团有限公司	1404074	39045	19415005	4625002	26166

续表

名次	企业名称	营业收入（万元）	净利润（万元）	资产（万元）	所有者权益（万元）	从业人数（人）
326	芒果超媒股份有限公司	1400554	198216	1926570	1058798	4471
327	老百姓大药房连锁股份有限公司	1396669	62109	1128410	440800	33000
328	黑龙江倍丰农业生产资料集团有限公司	1388334	6272	1985531	186959	1481
329	湖南省高速公路集团有限公司	1385796	70297	57038212	19604133	12498
330	安徽新华发行（集团）控股有限公司	1385342	32330	3518375	940858	6581
331	广州酷狗计算机科技有限公司	1357599	155128	1027341	713834	798
332	厦门市嘉晟对外贸易有限公司	1350237	1670	655066	50522	175
333	准时达国际供应链管理有限公司	1347769	5363	738684	294398	4450
334	广西北部湾银行股份有限公司	1332968	153762	30527897	2108921	3289
335	安徽华源医药集团股份有限公司	1331907	10695	1244998	212571	9100
336	常州市化工轻工材料总公司	1323278	3129	222320	15840	165
337	深圳市华富洋供应链有限公司	1319282	9753	1004317	84055	264
338	益丰大药房连锁股份有限公司	1314450	76827	1294990	546867	29948
339	广东鸿粤汽车销售集团有限公司	1313493	2052	642934	45145	2849
340	盐城市国有资产投资集团有限公司	1311105	31526	5653514	1514609	4001
341	重庆银行股份有限公司	1304835	442363	56164140	4017500	4401
342	软通动力信息技术（集团）股份有限公司	1299929	125863	904126	411774	75000
343	广州地铁集团有限公司	1289124	18664	46067725	24956586	29800
344	湖南兰天集团有限公司	1274704	5166	264253	81062	3126
345	广州元亨能源有限公司	1270154	2914	875036	206510	28
346	河北交通投资集团公司	1259716	-198035	30022318	6388256	16893
347	湖南博深实业集团有限公司	1257368	21272	725528	580054	1127
348	张家口银行股份有限公司	1256870	111015	27739776	1832128	4038

2021 湖南100强企业发展报告

续表

名次	企业名称	营业收入（万元）	净利润（万元）	资产（万元）	所有者权益（万元）	从业人数（人）
349	广州港集团有限公司	1235009	171081	4408066	1706488	12874
350	厦门夏商集团有限公司	1225608	33783	1564709	422469	6178
351	广州珠江实业集团有限公司	1223893	38075	11463647	2025405	15019
352	厦门恒兴集团有限公司	1220631	34873	1597871	677906	2379
353	四川华油集团有限责任公司	1215470	66399	984656	347073	3444
354	浙江中外运有限公司	1212568	16559	337179	65899	2324
355	分众传媒信息技术股份有限公司	1209711	400384	2164617	1701699	6779
356	万友汽车投资有限公司	1194235	2715	593871	110874	5899
357	爱尔眼科医院集团股份有限公司	1191241	172381	1554059	985388	0
358	深圳市深粮控股股份有限公司	1188453	40509	730938	459533	1246
359	湖南粮食集团有限责任公司	1186556	-33087	2011580	204321	4186
360	熠丰（武汉）能源有限公司	1171119	690	107910	73608	22
361	深圳乐信控股有限公司	1164526	59498	2034517	553074	3244
362	四川邦泰投资有限责任公司	1164030	93756	3167989	147307	4617
363	江苏大经供应链股份有限公司	1156612	3864	182207	28448	450
364	浙江出版联合集团有限公司	1142656	111097	2478372	1588296	7474
365	厦门航空开发股份有限公司	1139279	3396	426634	140728	656
366	江西绿滋肴控股有限公司	1137889	66423	487413	259831	9820
367	吉旗物联科技（天津）有限公司	1136009	6866	170999	5064	60
368	广州商贸投资控股集团有限公司	1133689	29062	1551741	678009	5389
369	黑龙江省农业投资集团有限公司	1130372	3937	1721353	95877	1664
370	宁波滕头集团有限公司	1112608	34246	537032	134460	10356
371	上海博尔捷企业集团有限公司	1111271	3746	93421	16709	710
372	日出实业集团有限公司	1108877	4035	181081	27428	223

第七章　中国500强企业及《财富》世界500强企业数据刊登

续表

名次	企业名称	营业收入（万元）	净利润（万元）	资产（万元）	所有者权益（万元）	从业人数（人）
373	南京大地建设集团有限责任公司	1106656	23335	820179	315684	1845
374	吉林九台农村商业银行股份有限公司	1098157	110441	20036327	1367153	3829
375	江苏嘉奕和铜业科技发展有限公司	1097732	23	296804	−2546	13
376	汇金钢铁（天津）集团有限公司	1090093	6211	129582	36108	189
377	安徽天星医药集团有限公司	1083939	12488	737038	67829	1171
378	苏州裕景泰控股有限公司	1078837	17625	333724	38288	118
379	河北省国有资产控股运营有限公司	1070171	5935	2173735	750115	3210
380	广西农村投资集团有限公司	1069792	13107	3225790	511573	12029
381	天津捷通达汽车投资集团有限公司	1068426	10842	396334	68637	4863
382	重庆三峡银行股份有限公司	1065204	150351	23676311	1918276	2188
383	金帝联合控股集团有限公司	1058454	9716	1246015	323878	637
384	上海天地汇供应链科技有限公司	1049089	−1255	145592	37688	702
385	中南出版传媒集团股份有限公司	1047301	143699	2314192	1399456	13264
386	厦门禹洲集团股份有限公司	1041160	22823	17819806	2462947	7537
387	厦门鑫东森控股有限公司	1039322	10173	291133	73188	492
388	石羊农业集团股份有限公司	1038373	75871	734140	244623	4170
389	无锡市市政公用产业集团有限公司	1037459	15081	4032625	1313470	9239
390	中泰证券股份有限公司	1035222	252530	17450956	3327826	7329
391	上海春秋国际旅行社（集团）有限公司	1030291	−47212	3420733	797235	10850
392	烟台港集团有限公司	1029209	17526	4390474	748909	10775
393	赣州发展投资控股集团有限责任公司	1027551	83802	20920959	5917703	2500
394	张家港保税区日祥贸易有限公司	1024937	−18604	166270	25281	20
395	广西云星集团有限公司	1022397	77034	2167550	830604	2815

续表

名次	企业名称	营业收入（万元）	净利润（万元）	资产（万元）	所有者权益（万元）	从业人数（人）
396	上海米哈游网络科技股份有限公司	1012787	578000	1292526	819806	2227
397	山东鲁信投资控股集团有限公司	1011379	157014	19117410	5146271	2194
398	浙江凯喜雅国际股份有限公司	1011129	2382	594448	104660	7500
399	绿城物业服务集团有限公司	1010564	71041	1307879	682065	31911
400	渤海人寿保险股份有限公司	1006202	-274433	4235600	931224	375
401	广东天禾农资股份有限公司	1003687	7951	509119	102969	1973
402	东方明珠新媒体股份有限公司	1003335	162096	4405887	2957310	7922
403	漳州路桥物资发展有限公司	1000228	16530	420325	68467	106
404	深圳市英捷迅实业发展有限公司	984880	2419	117816	21878	139
405	保集控股集团有限公司	965784	40765	2000265	637026	353
406	广州华多网络科技有限公司	962157	178273	1706286	1543393	258
407	河南蓝天集团有限公司	952466	17936	1044827	176241	1916
408	上海机场（集团）有限公司	950391	-705590	9505685	6403827	18368
409	鑫荣懋集团股份有限公司	947530	21419	408331	214176	4200
410	湖南佳惠百货有限责任公司	940225	14135	259002	119541	15780
411	安克创新科技股份有限公司	935263	85593	698275	539852	2144
412	卓正控股集团有限公司	934725	46472	873316	467287	8331
413	玖隆钢铁物流有限公司	925902	5553	529714	148648	292
414	四川众心乐旅游资源开发有限公司	924831	7168	537925	27792	1443
415	四川新华出版发行集团有限公司	923775	51885	2135814	783130	8813
416	赣州银行股份有限公司	921351	98303	22169536	1443869	2991
417	浙江恒威投资集团有限公司	921022	29280	735606	190921	1819
418	上海大发房地产集团有限公司	915692	34881	3060544	450280	1029

续表

名次	企业名称	营业收入（万元）	净利润（万元）	资产（万元）	所有者权益（万元）	从业人数（人）
419	厦门经济特区房地产开发集团有限公司	906705	36202	3915321	684887	8037
420	新华文轩出版传媒股份有限公司	900806	126278	1696884	1013684	7683
421	青海省物产集团有限公司	898650	3876	492456	101601	1096
422	上海龙宇燃油股份有限公司	894347	-6757	425200	378029	123
423	天津住宅建设发展集团有限公司	887016	-107072	2262591	-244794	2741
424	蓝池集团有限公司	881969	8252	485778	244192	3868
425	深圳市九立供应链股份有限公司	880233	2120	375351	24905	193
426	广州南方投资集团有限公司	862125	43324	1428722	225857	7592
427	佳都集团有限公司	862050	33507	1523069	253927	3486
428	华东建筑集团股份有限公司	861373	17384	1161748	298216	9695
429	安徽文峰置业有限公司	854504	72858	1234145	559800	866
430	张家港保税区彬鹏贸易有限公司	851334	45877	220671	219238	20
431	安徽国祯集团股份有限公司	845499	1853	679671	249406	11494
432	福建三木集团股份有限公司	843907	4714	918227	139398	590
433	广州岭南国际企业集团有限公司	840955	60642	1502571	738772	11903
434	天弘基金管理有限公司	837739	264379	1471445	1279357	590
435	江苏省煤炭运销有限公司	837455	359263	16608530	21903	46
436	孩子王儿童用品股份有限公司	835544	39102	502276	209029	12000
437	福州锦泽石化有限公司	835398	8262	202397	59739	72
438	宁波海田控股集团有限公司	825734	1815	340412	9899	239
439	东方财富信息股份有限公司	823856	477811	11032874	3315647	4927
440	山西美特好连锁超市股份有限公司	823364	153	471863	59410	6104
441	福建省福化工贸股份有限公司	821610	-4858	134257	68166	171

续表

名次	企业名称	营业收入（万元）	净利润（万元）	资产（万元）	所有者权益（万元）	从业人数（人）
442	郑州公用事业投资发展集团有限公司	819656	90460	6342189	1430230	7187
443	内蒙古公路交通投资发展有限公司	818501	-71267	20839461	7864947	9257
444	江阴市凯竹贸易有限公司	810378	18	28561	163	18
445	沧州银行股份有限公司	809167	113192	17146879	1235561	2776
446	张家港银贝贸易有限公司	803932	-16043	47690	-17318	4
447	富润控股集团有限公司	802502	63611	826589	146814	3640
448	山西大昌汽车集团有限公司	798532	4982	316353	209093	2819
449	莱商银行股份有限公司	797127	59861	15408427	1192678	1986
450	华茂集团股份有限公司	796617	69197	1786530	879729	3022
451	无锡商业大厦大东方股份有限公司	793631	31507	709895	341640	4275
452	唐山港集团股份有限公司	783727	184260	2459202	1843922	3853
453	宝裕发展有限公司	777920	7687	306807	18476	51
454	宁波力勤资源科技开发有限公司	774895	63385	357872	144728	492
455	无锡农村商业银行股份有限公司	773829	131161	18001829	1397914	1525
456	厦门住宅建设集团有限公司	772171	81918	3685968	724622	4370
457	重庆国际信托股份有限公司	769282	283241	26100710	2767989	199
458	江苏百步国际贸易有限公司	761907	22	108790	57	15
459	广州仕邦投资控股有限公司	757295	1676	124852	2610	460
460	方正证券股份有限公司	754181	109649	12325637	3962074	8090
461	新大陆科技集团有限公司	751722	16375	1312293	198842	7031
462	佛燃能源集团股份有限公司	751457	46913	864867	334789	1923
463	广州交通投资集团有限公司	749831	46708	11768496	3770948	4668
464	上海临港经济发展（集团）有限公司	747049	58003	12464636	2177783	3191
465	柳州银行股份有限公司	737888	54565	16730571	1532179	3217

第七章 中国500强企业及《财富》世界500强企业数据刊登

续表

名次	企业名称	营业收入（万元）	净利润（万元）	资产（万元）	所有者权益（万元）	从业人数（人）
466	浙江东海长城石化股份有限公司	735184	7373	107771	38910	142
467	宁波市绿顺集团股份有限公司	725579	2366	119807	33859	256
468	上海盛趣科技（集团）有限公司	719828	327411	2099792	1439532	2538
469	浙江华瑞集团有限公司	711600	11669	514565	285431	593
470	新疆农资（集团）有限责任公司	708728	1200	708418	118549	717
471	张家港恒泰佳居贸易有限公司	707565	−16784	31762	−17013	5
472	福建发展集团有限公司	704532	13075	53413	47987	20142
473	江苏张家港农村商业银行股份有限公司	704087	100068	14381765	1120511	2192
474	安徽亚夏实业股份有限公司	703158	14034	564307	252647	3200
475	重庆百事达汽车有限公司	690825	3804	211744	46962	2050
476	江苏中电豪信电子科技有限公司	689849	17	142260	59	15
477	万马联合控股集团有限公司	688630	35038	673858	162012	399
478	青岛利客来集团股份有限公司	678000	3067	340210	70139	2331
479	宁波轿辰集团股份有限公司	674009	6167	284238	88633	2403
480	深圳市递四方速递有限公司	672038	28325	263606	−66306	5010
481	长江勘测规划设计研究院	670714	14161	710956	206806	2920
482	吉林省华阳集团有限公司	670262	17455	493138	241970	4538
483	福然德股份有限公司	668881	30695	544718	290068	473
484	岭南生态文旅股份有限公司	665128	−46012	1959057	445911	2272
485	天津恒运能源集团股份有限公司	661310	1983	464688	215474	1000
486	东北证券股份有限公司	660961	133333	6868584	1666936	3351
487	浙江万丰企业集团公司	656192	10932	498265	92017	1369
488	无锡市宝金石油化工有限公司	656016	−949	336515	11721	43

续表

名次	企业名称	营业收入（万元）	净利润（万元）	资产（万元）	所有者权益（万元）	从业人数（人）
489	南宁威宁投资集团有限责任公司	653792	15738	4142272	1734352	4278
490	中锐控股集团有限公司	652911	17209	2535673	739004	3850
491	欧菲斯集团股份有限公司	651555	14115	298028	65315	2441
492	北方国际集团有限公司	649444	-5896	529816	90006	937
493	广州开发区控股集团有限公司	634890	17491	9590853	2259308	4329
494	江阴达赛贸易有限公司	630101	443	116882	530	17
495	好活（昆山）网络科技有限公司	629685	1525	45875	14601	110
496	重庆港务物流集团有限公司	614156	-894	2241022	541867	4567
497	福建网龙计算机网络信息技术有限公司	613764	95350	999322	95350	6442
498	江阴市川江化工有限公司	610369	118	102230	1051	20
499	江苏江阴农村商业银行股份有限公司	609351	105688	14276623	1213149	1835
500	福建省人力资源服务有限公司	602990	1899	72901	10721	272

第四节　2021《财富》世界500强企业数据

排名	国家/地区	企业名称	营业收入（百万美元）	净利润（百万美元）
1	美国	沃尔玛	559151	13510
2	中国	国家电网有限公司	386618	5580
3	美国	亚马逊	386064	21331
4	中国	中国石油天然气集团有限公司	283958	4575
5	中国	中国石油化工集团有限公司	283728	6205
6	美国	苹果公司	274515	57411
7	美国	CVS Health 公司	268706	7179

续表

排名	国家/地区	企业名称	营业收入（百万美元）	净利润（百万美元）
8	美国	联合健康集团	257141	15403
9	日本	丰田汽车公司	256722	21180
10	德国	大众公司	253965	10104
11	美国	伯克希尔-哈撒韦公司	245510	42521
12	美国	麦克森公司	238228	-4539
13	中国	中国建筑集团有限公司	234425	3578
14	沙特阿拉伯	沙特阿美公司	229766	49287
15	韩国	三星电子	200734	22116
16	中国	中国平安保险（集团）股份有限公司	191509	20739
17	美国	美源伯根公司	189894	-3409
18	英国	英国石油公司	183500	-20305
19	荷兰	荷兰皇家壳牌石油公司	183195	-21680
20	中国	中国工商银行股份有限公司	182794	45783
21	美国	Alphabet 公司	182527	40269
22	中国台湾	鸿海精密工业股份有限公司	181945	3457
23	美国	埃克森美孚	181502	-22440
24	德国	戴姆勒股份公司	175827	4133
25	中国	中国建设银行股份有限公司	172000	39283
26	美国	美国电话电报公司	171760	-5176
27	美国	开市客	166761	4002
28	美国	信诺	160401	8458
29	中国	中国农业银行股份有限公司	153885	31293
30	美国	嘉德诺	152922	-3696
31	新加坡	托克集团	146994	1699

续表

排名	国家/地区	企业名称	营业收入（百万美元）	净利润（百万美元）
32	中国	中国人寿保险（集团）公司	144589	4648
33	美国	微软	143015	44281
34	瑞士	嘉能可	142338	-1903
35	中国	中国铁路工程集团有限公司	141384	1639
36	美国	沃博联	139537	456
37	荷兰	EXOR 集团	136186	-34
38	德国	安联保险集团	136173	7756
39	中国	中国银行股份有限公司	134046	27952
40	美国	克罗格	132498	2585
41	美国	家得宝	132110	12866
42	中国	中国铁道建筑集团有限公司	131992	1486
43	美国	摩根大通公司	129503	29131
44	中国	华为投资控股有限公司	129184	9362
45	美国	威瑞森电信	128292	17801
46	法国	安盛	128011	3605
47	美国	福特汽车公司	127144	-1279
48	日本	本田汽车	124241	6202
49	美国	通用汽车公司	122485	6427
50	美国	Anthem 公司	121867	4572
51	日本	三菱商事株式会社	121543	1628
52	法国	道达尔能源公司	119704	-7242
53	德国	德国电信	115083	4738
54	德国	宝马集团	112794	4301
55	日本	日本电报电话公司	112670	8643

续表

排名	国家/地区	企业名称	营业收入（百万美元）	净利润（百万美元）
56	中国	中国移动通信集团有限公司	111826	12920
57	美国	Centene 公司	111115	1808
58	日本	日本邮政控股公司	110561	3945
59	中国	京东集团股份有限公司	108087	7160
60	中国	上海汽车集团股份有限公司	107555	2961
61	中国	中国交通建设集团有限公司	106868	1165
62	美国	房利美	106437	11805
63	中国	阿里巴巴集团控股有限公司	105866	22224
64	美国	美国康卡斯特电信公司	103564	10534
65	中国	中国五矿集团有限公司	102015	491
66	中国	中国第一汽车集团有限公司	101076	2867
67	中国	恒力集团有限公司	100773	2373
68	中国	正威国际集团有限公司	100281	1852
69	中国	中国华润有限公司	99438	4330
70	中国	山东能源集团有限公司	97861	1162
71	日本	日本伊藤忠商事株式会社	97753	3787
72	中国	中国宝武钢铁集团有限公司	97643	3629
73	意大利	意大利忠利保险公司	97129	1987
74	中国	中国邮政集团有限公司	96304	4698
75	美国	雪佛龙	94692	-5543
76	美国	戴尔科技公司	94224	3250
77	美国	美国银行	93753	17894
78	美国	塔吉特公司	93561	4368
79	瑞士	雀巢公司	89853	13031

续表

排名	国家/地区	企业名称	营业收入（百万美元）	净利润（百万美元）
80	美国	美国劳氏公司	89597	5835
81	美国	马拉松原油公司	88952	-9826
82	美国	花旗集团	88839	11047
83	韩国	现代汽车	88156	1208
84	俄罗斯	俄罗斯天然气工业股份公司	87870	1872
85	中国	东风汽车公司集团有限公司	86856	1116
86	美国	Facebook公司	85965	29146
87	荷兰	皇家阿霍德德尔海兹集团	85158	1592
88	日本	索尼	84893	11054
89	美国	联合包裹速递服务公司	84628	1343
90	中国	中国人民保险集团股份有限公司	84290	2904
91	中国	中国南方电网有限责任公司	83699	999
92	中国	中国海洋石油集团有限公司	83296	4802
93	法国	法国农业信贷银行	82959	3067
94	美国	强生	82584	14714
95	日本	日立	82345	4732
96	法国	家乐福	82211	730
97	法国	法国巴黎银行	81632	8053
98	德国	博世集团	81464	360
99	英国	乐购	81248	7948
100	日本	日本永旺集团	81228	-671
101	中国	国家能源投资集团有限责任公司	80716	4102
102	英国	汇丰银行控股公司	80429	5229
103	美国	美国富国银行	80303	3301

续表

排名	国家/地区	企业名称	营业收入（百万美元）	净利润（百万美元）
104	美国	通用电气公司	79619	5704
105	法国	法国电力公司	78904	741
106	美国	州立农业保险公司	78898	3739
107	中国	中国电力建设集团有限公司	78487	689
108	美国	英特尔公司	77867	20899
109	中国	中国医药集团有限公司	77278	1259
110	美国	哈门那公司	77155	3367
111	日本	日本生命保险公司	76984	3127
112	中国	中粮集团有限公司	76856	1378
113	德国	德国邮政敦豪集团	76122	3394
114	日本	三井物产株式会社	75562	3165
115	中国	中国中信集团有限公司	74689	3843
116	日本	日产汽车	74170	-4233
117	德国	慕尼黑再保险集团	74075	1380
118	意大利	意大利国家电力公司	74047	2974
119	日本	第一生命控股有限公司	73842	3432
120	西班牙	西班牙国家银行	73630	-9994
121	美国	国际商业机器公司	73620	5590
122	中国	中国恒大集团	73514	1170
123	美国	美国邮政	73133	-9176
124	中国	北京汽车集团有限公司	72147	340
125	俄罗斯	卢克石油公司	71856	210
126	中国	中国电信集团有限公司	71401	1886
127	中国	中国兵器工业集团有限公司	71018	1511

续表

排名	国家/地区	企业名称	营业收入（百万美元）	净利润（百万美元）
128	美国	宝洁公司	70950	13027
129	韩国	SK集团	70839	161
130	德国	意昂集团	70382	1159
131	美国	百事公司	70372	7120
132	中国	腾讯控股有限公司	69864	23166
133	美国	艾伯森公司	69690	850
134	德国	巴斯夫公司	69464	-1208
135	美国	联邦快递	69217	1286
136	美国	大都会人寿	67842	5407
137	中国	交通银行股份有限公司	67606	11409
138	中国	晋能控股集团有限公司	67535	8
139	中国	碧桂园控股有限公司	67080	5076
140	中国	中国航空工业集团有限公司	66964	916
141	美国	房地美	66228	7326
142	中国	绿地控股集团股份有限公司	66096	2174
143	美国	Phillips 66公司	65494	-3975
144	美国	洛克希德-马丁	65398	6833
145	美国	华特迪士尼公司	65388	-2864
146	美国	ADM公司	64355	1772
147	瑞士	瑞士罗氏公司	64285	15229
148	中国	厦门建发集团有限公司	64112	953
149	中国	太平洋建设集团有限公司	64038	2218
150	德国	西门子	63936	4509
151	中国	中国中化集团有限公司	63544	809

续表

排名	国家/地区	企业名称	营业收入（百万美元）	净利润（百万美元）
152	法国	Engie集团	63525	-1750
153	英国	英国法通保险公司	63325	2061
154	日本	松下	63191	1557
155	印度	信实工业公司	62912	6619
156	加拿大	布鲁克菲尔德资产管理公司	62752	-134
157	英国	英杰华集团	62579	3588
158	中国	中国太平洋保险（集团）股份有限公司	61186	3563
159	中国	联想集团有限公司	60742	1178
160	中国	万科企业股份有限公司	60741	6017
161	中国	中国化工集团有限公司	60492	-816
162	中国	招商银行股份有限公司	60433	14108
163	中国	招商局集团有限公司	60281	5919
164	美国	瓦莱罗能源公司	60115	-1421
165	日本	丸红株式会社	59735	2126
166	日本	引能仕控株式会社	59540	1075
167	日本	丰田通商公司	59517	1270
168	瑞士	苏黎世保险集团	59001	3834
169	加拿大	宏利金融	58840	4378
170	中国	物产中大集团股份有限公司	58546	398
171	中国	厦门国贸控股集团有限公司	58279	286
172	荷兰	荷兰全球保险集团	58211	-166
173	美国	波音	58158	-11873
174	中国	中国保利集团有限公司	58072	1949
175	英国	联合利华	57797	6359

续表

排名	国家/地区	企业名称	营业收入（百万美元）	净利润（百万美元）
176	中国	广州汽车工业集团有限公司	57724	576
177	中国	中国建材集团有限公司	57115	103
178	美国	保德信金融集团	57033	-374
179	荷兰	空中客车公司	56872	-1291
180	日本	三菱日联金融集团	56838	7330
181	巴西	巴西国家石油公司	56683	1141
182	美国	惠普公司	56639	2844
183	美国	雷神技术公司	56587	-3519
184	日本	软银集团	56214	47053
185	英国	英国保诚集团	55973	2118
186	芬兰	富腾公司	55850	2077
187	日本	东京电力公司	55343	1706
188	日本	Seven&I 控股公司	54442	1692
189	中国	厦门象屿集团有限公司	54324	279
190	美国	StoneX 集团	54140	170
191	加拿大	Alimentation Couche-Tard 公司	54132	2354
192	韩国	LG 电子	53625	1669
193	美国	高盛	53498	9459
194	中国	中国光大集团股份公司	53429	2571
195	俄罗斯	俄罗斯石油公司	53376	2033
196	中国	兴业银行股份有限公司	53314	9656
197	卢森堡	安赛乐米塔尔	53270	-733
198	中国	中国铝业集团有限公司	53191	321
199	美国	西斯科公司	52893	216

续表

排名	国家/地区	企业名称	营业收入（百万美元）	净利润（百万美元）
200	中国	河钢集团有限公司	52761	6
201	中国	上海浦东发展银行股份有限公司	52628	8444
202	巴西	巴西JBS公司	52429	892
203	法国	法国兴业银行	52068	-294
204	美国	摩根士丹利	52047	10996
205	印度	印度国家银行	51919	3019
206	泰国	泰国国家石油有限公司	51648	1207
207	美国	HCA医疗保健公司	51533	3754
208	日本	东京海上日动火灾保险公司	51517	1526
209	英国	沃达丰集团	51055	131
210	法国	迪奥公司	50878	2203
211	新加坡	丰益国际	50527	1534
212	印度	印度石油公司	50433	2916
213	中国香港	友邦保险集团有限公司	50359	5779
214	法国	万喜集团	50270	1415
215	韩国	起亚公司	50155	1261
216	意大利	埃尼石油公司	50121	-9839
217	日本	日本KDDI电信公司	50115	6146
218	瑞士	诺华公司	49898	8072
219	法国	雷诺	49536	-9125
220	中国	陕西煤业化工集团有限责任公司	49314	121
221	美国	思科公司	49301	11214
222	韩国	韩国电力公司	49102	1688
223	西班牙	西班牙电话公司	49083	1803

续表

排名	国家/地区	企业名称	营业收入（百万美元）	净利润（百万美元）
224	中国	中国民生银行股份有限公司	49076	4972
225	中国	江西铜业集团有限公司	48820	195
226	韩国	韩国浦项制铁公司	48713	1340
227	德国	拜耳集团	48484	-11959
228	加拿大	加拿大鲍尔集团	48183	1526
229	法国	Orange 公司	48165	5494
230	美国	特许通讯公司	48097	3222
231	中国	中国远洋海运集团有限公司	47998	1471
232	美国	默沙东	47994	7067
233	法国	ELO 集团	47607	773
234	中国	陕西延长石油（集团）有限责任公司	47529	161
235	中国台湾	和硕	47518	686
236	比利时	百威英博	47358	1405
237	墨西哥	美洲电信	47326	2181
238	美国	百思买	47262	1798
239	中国	浙江吉利控股集团有限公司	47191	1352
240	中国	中国船舶集团有限公司	46845	1875
241	德国	Talanx 公司	46788	767
242	美国	美国纽约人寿保险公司	46712	-822
243	印度	印度石油天然气公司	46597	2189
244	日本	电装公司	46569	1180
245	日本	MS&AD 保险集团控股有限公司	46150	1362
246	挪威	Equinor 公司	45818	-5510
247	美国	艾伯维	45804	4616

续表

排名	国家/地区	企业名称	营业收入（百万美元）	净利润（百万美元）
248	中国	中国华能集团有限公司	45750	312
249	日本	日本制铁集团公司	45556	-306
250	加拿大	加拿大皇家银行	45509	8497
251	中国台湾	台积公司	45478	17344
252	德国	德国联邦铁路公司	45465	-6477
253	美国	大众超级市场公司	45204	3972
254	美国	好事达	44791	5576
255	中国	浙江荣盛控股集团有限公司	44726	627
256	英国	力拓集团	44611	9769
257	墨西哥	墨西哥石油公司	44384	-23683
258	爱尔兰	埃森哲	44327	5108
259	德国	德国艾德卡公司	44159	315
260	中国	中国联合网络通信股份有限公司	44034	800
261	日本	住友商事	43818	-1444
262	美国	美国利宝互助保险集团	43796	758
263	美国	美国国际集团	43736	-5944
264	英国	英国葛兰素史克公司	43732	7373
265	法国	法国 BPCE 银行集团	43476	1835
266	法国	圣戈班集团	43445	520
267	英国	英国劳埃德银行集团	43441	1690
268	瑞士	瑞士再保险股份有限公司	43338	-878
269	俄罗斯	俄罗斯联邦储蓄银行	43264	10527
270	美国	泰森食品	43185	2061
271	韩国	韩华集团	43169	181

续表

排名	国家/地区	企业名称	营业收入（百万美元）	净利润（百万美元）
272	德国	德国大陆集团	42983	-1096
273	澳大利亚	必和必拓集团	42931	7956
274	澳大利亚	伍尔沃斯集团	42678	781
275	美国	前进保险公司	42658	5705
276	法国	赛诺菲	42580	14031
277	马来西亚	马来西亚国家石油公司	42563	-5680
278	美国	百时美施贵宝公司	42518	-9015
279	中国	青山控股集团有限公司	42448	1129
280	美国	美国全国保险公司	41930	-138
281	美国	辉瑞制药有限公司	41908	9616
282	中国	山东魏桥创业集团有限公司	41879	1236
283	美国	卡特彼勒	41748	2998
284	中国	中国机械工业集团有限公司	41712	571
285	美国	美国教师退休基金会	41619	558
286	荷兰	英格卡集团	41580	1323
287	印度尼西亚	印尼国家石油公司	41470	1051
288	中国	美的集团股份有限公司	41407	3945
289	美国	邦吉公司	41404	1145
290	德国	费森尤斯集团	41336	1945
291	意大利	意大利联合圣保罗银行	41258	3734
292	加拿大	乔治威斯顿公司	40793	718
293	中国	国家电力投资集团有限公司	40323	344
294	巴西	巴西淡水河谷公司	40018	4881
295	西班牙	西班牙 ACS 集团	39967	654

续表

排名	国家/地区	企业名称	营业收入（百万美元）	净利润（百万美元）
296	加拿大	多伦多道明银行	39900	8841
297	丹麦	马士基集团	39740	2850
298	德国	蒂森克虏伯	39659	10725
299	法国	法国布伊格集团	39607	793
300	日本	三菱电机股份有限公司	39539	1822
301	中国	中国能源建设集团有限公司	39439	508
302	瑞士	瑞银集团	39298	6557
303	法国	Finatis 公司	39197	-212
304	美国	甲骨文公司	39068	10135
305	美国	Energy Transfer 公司	38954	-648
306	日本	大和房建	38929	1840
307	中国	中国航天科技集团有限公司	38742	2735
308	中国	江苏沙钢集团有限公司	38665	1145
309	中国	浙江恒逸集团有限公司	38562	152
310	美国	陶氏公司	38542	1225
311	中国	盛虹控股集团有限公司	38440	520
312	美国	美国运通公司	38185	3135
313	日本	日本明治安田生命保险公司	38004	1780
314	英国	森宝利公司	37944	-366
315	中国	安徽海螺集团有限责任公司	37930	1878
316	美国	通用动力	37925	3167
317	德国	德意志银行	37853	550
318	日本	日本出光兴产株式会社	37792	329
319	西班牙	Iberdrola 公司	37767	4115

续表

排名	国家/地区	企业名称	营业收入（百万美元）	净利润（百万美元）
320	中国	中国航天科工集团有限公司	37697	1955
321	美国	耐克公司	37403	2539
322	巴西	伊塔乌联合银行控股公司	37280	3667
323	德国	采埃孚	37159	-940
324	中国台湾	广达电脑公司	37043	860
325	日本	日本三井住友金融集团	36811	4838
326	美国	美国诺斯洛普格拉曼公司	36799	3189
327	瑞典	沃尔沃集团	36754	2098
328	中国	苏宁易购集团股份有限公司	36565	-620
329	德国	麦德龙	36525	515
330	美国	联合服务汽车协会	36296	3907
331	日本	损保控股有限公司	36283	1344
332	中国	阳光龙净集团有限公司	36264	540
333	瑞士	安达保险公司	35994	3533
334	中国	中国电子信息产业集团有限公司	35931	-97
335	德国	贺利氏控股集团	35929	-
336	中国	金川集团股份有限公司	35907	360
337	西班牙	西班牙对外银行	35872	1487
338	中国	小米集团	35633	2950
339	中国台湾	仁宝电脑	35619	318
340	美国	迪尔公司	35540	2751
341	法国	法国邮政	35534	2375
342	德国	德国中央合作银行	35498	994
343	中国	泰康保险集团股份有限公司	35476	3484

续表

排名	国家/地区	企业名称	营业收入（百万美元）	净利润（百万美元）
344	中国	中国太平保险集团有限责任公司	35461	415
345	英国	巴克莱	35405	3056
346	中国台湾	国泰金融控股股份有限公司	35124	2533
347	日本	日本三菱重工业股份有限公司	34903	383
348	印度	Rajesh Exports 公司	34805	114
349	中国	中国中车集团有限公司	34778	748
350	美国	雅培公司	34608	4495
351	中国	中国兵器装备集团有限公司	34455	853
352	中国	中国华电集团有限公司	34440	585
353	中国香港	长江和记实业有限公司	34347	3758
354	中国	中国电子科技集团有限公司	34311	1880
355	意大利	意大利邮政集团	34205	1375
356	法国	法国国营铁路集团	34155	−3453
357	印度	印度塔塔汽车公司	34013	−1812
358	日本	富士通	33863	1912
359	中国	雪松控股集团有限公司	33837	50
360	美国	西北互助人寿保险公司	33782	425
361	美国	Dollar General 公司	33747	2655
362	荷兰	路易达孚集团	33564	382
363	中国	上海建工集团股份有限公司	33526	486
364	中国	融创中国控股有限公司	33418	5166
365	日本	爱信	33260	997
366	韩国	KB 金融集团	33201	2929
367	日本	住友生命保险公司	33183	254

续表

排名	国家/地区	企业名称	营业收入（百万美元）	净利润（百万美元）
368	英国	英美烟草集团	33058	8208
369	美国	Exelon 公司	33039	1963
370	美国	可口可乐公司	33014	7747
371	中国	中国核工业集团有限公司	32663	1188
372	中国香港	怡和集团	32647	-394
372	加拿大	麦格纳国际	32647	757
374	美国	霍尼韦尔国际公司	32637	4779
375	中国	敬业集团有限公司	32528	607
376	加拿大	加拿大丰业银行	32501	5038
377	德国	菲尼克斯医药公司	32387	221
378	瑞士	瑞士信贷	32343	2843
379	加拿大	加拿大永明金融集团	32316	1863
380	美国	赛默飞世尔科技公司	32218	6375
381	西班牙	雷普索尔公司	32188	-3748
382	美国	3M 公司	32184	5384
383	美国	TJX 公司	32137	91
384	中国	山东钢铁集团有限公司	31990	129
385	美国	Travelers 公司	31981	2697
386	瑞士	Migros 集团	31903	1882
387	法国	欧莱雅	31896	4060
388	中国台湾	富邦金融控股股份有限公司	31838	3065
389	美国	第一资本金融公司	31643	2714
390	中国	新希望控股集团有限公司	31606	515
391	荷兰	荷兰国际集团	31605	2564

续表

排名	国家/地区	企业名称	营业收入（百万美元）	净利润（百万美元）
392	美国	特斯拉	31536	721
393	法国	法国达飞海运集团	31445	1755
394	印度	巴拉特石油公司	31315	2178
395	德国	SAP 公司	31150	5863
396	中国	深圳市投资控股有限公司	31144	1661
397	瑞士	Coop 集团	31058	574
398	韩国	现代摩比斯公司	31047	1296
399	英国	英美资源集团	30902	2089
400	中国	鞍钢集团有限公司	30886	259
401	日本	三菱化学控股	30729	−71
402	德国	西门子能源	30723	−1797
403	中国	山西焦煤集团有限责任公司	30454	160
404	日本	日本钢铁工程控股公司	30444	−206
405	中国	海尔智家股份有限公司	30395	1287
406	日本	日本瑞穗金融集团	30357	4443
407	中国	铜陵有色金属集团控股有限公司	30301	−26
408	日本	Medipal 控股公司	30291	226
409	日本	武田药品公司	30166	3547
410	瑞士	瑞士 ABB 集团	30142	5146
411	中国	首钢集团有限公司	30054	43
412	日本	铃木汽车	29981	1381
413	法国	法国威立雅环境集团	29637	101
414	日本	佳能	29599	780
415	中国	新华人寿保险股份有限公司	29545	2072

续表

排名	国家/地区	企业名称	营业收入（百万美元）	净利润（百万美元）
416	韩国	三星人寿保险	29274	1073
417	日本	关西电力	29171	1028
418	加拿大	Enbridge 公司	29147	2508
419	爱尔兰	美敦力公司	28913	4789
420	日本	东芝	28813	1075
421	中国台湾	纬创集团	28695	295
422	美国	菲利普-莫里斯国际公司	28694	8056
423	美国	艾睿电子	28673	584
424	法国	施耐德电气	28667	2423
425	中国	潍柴动力股份有限公司	28622	1334
426	巴西	巴西布拉德斯科银行	28539	3073
427	英国	菲尼克斯集团控股公司	28493	1023
428	中国	海亮集团有限公司	28467	117
429	美国	CHS 公司	28406	422
430	中国	中国通用技术（集团）控股有限责任公司	28379	558
431	中国	北京建龙重工集团有限公司	28362	494
432	日本	日本电气公司	28243	1411
433	中国	浙江省交通投资集团有限公司	28168	707
434	日本	普利司通	28047	-218
435	中国	中国大唐集团有限公司	27928	317
436	英国	英国电信集团	27863	1923
437	中国	上海医药集团股份有限公司	27813	652
438	荷兰	利安德巴塞尔工业公司	27753	1420
439	中国	广西投资集团有限公司	27708	41

续表

排名	国家/地区	企业名称	营业收入（百万美元）	净利润（百万美元）
440	日本	日本中部电力	27690	1389
441	爱尔兰	CRH 公司	27587	1122
442	日本	住友电工	27532	532
443	法国	Financière de l'Odet 公司	27470	244
444	中国	新疆广汇实业投资（集团）有限责任公司	27448	59
445	荷兰	X5 零售集团	27359	392
446	美国	捷普公司	27266	54
447	英国	林德集团	27250	2501
448	美国	Enterprise Products Partners 公司	27200	3776
449	日本	马自达汽车株式会社	27187	-299
450	韩国	CJ 集团	27125	74
451	中国	中国中煤能源集团有限公司	27105	485
452	韩国	SK 海力士公司	27041	4031
453	美国	慧与公司	26982	-322
454	法国	达能	26914	2229
455	荷兰	Achmea 公司	26843	732
456	中国	龙湖集团控股有限公司	26746	2899
457	美国	United Natural Foods 公司	26743	-274
458	英国	英国森特理克集团	26702	53
459	日本	斯巴鲁公司	26698	722
460	中国	广州市建筑集团有限公司	26682	127
461	韩国	LG 化学公司	26645	435
462	英国	阿斯利康	26617	3196
463	美国	亿滋国际	26581	3555

续表

排名	国家/地区	企业名称	营业收入（百万美元）	净利润（百万美元）
464	德国	德国勃林格殷格翰公司	26497	3489
465	美国	维亚康姆 CBS 公司	26186	2422
466	美国	卡夫亨氏公司	26185	356
467	土耳其	KOC 集团	26179	1321
468	中国	广州医药集团有限公司	26070	299
469	新加坡	新加坡奥兰国际有限公司	26068	178
470	中国	华润置地有限公司	26027	4352
471	中国	云南省投资控股集团有限公司	25887	279
472	加拿大	蒙特利尔银行	25665	3788
473	韩国	三星 C&T 公司	25613	878
474	中国	万洲国际有限公司	25589	828
475	美国	Dollar Tree 公司	25509	1342
476	美国	安进	25424	7264
477	英国	康帕斯集团	25413	170
478	澳大利亚	Coles 集团	25325	656
479	美国	美国合众银行	25241	4959
480	瑞典	爱立信公司	25237	1899
481	中国	华阳新材料科技集团有限公司	25188	-173
482	巴西	巴西银行	25150	2300
483	美国	Performance Food Group 公司	25086	-114
484	美国	Netflix 公司	24996	2761
485	芬兰	诺基亚	24899	-2875
486	中国	紫金矿业集团股份有限公司	24855	943
487	英国	BAE 系统公司	24723	1666

续表

排名	国家/地区	企业名称	营业收入（百万美元）	净利润（百万美元）
488	中国	珠海格力电器股份有限公司	24710	3214
489	美国	吉利德科学公司	24689	123
490	美国	Synnex 公司	24676	529
491	意大利	联合信贷集团	24665	-3173
492	瑞士	霍尔希姆公司	24654	1808
493	西班牙	曼福集团	24642	600
494	日本	阿弗瑞萨控股公司	24556	231
495	美国	美国礼来公司	24540	6194
496	美国	Truist Financial 公司	24427	4482
497	中国	中国再保险（集团）股份有限公司	24376	828
498	澳大利亚	澳洲联邦银行	24362	6457
499	新加坡	伟创力公司	24124	613
500	美国	来德爱	24043	-91

 # 湖南省企业和工业经济联合会简介

　　湖南省企业和工业经济联合会（以下简称本会）是根据改革需要和现行的社会组织管理规定，由湖南省工业经济联合会、湖南省企业联合会、湖南省企业家协会（以下简称省"三会"）整合更名后成立。

　　本会前身为1982年3月成立的湖南省企业管理协会（2009年4月更名为湖南省企业联合会），1992年7月与新成立的湖南省工业经济协会（2000年11月更名为湖南省工业经济联合会）合署办公，2006年9月与湖南省企业家协会（成立于1985年7月）合并，实行三块牌子（即湖南省工业经济联合会、湖南省企业管理协会、湖南省企业家协会）合署办公。2009年4月召开省"三会"会员代表大会，选举产生理事会，实行"三会"合一，三个名称、一个章程、一个理事会、一个法人代表、一个秘书处。省"三会"是由湖南省境内企业、企业家（雇主）和企业团体自愿组成的非营利性的省级联合社团组织，行业主管部门是湖南省工业和信息化厅，登记机关是湖南省民政厅，是中国工业经济联合会、中国企业联合会、中国企业家协会的团体会员，并接受其业务指导，具有独立的法人资格。

　　本会经过30余年的发展，不断成长壮大，已成为一个覆盖全省，涵盖制造业、采矿业、居民服务和其他服务业、建筑业、房地产业、批发和零售业、住宿和餐饮业等行业，跨各种所有制的联合社团组织。

　　本会的主要业务范围：围绕服务、维权、自律及经济社会发展等方面开展工作。开展调查研究，向政府及有关部门反映行业、企业和企业家（雇主）诉求，提出行业、企业发展的意见和建议；参与制订行业标准和行业发展规划、行业准入条件，完善行业管理，促进工业经济持续健康发展；加强对企业管理创新的理论研究和经验推广，促进企业体制创新、管理创新、技术创新，提升企业核心竞争力；加强培训、咨询、信息、资质评价、企业文化交流等项服务功能，宣传表彰优秀企业和优秀企业家（雇主）；推进品牌发展战略，开展湖南100强企业排序与分析，推荐中国500强企业，引导企业做优做大做强；协调企业与企业、企业与社会、经营者与劳动者的关系，维护企业家（雇主）的合法权益；探讨企业履行社会责任，展示企业履行社会责任形象，充分发挥企业履行社会责任示范带动作用；围绕规范市场秩序，健全各项自律性管理制度，制订并组织实施行业职业道德准则，大力推动行业诚信建设，建立完善行业性管理约束机制，规范会员行为，协调会员关系，维护公平竞争的市场环境。

　　多年来，本会在省委、省政府及各级有关部门的高度重视和大力支持下，充分发挥了参谋助手和桥

梁纽带作用，在开展湖南100强企业排序、湖南省优秀企业家评选、湖南省企业管理现代化创新成果评审、企业文化建设等品牌活动，以及维护企业合法权益，加强行业自律，服务经济发展等方面做出了卓有成效的工作，得到了省委、省政府及各级有关部门的肯定，赢得了会员单位的认可和拥护。本会先后荣获民政部"全国先进民间组织"、中企联"全国企联系统先进集体"、湖南省人民政府"非公有制经济服务先进单位"、省民政厅"先进社会团体"称号，2013年被省民政厅评为4A级民间组织，2021年荣获全省两新领域先进基层党组织、全省第二批"十百千"示范社会组织等荣誉称号。

本会遵守宪法、法律、法规、政策和社会道德风尚，以为行业、企业、企业家（雇主）、政府服务为宗旨，是企业、企业家（雇主）与政府之间的桥梁和纽带，是政府的参谋和助手，是行业、企业、企业家（雇主）之家。

本会秘书处下设办公室、会员联络与培训部、企业创新工作部、企业发展促进部、雇主工作部。

地址：湖南省长沙市天心区五凌路158号金葳佳园1栋1506室

邮编：410004

电话/传真：0731-82213408

邮箱：hnsqx307@163.com

湖南省企业和工业经济联合会公众号

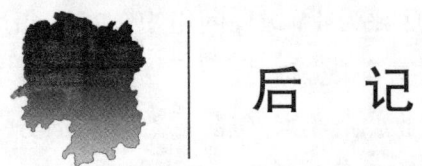

后　记

今年是湖南省企业和工业经济联合会（以下简称本会）连续第 19 年组织开展湖南 100 强企业排序，连续第 13 年组织开展湖南制造业企业 100 强及湖南服务业企业 50 强（初期为服务业企业 20 强、30 强）排序，并同步编辑出版《2021 湖南 100 强企业发展报告》。本书涉及的国民经济行业分类，按照国家质量监督检验检疫总局、国家标准化管理委员会颁布的《国民经济行业分类》（GB/T 4754—2017）执行。

本书除特载文稿外，各章撰稿人为：张辉（第一章），袁凌（第二章），尹向东（第三章），熊正德（第四章），黄永忠（第五章），黄沙（第六章、第七章和企业风采）。全书由袁凌和熊正德统稿，杨月华终审。本书在编写过程中，得到湖南省工业和信息化厅、中国企业联合会、《财富》杂志社、湖南大学、各市州企业联合会及相关企业的支持和帮助，谨向他们表示诚挚谢意。

本书为本会年度重点研究成果。凡引用本书研究成果及湖南企业 100 强排序、湖南制造业企业 100 强排序、湖南服务业企业 50 强排序、湖南企业 200 家排序数据资料，应注明"引自湖南省企业和工业经济联合会"字样，未经授权不得转载本书资料及企业排行榜名单。

明年，本会将继续组织开展湖南 100 强企业的申报、排序、发布及分析研究工作，编辑出版《2022 湖南 100 强企业发展报告》。凡自愿申报 2022 湖南企业 100 强、湖南制造业企业 100 强、湖南服务业企业 50 强的单位，请在 2022 年 6 月底以前与湖南省企业和工业经济联合会秘书处联系。电话：0731-82213408（兼传真）。

本书编辑过程中如有疏漏和不尽如人意之处，恳请读者提出宝贵意见，以利今后改进。

《2021 湖南 100 强企业发展报告》编辑部
2021 年 9 月

QIYE 企业
FENGCAI 风采

- 中国建筑第五工程局有限公司
- 三一集团有限公司
- 大汉控股集团有限公司
- 湖南五江控股集团有限公司
- 长沙银行股份有限公司
- 华融湘江银行股份有限公司
- 湖南兰天集团有限公司
- 中车株洲电机有限公司
- 中联重科股份有限公司
- 特变电工衡阳变压器有限公司
- 湖南省沙坪建设有限公司
- 湖南对外建设集团有限公司
- 湖南金荣企业集团有限公司
- 湖南兴盛优选电子商务有限公司
- 友谊国际工程咨询股份有限公司

中国建筑第五工程局有限公司
CHINA CONSTRUCTION FIFTH ENGINEERING BUREAU CO.,LTD.

▲长沙机场改扩建综合交通枢纽：湖南投资规模最大单体项目

田卫国 党委书记、董事长

  中国建筑第五工程局有限公司（简称中建五局）创立于1965年，是世界500强第13位——中国建筑股份有限公司的全资骨干企业，以房屋建筑施工、基础设施建造、投资与房地产开发为主营业务，拥有房建、市政、公路"三特三甲"资质，构建形成了"投资、研发、设计、建造、运营"五位一体的全产业链优势，发展成为投资商、建造商、运营商"三商一体"的现代化投资建设集团。

  中建五局坚定执行国家战略，与国家发展同频共振。在国内，布局七大区域市场，除西藏、内蒙古、宁夏、港澳台未设立机构以外，其他省、市、自治区均设立有区域机构。在海外，已布点35个国家，20个国家有项目在实施。形成以国内大循环为主体，国内国际双循环相互促进的新发展格局。

  经过多年持续发展，完成了沿建筑行业价值链较为完整的产业布局，从施工总承包向工程总承包升级，形成了较为明显的竞争优势，社会影响力持续提升，连续多年位列"中建三甲、湖南三强"，总资产过1500亿元，累积投资额超3000亿元。尤其是在湖南已成为"四个大户"：一是就业大户。近年招收大学毕业生3000人以上，每年跟

▲溪悦荟：湖南首个城市双修和"4.0版海绵城市示范公园"项目

随中建五局在国内国外施工的农民工超30万人，其中湘籍员工和农民工占比超50%。二是纳税大户。近年来，中建五局年纳税超40亿元，其中在湖南省年纳税15亿元以上，连年被授予湖南省纳税先进单位称号。三是投资大户。在湖南已投、在投投资总额1600亿元，其中在长沙投资1000亿元。多年位居央企在湘投资前列。四是兴业大户。作为建筑业头部企业及产业链"链长"，中建五局产业链上、中、下游合作带动的相关方超3200家，且保持良性的增长态势，产业聚集效应愈发明显。

近年来，累计获鲁班奖100余项、国家优质工程奖90余项。全局员工近40000人，本科及以上学历员工占比85%以上，博士后、博士、正高级职称、享受国务院特殊津贴专家等高端人才3000余名。21人获"全国五一劳动奖章"，11进人民大会堂受奖，3人成

▲江苏省康复医院：全球最大、江苏省首家规模化康复医院

▲岳阳喷墨打印机厂房EPC项目：湖南迄今引进的投资规模最大的台资项目

▲长沙地铁6号线

▲埃及阿拉曼新城超高综合体（300米）：中国企业在埃及签约的最大现汇项目

为全国人大代表。特别是2020年，3人同获全国劳动模范。

未来，中建五局将践行新发展理念，秉承"信心、信用、信仰、和谐"的"信·和"文化，发扬"信和天下、敢为人先"的企业品格，以高质量发展为中心，实施"一最两创、三强三优"为目标的战略规划，向聚焦价值创造的"全新五局"跨步升级，发展成为最具持续价值创造力的一流投资建设集团。

三一集团

牢记殷殷嘱托　谱写湖南新篇章

2020年9月，习近平总书记考察湖南，勉励湖南打造"三个高地"、践行"四新"使命，为湖南发展描绘宏伟蓝图。

一年来，三一集团上下认真学习贯彻习近平总书记重要讲话和重要指示精神，坚决把总书记殷切嘱托转化为强大动力，加速转型升级，创造了最佳业绩，奋发有为推动企业高质量发展、实现新突破，交出了一份漂亮的"三一答卷"。

经营业绩方面，2020年，三一集团实现销售1368亿元，同比增长35.3%，成为国内首家获得这一成就的工程机械企业。2021年上半年，三一集团旗下上市公司三一重工实现销售673.3亿元，利润100.7亿元，同比分别增长36.5%和17.2%，现金流净额97.9亿元，同比增长17.2%，均创历史同期最佳业绩。

自主研发方面，一年来，三一集团不断加

全球最大的三一4000吨履带式起重机

三一混凝土泵车，被誉为"世界泵王"

大自主研发力度,实施科研人才倍增计划。目前,三一泵车90%的底盘已使用"三一制造","三一道依茨"高端柴油发动机以"每分钟下线7台"的速度在2021年试投产。目前,三一集团已成立十多家零部件公司,成功研制发动机、控制器、液压油缸、泵阀马达、减速机、回转支承等核心零部件,并已全面应用,实现全产业链"自主可控"。

三一集团已投资超过120亿元,在长沙、昆山、重庆等产业园先后启动46个智能制造"灯塔工厂"及智能产线项目,已实现近万台生产设备、十几万种物料的实时互联,各关键生产环节无人化、智能化水平大幅提升。此外,三一集团推出全球首款5G挖掘机、纯电动无人搅拌车、纯电动无人宽体矿车等拥有自主知识产权的智能产品,并将设计、研发、生产、销售、服务等核心业务"搬家线上",围绕产业链布局数据链,推动数字化与更多业务场景融合。

推动集群发展方面,一年来,围绕"推动先进制造业集群发展"重要精神,三一集团深入打造"本地专属"供应链,深入打造株洲钢铁智慧城、长沙㮾梨智联重卡项目等"千亿级"园区,在韶山、娄底、邵阳、益阳等地已成立多家产业链配套公司。此外,三一集团还不遗余力帮助供应商伙伴发展,在省内挑选12家供应链企业,帮助其打造"样本工厂",助力全省产业链配套规模和协同能力提升。

①三一临港产业园
②③三一长沙产业园18号"灯塔工厂"

大汉集团 | 中国企业500强

大汉集团始创于1992年,是一家跨地区、跨行业的大型综合性民营企业,业务涵盖钢贸物流、新型城镇化开发、汽车贸易、职业教育、商业、物业和酒店管理等多个领域。集团旗下拥有200余家子分公司,员工6700余人。2020年营收约550亿元,利、税均过10亿元,连续4年保持约30%的复合增长率,自2012年起连年跻身中国企业500强。

大汉集团积极践行资本与业绩高度统一的红色文化,2004年被中华全国工商业联合会评为"思想政治工作先进单位",2005年被国务院授予"全国民族团结进步模范集体",2006年和2012年先后两次被中共中央组织部授予"全国先进基层党组织",2020年被中央精神文明建设指导委员会授予"全国文明单位",2021年被中华全国总工会授予"全国五一劳动奖状"等多项荣誉称号。

大汉集团在"工匠精神创造美好生活"企业核心价值观的引领下,顺应时代发展趋势,结合企业实际现状,制定了积极且稳健的发展战略,全面推进企业数字化转型升级,确保在激烈的市场竞争中始终保持高速增长,为进入"世界企业500强"和实现"走向伟大"的目标奠定坚实基础,为湖南"三高四新"战略贡献大汉力量,为实现人民对美好生活的向往添砖加瓦。

大汉教育

大汉教育以大汉集团强大的产业背景为依托,以大汉国际工匠院、潇湘职业技术学院、大汉技工学校、大汉国际工匠研学营地为基础,专注现代职业教育,主动适应经济社会发展的需要,以"匠心+匠能"培养举措,以"产教融合、校企合作"人才培养模式,培养高素质劳动者和技术技能型人才。

大汉国际工匠院

大汉国际工匠院于2018年3月成立,以"工匠精神创造美好生活"为价值主张,以非遗手工劳动实践教育为主题,建设茶学院、陶瓷学院、雕刻学院、沙画与书画学院、湘绣与服饰学院、文创学院六大学院,致力于打造具有国际影响力的工匠精神传播高地。

潇湘职业技术学院

潇湘职业技术学院是由大汉集团全额投资,经湖南省人民政府批准、教育部备案、列入国家统招计划的全日制普通高等院校。占地面积530亩,现有教职员工486人,其中教授、副教授、研究生、双师型教师257人,在校学生9000余人。

大汉技工学校

大汉技工学校以"让学生更有用,企业更好用"为办学目标,坚持产教融合、校企合作、委托订单的培养模式,秉持"立匠心、育匠能、树匠人"的校训精神,培养品德好、身体好、习惯好、技能好的"四好"学生,助力新时代产业工人队伍建设。

大汉国际工匠研学营地

大汉国际工匠研学营地是全国首个工匠精神主题实践教育营地,依托行业顶级工匠大师、技术能手,创建陶瓷、茶艺、服饰、文创、雕刻、沙画与书画、酒店七个学院,结合"基地+"模式,与周边企业及教育目的地资源共振联动,建成以工匠精神培育与传播为核心,以非遗手工为载体,以研学实践、劳动教育、职业体验拓展为主要教育服务内容,兼顾职业技能培训的大型一站式工匠精神主题研学实践教育营地。

湖南五江控股集团有限公司

湖南五江控股集团有限公司（以下简称集团）秉承改革开放的强劲东风，创业于1979年，在各级党委、政府及有关职能部门和各金融机构的亲切关怀和大力扶持下，历经40多年的艰苦创业、奋力拼搏，已发展成为一家集科、工、贸于一体，产业链延伸融合发展的大型民营企业集团。

湖南五江控股集团有限公司董事局主席肖安江

集团拥有38家生产企业、商贸和地产公司，32000多名员工，总资产600多亿元。产业范围包括轻化、新材料、商贸、建材、农业、房地产六大领域。集团曾荣获全国守合同重信用企业、中国驰名商标品牌企业、全国工人先锋号、全国"万企帮万村"精准扶贫行动先进民营企业、湖南省诚信私营企业标兵、湖南省优秀非公有制企业、湖南省高新技术企业、湖南省银行业协会"守信用企业"等称号。是全球最大的玻璃内胆保温瓶产销企业，具有行业定价话语权；是国内唯一具有自主知识产权和填补中国技术空白及打破国外对中国技术封锁的信息产业关键基础核心材料光刻胶–高端感光干膜的生产企业，光刻胶–感光干膜和芯片一样是工业化和信息化的关键基础核心材料，是中美贸易摩擦以来，美国对中国实行封锁、禁售和限制出口的新材料之一，是国家35项"卡脖子"技术重点支持项目之一；是国内唯一的"钛矿—高钛渣—氯气—四氯化钛—电解镁—海绵钛—高端钛合金材料—钛复合材料"全产业链钛材生产企业，高端钛材是"可上九天揽月，可下五洋捉鳖"的航天、航空、海工、军工、核电、高铁等大国重器的关键基础核心材料；是湖南省首批17家循环经济试点企业之一；是湖南省"双百工程"企业。集团董事局主席连续三届当选为全国人大代表。

集团将坚持以《中国制造2025》重点发展航天、航海、舰船和特种结构材料为指南，继续深度跟踪国际新材料前沿发展，抢抓"一带一路"发展机遇，加大航空航海用高端钛合金材料发展力度；大力发展电子信息产业核心材料光刻胶–高分辨率感光干膜产业，加快国产替代进口进程，抢占外资品牌的市场份额，不断夯实行业龙头地位；以"工业4.0"为指引，建立智能、智慧、智联工厂为发展方向,以提质增效为核心,对现有产业进行自动化、智能化改造,促进现有保温瓶、外壳、搪瓷及玻璃器皿传统产业提质升级,继续保持行业竞争力的优势地位;坚持走好循环经济的发展道路,不断延伸产业链,实现保温瓶产业、玻璃产业和焦化产业联动发展;以"节能降耗、循环发展"为导向,积极响应国家"碳达峰、碳中和"的发展理念,加大余热利用、荒煤气发电、节能减排等方面的研究和投入,增强企业发展内功。五江集团将牢记实业兴邦的历史使命,在新时代续写五江新辉煌!

集团总部　　　　　　　　　五江保温瓶生产线

五江钛材生产线和钛产品

五江焦化、玻璃生产线

五江光刻胶－感光干膜生产线和产品

长沙银行
聚焦"三高四新"战略
服务大局彰显新担当

长沙银行始终坚持政治定力与市场活力相结合、经济责任与社会责任相统一，全力落实服务实体经济、防控金融风险、深化金融改革三大任务，积极争当金融高质量发展的先锋队、服务"三高四新"战略的主力军。

长沙银行坚持"脱虚向实",把服务制造业高质量发展作为金融服务的核心。

聚焦智能制造

与三一重工、中联重科、山河智能等一批智能制造龙头企业建立长期稳定的合作关系,提供信贷、债券、租赁、信托等多品种的金融产品。近3年对全省先进工程机械、先进轨道交通装备、人工智能及机器人、先进储能、集成电路等重点产业的信贷投放累计超过500亿元。

聚焦园区发展

长沙银行紧紧围绕湖南20条、长沙22条产业链以及重点招商引资项目,对全省园区进行"全覆盖"服务;携手长沙高新区、长沙经开区、株洲高新区、隆平产业园、中电软件园等开展智慧园区合作;发展产业链金融,精准匹配制造业上下游的资金需求,逐步形成示范带动效应。

长沙银行聚焦长株潭十大重要产业链,通过"商行+投行""融资+融智""债权+股权"的"一站式+全周期"模式,为长株潭"三高四新"产业集群企业提供优质高效的综合金融服务。2021年上半年,长沙银行长株潭地区表内贷款余额1711.94亿元,同比增长22.58%。

长沙银行推动机构下沉,将触角延伸至千家万户,依托30家分支343个网点,以及"县域支行+智能网点+农村金融服务站"的服务网络,实现对湖南县域、乡镇和行政村的覆盖,确保对基层金融的"精准滴灌"。特别是建设5000多家农村金融服务站,对改善偏远乡村金融服务成效明显,真正让农户实现"足不出村"。

针对中小企业融资贵、利率高等问题,长沙银行从信贷、助贷、增信等环节全面减费让利,普惠型小微企业实现零收费贷款。与过去相比,小微企业办理一笔1000万元以内的抵押或信用贷款,融资成本可降低60~150个基点。积极与省市中小企业续贷中心、中小企业转贷引导基金、中小企业风险补偿基金等合作,共同帮助企业低成本获得融资,避免过桥资金和高额担保费用,以金融活水助力各类市场主体恢复元气、增强活力。

华融湘江银行股份有限公司（简称华融湘江银行）成立于2010年10月，是湖南省委、省政府引入中国华融资产管理股份有限公司，在重组湖南原株洲、湘潭、衡阳、岳阳市商业银行和邵阳市城市信用社的基础上，经原中国银行业监督管理委员会（现中国银行保险监督管理委员会）批准，依法合并新设的一家注册地位于长沙市的国有股份制商业银行。

成立以来，华融湘江银行立足湖南、依托湖南、服务湖南，大力支持地方经济社会发展，在湖南省14个市州设立分行，发起设立湘乡市村镇银行，形成了覆盖全省的业务网络。2021年6月末，该行总资产超过4100亿元，各项存款超过2900亿元，各项贷款超过2400亿元，各项监管指标保持优良。连续五年主体信用获AAA最高评级，连续六年获评湖南省银行业A类机构，连续七年被评为金融消费者权益保护A类行，连续八年获评外汇业务A类行，2020年在湖南企业100强和服务业企业50强中分别排名第23位和第6位。

华融湘江银行将按照湖南省委、省政府的决策部署，以"五个100"产业建设为重点，进一步加大对实体经济的支持力度，为湖南实施"三高四新"战略做出应有的贡献。

湖南省国资委与华融湘江银行签署全面战略合作框架协议

华融湘江银行主办"碳路金融·财聚湘江"2021年碳中和高峰论坛，助力"碳中和"，共赢"三高四新"

车在兰天下　　人在幸福中

兰天文化

- 没有借口 · 坚决服从 · 结果至上

坚决做到有令则行，有禁则止，最终实现标准清晰，过程优化，注重细节，结果完美的目标。

集团愿景——成为湖南地区最具影响力，服务网络便捷，采用集团化管理模式的汽车流通领域优秀民营企业。

敢拼
生于忧患，死于安乐。始于草根，夹缝求存，"敢拼"是兰天生存和发展的原始基因。

变革
企业永远不变的是"变化"，拿来主义，不断导入，"变革"是兰天提升自己的力量源泉。

创新
领先是自我创新的结果。永存质疑，自主探索，"创新"是兰天获得领先优势的唯一途径。

实在
物以类聚，人以群分，以"我"心感动"汝"心。彼此真诚，简洁通俗，"实在"是将所有"兰天人"聚集在一起的基础。

兰天集团"三五规划" 2018—2022
个十百千万 计划

个 将河西汽车城打造成1个 **中国一流的汽车文化公园**

十 达成兰天集团人均工资 **年薪10万的目标**

百 厂家授权标准4S店为基础，**成立100个独立法人单位**

千 兰天集团将扶持 **1000个贫困学子求学成材**

万 五年内年均 **纳税10000万元的目标**

"兰天人"为您服务
8大承诺

01 承诺为您的爱车100%使用正厂备件，假一赔十

02 承诺为您的爱车100%使用防护三件套后进行保养维修，缺一赔您100元

03 承诺为您的爱车100%按照厂家标准流程作业维护，绝不敷衍应对，缺一赔您100元

04 承诺为您的爱车提供维修保养服务时间早8点—晚8点，未提供赔您100元

05 承诺您所订的新车，100%主机厂进货，非"外调车"，否则订金双倍退还

06 承诺您所订的新车，若有物流质损100%订车前告知，否则订金双倍退还

07 承诺为您服务的销售、服务顾问100%减少个人费用，所有硬币必须交公司财务部门，个人私自收费属于贪污受贿，一经查实移交公安机关处理

08 承诺为您的爱车及时提供车辆合格证，未按承诺时间提供，每迟一天赔您100元

中国服务业 企业500强

湖南10台车，1台「兰天」售

兰天集团简介

兰天集团成立于2003年，现注册资金3.2亿元，2003年在主机厂的邀请下，进入长沙开设第一家4S店，主要投资汽车行业，授权汽车品牌25个，4S店70家，涉及9个城市（长沙、株洲、益阳、湘潭、娄底、邵阳、怀化、凯里、萍乡）。2020年，实现新车销售70156台，营业额127.5亿元，上缴税收1.2亿元。

荣誉

- 2021年湖南省企业100强第38名
- 2021年湖南服务业企业50强第17名
- 2021年中国服务业企业500强第344位
- 2021年中国汽车经销商集团百强第34名

中车株洲电机公司动车组牵引电机生产制造现场

中车株洲电机公司风力发电机生产制造现场

中车株洲电机公司大功率机车牵引电机生产制造现场

中车株洲电机公司大功率机车牵引变压器生产制造现场

中车株洲电机公司新能源汽车驱动系统生产线

中车株洲电机公司线圈绕制生产线

中车株洲电机公司工程研究中心

中车株洲电机有限公司
CRRC ZHUZHOU ELECTRIC CO., LTD.

中车株洲电机有限公司党委书记、董事长 聂自强

中车株洲电机有限公司是中国中车旗下核心子公司，是专业从事轨道交通、风力发电、工业驱动、新能源汽车驱动、输变电等领域的电机、变压器专业化研制、销售及系统服务供应商。

自2010年中车株洲电机公司升格为中国中车一级子公司以来，历经十年快速发展，从轨道交通牵引动力配套商，成长为覆盖轨道交通、清洁能源、高效工业驱动和运载驱动乃至通用驱动装备领域的系统解决方案提供者。销售收入从18.39亿元增长至2020年的100亿元，年均复合增长率达15.8%。资产总额由15.44亿元增长至82.8亿元，增长约4.4倍，净资产由4.4亿元增长至30多亿元，增长超6倍。

公司秉承着"高端定位、资源延伸、同心多元"的产业发展理念，确定了以轨道交通装备、风能、高效节能三大战略型新兴产业为主攻方向，突出重点，做强、做精轨道交通、风力发电机产业，做大、做强工业特种电机，做快、做优特种变压器产业，积极探索具有良好发展空间的机电一体化装备延伸产业。实现从轨道交通单一产品到集轨道交通、风力发电、新能源驱动、特种变压器、高效节能工业电机、高速永磁电机、伺服电机、氢能源、磁悬浮轴承等业务板块，积极构建形成"双卓越四突破多点布局"的业务体系，塑造并筑牢市场、研发、智造、品质、协同、文化六个发展高地，提升核心竞争力。资源逐步完善和丰富，产业区位布局从湖南株洲扩展至江苏盐城、内蒙古包头、四川成都、广东广州、新疆哈密、福建福清、广东阳江，并迈向欧洲、南非。

公司坚持技术引领，以科技创新打造企业核心竞争力，在基础技术、核心技术等领域实现快速升级，现已累计申请专利1200余项，授权800余项，获得省、集团科技成果鉴定50余项。公司新产品研发380余项，国家科技支撑计划、国家"863"计划、国家火炬计划重点项目、重点产业振兴和技术改造以及省、部、集团项目100余项。成功摘获"国家技术创新示范企业"和"国家认定企业技术中心"等金字招牌，获得第十八届中国专利金奖，获国家科学技术进步二等奖，获"中国生产力发展优秀企业"荣誉称号，公司QC小组获得第45届国际质量管理小组大会最高铂金奖，获得2020年度全球最具创新力知识型组织（MIKE）卓越大奖等。

中联重科 思想构筑未来
ZOOMLION, VISION CREATES FUTURE

股票代码：000157（深）、01157（港）

ZOOMLION

中联重科股份有限公司

地址：中国湖南长沙银盆南路361号（中联科技园）
邮编：410013　电话：0731-88923899　传真：0731-88928181
股票代码：000157（深）、01157（港）　www.zoomlion.com

中联重科官方微信服务号

TBEA 特变电工

特变电工衡阳变压器有限公司（以下简称"衡变公司"）重组二十年来，始终坚持把科技创新作为驱动企业发展的内生动力，从重组前的一个亏损企业发展成为我国输变电重大装备制造业的核心骨干企业，中国最大的变压器产品研制和出口基地。公司业务涵盖输变电高端装备制造，国内、国际电力工程建设服务，二次智能配电网装备的研制与服务四大核心板块，是我国输变电领域唯一一家拥有完整制造业和制造服务业产业链的企业。

重组以来，衡变公司坚持科技创新驱动企业发展，建设了世界一流的国家级企业技术中心、国家CNAS认证实验室等国家级创新平台，获评国家技术创新示范企业、湖南省首批创新型企业。公司先后承担了国家、省市科技计划项目72项，完成国家级新产品鉴定124项，其中处于国际领先水平29项，处于国际先进水平44项，创造了几十项世界第一，多次填补行业空白；累计申请国内外专利342项，参与及主持制定国家及行业标准128项；先后荣获我国科学技术领域最高奖项——国家科技进步特等奖1项、一等奖2项，中国机械工业科技进步特等奖2项、一等奖1项、湖南省科技进步奖一等奖1项等近百项科技荣誉。通过坚持自主创新，公司已经完全掌握了超特高压变压器和GIS、智能配电网装备、综合自动化保护装置、模块化变电站等输变电装备和集成系统的核心技术，拥有非常强的企业研发能力和系统集成设计能力，推动了我国输变电重大装备国产化建设。

湖南省沙坪建设有限公司简介
PROFILE OF HUNAN SUNPEAK CONSTRUCTION CO., LTD.

湖南省沙坪建设有限公司（简称沙坪建设），创立于1963年，注册资金16亿元，是一家以建筑施工、房地产开发为主业，集装配式建筑、工程设计、装饰装修、投融资、工程机械租赁服务、工程管理信息化服务等于一体的综合性大型现代民营企业。

一特双甲，建筑强企。公司具有房屋建筑工程施工总承包特级资质、工程设计建筑行业（建筑工程、人防工程）甲级资质、房地产开发一级资质，同时具有市政公用工程、机电工程、水利水电工程、公路工程、电力工程施工总承包及地基基础工程、消防设施工程、环保工程、建筑幕墙工程等多项专业承包资质，拥有商务部批准参与境外国际工程承包经营资格。公司净资产逾150亿元，年经营规模逾300亿元，现有从业员工逾25000人，其中管理人员6000余人，中、高级职称技术人员3000余人。公司是国家高新技术企业、全国建筑业成长性100强企业、国家装配式建筑产业基地、湖南省著名商标，位列湖南民营建筑强企第一位。

工程精品，科技创新。公司承建房屋建筑、市政地铁、水利水电、公路工程、海外工程等重大工程千余项，质量合格率100%，优良率达95%以上。创鲁班奖14项，获国家科技进步奖、国家优质工程奖、金杯奖、广厦奖、全国3A等国家级荣誉和奖项100余项，创省级工程质量最高奖100余项，获国家工法、发明专利等技术创新成果1000余项。公司拥有国家级装配式建筑基地、省级技术创新中心、BIM研发中心，拥有一批以省市区级产业领军人才、百强工匠为代表的创新团队，与北京大学、清华大学、中南大学等建立专家智库，助力公司技术创新。

战略升级，科学发展。公司紧跟一带一路、粤港澳大湾区、乡村振兴等国家战略，加强企业战略升级，大力实施以"新型建筑工业化"为牵引的产业升级，加快布局工业化信息化智能化战略性新兴产业；实施以"工程总承包"为方向的管理变革，构建"6+6"发展格局，做强主业、做精专业，努力打造全国一流工程总承包企业；实施以"创新服务"为核心的竞争力工程，提升综合履约水平，打造工程精品和企业品牌；实施以"精英未来"为重点的人才驱动，加快高素质专业技术人才和高水平战略管理人才的培养，打造卓越团队。

诚信经营，担当责任。公司实现社会扶贫、帮困、助学、救灾等爱心捐赠过亿元，抗击新冠肺炎疫情期间援建"长沙小汤山"，获得湖南省委、省政府颁发的感谢信。公司通过了ISO9001、ISO14001、OHSMS等世标认证，多次获得"全国AAA等级诚信企业""全国优秀施工企业""全国工程建设领域党建工作示范单位""湖南省守合同重信用企业""湖南省优秀职工之家""长沙市五一劳动奖章"等企业荣誉，员工中涌现出了新中国成立70周年纪念章获得者和一批全国劳动模范、全国五一劳动奖章、中国好人、全国工程建设诚信企业家、全国优秀项目经理、百佳技能工匠等荣誉获得者。

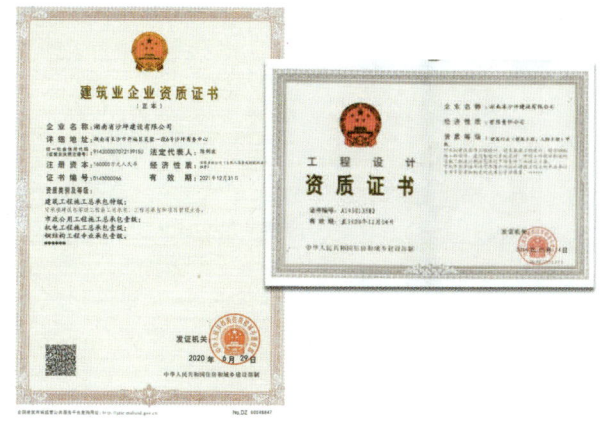

特级资质
建筑工程施工总承包特级资质

甲级资质
工程设计建筑行业(建筑工程、人防工程)甲级

壹级资质
市政公用工程施工总承包 / 环保工程专业承包
钢结构工程专业承包 / 地基与基础工程专业承包
建筑装修装饰工程专业承包 / 消防设施工程专业承包
建筑幕墙工程专业承包 / 电子与智能化工程专业承包
机电工程施工总承包

贰级资质
水利水电工程施工总承包 / 公路工程施工总承包
电力工程施工总承包 / 城市及道路照明工程专业承包
防水、防腐、保温工程专业承包

中国建设工程"鲁班奖"
"Luban Award" for China Construction Project

中 国 建 筑 行 业 工 程 质 量 最 高 荣 誉 奖

- 邵阳市纪检技术中心项目
- 邵阳市纪检技术中心项目(沙坪装饰)
- 省总工会灰汤疗养院项目
- 鲁能领秀城商业综合体项目
- 三能集成房屋股份有限公司金霞生产基地项目
- 三能集成房屋股份有限公司金霞生产基地项目(沙坪装饰)
- 兖州市兴隆文化园项目
- 弘德·西街·好莱城项目
- 弘德·西街·好莱城项目(沙坪装饰)
- 鄂尔多斯医院项目
- 湖南省质量技术监督检测中心项目
- 宜居·莱茵城项目
- 宜居·莱茵城项目(沙坪装饰)
- 长沙市人民检察院项目

国家优质工程奖
National Quality Engineering Award

- 创远·湘江壹号项目
- 弘坤·花样汇项目

全国市政金杯奖
National municipal golden cup award

- 长沙市巡抚路项目
- 郴州市林邑大道项目
- 梅溪湖路、龙王港河道综合整治工程(科五路-梅西湖路)施工一标段工程
- 株洲市武广客运联络线王家坪立交二期工程
- 秀峰路(东方红-麓云路)工程

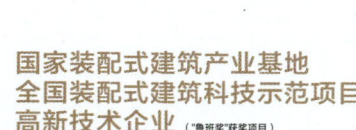

国家装配式建筑产业基地
全国装配式建筑科技示范项目
高新技术企业 ("鲁班奖"获奖项目)

National prefabricated construction industry base
National prefabricated building science and technology demonstration project
High tech Enterprises

三能集成房屋股份有限公司

中国建筑施工装饰奖
China Construction Decoration Award

湖南粮食批发交易大楼装修工程、潇湘影视综合大楼幕墙工程项目
长沙市公安局芙蓉分局装饰项目、吉祥人寿总部装饰项目
长沙市经开区中部智谷装饰项目、弘德大学生创业基地装饰项目
长沙市中心医院眼科中心综合楼装修工程、第一六三医院外科大楼装修工程……

湖南对外建设集团有限公司
HUNAN FOREIGN CONSTRUCTION GROUP CO.,LTD

湘潭市三和大厦、医药商业广场、物流仓库

张家界至花垣高速

东莞大朗商会大厦工程

重庆海尔路改扩建工程

惠州合江楼

　　湖南对外建设集团有限公司（原湖南省建设厅直属湖南对外建设总公司）始建于1992年，系湖南省建委国有独资企业。2002年在省委、省政府的支持下完成国有企业向民营企业整体改制，并更名为湖南对外建设有限公司。改制后的湖南对外建设有限公司遵循市场经济规律，解放思想，实事求是，大胆进行企业制度创新、公司治理结构创新，使企业在改革浪潮中蓬勃发展，并于2012年组建企业集团，公司名称变更为湖南对外建设集团有限公司，注册资本为壹亿元整，是一家历经近30年风雨，集"投资、建设、运营"为一体的大型建筑综合服务商。

新省政府机关大院园林绿化工程

　　湖南对外建设集团有限公司下辖3个子公司，拥有建筑工程施工、公路工程施工、市政公用工程施工总承包壹级资质，建筑机电二级资质、建筑幕墙二级资质、古建筑二级资质，同时还兼有钢结构工程、特种工程（结构补强）、城市级道路照明工程等资质，并通过质量管理体系、环境管理体系、职业健康安全管理体系认证。常年有从业人员近万余人，有各类专业技术人员500多人，其中具有中、高级职称300余人，全国注册建造师80多人，施工项目经理90多人。

创一流企业 造精品工程

汕头濠江一桥

福建省道江瑶大桥

河北唐山曹妃甸工业园钢厂

长沙佳天瑞宁花园

近年来，公司承建的代表性房屋建筑项目有三和医药商业广场、永州电信综合楼项目；市政公用项目有长沙桐梓坡西路、重庆海尔路扩建工程；公路工程项目有张家界至花垣高速28标段、福建省S202省道江瑶大桥；园林绿化项目有湖南省政府新机关大院绿化工程、张家界紫舞公园；园林古建筑工程项目有惠州市合江楼建设工程、泸溪县望江楼建设工程；水利工程项目有武汉市龙王庙险段综合整治工程。所承建项目一次性竣工验收合格率均为100%，从未发生任何重大质量安全事故，且施工合同履约率一直保持100%。荣获"湖南省优质工程"、"芙蓉区产业发展台阶奖"、"市政金杯示范工程奖"、"黄鹤奖金奖"、"湖南省建设工程芙蓉奖"、"长沙市建筑施工企业AAA信用评价"、"湖南省守合同重信用企业"、"上海市建设工程白玉兰奖"、广东省建筑业最高奖项"金匠奖"等荣誉。

公司以"创一流企业，造精品工程"为企业宗旨，以"专业、诚信、协作、创新"为企业精神奋力前行，立足开展高精尖特新工程"产学研"攻关，朝着实现"百亿外建，百年企业"的宏伟目标迈进，为建设现代化新湖南、实现中国梦作出新的更大贡献！

湖南金荣企业集团有限公司

推进园区市场化改革 实现经济高质量发展

金荣集团是一家以产业招商、园区建设、技术创新和园区运营服务为主营业务的湖南本土民营企业，连年稳居"湖南民营企业50强""湖南企业100强"。目前，金荣集团以市场化方式建设和运营的园区36个，计800多万平方米，入园企业4800多家。

近年来，金荣集团探索实践了以市场化方式整合土地、技术、人才、资金、大数据等要素资源，通过EPC+O进行"政企合作、园企共建"的PBOS模式对化

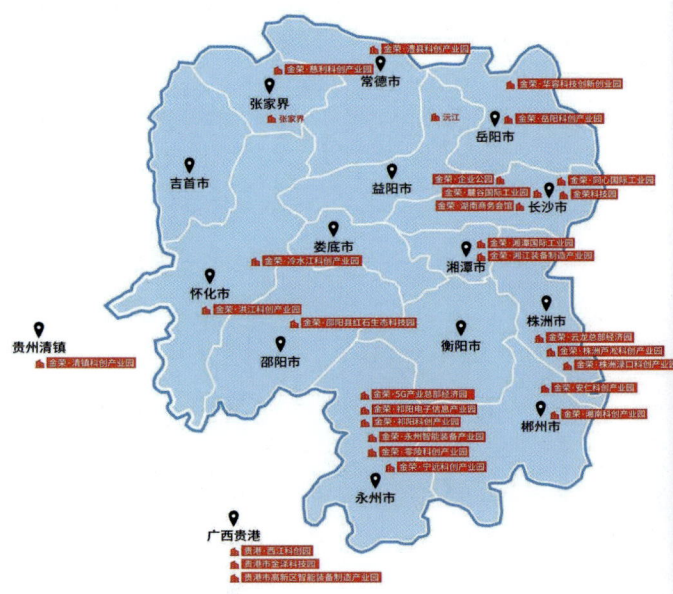

解政府隐性债务、降低标准厂房建设成本、提高土地利用率、促进产业落地和产业集聚卓有成效，是实现园区经济高质量发展的有效模式，被写入《2020年湖南省产业园区工作要点》并在全湖南省推广，成为以市场化改革实现园区经济高质量发展的湖南模式。湘政发〔2020〕13号文件《湖南省人民政府关于推进全省产业园区高质量发展的实施意见》、湘发改地区〔2020〕495号文件《湖南省加快产业园区市场化建设运营的若干政策》、湘政办发〔2020〕38号文件《湖南省进一步加强招商引资工作的若干政策措施》等政策均明确"鼓励采用PBOS的模式推进园区开发建设、产业招商和服务升级"。

近三年来，金荣集团以PBOS模式新建标准厂房500万平方米以上，

节约园区建设资金至少 30 亿元，节省工业用地约 3000 亩以上；招引 1200 家企业入园，其中，粤港澳、长三角产业转移企业占比 75%，回笼建设资金 75 亿元。消化存量标准厂房 100 多万平方米，盘活存量资产 40 亿元以上。已有 1000 多家企业投产，实现工业年产值 400 亿元以上，实现年税收 20 亿元以上。此外，金荣集团运营服务了 16 家国家级、省级孵化器、众创空间和创新平台，孵化培育出 300 多家科技创新企业。

金荣集团将立足湖南，面向全国，以产业园区全程运营，产业链建设、科技创新平台建设、智慧园区建设、科技成果交流、交易、转化为核心业务，主动承担以市场化方式推进产业高质量发展责任，积极参与创建"五好"园区，在五年内培育 10 个特色产业链、建设 20 个百亿产业聚集区、运营服务百个产业园区；每年招商引资、培育企业 400 家以上；实现园区工业产值 2000 亿元；园区新增税收百亿元；新增就业岗位 2 万个以上。

金荣集团秉持"诚信是金、创新为荣"核心价值观，坚守"敬畏之心、仁爱之心、进取之心"，与时俱进，创新发展，壮大企业、成就员工，为中华民族伟大复兴砥砺前行。

祁阳科创产业园：

2019 年建成 24 万平方米标准厂房，完成 37 万平方米标准厂房的招商，引进企业 65 家，园区形成"一区三园"发展格局，建成面积 5.3 平方公里。拉动祁阳规模工业总产值由 180 亿元提升到 320 多亿元，税收由 3.2 亿元提升到 7.6 亿元，实现三年倍增

湘南科创产业园：

8 个月，创造 12 万方园区从开工到投产的传奇。14 家入园企业总投资超 23 亿元，年均产值超过 28 亿元，预计年度创税超过 6000 万元，亩均税收达 60 万元

金荣麓谷国际工业园：

以 180 亩地的体量承载了 298 家企业，创造了 138 亿元的年产值和 11 亿元的年税收

兴盛优选®

办公环境

配送车辆

兴盛优选小程序

湖南兴盛优选电子商务有限公司（简称兴盛优选），注册地为湖南长沙市高新开发区，入选国家商务部首批线上线下融合发展数字商务企业，入围"2020年中国独角兽企业"和"2020胡润全球独角兽榜"。

兴盛优选是一家关注民生的互联网"新零售"平台，也是湖南省第一家估值超过120亿美金的"独角兽"企业。

平台主要定位是解决家庭消费者的日常需求，提供包括蔬菜水果、肉禽水产、米面粮油、日用百货等全品类精选商品。依托社区实体便利店，通过"预售+自提"的模式为用户提供服务。

目前，兴盛优选已辐射湖南、湖北、广东、江西、四川、重庆、陕西、贵州、河南、广西、福建、河北、山东、江苏、安徽、浙江和山西等17个省、直辖市、14000多个地（县）级城市和10万多个乡镇。

作为社区电商行业的开创者，兴盛优选一直引领行业发展。目前公司在全国的合作门店超过100万家。

2019年，兴盛优选的年度成交总额（GMV）达到了100亿元，纳税超过5400万元。2020年，平台GMV增长超过300%，纳税超过3亿元。

基于商业模式的成功和业务的持续高速增长，公司吸引了众多国内外知名创投机构的关注和投资，其中包括腾讯、京东、美国

◀ 总部大楼

KKR、红杉资本、淡马锡、春华资本、老虎基金、今日资本等十余家投资机构。

随着兴盛优选的不断壮大，其产生的经济效应和社会效应也愈发凸显。目前，兴盛优选伙伴超过60000人，其中物流伙伴占比约95%。在兴盛优选业务所覆盖的区域，有效解决了当地劳动力的就近就业。未来3年，平台预计将提供就业岗位10万个。

作为关注民生的电商平台，兴盛优选充分发挥自身优势投入到抗疫保供的一线，保民生、保供应、稳物价。公司在新冠肺炎疫情发生的第一时间启动武汉地区的复工复产，累计开辟社区服务线1000多条，覆盖武汉200万社区家庭。疫情期间，兴盛优选累计销售民生商品5亿多份，防疫类物资6000多万份。

除了自身业务的迅猛发展，兴盛优选还依托平台优势，帮助全国各地的特色农产品"触电"上行，助力乡村振兴。截至目前，兴盛优选已经与郴州、麻阳、花垣、龙山、古丈等多个地区达成战略合作，销售特色水果、蔬菜、大米和肉类等商品超过20亿元，带动10万多户农户增收、创收。

友谊国际工程咨询股份有限公司
Friendship International Engineering Consulting Co.,Ltd.

规划、设计、造价、监理、招标代理等全过程工程咨询智臻服务
近2000名优秀人才，年工程服务标的突破3000亿元
致力于打造国际知名的工程服务总承包运营商

■ 服务范围

全过程工程咨询	前期咨询	国土规划	工程设计	招标代理	造价咨询	工程监理	全过程项目管理
	项目策划	空间规划	建筑设计	工程招标	全过程造价咨询	市政公用	全程工程咨询
	投融资咨询	全域整治	景观设计	服务招标	工程量清单编	房屋建筑	项目代建
	综合咨询	测量测绘	室内设计	货物招标	概预算审	公路工程	项目管理
	项目可研	调查评价	市政设计	政府采购	结算审计	水利水电	运营策划
	国际咨询	用地报批			司法鉴定	机电安装	
						人防工程	

■ 荣营奖项

- 国家高新技术企业
- 全国优秀特色社会主义事业建设者企业
- 全国关爱员工优秀民营企业
- 湖南省省长质量奖提名奖企业
- 湖南省支持党建工作优秀企业
- 湖南省"守合同重信用"企业

- 湖南十大民营诚信企业
- 全国房地产采购供应商十强企业
- 万科地产造价新锐奖
- 中国金茂区域优秀供应商
- 金科股份湖南区域优秀供应商
- 北大资源优秀供应商

■ 经典项目

雄安商务服务中心
雄安一号工程

长沙黄花国际机场T3航站楼
湖南单体投资规模最大的项目

绿地V岛星城光塔
湖南第二高楼

八方小区
全国建设工程安全生产标准化工地

北京总部：北京市朝阳区光华路2号阳光广场D座　　粤港澳总部：深圳市南山区梦海大道5033号卓越前海壹号

HEIEF
湖南省企业和工业经济联合会
HUNAN PROVINCE ENTERPRISES AND INDUSTRIAL ECONOMICS FEDERATION

本作品中文简体版权由湖南人民出版社所有。
未经许可，不得翻印。

图书在版编目（CIP）数据

2021湖南100强企业发展报告 / 湖南省企业和工业经济联合会编. —长沙：湖南人民出版社，2021.12

ISBN 978-7-5561-2847-1

I.①2… Ⅱ.①湖… Ⅲ.①企业发展—研究报告—湖南—2021 Ⅳ.①F279.276.4

中国版本图书馆CIP数据核字（2021）第250225号

2021 HUNAN 100 QIANG QIYE FAZHAN BAOGAO

2021湖南100强企业发展报告

编　　者	湖南省企业和工业经济联合会
责任编辑	唐　艳
装帧设计	见所创意设计工作室
责任校对	曾诗玉

出版发行	湖南人民出版社［http://www.hnppp.com］
地　　址	长沙市营盘东路3号
邮　　编	410005
印　　刷	长沙市雅捷印务有限公司
版　　次	2021年12月第1版
印　　次	2021年12月第1次印刷
开　　本	889 mm × 1194 mm　1/16
插　　页	16
印　　张	18.25
字　　数	520千字
书　　号	ISBN 978-7-5561-2847-1
定　　价	108.00元

营销电话：0731-82221529　（如发现印装质量问题请与出版社调换）